卢雪崑 著

孟子哲学

孔子哲学之传承与道德的形上学之奠定

GUANGXI NORMAL UNIVERSITY PRESS
广西师范大学出版社
·桂林·

MENGZI ZHEXUE
KONGZI ZHEXUE ZHI CHUANCHENG YU DAODE DE XINGSHANGXUE ZHI DIANDING

图书在版编目（CIP）数据

孟子哲学：孔子哲学之传承与道德的形上学之奠定 /
卢雪崑著. —桂林：广西师范大学出版社，2022.4
ISBN 978-7-5598-4740-9

Ⅰ．①孟… Ⅱ．①卢… Ⅲ．①孟轲（约前 372-前 289）—
哲学思想—研究 Ⅳ．①B222.55

中国版本图书馆 CIP 数据核字（2022）第 022770 号

广西师范大学出版社出版发行

（广西桂林市五里店路 9 号　邮政编码：541004）
　　网址：http://www.bbtpress.com
出版人：黄轩庄
全国新华书店经销
湛江南华印务有限公司印刷
（广东省湛江市霞山区绿塘路 61 号　邮政编码：524002）
开本：880 mm × 1 240 mm　1/32
印张：17.5　　字数：423 千字
2022 年 4 月第 1 版　　2022 年 4 月第 1 次印刷
定价：98.00 元

如发现印装质量问题，影响阅读，请与出版社发行部门联系调换。

写在前面的话

2016 年《常道：回到孔子》出版，旨在论明孔子哲学首出的根源智慧就在当机指点"仁"。"仁"内在于每一个人自身，乃普遍法则所由出，因而是于一切人中间普遍传达之能。用康德哲学的话说，立普遍法则之能乃是理性之真正使用，依此，我们指出孔子哲学乃理性本性之学。孔子言"仁者，人也"（《中庸》第二十章）、"人能弘道"（《论语·卫灵公第十五》）作为基础哲学，阐明了人性之根、社会之本。

现在，出版《孟子哲学：孔子哲学之传承与道德的形上学之奠定》，旨在论明：孟子乃继承孔子哲学而确立其传统之规模的第一人。孟子之前虽有再传、三传弟子阐发孔子之慧识，如《易传》《中庸》《大学》，世所公认为先秦儒家经典，然均未如孟子之周全而明确地把握孔子言"仁"之大旨。孟子承传孔子言"仁者，人也"，标举孔子言"人能弘道，非道弘人"。其贡献在：依据孔子直透人心之根本言"仁"，而明确提出"仁，人心也"（《孟子·告子章句上》）。其依孔子言"仁"所包含的普遍法则义、万物一体义、创生不已义，揭明本心之普遍立法之能（"心之所同然者何也？谓理也，义也"［同前］、"仁义礼智根于心"［《孟子·尽心章句上》］），以及道德世界的创造之能（"仁也者，人也，合而言之，道也"［《孟子·尽心章句下》］），并依此正式揭明本心之能就是人的分定之性。由之，本心（仁）成就人自身为道德者及创造世界为道德世界的创造义得以确立。据此进一步言"尽其心者，知其性也，知其性，则知天矣""万物皆备于我""上下与天地同流"，（《孟子·尽心章句上》）即展开一个以每一个人自身禀具的本心为真实无妄之根源，而上升至绝对必然义之"天"的形上学，此堪称道德的形上学，而区别于西方传统的思辨的形而上学。

依以上所论，我们指出：孟子依孔子"践仁知天"之义而言"尽心知性知天"，以奠定孔子哲学传统之宏规，此宏规根于本心（人心之仁）之普遍立法及创造之能而扩展至道德世界，乃至天地万物为一体的道德目的论下的宇宙整全，故堪称道德创造的形上学。据此，继《常道：回到孔子》之后出版《孟子哲学》，而并无专著论《易传》《中庸》《大学》，尽管此三书均是先秦儒家孔子哲学传统中之典籍。此外，必须表明，《孟子》《易传》《中庸》《大学》以外的先秦儒家诸学派不在我们的孔子哲学传统研讨之列，因该研究只探讨根于孔子而发之哲学传统，而不及思想史、文化史，确切地说，凡不涉道德的形上学者，本研究均搁置不论。如于思想史及社会制度史上占重要地位的荀子，并不被列入本系列研究中。

目　录

1

第一章

孟子以"心"释孔子言"仁"

第一节
论孟子言"仁，人心也"及其包含的高层意欲机能之含义

在拙著《常道：回到孔子》中，我们已论明：孔子哲学首先是人之真实存有之学。孔子言"仁者，人也"，就是说，仁是人之为人的实存之本性，也可以说，成就自身内在之仁是人之为人的分定。"仁者，人也"并非只对圣贤而言，而是于一切人有效，此即孟子所说："圣人，与我同类者。"（《孟子·告子章句上》）孟子把握到孔子言"仁"之大旨："仁也者，人也，合而言之，道也。"此与孔子言"仁者，人也""人能弘道"相合。

在《常道：回到孔子》一书中，我们亦已论明：仁作为人之为人的实存之本性，此本性意指人在人心之仁的普遍立法下的存在。孟子深得孔子直透人心之根本而言"仁"之旨，明确提出"仁，人心也"。"人心"意指人的心灵机能；"仁"乃此心灵机能之本质的作用。用康德的话来表达就是：禀具意志自由之道德实践主体乃人类心灵机能之本质的作用。孟子揭明人心之仁，实是遵循孔子从"不安"指点"仁"而阐发。此见于孟子言"不忍人之心"：

人皆有不忍人之心。……所以谓人皆有不忍人之心者，今人乍见孺子将入于井，皆有怵惕恻隐之心。非所以内交于孺子之父母也，非所以要誉于乡党朋友也，非恶其声而然也。

——《孟子·公孙丑章句上》

孟子以"今人乍见孺子将入于井，皆有怵惕恻隐之心"证"人皆有不忍人之心"。人们或许会问：孟子何以能言"今人乍见孺子将入于井，皆有怵惕恻隐之心"？我们又何以能指出孟子所言"怵惕恻隐之心"不是经验的心，而是本心（即仁心）之著见？用牟师宗三先生的话说，"由其'不为任何别的目的而单只是心之不容已，义理之当然'之纯净性而知"[1]。王阳明在其斥朱子"析心与理为二"之著名论说中就一语中的："见孺子之入井，必有恻隐之理，是恻隐之理果在于孺子之身欤？抑在于吾心之良知欤？"（《传习录》中，《答顾东桥书》，第135条[2]）

孟子言"今人乍见孺子将入于井，皆有怵惕恻隐之心"，以全称命题出之，绝非通过归纳法得出的经验命题。排除任何作为诱因的外在的目的与条件，纯然发自人心之"怵惕恻隐"，此不会是经验的，而必定是出自"义理之当然"。孟子言"恻隐"，上承孔子言"不安"，是人心之仁的显发，其根在人心之当然的"义理"，以此，从根本上与妇人之仁、兔死狐悲区别开。孟子阐发孔子言"仁"，首归于人心之普遍必然性而论，名为"不忍人之心""怵惕恻隐之心"。接下来，孟子又说：

由是观之，无恻隐之心，非人也；无羞恶之心，非人也；无辞让之心，非人也；无是非之心，非人也。恻隐之心，仁之端也；

羞恶之心，义之端也；辞让之心，礼之端也；是非之心，智之端也。人之有是四端也，犹其有四体也。

——《孟子·公孙丑章句上》

依上引文可见，孟子依孔子言"仁"而阐发人心当然之理，并不止于"恻隐之心"这一端[3]，分言仁、义、礼、智四端。总说就是人成就自身禀具的人心之仁，方为真实的人。此所以孟子说："人之有是四端也，犹其有四体也。"无"四端之心"，"非人也"。我们可以指出：此论乃是对"仁者，人也"的深入透辟之说明。

孟子言"不忍人之心"，进而言"四端之心"，又有"本心""良知"之名，都是依于孔子言"仁"而阐发。孟子说：

一箪食，一豆羹，得之则生，弗得则死。呼尔而与之，行道之人弗受；蹴尔而与之，乞人不屑也。万钟则不辨礼义而受之，万钟于我何加焉？为宫室之美、妻妾之奉、所识穷乏者得我与？乡为身死而不受，今为宫室之美为之；乡为身死而不受，今为妻妾之奉为之；乡为身死而不受，今为所识穷乏者得我而为之，是亦不可以已乎？此之谓失其本心。

——《孟子·告子章句上》

一勺饭，一碗羹汤，虽得之生，失之死，但假若有人呼喝而与之，虽路人也不接受；踩踏而与之，虽乞丐也不屑一顾。此即孟子说："生亦我所欲，所欲有甚于生者，故不为苟得也；死亦我所恶，所恶有甚于死者，故患有所不辟也。"（《孟子·告子章句上》）"是故所欲有甚于生者，所恶有甚于死者，非独贤者有是心也，人皆有之，贤者

5

能勿丧耳。"（同前）不受呼尔蹴尔之食，可见羞恶之心，人皆有之。但万钟之禄却不辨礼义而接受之，此万钟之禄于我何加？为宫室之美吗？为妻妾之奉养？为所认识的穷乏者感我之惠吗？以往虽饿死而不受呼尔蹴尔之食，而今为宫室之美、妻妾之奉养，为所认识的穷乏者感我之惠，不辨礼义而接受万钟之禄，"此之谓失其本心"。以此，学界亦通行以本心言"人心之仁"，亦曰"四端之心"，也通孟子言"良知"。《孟子·尽心章句上》云：

> 孟子曰："人之所不学而能者，其良能也；所不虑而知者，其良知也。孩提之童，无不知爱其亲者；及其长也，无不知敬其兄也。亲亲，仁也；敬长，义也。无他，达之天下也。"

孟子把握孔子言"仁"之大旨深义，承传"仁者，人也"而揭明"仁，人心也"。此即以仁为人心之本质作用，我们可援用康德的术语来说明，仁就是人的心灵机能的本质作用，它区别于人心之经验性格，在于它独立不依于自然因果性，而为自由因果性。康德说："意志是有理性的有生命者的一种因果性，而自由就是这种因果性能够独立不依于外来的决定原因而起作用的那种特性。"（Gr 4:446）[4] 以此，康德揭明一种"自由因果性"，并与"自然因果性"根本区别开。"自然必然性是一切无理性者的因果性因外来原因的影响而被决定至活动的特性。"（Gr 4:446）我们也可以指出，仁（或曰"本心""良知"）就是人作为有理性者的意志的自由因果性。

我们在对孔子哲学之研究中已论明：仁首出的本质作用就是人类心灵高层的意欲机能（Begehrungsvermögen），所谓"高层意欲机能"意指理性在其中立普遍法则的意欲机能。我们引用孔子的话说明："我欲仁，斯仁至矣。"（《论语·述而第七》）"夫仁者，己欲立而立人，己欲达而达人。"（《论语·雍也第六》）孔子言"仁"与"我欲"关联，此明仁与人的意欲机能相关，其言"我欲仁""己欲"，"我""己"并非私我、私己。"欲"并非一己私欲，而是"欲立""欲达"，亦即"我欲仁"之高层意欲。此高层意欲根本区别于个人私欲，依此，我们可以援用康德将人的意欲机能区分为经验性格的意欲与理性在其中立普遍法则的高层意欲的批判考察，以对孔子言"仁"作为人类心灵的高层意欲机能做出哲学说明。依康德所论，当意欲机能作为一种按照自由概念而活动的高层的机能[5]时，仅有理性是先验地立法的。（KU 5:178）我们也可以指出，仁作为一切实践活动的最高原则所从出之机能，关涉人的高层意欲，独立不受自然因果性之拘限，而具普遍必然性，它就是一种自由因果性，亦即理性在意欲机能中普遍立法之能。

孟子上承孔子，以"四端之心""本心""良知"论"仁"，凸显仁作为高层意欲机能，而与依外来的决定原因而起作用的经验性意欲区分开。孟子曰：

> 鱼我所欲也，熊掌亦我所欲也；二者不可得兼，舍鱼而取熊掌者也。生亦我所欲也，义亦我所欲也；二者不可得兼，舍生而取义者也。
>
> ——《孟子·告子章句上》

孟子曰："生亦我所欲也，义亦我所欲也；二者不可得兼，舍生而取义者也。"又曰："可欲之谓善。"（《孟子·尽心章句下》）"从耳目之欲"（《孟子·离娄章句下》），人之情也，不过，"义亦我

7

所欲也"。于此，我们能揭明：孟子言"本心"乃是人自身具有的一种真正的实践理性，也就是理性与意志合一的心灵机能。如同康德揭示：纯粹的实践理性（亦即意志自由）依照其立的道德法则产生圆善（终极目的），并因着高层意欲机能，与"耳目之欲""趋利避害""怀生畏死"等自然欲望根本区别开，而为管辖人的一切意欲的能力。此即孟子曰："先立乎其大者，则其小者不能夺也。"（《孟子·告子章句上》）康德的批判阐明，一种真正的高层意欲机能也就是纯粹的实践理性，纯粹理性的实践使用亦即理性在意欲机能中立法，因而纯粹的道德法则命令致力在世界上实现圆善，它扩充自身至合内外而言的创造之动源。同样，我们可以依据孔孟哲学的文本来说明：仁（本心）就人自身的最初本源而言，乃是一种区别于隶属于自然因果性的意欲（"耳目之欲"、"物交物，则引之而已矣"［同前］）的高层意欲机能，就此而言，它是人的道德行为的超感触的根源；并且，仁（本心）包含意志的自由因果性，这种因果性能够"独立不依于外来的决定原因而起作用"，它是一种影响甚至统辖自然因果性的特殊因果性，也就是在自然法则之上而又与之谐合的另一种法则。依孔孟，仁（本心）固然是从伦常有序发端而显其内在含蕴的普遍性和必然性，但正是其内含普遍的必然的法则义，使它不限于人伦，必定充其极至万事万物，而含着统全宇宙为一整全的法则性、普遍性和必然性。此即孔子哲学之"践仁知天"，孟子承孔子慧识而言："尽其心者，知其性也，知其性，则知天矣。"

我们指出，本心（仁）乃系人类心灵的高层意欲机能，亦即理性在其中立法的意欲机能，就其为具有自由之特性的因果性而言，它就是自由意志、纯粹意志，就其为颁布道德原则之能而言，它就是纯粹的实践理性。正因为它是意志，是具有因果性的意欲力，它就包含动力，就具有活动性。又因为它是立普遍法则的实践理性，其法则（道德法则，"无非是纯粹的实践理性之自律，亦即自由之自律"［KpV 5:33］）就是"行为的形式的决定根据"，一如它产生以善乃至圆善为意志的客体，它就是行动对象的"客观的决定根据"，并且，它也就是"行动的主观的决定根据，即是行动之动力，因为它对主体的感性有影响，并且产生了一种促进法则去影响意志的情感"。（KpV 5:75）明乎此，我们即能说明，何以孔孟文本中的本心（仁）既是就每一个人之主体而言的，又包含了主体立法（天理）的形式义、客观义。本心就是道德行动的动力，它在立理义的同时就呈露出悦理义之情和感受理义而发的道德感情。据此，我们也能指出，只要如理如实地理解康德经由三大批判对人类心灵机能做出的通贯整全的考察，了解到康德合最高认识力（作为原则之能的理性）与纯粹意志（作为依照原则而活动之能）而论纯粹实践理性，我们就不会像一些学者那样，误以为康德因着将纯粹意志等同纯粹实践理性，就把意志看成只是一个理性体。[6]

道德主体，康德亦称之为"作为至上立法者的纯粹实践理性的主体"（KpV 5:75），是立原则的理性立法活动，同时就是意志的因果作用，也就产生道德情感。明乎此，我们即能见到，本心（仁）所包含的天理义、意欲活动义、道德情感之通贯一体与康德经由三大批判而论明的道德主体若合符节。

析疑与辩难

问：在先秦典籍以及之前的文献里，"欲"字有意指"高层意欲

9

机能"的吗?

答：孔孟之前，"欲"字是否有意指"高层意欲机能"，此乃属训诂学问题，篇幅所限，只能留待考据学家详细考证。我们这里从哲学研究而考论，可以肯定说，"欲"字包含高层意欲机能之含义，首见于孔子言"我欲仁，斯仁至矣"，孟子承接之而言"所欲有甚于生者"，显见，孔孟言"欲"区别于一般所谓"意欲"，它"有甚于生者"，与"耳目之欲""趋利避害""怀生畏死"等自然欲望根本区别开，因此，可名之为高层意欲机能，以区别于经验的、心理学意义的"意欲"。用康德的话表达，一般所谓"意欲"，不过是"考察意愿一般以及在这种一般意义上属于它的一切行动和条件"，而"一般而言的人类意愿的活动和条件大多数汲取自心理学"。（Gr 4:390）而孔孟言"欲"是与人心之仁、本心良知之天理相关联，孔子说"夫仁者，己欲立而立人，己欲达而达人"，孟子说"理义之悦我心"（《孟子·告子章句上》）、"义亦我所欲也"。因此，我们可以用康德的术语表达，孔孟言"欲仁""欲义"之"欲"，意指"纯粹的意志"，乃是人自身具有的一种真实的道德的根源，也就是"无须任何经验的动机而完全从先验原则出发被决定的"（Gr 4:390）意志。康德言"具有纯粹性和本真性（在实践的领域里重视的恰恰是这一点）的德性法则"（Gr 4:390），也就是孟子所言"理也，义也"，就是"根于心"的"仁义礼智"。而"欲仁""欲义"之"欲"，就是完全从人心之仁、本心良知之天理出发被决定的意志。

在拙著《常道：回到孔子》中，我们已论明，孔子所言"己欲立而立人，己欲达而达人"堪称道德最高原则的表达，它显示出适用于一切人的那种普遍性，它对一切人具有一种"无条件的实践的必然性"。此中所言"己欲"，通于"立人""达人"，是道德最高原则决定的"意欲"。依以上所论可见，孔孟言"欲仁""欲义"之"欲"，在中国哲学史上是创辟性的。

问：复旦大学杨泽波教授认为，孔孟之学只是根源于当时当地特殊的社会习俗，依赖先在的伦理心境，并名此伦理心境为"仁性"以解说孔子言"仁"、孟子言"本心"。

答：杨泽波教授说："孔子、孟子无不重视爱亲敬长，根源全在于当时当地特殊的社会习俗。这种社会习俗在个人内心结晶成为'伦理心境'后，人们也就爱亲敬长，乐此不疲。"[7]又说："作为心体的道德本心不过是社会生活和理性思维在内心结晶而成的'伦理心境'。'伦理心境'在处理伦理道德问题之前就已经存在了，是先在的……"[8]我们可以指出，杨教授显然是将孔孟之学之为道德哲学与社会习俗史混为一谈了。依社会习俗史的观点而论，行为规范受制于当时当地特殊的社会条件，但孔子、孟子重视"爱亲敬长"，并非社会习俗史的观点。"爱亲敬长"是人伦之常，伦常之为"常"在于其根自天埋，即是基于理性在意欲机能中立法。理性立法就是不依时间、空间而移易，在一切时和地，于一切人皆有效。依社会习俗史的观点，人不一定"爱亲敬长"，现代人就时常不喜"爱亲敬长"，但我们不能以人在现实中或在历史上的表现为由否定伦常。伦常是人的实存的"应当"，即使人在现实里或历史中时常离开它，伦常都不因此移易。此所以孟子说："人之所不学而能者，其良能也；所不虑而知者，其良知也。孩提之童，无不知爱其亲者；及其长也，无不知敬其兄也。亲亲，仁也；敬长，义也。无他，达之天下也。"

杨教授把伦常解释为历史中表现的时移势易的"社会习俗"，有违孔孟原义。他既然也采用"作为心体的道德本心""理性思维"来讲孔孟，却无知于"本心""理性"作为道德哲学的核心概念，含着立普遍法则之义，亦即普遍必然性之义。究其实，他将"道德本心"理解为心理学意义的"心"，而"理性"不过是管辖经验领域的知性而已。尽管杨教授也使用许多哲学概念，讨论不少哲学命题，却显得与哲学思维有些格格不入，他提出"欲性、智性、仁性"三分法，但其哲学依据并不足。

杨教授视伦理心境为"仁性"，人的生存为"欲性"，学习和认知的官能为"智性"，[9]我们可以指出，这不过是一种随意的、无关联的、对人类特殊构造的散列，岂可取代康德通过三大批判而做出的对人类心灵机能的通贯整体的考论？我们援用康德高层与低层的意欲机能之区分来说明孟子之区分："生亦我所欲"（"耳目之欲""物交物，则引之而已矣"）隶属于自然因果性，可称为低层意欲机能；"义亦我所欲"（"心之官则思"［《孟子·告子章句上》］）属于自由因果性，可称为高层意欲机能。二者是同一心灵的意欲机能所具有的不同性格，前者是经验的，后者则是超越的。超越分解而言，认识机能、情感、意欲机能乃是三种不同的心灵能力，但三者是根于同一心灵的通贯整体的活动起作用的。

注释

1　牟宗三：《从陆象山到刘蕺山》，《牟宗三先生全集》卷 8，台北：联经出版公司，2003，页 104。牟师所谓"纯净性"，也就是孟子说的"非所以内交于孺子之父母也，非所以要誉于乡党朋友也，非恶其声而然也"。

2　本书所标《传习录》条目编码依照邓艾民《传习录注疏》，基隆：法严出版社，2000。

3　"一端"可表示事物之一项、一种。"端"亦可解作"绪"，或"发端""开端"。朱子则云："端，绪也。"（《四书集注·孟子集注》卷三）愚意以为，"端"字若解作"绪"等，均会引起对"恻隐之心，仁之端也"与"恻隐之心，仁也"（《孟子·告子章句上》）两文句的理解的争议。若将"端"解为"这一端"，可免除义理之外的不必要纷争。

4　康德著作引文缩略语说明参文末附录一。康德著作翻译极不易，本书所引的康德著作参考、采用了现行的不同中译本（见附录三），并以表意准确为目的，稍作调整。

5　关于"高层的机能"（oberes Vermögen）一词，"高层的"并非意在做出"价值判断"，而在于揭明诸心灵机能中包含的立法能力。康德在《判断力批判》中指明："就一般的心灵机能来说，把它们作为高层的机能，也就是包含自律的机能来考虑。"（KU 5:196）同一心灵机能的三种能力（认识机能、快乐与不快乐之情感、意欲机能）均可有低层的与高层的区分，高层认识机能就是含有先验的构成的原则的知性，高层的快乐和不快乐之情感就是那独立于那些与意欲机能的决定有联系的概念和感觉而能够直接地实践的判断力，高层意欲机能则是那不需要以来自任何地方的快乐为媒介而自身就是实践的理性。（KU 5:197）

6　牟先生批评康德"把自由意志只看成是一孤悬的抽象的理性体"，"成为死体"。（见牟宗三《智的直觉与中国哲学》，台北：台湾商务印书馆，1971，页194—195。）这种见解看来是受英美康德专家之权威讲法影响所致。康德本人一再论意志是起因果作用的"自然机能"（KU 5:172），并揭明理性在意志中立普遍法则的事实，以此提出"意志不外是实践理性"（Gr 4:412）。纯粹意志不外是纯粹实践理性。这样一种意志活动即理性立法活动之洞见，怎么会是把意志视为抽象的理性体？我们无法理解，康德何以因为揭示理性在意志中立法的事实而指出理性的实践使用，就被批评为把意志视同抽象的理性体。我们可以说理性的思辨使用产生的对象只能是智思物（Noumena），思辨理性不具有因果作用，并无推动力；

但理性的实践使用根本不同，它是立法的自由因果性，因而是起作用的，其所立道德法则本身就是动力，并且，伴随着对道德法则之意识和感受性产生道德情感。我们不能明白，意志怎么会因为理性在其中立法就变成不能活动的"只是理"呢？

7 杨泽波：《牟宗三三系论论衡》，上海：复旦大学出版社，2006，页98。

8 同前揭书，页167。

9 同前揭书，页276。

第二节

论孟子言"心"包含"心即理"义

上一节已论明，本心（人心之仁）就是立普遍法则的高层意欲机能。儒者所言"心即理"，其实义就在于此。"心即理"这个命题中，"即"不是指逻辑的分析关系，不能理解为"心＝理"。"即"表超越的肯断，"心即理"意指：心之本质作用之普遍立法就是理。牟先生在《智的直觉与中国哲学》一书中就指出"康德说法中的自由意志必须看成是本心仁体底心能"[1]，并说："当本心仁体或视为本心仁体之本质作用（功能良能 essential function）的自由意志发布无条件的定然命令时，即它自给其自己一道德法则时，乃是它自身之不容已，此即为'心即理'义。"[2]

前文已提到，康德认为，自由就是"能够独立不依于外来的决定原因而起作用"的那种意志因果性之特性。尽管这样对自由的说明是消极的，然而，因为"一种因果性之概念含有法则之概念"，"由它就产生出自由的一个积极的概念"，据此，"自由必须是一种依照不变的但却又是特种的法则的因果性"。（Gr 4:446）

援用康德的批判学说，我们也可以说明，本心（仁）作为一种"能够独立不依于外来的决定原因而起作用"的自由因果性，包含着法则之概念。尽管孔子没有明文说及仁之普遍立法，但如我们已一再申论，说孔子言"仁"之为高层意欲机能是有文献根据的，它是人的道德行为的超感触的根源，人的行为的超越道德理性的标准由之而出。孔子说："夫仁者，己欲立而立人，己欲达而达人。"这是人的一切实践活动的超越的标准，堪称最高的道德原则。又，孔子说："克己复礼为仁，一日克己复礼，天下归仁焉。为仁由己，而由人乎哉？"（《论语·颜渊第十二》）"克己复礼"依据的是最高的道德原则和决定行为的根据的最高格准。根于人心之仁的最高的道德原则及格准，如牟先生说："这超越的标准，如展为道德法则，其命于人而为人所必须依之以行，不是先验的、普遍的，是什么？这层意思，凡是正宗而透澈的儒者没有不认识而断然肯定的。"[3]用康德的话说，根于仁的超越的标准就是"行为一般的普遍合法则性"，它的表达式是："我决不应当以别的方式行事，除非我也能够意愿我的格准应当成为一条普遍的法则。"（Gr 4:402）以此，我们可以指出，仁以其自身之天理，显示出适用于一切人的那种普遍性，它对一切人具有一种"无条件的实践的必然性"。

仁（本心）包含"无条件的实践的必然性"之标准，此即孔子曰："富与贵，是人之所欲也，不以其道得之，不处也；贫与贱，是人之所恶也，不以其道得之，不去也。君子去仁，恶乎成名？君子无终食之间违仁，造次必于是，颠沛必于是。"（《论语·里仁第四》）"志士仁人，无求生以害仁，有杀身以成仁。"（《论语·卫灵公第十五》）孟子曰："如使人之所欲莫甚于生，则凡可以得生者，何不用也？使人之所恶莫甚于死者，则凡可以辟患者，何不为也？由是则生而有不用也，由是则可以辟患而有不为也，是故所欲有甚于生者，所恶有甚于死者，非独贤者有是心也，人皆有之，贤者能勿丧耳。"（《孟子·告子章句上》）如牟先生说："凡这些话俱表示在现实自然生命以上，种种外在的利害关系以外，有一超越的道德理性之标准，此即仁义、礼义、本心等字之所示。人的道德行为、道德人格只有毫无杂念毫无歧出地直立于这超越的标准上始能是纯粹的，始能是真正地站立起。"[4]我们也可以说，以上所引孔孟的话表示的就是康德所论道德法则具有绝对的必然性。用康德的话说，道德法则具有的必然性并不是材质地、经验地决定成的，而毋宁是表示一种道德的定言律令的无条件命令，一切包含有具体内容的行为之堪称为道德行为都必定出自以此无条件命令为根据的格准。康德说："当一行为从义务而作成时，这意志必须被意愿一般之形式原则所决定，因为它被撤除掉一切材质原则。"（Gr 4:400）此时，"意志正立于它的先验原则和它的经验动力之间，可以说处于一个十字路口，先验原则是形式的，经验动力是材质的"（Gr 4:400）。道德法则作为纯粹实践理性之法则，"它不顾意志的各种主观差异而使德性原则成为意志的形式的至上的决定根据"（KpV 5:32）。

孟子依据孔子言"仁"包含的理性在高层意欲中绝对需要的普遍性，直下从"心"说"仁"，曰"仁，人心也""仁也者，人也，合而言之，道也"。依据此根源洞见，孟子才能提出"理义"乃系心之所同者。孔子言"仁"遍及人伦之常，是天地群物之序，具有法则性、普遍性和必然性。孟子恰切把握孔子言"仁"包含的"仁心"之立法及普遍有效，他提出："心之所同然者何也？谓理也，义也。"又说："《诗》曰：'天生烝民，有物有则，民之秉彝，好是懿德。'孔子曰：'为此诗者，其知道乎！'"（《孟子·告子章句上》）"民之秉彝"乃"好是懿德"之超越根据，"秉彝"就是执持天则、常道（普遍法则）。孔子曰"为此诗者，其知道乎"，可见他言"仁"是通天则、常道（普

17

遍法则）的。依孟子论，本心（仁）的首要作用是为人的行为立普遍法则，此正显本心自立道德法则之义。尽管《论语》并未将"仁"与"心"合言"仁心"，此乃圣人立教之圆融，孔子并无分解地论说"仁"的诸含义，然此并不妨碍我们指出"仁"乃人的道德心，其首出义在其包含的超越标准之普遍立法中。此所以孟子点明"仁"即"本心"，而心之同然在于心之理义。

"心即理"指明了一个道德实践上的命题：本心就是立普遍法则（理）的能力。这种立普遍法则的能力，用康德的话说就是在意欲机能中立法的理性。"理"字意指天理（道德法则），绝非朱子所言"即物而穷其理"之于事事物物上求之"定理"。如王阳明指出："朱子所谓'格物'云者，在'即物而穷其理'也。即物穷理是就事事物物上求其所谓定理者也，是以吾心而求理于事事物物中，析心与理而为二矣。"（《传习录》中，《答顾东桥书》，第 135 条）

王阳明曰："虚灵不昧，众理具而万事出。心外无理，心外无事。"（同前揭书，上，第 32 条）"这心之本体，原只是个天理，原无非礼。这个便是汝之真己，这个真己是躯壳的主宰。"（同前揭书，上，第 122 条）刘蕺山曰："人心大常而已矣。"（《刘子全书》卷七《原旨·原道下》）又曰："常心者何？日用而已矣。居室之近，食息起居而已矣。其流行则谓之理，其凝成则谓之性，其主宰则谓之命，合而言之，皆心也。"（同前）

阳明说"圣人无所不知，只是知个天理"（《传习录》下，第 205 条）。象山说："东海有圣人出焉，此心同也，此理同也。西海有圣人出焉，此心同也，此理同也。"（《陆象山全集》卷三十三《谥议》）常言道："人同此心，心同此理。"中国圣贤所讲无非都是"人类理性立法之学"，用张载的话来说就是："为天地立心，为生民立命。"[5]

宋明儒学倡言"心即理",根据来自孟子。孟子上承孔子言"仁"之真旨实义而倡"仁义内在",他说"仁义礼智,非由外铄我也,我固有之也"(《孟子·告子章句上》)、"君子所性,仁义礼智根于心"(《孟子·尽心章句上》)。"仁义礼智"根于心,我固有之,因而乃系内在,而非外铄,透过康德的话来理解,就是本心为我们的一切行为格准立普遍法则。

《孟子·告子章句上》记载了孟子反驳告子"仁内义外"之说。[6]告子所谓"仁内"所意指之"仁"只以情感而言,故云"吾弟则爱之,秦人之弟则不爱也"。他明白表示,所谓"仁内",理由是"以我为悦者也"。可见,告子所主张"仁内",意思是爱、悦之情感发自内心。我们可以指出,情感发自内心是自明之事,告子据此言"仁内"并无深义,根本不可混同于孟子言"仁内"。如我们已论明,孟子言"仁"表示理义之应当的决定根据,据此言"仁内",就是意指天理发自内心之仁,亦即"仁义礼智根于心"。告子所谓"义外",其言"义"由外在的对象决定,他主张"义外",理由是"以长为悦者也"。显而易见,告子言"义"根本不及本心之自决的无条件的义理当然之义。故孟子反问告子:"且谓长者义乎?长之者义乎?"此问可谓一语中的,直指要害。依孟子,"义"之为义的决定在"长之者"的本心之自决,故言"义内"。如牟先生说:

义不义之第一义惟在此自律自主之本心所自决之无条件之义理之当然,此即为义之内在。内在者,内在于本心之自发、自决也。孟子说:"长者义乎?长之者义乎?"此一疑问,即由自外在之"长者"处(即他处)说义扭转而自内在之"长之者"处(即己处)说义。此种自发自决之决断,不为某某,而唯是义理之当然,即为本心之自律。一为什么某某而为，便不是真正的道德，便是失其本心。[7]

依以上所论，我们可指出，孟子言"心"上承孔子言"仁"而包含"心即理"义。"心即理"揭明"心"作为高层意欲机能，即作为立普遍法则之能，就是理性在意欲中立法之能。人的意志因其是理性的实践使用，因而具理性的立法义，而实践理性因其是意志活动，因而即具心灵之活动义、动力义、创造义。"心即理"之"心"（"本心""仁心"），用康德的术语说，就是"纯粹实践理性"。纯粹实践理性作为道德主体，之所以区别于思辨理性之为"但理"（"只是理"），就在于它不仅是"作为原则的机能"的理性，还是"创造对象之自由因果性"的意志。

依康德的批判考论，理性是意志的决定根据，意志的一切活动皆以理性为条件。纯粹实践理性乃是理性与意志先验地综和一体的心灵机能。《实践理性批判》就是处理理性在意欲机能中立法的普遍有效性问题。如他在《判断力批判》所言："理性只在意欲机能方面含有先验地构造的原则，它在实践理性之批判中获得其所有物。"（KU 5:168）经由对实践理性的批判考虑，康德确立理性是一种"通过自由概念而立法则"（KU 5:174）的机能。并论明：意欲机能，当它作为一种按照自由概念而活动的高层的机能时，仅有理性是先验地立法的。自由概念包含一切感性地无制约的先验的实践法则的根基，同时建基于理性的立法。（KU 5:176）理性作为实践的立法机能，以其所立道德法则而管辖自由领域。（KU 5:174）"通过自由概念来立法，这是由理性而发生的，并且是纯然实践的。"（KU 5:174）

依据康德所论，我们也可以说，本心（人心之仁）独立不依于"小体"（"耳目之欲""物交物，则引之而已矣"），其自身即是"人同此心，心同此理"之理义所由生的心灵机能，此即是说，本心"包含着一切无感性条件的先验实践规范之根据"（KU 5:176）。"所欲有甚于生者，故不为苟得也"；"所恶有甚于死者，故患有所不辟也"。"由是则生而有不用也，由是则可以辟患而有不为也"，"非独贤者有是心也，人皆有之"。用康德的话说，是心不受自然因果性拘限，它"通过自由概念来立法"。是心，本心也；此发自本心之法，天理也。"心即理"之根本义就在于此。

析疑与辩难

问：依学界流行的一般理解，理性只是"理"，并无活动性，与活动的"心"截然二分。若如此，岂可言"心即理"？

答：不必讳言，众多康德专家限于西方哲学传统的旧思维模式去设想"理性"，因而完全不能理解康德的洞见：纯粹实践理性无非是理性在其中立法的意欲机能。自康德提出真正的启蒙以来，学术界的主流见解仍然看不到，或根本拒绝接受这样的事实：人的理性机能的真实使用在于自立普遍法则，也就是在意欲机能中自立道德法则。理性乃是人自身禀具的自然机能，绝非什么超自然的特种力量。理性根本就是每一个人自身具有的在意欲机能中立法的能力。汉学界中也流行一种偏见，那就是看不到，甚至否认本心之普遍立法义，把孔子传统哲学视作只是个人修身养性之学，仅仅是一种伦理学，把本心（仁）理解为只是心理学的，甚而只是情感意义的。如此一来，由于学者们把每一个人自身具有的在意欲机能中立法的能力否决掉，他们就把道德连根铲除。

康德将理性关联于意欲机能而界说"意志"，就是说，意志不外就是理性在意欲机能方面的使用，此即是理性之实践的使用。在一般的伦理学著作中，意志只不过是合理的欲望，对康德而言，这种沿用已久的关于意志的旧有界说显然贫乏无力，他洞见到意志不单是欲望，意志实是立法的实践理性。康德批判地证明了纯粹实践理性就是立道德法则的自由意志，我们由此可指出，康德所言纯粹实践理性（自由意志）就含着作为道德实践根据的道德心义，实践理性作为在人类心灵机能中与意欲力合而为一的机能，其首要作用是为人的行为立普遍法则。作为最高认识力的理性因着与意欲机能综和，它就从原来只是"但理"的不具推动力的思辨理性进而成为自身就是作用因的实践理性。纯粹实践理性既是立道德法则的意志（心），又是道德法则本身（理），纯粹实践理性（意志自由）与无条件的实践法则（道德法则）互相含蕴。（KpV 5:29）而这正是儒者所言"心即理"之根本义。

西方学者鲜有能理解康德为理性正名的深刻意义及重大贡献。如果我们尝试从词源学的视角，一瞥"理性"一词在西方哲学史中的含义之变迁，马上会发现，历来哲学家们在理解理性上都各持己见。柏拉图以为人类理性"必须千辛万苦地通过回忆（这回忆被称为哲学）去唤回旧有的、如今已极其模糊的理念"（A313/B370），并以之制造出一个孤立于可感的现象界之外的可知的理型世界。亚里士多德则致力于消除这种二元对立，将理性理解为"人类灵魂特有的形式"，并开启了西方哲学史上将概念、判断、推理等思维形式归属于理性的理论传统。但亚里士多德的经验论立场毕竟无法解答由理性自身的本性提出的种种问题，"因为理性所使用的原理既然超出一切可能经验的界限，就不再承认经验的试金石"（Aviii）。如此一来，人类理性陷入独断唯理论与独断经验论的无休止的纷争中。直至中世纪神权时代，基督教神学出来，理性变成一种对于神意和最高的普遍原则的理解力而不容置辩。不过，欧洲启蒙运动一举粉碎了理性曾拥有过的魅力及神秘力量。康德经由三大批判对历来西方学者对于理性认识所处的蒙昧状态和二律背反的困局做出周全考察，从而为理性正名：理性作为一种自然机能，乃系每一个人所禀有的心灵机能。一方面，它作为心灵机能中认识机能的最高认识力，起到把感性与知性的综和活动带至最高统一的轨约作用；另一方面，它的真实使用在于在意欲机能中立普遍法则，因而作为心灵机能中的高层意欲机能。此所言理性是就全人类而言。用康德本人的话说，"只有一种人类的理性"（MS 6:207）。人类的共同的理性之本性、原则和使用是通过对"那独立不依于经验而追求一切认识的理性机能一般"进行批判考察而得到确立的。

问：康德学界流行一种权威定见，以为康德主张自由意志只是一设准（Postulate）。如果这并非一种误解，那么，如何能说孔孟所言具体呈现的仁（本心）与康德所论意志自由之义相通呢？

答：事实上，学界对康德的曲解可以溯源到黑格尔，他在《精神现象学》一书中责难康德关于设准的论说，他以为设准是"不能实现的"，"只算是一个彼岸的东西"。[8]而英语世界中在这方面影响深广者可数刘易斯·贝克，他在《〈实践理性批判〉通释》一书中专有一节详细讨论纯粹实践理性的设准。[9]他把辩证论所述作为设准的自由与经由分析论建立及证成的既超越而又实践的自由并列为"自由概念"之一种，实属鱼目混珠。究其实，前者作为纯粹实践理性的设准而论的自由是就"积极地来看"而言的，在这里"积极地"是批判的说法，意指自由是理智的直观的对象。依批判哲学，人的知性没有直观能力，因此，在这层意思上说，"积极地来看"的自由就是设准。
（KpV 5:132）但我们不能据此断言，康德所论意志自由就只是设准，
更不能又从设准推想到康德所言自由意志只是暗冥的彼岸的东西。我
们必须注意，康德本人明确指出，自由是意志之超感触的特种因果性，
因之根本不是经验的对象，不能于任何直观中展现；但更为重要的是，
它不需要像经验对象那样借直观来展现自己，而是"通过道德法则而
呈露"（KpV 5:4）。也就是说，意志自由之实存由道德法则证明，
并且通过道德法则被认识。同样，我们可以指出，本心（人心之仁）
并非经验对象，不能也不需要借直观来展现自己，而是经由本心之普
遍立法（天理）而呈露。

　　汉学界一直以来受英美学界影响，对于康德哲学体系中复杂而缜
密的设准学说，也是多做片面的解说，随文生义、断章取义。一方面，
其一味抓住康德两三处论自由为设准，就不问缘由，断言康德论意志
自由只是设准，因而只是纯理体和彼岸的东西，如此一来，就把康德
的意志自律也贬为虚说，甚至还有他律之嫌。另一方面，把仁（本心）
所依据之天理呈现义忽略掉，而把仁（本心）具体呈现曲解为只是依
于情感之呈现，以此把意志自律所含普遍立法之根本义抹掉，从根本
上破坏意志自律学说。（关于康德的设准说，拙著《康德的自由学说》
[台北：里仁书局，2009]、《物自身与智思物：康德的形而上学》[台
北：里仁书局，2010] 有周详讨论，可参阅。）

注释

1　牟宗三：《智的直觉与中国哲学》，页 200。

2 同前揭书，页194—195。

3 牟宗三：《心体与性体》第一册，台北：台湾正中书局，1968，页120。

4 同前揭书，页119—120。

5 张载：《朱轼康熙五十八年本张子全书序》，收录于《张载集》，北京：中华书局，1978，页396。

6 告子曰："食色，性也。仁，内也，非外也；义，外也，非内也。"孟子曰："何以谓仁内义外也？"曰："彼长而我长之，非有长于我也；犹彼白而我白之，从其白于外也，故谓之外也。"曰："异于白马之白也，无以异于白人之白也；不识长马之长也，无以异于长人之长与？且谓长者义乎？长之者义乎？"曰："吾弟则爱之，秦人之弟则不爱也，是以我为悦者也，故谓之内。长楚人之长，亦长吾之长，是以长为悦者也，故谓之外也。"

7 牟宗三：《从陆象山到刘蕺山》，页148。

8 Hegel, *Phänomenologie des Geistes*, Frankfurt am Main: Suhrkamp Verlag, 1970, S. 454. 中译见黑格尔《精神现象学》上卷，贺麟、王玖兴译，北京：商务印书馆，1997，页137。

9 L. W. Beck, *A Commentary on Kant's Critique of Practical Reason*, Chicago: The University of Chicago Press, 1960. p. 190; pp. 207–208; pp. 251–252.

第三节

论孟子言"心"包含之"心即理"义与康德之意志自律学说相通

　　正是依据理性在意欲机能中立法这一事实，康德得以提出他著名的"意志自律"，他说："意志自律必然与道德概念相联系，甚或毋宁说是道德之基础。"（Gr 4:445）意志自律作为道德的最高原则，它是限制我们的行动的条件，（Gr 4:449）因着这一点，一个人感到他自己的人格价值。（Gr 4:450）意志自律原则也就是"每一个人的意志作为通过一切自己的格准普遍地立法的意志"的原则。（Gr 4:432）依照康德之意志自律说，人服从于法则，而他服从的法则就只是他自己订立的同时也是普遍的法则，他自己的意志是一个天造地设地要制定普遍法则的意志，而他只是必须与其自己的意志之立法相符合而行动。（Gr 4:432）"意志自律就是意志（独立不依于意愿的对象之一特性）对其自己就是一法则的那种特性。"（Gr 4:440）而自律的原则就是："你应当总是这样做选择，以至于同一意愿所给我们的选择的诸格准皆为普遍法则。"（Gr 4:440）

依康德，自由自律的意志立道德法则，此即孔子哲学传统中儒家言"心即理"之义。在康德的实践哲学体系中，实践的客观性就在每一个人自由自律的意志立法所同具的普遍必然性中，此即含着说，实践的客观性在外在化、社会化之先已经根源于实践主体中，主客合一之根在主体。我们可以指出，儒者所论"心即理"，亦即康德论"意志自律"，个中包含三义。一、每一个人同具的立法主体自身的立法，因其根于主体而言是主观的，用孟子的话说，"仁义礼智根于心"、"仁义礼智，非由外铄我也，我固有之也"、"求在我者也"（《孟子·尽心章句上》），天理自本心出也。二、因其具普遍必然性，我们可以指出这主体之自我立法同时是客观的，对每一个人皆有效的。用孟子的话说："心之所同然者何也？谓理也，义也。"孟子依据孔子言"仁"包含的理性在道德的意图中绝对需要的普遍性，直下从"心"说"仁"。唯独依据此根源洞见，孟子能提出"理义"乃是心之所同者。三、根源于实践主体之道德最高原则（天理）是绝对的（即无条件的），绝非经验意义的相对的普遍与必然，就这种"绝对的"意义而言，[1]我们可以视实践主体所立的道德最高原则为道德的最高者（唯独借道德才能够得到其决定概念的"天"）之命令，此所以孟子可以说"此天之所与我者"（《孟子·告子章句上》），并能够说经由尽心知性而能知"天"。

康德说："意志自由作为自律，亦即意志对于自身是一个法则的这特性，除此之外，意志自由还能够是什么东西呢？！"（Gr 4:447）他进一步指明"意志在一切行为中都对自身是一个法则"这个命题所表示的原则，"正是定言律令的程序和德性原则。因此，一个自由意志和一个服从德性的法则的意志是一回事"。（Gr 4:447）并且，"道德的法则也就是意志自身之自律原则"（Gr 4:449）。我们可以指出，孟子上承孔子言"仁"而言"心"所包含的"心即理"义,其要旨在:本心自立普遍法则,而我们自己遵从自立的法则而行。这就是康德所论意志自由自律之义。

康德一再强调:伦理学只能建基于主体之意志自由。康德做出实践理性批判的艰巨工作就旨在阐明"意志为自己立法",亦即意志自律乃是理性事实,并凭据意志自律之事实证明意志自由。通过《实践理性批判》分析论,康德展示:道德的基本原则中之自律性"是与意志自由之意识为同一"(KpV 5:42),"意志自由与无条件的实践法则(道德法则)是互相含蕴的"(KpV 5:29)。康德在《德性形而上学的基础》(简称《基础》)一书中就提出:"一个自由意志和一个服从德性的法则的意志是一回事","意志自由与意志自我立法二者皆是自律,因而是交互性的概念(Wechselbegriffe)"(Gr 4:450),"自由之理念是不可分地与自律之概念联系在一起,而自律之概念复又不可分地与道德的普遍原则联系在一起"(Gr 4:452)。不过,要进至《实践理性批判》才能对此做出批判的阐明。

通过对实践理性做出批判的考察,康德揭明"理性借以决定意志去践行的德性原理中的自律"这一事实,并由此阐明:纯粹理性"能够独立不依于任何经验的东西自为地决定意志",也就是说,"在这个事实中我们的纯粹理性证明自己实际上是实践的"。(KpV 5:42)并且,既然人作为有理性者,其意志具有一种"独立不依于外来的决定原因而起作用的那种特性",也就证明了其意志是自由的。意志的自由因果性"只是在纯粹的理性中才有自己的决定根据","所以这种能力也可以被称为纯粹的实践理性"。(KpV 5:44)

通过艰苦的批判工作,康德为道德哲学奠定了不可动摇的坚实基础,并据此无可置喙地推翻了所有僭妄地占据道德哲学之名的他律道德学。亦正是在这个对西方传统道德学根本扭转的创辟性洞见上，我们可以看到，孔孟哲学中"心即理"之义理与康德道德哲学若合符节，二者皆奠基于意志自律。纯粹实践理性在人的心灵的意欲机能中立普遍法则，这正是孔孟哲学言本心（仁）自立天理之义，而天理即常道，乃具有绝对的必然性的法则，即康德所论道德法则。

　　如我们一再申论，理性在意志中立法，理性即意志，亦即"意志为自己立法"，乃意志自律的根本义、首出义。但值得注意，在康德的意志自律学说中，还包含抉意自律（Autonomie der Willkür）。《基础》一书首先分析地提出意志自律之原则，也就是"每一个人的意志就是在一切它的格准中制定普遍法则"的原则。（Gr 4:432）我们可以指出，自律原则之表述中就包含抉意遵从普遍法则而为自己订立格准之义，意志立法则而抉意依据法则订格准。康德在《德性形而上学》一书中指明："就理性能决定意欲机能一般而言，在意志下可包含抉意。"（MS 6:213）意欲机能的立原则与选取格准之活动通贯一体，二者关联而不可缺一。此即孔子言"仁"既包含本于仁而发的"浑然一理"（最高的道德原则），亦包含最高的行为格准"克己复礼"：每一个人自我约束而依于普遍法则（天理）而行。用孟子的话说就是"由仁义行"（《孟子·离娄章句下》）、"存其心"（《孟子·尽心章句上》）、"求其放心"（《孟子·告子章句上》）。这都是在说依循以本心之天理为根据的格准而行。依康德所论："道德就是行为之关联于意志自律，也就是说，关联于借意志之格准而成为可能的普遍立法。"（Gr 4:439）亦即说，道德之为"行为之关联于意志自律"，不仅关于意志（实践理性）立普遍法则，同时关于抉意以普遍法则为根据订格准。道德法则（天理）定言地命令，是客观必然的，"格准是意愿的主观原则"（Gr 4:401），道德法则并未关涉到个体的行为，它作为个人行为的决定根据，也就是作为执意订格准以致生行为的根据是客观的，在这里无所谓抉择。致生道德行为的格准是行为者的执意以道德法则为根据订个人行为的主观原则，在这里就有一个是否选择道德法则作为个人行为的格准问题，而执意自律就是执意以道德法则为根据订格准，亦即决定什么行为为道德的"应当"。康德说："依据执意自律的原则应当做何事，这对于最普通的知性也是一望而知的。"（KpV 5:36）执意自律亦即执意自由，执意自由就是执意以道德法则为根据而订立行动格准以致生行动之特性。康德指出，执意自由有一极独特的性状："它能够不为任何动力而被决定至于行动，除非人把这动力用于自己的格准中（使它成为自己愿意［will］遵循的普遍规则）。"（Rel 6:24）道德法则是唯一"能使我们意识到我们的执意之独立不依于那因着任何激发力而成的决定"的法则，而且同时是那唯一"能使我们意识到我们的行动之可咎责性者"。（Rel 6:27）

意志自律亦即"纯粹实践理性之自律"，表示：理性把一法则先验地规立给意欲机能。这里，意欲机能理当总括立法则的意志与立格准的执意而言。意欲机能的活动本来就是从意志到执意以至行动通贯一体的活动，分解地说，可分法则、格准、行动三个方面考察，但绝不能以割裂的观点视之。绝没有只是纯然立法而不致生行动的意志，也不会有离开意志立原则的执意，执意作为订立格准的机能，其决定根据在意志。在康德学说中，意志自律自由与执意自律自由是同一主体之意志的因果性的特性。

并且，由于一种割裂、不通贯的思维方式，众多康德专家坚称，立法的意志只是理念，而执意只是经验的意念，他们甚至时常随意混用"Wille"与"Willkür"二词。[2]如此一来，他们就完全破坏了康德所论的意志自律与执意自律通贯一体的道德主体，而制造出超感触的意志主体与经验的抉意主体之间的二元对立。[3]依照这种观点，学者们就抹掉抉意自律，将抉意与作为立法机能的意志分立，因而得出康德言自律只是意志自律，而抉意他律的结论。他们以为康德"把立法与执法分属两个机能"，因此与"立法的机能同时即为发动行为的机能"的孟子陆王一系不同。[4]由于这种误解，学界针对康德意志自律与孟子学之会通问题争论不休，谁也说服不了谁。

将抉意视为习心，就看不到康德意志自律学说中包含的抉意自律义，进而亦忽略康德论意志自律包含"应当即意愿"。我"应当"表示意志立法对我之为定言律令；而我"意愿"表示我意愿抉意之格准服从道德法则的决定。康德本人就指出：我应当使自己服从道德法则，"我对此事必然感兴趣，并且明白这是怎么发生的。因为这个应当本来就是一种意愿（denn dieses Sollen ist eigentlich ein Wollen），而这种意愿对每个有理性者均有效（只要其理性是无障碍地是实践的）"。(Gr 4:449)但学者们将康德意志自律学说中所论抉意视为"任意""意念"，只是需要在无限的进程中强制训练的"习心"，[5]如此一来，康德原有论抉意能够使道德法则"成为自己愿意遵循的普遍规则"以作为唯一动力而决定至于行动（Rel 6:24）的这层意思就被抹掉了。[6]顺着这种错解的理路，就无可避免地要把一种"自律却不自愿"的见解加于康德了。[7]

康德本人就表明：自由因果性，亦即意志自律，"其实在性可以通过纯粹理性之实践法则，并遵循这些实践法则在现实的行动中得到证实，因而在经验中得到证实"。（KU 5:468）此所以我们一再申论意志自律本有之义，不仅在意志立法一层而言，且包含抉意以道德法则为根据订立格准以决定行为。我们甚至可以指出，意志自律之根本在揭明，在理性于意欲机能中立法的心灵活动中，抉意所订主观格准是如何与意志之客观原则一致的，也就是揭明主观格准与客观原则如何能在意欲机能活动中合一以使道德行为成为可能。如此不厌其详，旨在借此说明，孔孟之为道德哲学，其包含的意志自律与康德的意志自律学说若合符节。就本心立普遍法则（天理）而言，通康德言意志自律；就"克己复礼""由仁义行"而言，通康德言抉意自律。抉意摆脱一切经验动力而以道德法则为决定格准而致生行为，此中法则对人的抉意之约束是自我约束，非外来的强制，此见抉意之自律，而非他律。由意志自律而行，就表示人有"一个通过自己的格准普遍地立法则的意志"，他"所服从的法则只是他自己订立的，并且这立法是普遍的"。（Gr 4:432）此即表示，主观格准与普遍立法通贯一体，这就是本心立天理与"克己复礼""由仁义行"通贯一体。我们论孔孟言本心（仁）之自律，不能把自我约束之义忽略掉，不能视"克己复礼"为立法与执法分属两个机能而制造对立二分；同样，我们论康德意志自律（即纯粹的实践理性自律）亦不能把抉意自律抹掉，以此视抉意只为与意志立法对立二分的随躯壳起念的习心。无论康德或孔孟，均无客观性原则与主观性原则二分的观点，因为唯独客观性与主观性通贯一体起作用才能够有真正的道德行为可言。

析疑与辩难

问：意志自律是否有"律法主义"及"道德主义"之嫌？

答：唐文明教授跟随黑格尔派的观点，把康德的自律道德理解为"一种律法主义思想"，并据此批评牟先生"挪用康德式的自律概念来诠释儒家思想而导致对儒家美德伦理传统的系统性扭曲"[8]，"将儒家伦理精神化约为道德主义"[9]。我们可以指出，唐教授根本未有理会康德道德哲学的创辟性洞识，只是一味重复西方传统中困于旧思维的形形色色的说法。他以西方旧传统中的"道德主义"来理解"道德"，他说："道德主义对道德的实质性理解"是"纯粹自觉自愿的为他主义倾向"，[10]且该倾向在康德那里获得了"经典性表达"[11]。他又引尼采之言："道德行为的本质特征在于无私、自我牺牲，或者是同情和怜悯。"[12]他认为，"在尼采看来，道德主义对自我的理解无疑是以虚无主义为前提的"[13]。我们可以指出：康德自律道德凸显人的尊严和意志自由的创造性，与唐教授批评的"道德主义"根本不兼容；牟先生依据意志自律对儒家伦理做出哲学解释，同样是凸显人的"良贵"和作为伦理的超越根据的本心（仁）的创造性。在西方传统中一直占据主宰地位的"神律"（theonomy）道德，是为他主义、自我牺牲或者是同情和怜悯。康德已批判地揭明，"神律"道德是他律道德，而一切他律道德是假道德，是败坏道德的。

康德批判哲学彻底扭转西方传统的旧思维，为此，他一直以来都遭受到西方哲学中各种形式维护旧思维的哲学流派的扭曲和诘难。唐教授只是拾各种旧思维的维护者之牙慧，他在其著中所引的将康德的道德哲学贬为"神法概念的幽灵"这一观点，就是出自西方伦理学家麦金太尔，[14]而此种说法又不过是追随黑格尔。唐教授把道德法则与"神律"混为一谈，完全是由于他不加批判地接纳了一种可溯源于黑格尔的流行观点，他说："黑格尔非常明确地将康德的道德哲学与基于摩西律法的犹太教精神相联系，并与耶稣的登山宝训相对比。"[15]并引用黑格尔的话来将"虔诚的教徒"与"康德式的自律道德践行者"归为一类，黑格尔说："不是在于：前者将自身变为奴隶，而后者是自由人；而在于：前者顺从于外在于他们的主，后者则把他的主人带入自身之内，然而同时却成为自身的奴隶。"[16] 唐教授表示赞同黑格尔的说法，说："黑格尔的这一评论已经揭穿了自律的真相。"[17] 他不加批判地加入西方传统旧思维维护者对康德革新思维的攻击中，指责"康德在道德问题上采取律法主义的立场"[18]，好像完全无知于康德对西方传统他律道德、神学的道德学和经验伦理学的彻底颠覆。

我们可以指出，依照康德所论意志自律的原则，每一个有理性者的意志自己的"普遍立法"，与出自"犹太－基督教的宗教律法主义"的"律法"根本不同。早在《纯粹理性批判》中，康德就批判地推翻了西方传统中以上帝为前提的"神学的道德学"，他揭明："神学的道德学包含的德性的法则预设一个最高的世界统治者的存在为前提"（A632/B660），因而是他律的。

康德在《基础》一书中指明，甚至"上帝（作为圆善）的概念"，都只有从"德性的圆满性之理念"中得到，而理性先验地制定这个理念，且将它"不可分地与一个自由的意志之概念联结在一起"。（Gr 4:409）根源自人自身之意志自律的"道德"乃是"独自构成人的绝对价值的东西，也是任何人，甚至最高者对人做出判断的依据"。（Gr 4:439）在《单在理性界限内的宗教》（简称《宗教》）一书中，康德明文指出《圣经》"十诫"是"强制性的诫命"，只专注事情的外表，他说："所有的诫命都具有这样的品性，即使一种政治的制度也可以遵循它们，并且把它们当作强制性的法则让人承担，因为它们只涉及外在的行动。"（Rel 6:125–126）在康德看来，即使"十诫"不是官方提出来的，"在理性看来也已经是伦理的诫命"，但在那次立法中，它们根本不要求"遵循它们时的道德存心"，"而是绝对地仅仅着眼于外在的遵守"。（Rel 6:126）

意志自律的根本在："意志不是仅仅服从法则，而是这样来服从法则，即它必须也被视为自己立法的，并且正因此故，才服从法则（它可将自己视为其创制者）。"（Gr 4:431）"人所服从的法则只是他自己订立的，并且这立法是普遍的，而且他仅仅被责成依据就其自然的目的就是普遍立法的他自己的意志而行动。"（Gr 4:432）可见康德批判地建立的自律道德学说是对西方他律的、渊源于"犹太－基督教的宗教律法主义"的道德律法主义传统的彻底颠覆。意志自律含着说，人服从他自己固有的依其本性就是普遍立法的意志所立的道德法则。这并非恐惧，亦非对感触的本性的钳制，而是人自身的尊严。康德说："人的尊严正在于他具有这样普遍立法的能力，尽管同时以他本身服从这种立法为条件。"（Gr 4:440）意志自律之所以体现人自身的尊严，完全由于其根据在每一个人"作为目的自身而实存"。（Gr 4:429）明乎此，我们就不会将意志自律混同于人向神负责、甘心做神的奴仆的宗教律法主义，并明白黑格尔及其后百多年来的各种追随者指责康德的自律道德学说为一种道德律法主义，"使人沦为自身的奴隶"，纯粹是毫无根据的污蔑之词。

问：孔孟之学是亚里士多德的美德伦理学吗？

答：唐文明教授追随黑格尔及西方流行的经验伦理学，将康德的自律道德学说曲解为律法主义，并以此为据，批评牟宗三"将儒家伦理精神化约为道德主义"，其实是因为他本人囿于西方哲学传统旧思维，以亚里士多德的美德伦理来解释儒家。牟先生依据康德批判地确立的意志自律学说对儒家伦理做出哲学解释，却被他贬斥为"一个思想谬种"[19]。儒家当然重视美德，但我们不能以此轻率地断定儒家就是"美德伦理"。如我们于前面相关章节一再申论，孔子哲学传统包含道德哲学，本心（仁）是每一个人自立普遍法则（天理）的机能，依循天理而行就是道德行为。孔孟并未离开"由仁义行"而空谈"美德",只顾自身修"美德"而不知天理者,"乡愿"也。孔子曰:"乡愿,德之贼也。"(《论语·阳货第十七》)儒家伦理以道德哲学为基础,其核心是本心自立天理并自我遵循,此即意志自律的道德伦理。

唐文明教授说:"在儒家思想中,'德'的概念远比'法'的概念更重要,那么,将儒家伦理思想判为以法则为本位的义务论是否恰当?"[20]看来,唐教授忽略了理义(天理)在孔子哲学传统中的儒家伦理思想里的首出地位。其实只因他本人对法则持一种偏见,以为凡法则一概是冷冰冰的律法。但如我们已一再论明,天理(如康德所论道德的最高原则)不是外来的冷冰冰的律法,不是冷酷的绝对命令,而毋宁说,人通过自身本心之天理将"对幸福的无限度追求严格地限制在一些条件上"(KpV 5:130),以达至"对知性和感官的持久和平的管治"(A465/B493)。人以天理自我约束,以阻止人对同类及其他物类滥用他个人的无法则的自由。此即孔子说:"克己复礼为仁,一日克己复礼,天下归仁焉。为仁由己,而由人乎哉?"在这里,"立法是从下面这个原则出发的:把每一个人的自由限制在这样一个条件下,遵照这个条件,每一个人的自由都能同其他每一个人的自由按照一个普遍的法则共存"(Rel 6:98)。此即孔子说的"夫仁者,己欲立而立人,己欲达而达人"。我们可以据此指出,天理是人的实存之分定原则,被先验地用来决定我们的实存,本心因之堪称"我们真正的自我"。此即孔子说"仁者,人也",孟子说"仁也者,人也,合而言之,道也"。并且,因着本心之天理,人致力于在世界上实现终极目的(圆善),人自身即成为世界的终极目的,而万物皆道德目的论地隶属于其下。此即孟子说"万物皆备于我矣。反身而诚,乐莫大焉"(《孟子·尽心章句上》),孔子说"人能弘道"。

若唐文明教授能如我们以上所申论，如理如实地读通孔孟，他怎能把极高明而道中庸的孔孟学说单纯看作亚里士多德的美德伦理？他何至于认为儒家"所谓'成人'，就是成就人的品格"[21]，就只是"以美德为本位"[22]？又岂可凭着从伯纳德·威廉姆斯（Bernard Williams）那儿学来的所谓"具体的历史文化处境"之"伦理思想"，贬损哲学为"理论化""抽象化"，[23]乃至于轻率地以为牟先生对儒学所做的哲学解释是"一个思想谬种"？究其实，学界流行一种盲目挪用西方名目繁多的学派、思潮来形成意见的风气，唐教授只是其中的佼佼者而已。他们一窝蜂地追捧西方，却从不以批判的眼光认真看清西方是什么，也没有想过要弄明白，康德通过全部批判的艰巨工作所彻底颠覆的西方传统的旧思维到底是什么。如此一来，当他们不分青红皂白地把儒家投进西方的大酱缸里搅和，炮制出来的就只能是谬种了。

注释

1　实践领域所言的这种"绝对的"，绝不能混同于西方哲学传统中独断唯理论所谓"绝对实体""绝对的知识"，也绝不能理解为德国观念论所谓"绝对的精神"。沈清松教授问："若自律的道德包含绝对性、形式性与普遍性，康德是否需要预设道德主体自身拥有绝对的知识，可以下绝对的判断来立法？"（见刘若韶《自律与他律：第二届利氏学社研讨会报导》，载于《哲学与文化》，1988年6月。）看来沈教授把康德于道德领域所论"绝对性"与西方哲学传统中唯理论一向独断地宣称的理论认识的"绝对性"混为一谈。

2　本人早先将"Willkür"译作"决意"，再三斟酌后改译作"抉意"，因考虑到其含有抉择之义。在较长的时间内，康德著作英译本并不注意"Wille"与"Willkür"的区分，本人在早期著作中曾专门提出这个问题："康德的新术语与其批判哲学的原创性相关，而仿效者对于这些新术语的误解往往对批判哲学造成严重的损害。在康德哲学的学术研究中，意志及抉意两词项之意义分歧便一直破坏康德道德体系的严整性。研究者对意志及抉意两词项的诠释时常带上主观随意性，这主观随意性带入康德著作的翻译工作中，引致更广泛的混淆与误用。譬如，英译者依个人想法将'Willkür'译作'will'的情况时而有之，此举徒增添学者体会康德原义之困难。'Willkür'一词在康德道德哲学中占重要位置，然在诸种英译本中得不到划一的译名，甚至同一译者在康德的诸种著作的翻译中所采用的译名也先后不一致。在《基础》一书中，康德两次使用'Willkür'，Abbott 译本分别译作'freedom of action'（Gr 4:428）及'involuntarily'（Gr 4:450）。Abbott 此译致使康德在《基础》一书中使用'Willkür'的原义失去，经 Abbott 的英译而翻译作中文，读者当然不能从中译本中捉到'Willkür'的影子。《基础》一书这两处'Willkür'，Paton 译作'choice'，此译较 Abbott 译有改进。但是，'choice'仍然不能恰切地相称地全尽'Willkür'的含义。此后，在《实践理性底批判》的英译本中，Paton 一贯地以'choice'译'Willkür'。Abbott 则译'Willkür'作'elective will'，译'Wille'作'will'或'rational will'。M. Greene 与 H. Hudson 合译《宗教》一书，在第一版本中，'Willkür'一词采用了四种英译：'choice''power of choice''will''volition'。该书再版之时，John R. Silber 为此英译第二版本写了一篇推介，题为'The Ethical Significance of Kant's Religion'，并作了序。R. Silber 在序言中表示征得 Greene 同意，承认第一版本对'Willkür'一词作多变的翻译会误导读者。"（《意志与自由：康德道德哲学研究》，台北：文史哲出版社，1997，页 9—10）

3　在汉语界的康德研究中，学者们大多将"Willkür"译作"任意""意念"，也就是只论抉意的经验性格，甚至贬之为习心，如此一来，就把抉意自由自律抹掉了。

4 李瑞全教授在《朱子道德学形态之重检》一文中提出这种区分，并说"就执行机能而言，它所遵行的法则来自另一机能，似有他律之义"，其实，李教授所谓执行机能的"Willkür"被他视为"意念"，若康德真如他所言那般，则简直就是他律无疑了，尽管他为康德保留了另类自律形态之名，认为"朱子康德的系统，为关联合一式的自律形态"。（见氏著《当代新儒学之哲学开拓》，台北：文津出版社，1993，页 222—223。）但可以指出，李教授自立一套关于何谓自律之规定，也就离开了康德通过批判而建立的意志自律学说。依康德，意志自律与他律是不容有中间形态的，岂能有一种朱子康德共同的"自律形态"？朱子的系统是意志他律，因为他讲"格物穷理"，不能言本心立法。此即王阳明说："朱子所谓'格物'云者，在'即物而穷其理'也。即物穷理是就事事物物上求其所谓定理者也，是以吾心而求理于事事物物中，析心与理而为二矣。"朱子根本违离康德所论意志自律之根本义，如牟先生指出："因朱子所说之理而亦可为道德法则者乃是存有之理，乃是'然'之所以然的存在性，而不是就意志之自律说，故成意志之他律。"（牟宗三译注《康德的道德哲学》，台北：台湾学生书局，1982，页 266）

5 牟先生批评康德与朱子"只从习心之强制训练以无限进程以赴之而永不可达到"圆满化境，"由习心起"与"由本心起"根本不同，"习心根本不即理"。详见牟宗三译注《康德的道德哲学》，页 330—331。

6 牟先生批评康德"一说自愿便落于感性的性好"，"现实上的道德行为都是不情愿的、强制的，这似乎亦可以说是一种他律道德。这他律虽与康德所说的他律（意志决定底材质原则）不同，因为其所依据的法则仍是睿智界的自由意志之所自律故……然而在体现这法则上却仍是他律的。何以故？一、因为体现这法则的心力（心愿）是感性的故、不情愿故、强制故；二、因为法则是从他而来故，非此感性的心愿所自立故"。（牟宗三译注《康德的道德哲学》，页 284）这种批评出于对康德意志自律学说的一些误解。如我们一再申论，依康德所论，意志自立道德法则，抉意愿意选取道德法则作为格准的唯一根据而决定至于行动，此行为才是唯独依意志自律而有的道德行为。在意志自律（即道德）中，体现道德法则的抉意是自由自律的抉意，不能错解为经验的抉意（感性的心愿）；自由自律的抉意依循的法则就是同一意志自立的道德法则，并无"感性的心愿"与法则的对立。现实中，人的行为并不一定都是道德的，也就是说，人不一定遵循意志自律原则而行，依此而言道德律令对人的强制。而学者们容易误以为康德所论意志自律是就同一道德主体中制造立法（意志）与体现法则（抉意）的对立二分。

7 李明辉教授一再把"自律而不自愿"的意思加诸康德，然后批评康德说："康德用以说明道德底本质的'自律'概念是一回事，而他根据此概念所建立的伦理学系统是另一回事。"（《孟子与康德的自律伦理学》，载于《哲学与文化》，1988 年 6 月）依李教授之见，康德只是在说明道德底本质时用了"自律"概念，而他的伦理学系统是他律。李教授在《四端与七情：关于道德情感的比较哲学探讨》（台北：台湾大学出版中心，2005）中说，"康德伦理学也具有类似于朱子学的地位"（页 366）。但如我们一再申论，意志自律本来就意指："选择的格准同时作为普遍法则被一起包含在同一个意愿中。"（Gr 4:440）康德明文说："人们必须能够意愿我们的行为的一个格准成为一个普遍的法则：这就是一般而言对行为做出道德判断的法规。"（Gr 4:424）并指出："如果我们在每一次逾越一个义务时都注意我们自己，就将发现，我们实际上并不意愿我们此时的格准成为一个普遍的法则。"（Gr 4:424）实在说来，没有人意愿自己的格准与道德法则不一致，而毋宁说，人在违反道德法则时也知道那只是为自己性好之利益而容许自己例外而已。尽管人的意志有可能违反道德法则，因而并非完全与道德法则契合的神圣意志，但不能据此以为意志自律对人来说只是虚说，误认为人实际上"自律而不自愿"。

8 唐文明：《隐秘的颠覆：牟宗三、康德与原始儒家》，北京：三联书店，2012，引言，页 4。

9 同前揭书，引言，页 5。

10 同前揭书，页 42。

11 同前揭书，页 3。

12 同前揭书，页 2。

13 同前揭书，页 5。如我们一再申论，依康德和孔子哲学传统，道德的本质特征绝不是单纯的"利他"，"自我牺牲，或者是同情和怜悯"，更不是"虚无主义"。道德的思维模式是："为仁由己"；"推己及人"，"推己及物"；"一以贯之"。亦即康德屡言的三格准："一、自己思维；二、（在与人们交流中）站在每个他人的地位上思维；三、任何时候都自身一致地思维。"（Anthro 7:228）

14 同前揭书，页 112。麦金太尔的观点见氏著《追寻美德》，宋继杰译，南京：译林出版社，2003。

15 唐文明：《隐秘的颠覆：牟宗三、康德与原始儒家》，页 113。

16 Hegel,»Der Geist des Christentums und sein Schicksal«, *Frühe Schriften*, Frankfurt am Main: Suhrkamp Verlag, 1970. 中译见黑格尔《宗教哲学》下卷，《基督教的精神及其命运》，魏庆征译，北京：中国社会出版社，1999，页 983—984。

17 唐文明：《隐秘的颠覆：牟宗三、康德与原始儒家》，页 113。

18 同前揭书，页 112。

19 同前揭书，引言，页 5。

20 同前揭书，页 114。

21 同前揭书，页 115。

22 同前揭书，页 114。

23 同前揭书，页 119。

第四节

论本心之立普遍法则不依赖理智的直观

本心（自由意志）立天理，也就是它发布无条件的命令。在道德践履中，人为自己的行为拟定了意志之格准，就会直接意识到作为这格准的根据之天理。依此，我们可以说，孔孟所言本心（仁）经由本心之普遍立法（天理）而呈露。我们不必也不能离本心天理而臆想一种理智的直观，以为借此即可说本心在直观中具体呈现，而毋宁说，本心在普遍立法的实践活动中具体呈现。以为离开或在天理之先，先行地有理智的直观，而本心在这种直观中具体呈现，这样一种以直观先于道德法则的讲法，必定会损害孔孟哲学包含的意志自律义。

本心并不是经验对象，正如牟先生说"使真正道德可能的自由意志亦不是眼前呈现的事物"[1]。依此，我们可以指出，本心不能也不需要像经验对象那样借直观来展现自己。正如康德批判地指出，意志自由"通过道德法则而呈露"。我们之所以能指出，孔孟哲学所包含的"心即理"义与康德意志自律义相通，根据就在二者皆包含理性在意欲机能中立普遍法则之洞见。《实践理性批判》的"纯粹实践理性的分析论"之要务就在阐明"道德原理中的自律"（KpV 5:42），也就是阐明道

42

德法则之意识是理性事实，亦即纯粹的理性"给予（人）一条我们名之为德性法则的普遍法则"，（KpV 5:31）从而以此事实为意志自由提供充分证明。康德已指明，这个事实与意志自由的意识是一回事。（KpV 5:42）"道德的法则本身是作为自由这种纯粹理性的因果性的推证之原则而被提出来的。"（KpV 5:48）尽管我们不能直接地意识到自由，也不能从经验推论到自由，但因着意志自由与道德法则是交互性的概念，只要证明其一为真，另一亦同时为真。在实践之事中，我们直接意识到道德法则，"正是我们直接意识到道德法则（一旦我们为自己拟定了意志之格准），它自身首先呈现（darbietet）给我们"（KpV 5:29），"所以道德法则就径直导致(führt)自由概念"（KpV 5:30）。明乎此，我们不应执意要意志自由有直观中的展现，更不必发明特种直观来证明意志自由。同理，本心也必须经由本心之普遍立法而呈露，而不能离开天理来臆想人有一种直觉的知性或理智的直观来觉本心。

我们何以能指出，孟子所言"四端之心"不会是经验的心？根据在于本心之不容已，乃义理之当然。用牟先生的话说，"由其'不为任何别的目的而单只是心之不容已，义理之当然'之纯净性而知"。亦即王阳明说："见孺子之入井，必有恻隐之理，是恻隐之理果在于孺子之身欤？抑在于吾心之良知欤？"排除任何外在的目的与条件为诱因，纯然发自人心之"义理之当然"。孟子言"恻隐"，上承孔子言"不安"，乃至言"四端之心"，均是人心之仁的显发，其根在人心之当然的"义理"。

康德明言："自由不能在直观中有任何展现，从而也不能有其可能性的任何理论的证明。"（KU 5:468）但重要的是，他批判地论明了自由作为我们的意志的特种因果性，"其实在性可以通过纯粹理性之实践法则，并遵循这些实践法则在现实的行动中得到证实，因而在经验中得到证实"。康德坚持我们不能独断地发明一种知性的直观来证实自由，就是要揭示出：我们只能经由道德的进路证成"超越的自由"，只能经由意志自立道德法则以及在现实行动中依据道德法则而行，只有这样，我们才能够在道德践履的实事中当即感受到及觉识到意志的自由。牟先生说："自由底透露必通过道德法则始可能。"[2]可见，牟先生知道并认同自由必须"通过道德法则而呈露"。同理，我们可以指出，本心（仁）之呈露必通过本心之天理始可能。

康德道德哲学的根源洞见在于以道德法则为首出。康德说："自由是现实的（wirklich），因为自由这理念经由道德法则显露（offenbaret）自身。"（KpV 5:4）"自由的理念其实在性是一特种因果性之实在性"，它"可以通过纯粹理性之实践法则，并遵循这些法则在现实的行动中得到证实，因而在经验中得到证实。在一切纯粹理性之理念中，此自由之理念是唯一的一个其对象是事实物（Tatsache），并且必须被归入可知的东西（scibilia）"。（KU 5:468）在康德所言"呈露""可知的东西"中就含着一种自由意志的意识，而且这意识不是感触的，而是智性的，这种智性的意识可名为意志之超越的觉识。同理，我们可以指出，本心（仁）是现实的，它经由天理呈露自己，因为它是不依于自然因果性的意志的自由因果性，它可以经由本心之天理及依据天理在现实中的行动证实，这就是儒家学者所言本心之具体呈现，其义通于康德所言意志自由经由纯粹理性的实践法则以及依据实践法则在现实的行动中呈露，并得到证实。

依以上所论，我们可以指出，康德所论自由意志的意识，与儒家学者所言本心（仁）的明觉相通，均是一种超越的觉识。我们不能将本心的明觉误解为康德所论理智的直观，不能认为本心在一种知性的直观中观其自己，更不能以为本心在理智的直观中构造自己。依康德批判的考察，自由意志不能逻辑地构造，[3] 也不能直观地构造。[4]

意志本身是自然机能。康德说："意志作为意欲机能，因而作为自然机能。"（KU 5:172）它"并不纯然服从自然概念，也服从自由概念"。（KU 5:172）也就是说，意志既具有经验的性格，服从自然因果性，也具有智性的性格，服从自由因果性。他在《纯粹理性批判》中指明，意志本身是作为原因"而被考虑为属于感触界的条件系列的"，"而只有它的因果性是被思维为智性的"。（A561/B589）自由作为意志的智性的性格，并不是直观地证明的，而是经由道德法则径直地呈露。此所以康德说："理性只在意欲机能方面含有先验地构造的原则，它在实践理性之批判中获得其所有物。"

在道德领域，我们并不处理直观所对的外在客体，而是处理意志的决定根据乃至决定自身去产生对象。（KpV 5:15）在实践理性这里，"必须处理的是意志，并且必须不是从与对象的关系中，而是从与这个意志及其因果性的关系中来考虑理性"，因此，"源于自由因果性法则，也就是任何一个纯粹实践原理，在这里不可避免地形成开端"。（KpV 5:16）据此，我们可以说，以道德法则为首出，而不必有先行的直观，意志自由就自身而言"不能在直观中有任何展现"，而"作为一种特殊的因果性"，"其实在性可以通过纯粹理性之实践法则，并遵循这些实践法则在现实的行动中得到证实，因而在经验中得到证实"，"其对象是事实物，并且必须被归入可知的东西"。（KU 5:468）

同理，我们无根据以为孟子主张人有一种理智的直观来呈现本心，也不能说有什么直观先行于良知之天理。相反，我们可以指明，孟子说"心之所同然者何也？谓理也，义也"、"心之官则思，思则得之，不思则不得也。此天之所与我者"（《孟子·告子章句上》）、"仁义礼智根于心"，宋明儒正据此言"心即理"，言本心以天理为首出，此乃孔子哲学传统之大头脑。

析疑与辩难

问：牟先生说："如果吾人不承认人类这有限存在可有智的直觉，则依康德所说的这种直觉之意义与作用，不但全部中国哲学不可能，即康德本人所讲的全部哲学亦全成空话。"[5] 那么，牟先生在如此要紧的问题上是否真的与康德存在分歧呢？

答：不然。只要我们判明牟先生归于人的"智的直觉"与康德说人所没有的"理智的直观"（intellektuelle Anschauung）并不是一码事，则由之而生的一切问题将自动消除。学者们多不做区分，视牟先生依中国哲学所论"直觉"（Intuitiv）等同康德说统中的"直观"（Anschauung），故而于一些重要的哲学问题的讨论上产生混淆。康德所言"直观"专用于感性与知性的对象所属的领域，其模式是规模的（schematisch），此领域是经验的，康德又称之为理论认识的领域。

依康德批判的考察，感性及知性这两个"我们的认识发生自心的基础源泉（Grundquellen）"，（A50/B74）是在同一认识活动中协同一致地起作用的两种机能。康德说："人类的认识有两根主干（Stämme），也就是感性和知性，它们也许出自一个共同的，但不为我们认知的根（Wurzel）。对象通过感性被给予我们，但通过知性被思维。"（A15/B29）"我们的本性导致了直观永远只能是感性的"，"感取一点也没有能力思想，知性一点也没有能力直观"。（A51/B75）"尽管只有从它们互相结合才能产生认识"，而"知性不能直观任何东西"。（A51/B75）感性与知性这两种能力"任何一种都不能优先于另一种"，

"这两种能力也不能交换它们的功能"。（A51/B75）

依据康德的批判考虑，恰恰因为人的直观只能是感取的，我们才得以做出显相（Erscheinung）与物自身（Ding an sich selbst）之超越区分。假若人除了有感触的直观，还有知性的直观，那就表示感性与知性这两种认识能力的作用是对立二分的，感触的直观呈现的是一个世界，感触的直观达不到的是知性的直观呈现的世界，这种二元世界的西方传统思维模式正是康德批判地推翻的。若人有理智的直观，那就意味不必以时空之形式而能接受外在客体，即人能凭理智的直观认识"上帝""心灵不朽"，以及积极地考虑之自由，乃至其他超感触的东西；批判之考虑成为不必要，并且也无从提出转至实践领域去以意志自由为拱心石而建立关于超感触界之认识。毫无疑问，关于直观和知性的区分以及二者相互关系的新观点是康德认识论的重要成果。康德把直观从知性领域排除出去，并恰当地把它限制在显相界，他在认识论中所使用的"Anschauung"一词专门指我们的认识机能对于感触客体之间直接的、非概念的关系，而与一般所言含义宽泛的直觉（Intuition）区别开。一般言直觉指没有经过推理、辨解过程而直接获得认识的能力，牟先生依据中国哲学而论的"智的直觉"属于此类，而不应混同于康德所论理智的直观。

问：有学者以为，人的知性若无直观的能力，一切我们的感取直观不能及的事物就必然成为不可能，哲学所关注的终极根据和最高原则也无从谈起。

答：这是因为许多学者不能理解康德坚持"人不能有理智的直观"之重要意义。显然，他们完全忽略批判哲学已经做出了理论哲学与实践哲学的区分，并且已论明，哲学所关注的终极根据和最高原则之探究属于实践哲学，而在这个领域，实践的认识并不必靠赖直观。其实康德的用心很明显，他指出物自身及智思物就我们的认识机能而言只能有消极的意义，一方面是要挖掘出"超感触的东西"之悬而未决的概念在我们的认识机能中产生之源头，同时也就为进一步转到同一心灵机能的另一种能力（意欲能力）去探究其积极意义做好预备。其关键在揭示了人作为有理性者，其意志具有一种独立不依于一切外来的决定原因的特种因果性，那就是意志自由。这是由人自立并自我遵循道德法则的事实而充分证明的。尽管意志自由是人的心灵之意志的一种超感触的特性，我们不能期望在直观中认识之，也不能妄想发明一种理智的直观来呈现之。不过，这里不必等待直观或神秘显现，因为凭着意志自由的作用及其在经验界中产生的效果，我们就充分保证了它的实存，并且通过它产生的道德法则连同圆善，实践地、决定地认识到超感触界的秩序。康德在《实践理性批判》的序言中就表明，当自由概念的实在性因着实践理性的一个必然的法则而被证明，上帝之概念和不朽之概念也就把它们自己联系于这自由概念，并由这自由概念而"获得支持和客观实在性"。（KpV 5:4）且经由实践理性批判，康德论明唯有意志自由"允许我们无须超出我们之外而为有条件的东西和感性的东西寻找无条件的东西和智性者（Intelligibele）"，"因为正是意志自由本身"通过道德法则认识到自身，并"认识到我们自己的属于知性界的人格"，甚至连带认识到"它的活动方式之决定"，以及超感触的秩序和联结。（KpV 5:105–106）

康德通过批判考察否决人的知性有直观能力，据之，他才能够严格地把"智思物之概念"限制于消极的意义，它只能被理解为"一个完全不作为感取对象，而（只通过纯粹的知性）作为物自身被思想的物之概念"。（A254/B310）"因为我们对于感性并不能断言，它就是直观的唯一可能的模式。此外，为了不让感触的直观扩张到物自身，智思物这个概念是必要的。"（A254/B310）"我们的知性可以把自己悬拟不决地扩展到比显相更远的地方"，"但显相界域之外的范围（对我们而言）是空的"，（A255/B310）"只不过用来标识出我们的认识的界限，并留下一个我们既不能通过经验也不能通过纯粹的知性去填充的空间而已"（A289/B345）。也就是说，《纯粹理性批判》中言"自由""上帝""心灵不朽"，均只是智思物。实在说来，范畴留给智思物，并非为着知性的用途，而是为着理性之使用。因为假若没有范畴，我们不能思想任何东西。不过，在理性的思辨使用中，范畴并非像它们在知性使用中那样能够决定一个对象，而是被扩张至无条件者之超越理念。在这种情况下，理论理性通过范畴单纯地思想其自身引出的客体，这种思想无须任何直观就能顺利进行，因为范畴单单作为思想的能力是独立于并先于一切直观而在纯粹知性中有其位置和源泉的。（KpV 5:136）明乎此，我们就不会误解康德所言"Noumena"为传统西方哲学中所论形而上的实体、本体，并据之批评康德主张"三个散列的本体"。

牟先生的基本思路是现象与物自身对照，感触的直观与"智的直觉"对照，而由"智的直觉"确保物自身的价值意义，从而建立实践的形而上学。依牟先生，感触的直观保障现象，"智的直觉"保障物自身。这种思路直截了当，有着可喜的简明性。但不必讳言，当牟先生以"智的直觉"译康德的"intellektuelle Anschauung"，他转换了德语词的原义。

"intellektuelle Anschauung"是独断唯理论的一个专词，指知性本身有一种直接认识外在客体的能力，知性不必靠感性的接受性即可认识自在之物。牟先生依中国哲学而言的"智的直觉"显然并非指知

49

性上的能力。尽管先生采用的言辞有时让人感觉到一种与德国观念论的联系，但他的严整的道德意识，关于"基本的存有论就只能就道德的形上学来建立"[6]的洞识，都完全是康德式的，而根本不同于德国观念论以理智的直观来破坏康德哲学的做法。

如果我们依照康德的批判思路来察看牟先生的"智的直觉"学说，不难见出，先生所论"智的直觉"（无论性智，还是玄智或空智）皆不是就人类心灵之认识机能而立说，既不是就知性而论的一种直观的理解作用，亦非就作为认识能力的直观而论的一种纯智的直观作用。就牟先生依儒家所论"本心明觉"言一种"智的直觉"，我们可以指出，这"直觉"并非认识论中名为"直观"的"接受力"，而是道德直觉。此"本心明觉"之为道德直觉表现于"心即理"，此即康德说，"正是我们直接意识到道德法则（一旦我们为自己拟定了意志之格准），它自身首先呈现给我们"，"所以道德法则就径直导致自由概念"。"直接意识""径直导致"就表示一种道德直觉。牟先生进而论"智的直觉"是一"心觉觉情"，"它使普遍法则总在其明觉觉情之感应之机上呈现"。[7]我们可以指出，此"觉情"通于康德所论尊敬法则之意识。但必须注意，不能视"明觉""觉情"为本心自身，[8]本心立法不能说成"明觉"（"智的直觉"）之自我立法。[9]我们说本心经由诸道德觉识呈露自身，但不能说通过"智的直觉"以知本心，更不能以为人有一种"智的直觉"的机能先行于本心而觉本心、万物、天。[10]依批判哲学，唯独自由意志（即纯粹实践理性、本心）经由自立普遍法则（道德法则、天理）呈露自身而堪称唯一的实在的道德实体，绝不能独断地发明任何直观来妄作"上帝""心灵不朽""物自体"等超感触东西之实存。理性通过自由概念来立法，也就在感取的认识之外开辟了对一个智性界的实践认识的领域，在这里，没有任何超感触的东西是通过直观而实在化的，而是依一理性的实践使用的样式去实化其概念之客观实在性。因为理性之实践使用"有其特殊而必然地确定的先验原则"，先验原则事实上要求并设定理性上的一个物之概念。（KU 5:468）明乎此，学者们即不必认为，康德既说超感触的东西"不是感取直观的对象"，那么，总得说它们"是什么直观的对象"，否则不会有什么意义。究其实，依据康德批判的新思维，要求超感触物在直观中获得意义，这是完全悖理的。理念的实践的实在性单为我们的理性之实践使用所证明，用不着在关于它之存在中理论地去决定什么事，因而也就是说，它并不需要等待直观以便获得意义。（KpV 5:66）依此，我们也就会明白，并不需要以中国哲学中的"智的直觉"去补救康德所论"人没有理智的直观"，相反，我们需要致力于说明中国哲学经得起批判哲学之理性法庭的审查。我们不必发明什么特殊的直观以拯救康德哲学。并且，通过康德批判地建立的理性自身的法庭，我们也更能说明孔子哲学传统与康德哲学从根源处就是相通的，二者若合符节，相得益彰。

注释

1 牟宗三：《智的直觉与中国哲学》，页364。

2 牟宗三：《现象与物自身》，《牟宗三先生全集》卷21，页122。

3 康德指明："真理的纯然的逻辑的标准……是一切真理的消极条件。可是，过此限度逻辑就再不能前进了。它没有检查的方法来发现'不关于形式而仅关于内容'的错误。"（A59/B84）"没有人敢于只靠逻辑之助而做出关于对象的判断，或做出任何肯断。"（A60/B85）

4 康德指明：必须区分开哲学的认识与自然科学，并且也要区分开哲学的认识与数学。自然科学中对于"事实"的证明依感触的直观。"在数学中，理性的一切概念必须在纯粹的直观上立刻具体地表现出来。"（A711/B739）"哲学的认识是出自概念的理性认识，而数学的认识则是出自概念之构造的理性认识。"（A713/B741）他还提醒道，纯粹理性在超越使用中不能仿效在数学中有明显效用的方法。（A713/B741）

5 牟宗三：《智的直觉与中国哲学》，序言，页2。

6 同前揭书，页348。

7 牟宗三：《现象与物自身》，页81。

8 牟先生说："自由自律的意志就是道德觉情底本质作用，它就是心。""自由自律的意志就是'道德觉情'这个'本心'。"（《现象与物自身》，页80、81）有将"觉情"（"智的直觉"）等同"本心"之嫌。康德所论自由自律的意志就是人类心灵机能中理性在其中立法的意欲机能，是理性与意志合一的，故等同纯粹实践理性；纯粹实践理性即自由意志，它就是心，即通孟子言"本心"。我们没有理由因为康德论自由意志等同纯粹实践理性就以为康德把意志视为理。牟先生批评康德"把心之明觉义与活动义完全从意志上脱落下来，而意志亦只成一个干枯的抽象的理性体，而不知意志活动就是本心仁体之明觉活动"（《智的直觉与中国哲学》，页194），看来此中有误解。

9 牟先生说："明觉之自我立法，其立之，即是觉之，它是在觉中立。"（《现象与物自身》，页81）

10 牟先生说："试设想我们实可有一种智的直觉，我们以此直觉觉物自体，觉真我（真主体，如自由意志等），觉单一而不灭的灵魂，觉绝对存有（上帝等），我们在此直觉之朗现上，岂尚须于范畴来决定吗？"（《智的直觉与中国哲学》，页120）

第五节

论意志自律以"心即理"为首出及道德情感之位置

　　我们于前面章节已申论，孔子哲学传统中"心即理"与康德意志自律学说相通。"心即理"根于孔孟，而由宋儒陆象山正式提出，及至明儒王阳明论"本心良知是天理"，乃是孔子哲学传统的大头脑。此即是康德所论纯粹的道德哲学之核心。天理自本心良知出，人的道德行为由之决定。良知天理是行为的决定根据，此即见良知是心灵机能中的意欲能力，而不是认识力。这就是康德所论，"借此意志绝对地和直接地（通过在这里也是法则的实践的规则自身）在客观上得到决定。因为纯粹的、就其自身而言实践的理性在这里是直接立法的"（KpV 5:31）。如明儒刘蕺山说"意者，心之所存"（《刘子全书》卷十《学言上》），我们可以说，本心独立地不受感性条件限制而由其良知天理先验地立法，它就是高层意欲机能，亦即本心是纯粹意志，同时也就是纯粹实践理性。也可以说，良知是本心中的立法能力，亦即理性在意欲机能中立法的能力，良知是纯粹实践理性，同时也是纯粹意志。也就是说，本心良知是"合意知而言"，此即蕺山说"凡五经四书之言心也，皆合意知而言者也"（同前揭书，卷九《问答·答董生心意十问》），"即知即意"（同前揭书，卷十二《学言下》）。康德说，"意志不外是实践理性"。合意志与理性而言心灵的高层意欲机能，此即孔孟哲学中合意知而言心。本心的本质作用就是理性的实践使用，亦即合理性与意志而产生的作用。本心良知凭着合意与知、"即知即意"，而是一种实践理性机能，本心良知之天理绝不是思辨理性之纯然形式的"只是理"，而是实现纯粹实践理性的对象（善，乃至圆善）的动力。本心的本质作用与意志的决定根据有关，而本心良知之天理决定的意志就是"明明德""止于至善"的意志。天理能够摆脱感性条件的限制而独立地决定人的意志，它就是能够决定它在感触界中的因果性的动力学法则，并且是人之实存分定的法则，能够使人意识到自身作为道德的实存。

但如所周知，关于康德伦理学及儒家伦理学，学界流行各式各样的说法，大多都只落入人的特有的本性和具体生存条件来研究伦理德性现象，而并不探究作为一切伦理德性及个人德行的超越根据，因而就忽略了德和孔子哲学传统中包含的根本上同一的道德哲学。有学者把康德曲解为贱情主义者，以此为由把自律道德混同为"犹太-基督教的律法主义"，把孔子哲学传统中的"心即理"抹掉，只谈论"亲情伦理学""情感伦理学""美德伦理学"。如此一来，孔子哲学传统与康德哲学就变得南辕北辙，水火不相容了。

纯粹实践理性自身立法的纯粹性一直以来成为学者们诘难康德道德哲学的箭靶。首先是康德所论"情感不能作为实践原则之根据"，几乎成为众矢之的。在《基础》中，康德指出："在程度上天然地千差万别的情感，它对于善与恶罕能供给一个同一的标准，甚至任何人也根本不能以其自己的情感为他人做有效的判断。"（Gr 4:442）只有那些无思想的人才会极肤浅地相信在仅关乎普遍的法则的事情上，会"由感受（Fühlen）得到帮助"。（Gr 4:442）在《实践理性批判》中，康德更明确指出："主体中并没有先在的情感以倾向于德性。"（KpV 5:75）这是不可能的，因为先行于道德法则的"每一情感皆是感触的（sinnlich），而德性的存心（sittlichen Gesinnung）的动力却必须是解脱一切感触的条件之束缚的"。（KpV 5:75）康德在道德法则系统之建构工作中极为严格地排除了情感的影响。

我们可以指出，康德反对以情感（即使是道德情感）作为道德法则之根据，而如理如实地提出，道德法则必定先于道德情感而为其根据。这里，并不存在道德法则与情感孰贵孰贱的问题，而是道德的根源在理性立法（意志自律）或是在情感的问题。许多康德专家以此指责康德讲道德排除情感，是贱情，把道德法则视为冷冰冰的律法。究其实，只是他们本身以非此即彼的简单化的头脑想康德，以为要么承认道德立法的根据在情感，要么就是排除情感在道德主体中的位置，故而只抓住康德所论道德立法不能掺入情感，就断言康德所论道德主体摒弃情感。他们对康德所论道德主体包含的道德情感（对道德法则的尊敬和兴趣）闭目塞听。早在《基础》一书中，康德就指出："人现实上感兴趣于道德法则。"（Gr 4:401）"一切道德上名为兴趣的都只在于对法则的尊敬。"（Gr 4:401）"尊敬是一种情感，它却绝不是经由影响而接受的一种情感，而是经由一理性概念而自身起作用的（selbstgewirktes）情感，因此，它特别与前一类由性好或惧怕激起的一切情感截然不同。"（Gr 4:401）依此可见，学者们指责康德贱情，要害处根本不在于康德论道德是否包含情感之要素，而在于他们主张情感作为道德立法的根据，而否认理性独自立法的纯粹性。

我们之所以不厌其详，一再说明康德所论道德立法根据的纯粹性，是因为借着这个说明，我们可避免将孔孟之学以本心（仁）之立普遍法则（天理）为首出的义理核心篡改为以伦理情感为根本。李明辉教授就主张将道德情感上提而为道德法则的根据。依照李教授的想法，"道德主体之自我立法"与"行为之道德动力"截然二分，他看不见康德所论道德法则本身就是动力，而以为动力只能归属于道德情感。并且，他也以这种思维套路解读孟子。他说："就道德主体之自我立法而言，孟子与康德的伦理学观点合辙；但就道德情感之先天性而言，孟子心性论与现象学伦理学的基本方向一致。"[1] 显然，李教授以为道德情感可离道德主体立法而言。依他的见解："孟子所说的'四端'当属于谢勒（案：Max Scheler，舍勒）所谓的'感知'。"[2] 他说："就'情感的先天性'与'感知为人格之行动'这两点而言，孟子与谢勒的伦理学观点显然有合辙之处。"[3] 甚而明说"四端是一种'价值感'"[4]。如此一来，李教授就把"四端"与"本心"分说，他以为孟子与康德不同在于孟子把道德动力置于被他视为道德情感的"四端"。

究其实，李教授采用了一种主观性原则（实现原则）与客观性原则（自性原则）二分的观点。依照这种二分，他视理只是客观性原则，潜存地摆在那里，因而必须把主观性的心（兴趣、情感）上提于理之层面，换句话说，必须把潜存的理收归于心。但依康德，道德法则既是人之实存的法则，法则自身同时就是动力，亦即主观性原则、实现原则。也就是说，道德法则自身即客观即主观，不必言主客二者结合。同样，依孟子，本心之天理既是客观的，同时就是悦理义之道德兴趣与"畏天命"（《论语·季氏第十六》）之道德觉情。不必于此道德兴趣与道德觉情之外去把什么兴趣、情感上提来使本心之天理取得动力。包含在纯粹实践理性（本心）自立道德法则（天理）内的尊敬（觉情）自身是动力，此亦等同说道德法则自身就是动力。唯独本心独自立法，即使道德情感也绝不能掺进来成为道德立法之根据。此乃"心即理"

（即康德言"意志自律"）的根本义。

李教授把孟子所言"四端之心"读作"四端"，然后把"四端"解作"四情"，他说："孟子言性善，由恻隐、羞恶、辞让（恭敬）、是非四端之心说。此四者均可说是情感。"[5] 又说："我们不妨把这四端之心说成'道德情感'。"[6] "四端之心即上提到本心（道德主体）底层面。"[7] 我们必须指出，这种说法篡改了孟子原义。依孟子，"四端之心"就是本心，何劳上提？李教授将"四端之心"错解为"本心自求实现的力量所表现之相"[8]，"心即理"之大义就不能讲了。李教授所以固执这样一种见解，看来是由于他抱持着"康德道德情感与道德法则二分"的观点，没有能如实理解康德。依康德，"就道德主体之自我立法而言"，理性是独自在意欲机能中立法的，但意志自律学说并不如李教授所以为仅限于立法活动那么简单。道德自律之义还包括遵循自我所立普遍法则而行，也就是说，道德自律不仅就立法根据而论，还就履行亦即动力根据而论。康德说："人所服从的法则只是他自己订立的，并且这立法是普遍的，而且他仅仅被责成依据就其自然的目的就是普遍立法的他自己的意志而行动。……我愿将这一原理名为意志自律的原则，以与任何其他我归入他律的原理相对立。"（Gr 4:432–433）又说："理性把作为普遍立法者的意志的每一格准都与每一别的意志联系起来，而且也与对自己的每一个行为联系起来，而且这不是为了任何其他的实践动机或者未来的利益，而是出自一个有理性者的尊严的理念。"（Gr 4:434）我们可以指明，康德所论道德主体（纯粹实践理性，亦即自由意志），其活动既以理性立普遍法则为首出，又是自身对法则之尊敬的意识活动，并且是它"对于感性的必然的、可先验地认知的影响"（KpV 5:90）而著见的情感活动，亦即知、情、意通贯的综和活动。道德主体并非如李教授所以为的那样仅仅是道德立法主体。纯粹实践理性（亦即自由意志）作为道德主体，其活动亦即纯粹意志活动，包括理性立法的意欲机能活动、以道德法则为根据的抉意订格准，以及存心、良心、道德情感等，这一切都是道德主体之活动。此同于孟子言"本心"是以良知天理之立法活动为首出的，心、理、情是一事的综和活动。若只拿"自我立法"一义来看康德"道德主体"，并只拿康德言"良心"这一义来与孟子所论"本心"比较，难免会看到康德有诸如此类不如孟子之处。而这种做法，不仅曲解了康德，而且也妨碍我们理解孟子。

究其实，李教授对康德的不满根本在他否定理性"单独负责道德立法"，而他有这种不满又完全是因为他误以为理性所立道德法则只是"空理"。他说："对康德而言，如果只有纯粹实践理性及其法则，而无感性底配合，则前者在人类身上便成了完全无法实现的空理；因为作为道德主体的意志并无自我实现的能力，换言之，其本身并无动力。"[9] 又说："当康德将作为动机的道德情感排除于道德主体之外时，道德主体本身应有的自我实现的力量即被架空。"[10] 看来，李教授完全无视康德一再论理性独自颁发的道德法则，"道德法则，一如它经由实践的纯粹理性乃是行动的形式的决定根据，一如它乃是善和恶名下行动对象的尽管是材质的然而却又是客观的决定根据，因而它也是这行动的主观的决定根据，即是行动之动力，因为它对主体的感性有影响，并且产生了一种促进法则去影响意志的情感"（KpV 5:75）。作为最高认识力的理性因着与意欲机能综和而本身就成为具有自由因果性的动力因，它就不仅是立法的能力，理性因着其自立的道德法则作为一个动力施作用于情感，它就包含着一种"通过智性的根据起作用的情感"。康德说："对道德法则的尊敬是一种通过智性的根据起作用的情感，这情感是唯一的（einzige）我们完全先验地认识的情感，并且我们能洞见（einsehen）其必然性。"（KpV 5:73）又说，对义务的尊敬"作为唯一的、纯正的（echte）道德情感"。（KpV 5:85）

李教授首先把纯粹实践理性及其法则（道德法则）误认为"空理"，随之又错误地以为可以把道德情感提升为"道德法则底客观根据"，[11] 以补救纯粹实践理性及其法则之缺乏自我实现的力量。恐怕他本人并未想及，当他主张把道德情感视为道德立法的根据，亦即否决纯粹实践理性独自立法的能力，他就从根本上毁坏了意志自律原则。因此，我们就不难理解他何以会追随舍勒的伦理学。尽管他知道舍勒"事实上已经完全转换了'自律'概念的意涵"，他说"基本上谢勒已脱离了康德'自律伦理学'之轨辙"。[12]

李明辉教授在《四端与七情：关于道德情感的比较哲学探讨》一书中提出："道德感"伦理学是现代的现象学伦理学（或称为"价值伦理学"）之出发点，[13] 而舍勒无疑是现象学伦理学的集大成者。[14] 李教授对舍勒的伦理学有深入研究并在情感理论方面深受其影响，他追随舍勒批评康德"后期的伦理学预设一个理性与情感二分的主体性架构"，[15] 并试图借舍勒主张的"'先天而实质'的领域，亦即属于'精神之情感面'（das Emotionale des Geistes）"[16] 来解说孟子的心性论。我们不必怀疑李教授的良好用心，如他本人自道，他采纳舍勒的情感理论并力图将之与孟子合辙，意在"极成康德底道德哲学"，把它"推向一个新的境界"。[17] 不过，看来李教授并没有见到，舍勒强加于康德的二分架构属于西方传统的旧模式。而我们必须指出，康德本人以先验综和取代了传统的旧模式，超越的分解是基于异质综和，心灵活动诸能力是基于同一心灵主体的。康德批判哲学中不会有什么主体机能之二元分割，更没有什么妄测的二元世界。

依康德，人类心灵一切机能是在同一个主体内通贯综和活动的整体，一切我们的哲学认识所论及的只能是我们主体诸机能关涉到的同一世界的不同领域，并且在一个而且是同一个经验领土上起作用。心灵一切机能都是自然能力，康德没有也不会如李教授所想的那样，将其中一种机能（理性）划归形而上的超越层，而将另一种机能（感性）划归形而下的实然层。依批判的超越研究，每一种心灵机能都有其先验的形式成素，也有其经验的材质内容，"超越性"就每一种心灵机能活动之先验形式而言，并非主张有一种心灵机能有超越的作用，而另一种机能只有经验的作用。康德并非将形而上的超越层与形而下的实然层分为两个世界。事实上，只要我们注意到康德赋予"超越"与"形而上"二词之全新维度，就不会把那种掺和着西方传统形而上学的旧思维模式误置于康德身上，也不会误以为孟子是以道德情感为出发点和客观根据。

事实上，学界流行各种将儒家伦理说成情感主义伦理、情境伦理的观点。黄进兴教授在他的一篇论文中说："儒家伦理基本上是以'道德情感'为出发点，孟子的'四端说'把此一特色表现得最清楚。"[18]尽管在儒家是否为自律伦理学的问题上，黄教授与李教授为论敌，但两人一样把"四端"说成"道德感"。黄教授说："孟子认为人之所以为人就是因为具有这种感情，而此一感情实为道德的基础或开端。……'四端'并非形而上的抽象观念，乃是具有经验意义的'道德感'。"[19]并且，如李教授主张"就道德情感之先天性而言，孟子心性论与现象学伦理学的基本方向一致"[20]，黄教授也认为儒家伦理学与"康德所反对的赫京生（案：Francis Hutcheson，弗朗西斯·哈奇森）、休谟诸人的学说较为类似"，皆以"人类具有内在的'道德感'""作为伦理判断的依据"。[21]他还说："从康德的观点视之，朱、陆二位仍不出孟子'道德情感说'的藩篱，因此皆为'道德它律'。"[22]

但是，如我们已论明，儒家伦理学以"心即理"之纯粹道德学为根据，"心即理"也就是康德所论"意志自律"。本心良知之天理独自不依于任何情感而为决定行为及伦理判断的根据，也就是康德所论纯粹实践理性独自提供普遍法则以决定意志去行动及做道德判断。此即孟子言"由仁义行，非行仁义也"（《孟子·离娄章句下》），也就是康德提出的，遵循道德法则而由义务行，而非行义务也。

黄进兴教授一方面误以为康德提出道德根据的纯粹性就是主张排斥道德情感在道德实践中的基础作用；另一方面又误解儒家文献中通过具体道德行为及道德情感表现来指点内在于本心良知之天理，以为儒家伦理只是以"经验意义的道德感"为基础，只是韦伯所谓"身份伦理"。[23] 究其实，康德如儒家一样重视道德情感在道德实践中的不可或缺的作用，而儒家亦如康德一样彰显道德根据（本心良知之天理）的纯粹性。

李教授力主孟子为自律伦理学，而反驳黄进兴教授等学者视儒家为他律伦理的说法。李教授的努力于阐明儒家义理有多方面的贡献，但他对康德情感说有误解，连带着也错认了"四端之心"，难免令人觉得在论辩上反而不如黄教授观点与立场一贯。错认"四端之心"为"情"，"心即理"之首出义及道德根据的纯粹性就被破坏了。如我们一再申论，自律道德以道德法则为首出，纯粹实践理性独自提供普遍法则（即本心独自不依于经验和任何情感而立天理），此义首先要证立。莫要说李教授所论现象学伦理学所谓道德情感、价值感不能混杂进来，就是他所援引牟先生言"本体觉情"也不能离开或先于天理（道德法则）而被宣称为道德的基础。事实上，牟先生说："这觉情是即心即理，即明觉即法则的，故是实体性的觉情。"[24] 可见，觉情与法则（理）不能分拆开，不能离开理（分说"仁、义、礼、智"，总说一个"天理"），而主张先有种种觉情（恻隐、羞恶、辞让、是非）可上提到本心，等同于理。用牟先生的话说，道德情感是"道德法则、道德理性之表现上最为本质的一环"，[25] 但不能误认为由道德情感建立道德法则，也就是说，即使是觉情也不能被视为天理的客观根据，不能以为由觉情建立天理。

本心固然包含情感活动，此如康德论纯粹实践理性（即意志自由）必定包含情感活动，因理性立法活动即意志活动，意志活动必包含客体之产生与实现及伴随情感活动故也，但无论如何，情感只是道德法则之表现，而不能作为道德法则的根据。此所以，康德一再说"对道德法则之尊敬是动力"（KpV 5:78），同时又一再强调真正的动力"即道德法则本身"（KpV 5:117）。

我们于前面已论明，在康德的道德情感学说中，对道德法则的"尊敬"是最为本质的核心，要论"实体性的觉情"，此"尊敬"即是此"觉情"之首出义。这"尊敬"绝非离道德法则而先有一情感，而毋宁说是道德理性自身自发之法则意识本身。依孔孟义理，这"尊敬"之"实体性的觉情"就是"畏天命"之敬畏之情。而康德说："法则之直接决定意志及对此决定之意识就称为尊敬。"（Gr 4:401）正是这尊敬"产生了对于遵循道德法则的一种兴趣，这种兴趣名为道德的兴趣"（KpV 5:80）。"一切道德上名为兴趣的都只在于对法则的尊敬。"康德所论"对于遵循道德法则的一种兴趣"，用孟子的话说就是"理义之悦我心"[26]。如康德揭明："法则之所以对我们具有效力，并不是因为它引起兴趣。"（Gr 4:460）"作为法则的格准的普遍性，从而道德"所以引起兴趣，乃是因为它"对我们人类有效"，"因为它根源于我们的作为睿智者之意志，因而根源自我们真正的自我"。（Gr 4:460–461）同样，孟子以理义为首出，并无主张任何先于理义的所谓道德感、价值感作为道德的根据。"理义之悦我心"并非因为理义引起我们的兴趣,孟子绝非主张先于理义而有一个悦理义之心去悦理义。人悦理义,因为它对我们人类有效,它来自我们的本心,因而来自我们的道德分定之性。

情感(即使是道德觉情)属感性,是主观的,但我们不能像李教授那样,以为凡感性的、主观的就等同没有先验性、普遍必然性可言。究其实,李教授抱持的是西方哲学传统中主客截然二分的思维定式,遵照唯理论视感性为只是经验的、无先验性可言的,"在感官中只有幻相"的独断观点,故未能看到康德已经彻底抛弃独断唯理论的旧思维。康德明确指出:"对道德法则的尊敬"这种情感"仅仅是由理性造成的",(KpV 5:76)"它是这样独特的种类(Es ist so eigentümlicher Art),它只听命于理性,确切地说只听命于纯粹的实践理性"(KpV 5:76)。"尊敬是一种情感,它却绝不是经由影响而接受的一种情感,而是经由一理性概念而自身起作用的情感,因此,它特别与前一类由性好或惧怕激起的一切情感截然不同。""对道德法则的尊敬"之著见(尊敬的那种感觉的条件)固然是感触的,(KpV 5:75)但岂能据之以为这"尊敬"与一般情感在性质上并无二致?

孔子言"畏天命",此中"敬畏"之情堪称道德觉情,"天命"就是本心发出的天理定言地命令人应当做什么,而不管自己喜不喜欢。"畏天命"就是敬畏道德法则的无条件命令。故不能以为可离开或先于天理之无条件命令而将道德觉情作为天理的客观根据。对天理敬畏之道德觉情是真正的动力,但同时我们必须指明,此真正的动力无非就是天理本身,不能以为天理之先或之外有什么觉情来作为道德动力。没有先行存在的觉情作为天理的根据。天理是首出的,我们直接意识天理,立刻就认识到我们的本心良知。如果不是我们独立不依于一切

63

经验的条件而为自己决定意志格准，即直接意识到天理，则我们也不会认识到我们的本心良知，也不会有实体性的觉情。

诸葛亮说"恻然有所觉"，谢上蔡"以觉训仁"，其中"觉"都必须首先理解为天理之觉识，不能讲成只是觉情，若此"觉"无天理之直接意识之义，则亦无从有觉情之所由生。用刘蕺山的话来说，儒者之言"心""觉"不能遗却"意""知"。蕺山说："释氏之学本心，吾儒之学亦本心。但吾儒自心而推之意与知，其工夫实地却在格物，所以心与天通。释氏言心便言觉，合下遗却意，无意则无知，无知则无物。其所谓觉，亦只是虚空圆寂之觉，与吾儒体物之知不同；其所谓心，亦只是虚空圆寂之心，与吾儒尽物之心不同。"（《刘子全书》卷十《学言上》）可见儒者言"心""觉"是合"意与知"的，并不只就"情"说。言"心"合"意与知"，也就是理性在意欲机能中立法之义，依此义，故能言"心与天通"，"心"才能够是"尽物之心"。

诚然，在日常生活的经验中，人们很少首先明确地想到天理（形式的最高道德原则）然后行动，实际情形毋宁说是"自爱心""怜悯心""同情心"指引人的行为合乎社会规范。此如孟子说："行之而不著焉，习矣而不察焉，终身由之而不知其道者，众也。"（《孟子·尽心章句上》）百姓日用而不知是也。但作为哲学问题，我们要探问道德情感作为主观的感受性是如何可能在实践中显示出普遍妥效性的。这个问题要求道德哲学的研究从日常行为中的适用性进至道德行为的普遍必然性，从可感觉的道德情感进至其超越根据——道德法则，也就是说，从通俗的伦理学进至纯粹的实践哲学。

任何主张情感可以独自作为道德的客观根据的人都需要说明情感离开道德法则如何能自身是道德的。我们并不否定"情感是感受善的能力"，问题是感受善之先，善是如何可能的，及我们凭什么判断善。

康德在《实践理性批判》中就指出如果一个人完全无道德法则在心中，根本无遵循道德法则的存心，那么"在主体中完全不会有任何对于一般道德价值的情感"。（KpV 5:116）

事实上，道德情感在人的伦理行为中有着显而易见的影响，并且如康德指出："没有人完全无道德情感，因为如果他真对于这'感觉'完全没有感受性，他在德性上就会死了。"（MS 6:400）因为道德情感这样重要而不可或缺，以致人们很容易产生一种错觉，习惯地以为种种情感就是德性行为的根据，而忽略了真正的道德根据——本心良知之天理。学者们讲述孔孟之学也大多强调情感，而忽略孔孟之学是理性本性之学，其彰显的"心即理"正包含着以道德法则为首出的根源洞见。

孔子曰："道不远人。人之为道而远人，不可以为道。《诗》云：'伐柯伐柯，其则不远。'"（《中庸》第十三章）这就是康德提出的，在通常人类理性的道德认识中就能得到道德的原则，且普通的人类理性"在任何时候都现实地记得它"，（Gr 4:403）"并把它用作自己的判断的准则"（Gr 4:404）。又，《孟子·告子章句上》云："《诗》曰：'天生烝民，有物有则，民之秉彝，好是懿德。'孔子曰：'为此诗者，其知道乎！'"此见孔子以自然法则与道德法则为"道"。

《论语·雍也第六》云："子曰：'夫仁者，己欲立而立人，己欲达而达人。能近取譬，可谓仁之方也已。'"我们可以指出："己欲立而立人，己欲达而达人"是道德最高原则的表达，堪称道德金律（golden rule）。此中所言"己欲"并非一己私欲，而是通于立人、达人的"己欲立""己欲达"，依此，我们可以说，这"己欲"是高层意欲。意欲力之为高层而非经验的意欲机能，其根本在于其自身包含普遍立法。仁乃是内在于每一个人的立普遍法则的机能，这种能力用康德的哲学术语表达就是"理性"。据之，我们可以说，仁就是理性在意欲机能中立法之心灵机能。本心之仁所立普遍法则就是天理，用康德的话说，它是"行为一般的普遍合法则性"。

又，孔子说："克己复礼为仁，一日克己复礼，天下归仁焉。为仁由己，而由人乎哉？""克己复礼"就是依仁（本心）之天理而行动的格准。天理根于仁（本心），这是意志自律的首出义，但意志自律不止于自立法则义，还包括自我约束义。"克己复礼"表达的正是意志自律包含的自我约束。现实中，本心之天理运用于经验，不可避免地要克服主观的限制和阻碍，就此而言，每一个人必须自己克服之，以回到依于普遍法则为根据的格准而指导自己的行为，这就是依于意志立法为根据的抉意自律，自我约束之义由此而论。"克己复礼"就是康德说的，道德的行为无非是服从这定言律令，"把一切感触的动力排除于实践法则之外"，每一个人自己就知道应当做的事，知道要成为道德的人，一个人必须做什么，"这也是每一个人，甚至最普通的人的事"。（Gr 4:404）

"克己复礼"中，"克"，约束也；"克己"，自我约束；"复礼"，回到礼。我们没有理由以社会制度史所记的一套套礼仪、典章，乃至个人行为的礼节、礼貌来理解孔子说的"礼"。在孔子哲学中，礼，以及分言之仁，及义、智，皆为仁所内涵，此所以孔子说："人而不仁，如礼何？"（《论语·八佾第三》）又说："君子义以为质，礼以行之，孙以出之，信以成之，君子哉！"（《论语·卫灵公第十五》）礼，人伦之常也，天地之序也，序即群物皆别也。此即《礼记·乐记》云："合父子之亲，明长幼之序，以敬四海之内，天子如此，则礼行矣。"依孔子传统，礼根本不是习俗意见中一套套的外在的社会规范。礼若非根于本心之诚敬而本于天地之序，承天之道，以治人之情，孔子如何能说"民之所由生，礼为大"（《礼记·哀公问》）？若礼非内涵于仁而具有应当适用于一切人的普遍性（"无条件的实践的必然性"），孔子又如何能说"非礼勿视，非礼勿听，非礼勿言，非礼勿动"（《论语·颜渊第十二》），又说"不知礼，无以立也"（《论语·尧曰第二十》）？而孟子深得孔子言"礼"之大义，曰："君子所以异于人者，以其存心也。君子以仁存心，以礼存心。"（《孟子·离娄章句下》）

孔子言："一日克己复礼，天下归仁焉。"孟子也说："亲亲，仁也；敬长，义也。无他，达之天下也。"孔孟言"天下"即人类全体之理念。如康德说，我们居于全体之理念中。（KGS 15:342）他在一则反思中又说："我们感觉到自己是一理想的全体中的一分子，例如，某人所遭遇到的不公正在理想的全体中也及于我身。理想的全体是理性以及为理性所统一的感性的基本理念，因此这个概念是先验的，而对于所有人均正确的判断必须从这概念推衍出来。"（R 782）

孔子哲学生命之本质何在？就是"仁者，人也""人能弘道"。孟子也说："仁也者，人也，合而言之，道也。"显见，孔孟之学乃是人的真正实存之学，人循天理而成就自身为道德之实存，同时就是弘道，即依天理而致力于在世界上实现道德的世界（大同）。用康德的术语说，就是"实践的智慧学"（圆善学说）。岂能将孔孟言"仁""四端之心"讲成只是道德情感，从而贬之为一种情感主义伦理学？！

无疑，孔子言"不安""愤""悱"，孟子言人皆有"怵惕恻隐之心""不忍人之心"，"怵惕恻隐""不忍"固然是道德情感，但岂可依此断言本心（人心之仁）就只是道德情感？黄进兴教授以为孟子言"人皆有不忍人之心""皆有怵惕恻隐之心"，"可以肯定为'道德情感'"。[27] 但看来他忽略了其中的本心之天理义。"怵惕恻隐"乃是见孺子生命陷于危丧险境而直接生起之情，根源自生生之德（天理）内在于人心，故此孟子说"人皆有之"，不同于因"内交于孺子之父母""要誉于乡党朋友""恶其声"等主观条件而生起的一般所言同情、妇人之仁。孟子通过齐宣王不忍见"将以衅钟"（《孟子·梁惠王章句上》）之牛觳觫，而指点"不忍人之心"，并指出此乃人皆有之。可见这"不忍"有别于一般言兔死狐悲、物伤其类之情感。这"不忍"是恻隐牛"无罪而就死地"（同前），是以有着生生之德的本心之仁（天理）为内在根据的。

我们可以指出，若孟子所言"恻隐"没有本心之仁（本心之天理）为根据，他不能说"恻隐之心，人皆有之"（《孟子·告子章句上》），而所谓恻隐之情也只不过流于物伤其类、触景生情。若"羞恶"没有本心之义（本心之天理）为根据，他也不能说"羞恶之心，人皆有之"（同前），而所谓羞恶也只不过是虚荣心而已。若"恭敬"没有本心之礼（本心之天理）为根据，也不能说"恭敬之心，人皆有之"（同前），而所谓恭敬就只是外表的礼貌客套而已。若"是非"没有本心之智（本心之天理）为根据，也不能说"是非之心，人皆有之"（同前），而所谓是非充其量只是一些公共认可的好坏标准而已。

无疑，人的道德实践活动不能离开主体对天理的感受性，也就是不能离开情感，以致人们容易产生错觉，误认为道德行为源自道德情感，而忽略了本心普遍立法才是道德行为的真正根源。此正如康德一再论及"情感不能作为实践原则之根据"。[28] 天理只能根源自本心良知，这种根源的纯粹性，使天理能够充当我们的最高的实践原则。只要我们论明孟子伦理学建立于本心之天理的基础上，则无理由视之为一种情感主义伦理学。

尽管从文本上看，孔孟之学多采用圆融的方式，尤其《论语》，以随机指点的方法直透本源，但不能就此说，孔孟并无凸显本心（人心之仁）之普遍立法义，更不能以为我们无法对孔孟之学做超越分解的哲学说明。康德通过三大批判一步一步展示出人类心灵机能先验能力及全部理性原理之通贯整全的解剖图，[29] 但我们不能据之以为康德将理性能力与情感二分。依据康德的批判考察，纯粹实践理性不仅是立普遍的形式法则的机能，同时因着其在意志中立法决定行动，它就是产生行动的对象（善）的机能，并且因着其即纯粹意志而作为目的的机能，它产生终极目的，就必然"伴随着对客体的纯粹的理智的愉悦"，（KU 5:197）据之可说，它不包含任何作为手段的目的，自身就是产生道德动力与道德兴趣的根源。依康德批判揭明，纯粹实践理性自身就能够在意欲机能中立普遍法则，因而它就是纯粹意志本身，也就是说，理性因果性无非就是意志因果性——自由；理性作为立普遍法则（道德法则）的机能，通过道德法则就呈露并由之证明这种意志的特殊因果性；同时，纯粹实践理性既作为高层的（即自律的）意欲机能，它就是产生并实现客体（圆善）的机能，并由之伴随先验的情感。依以上的说明，我们可以说，纯粹实践理性是联结理性与情感为一体的意欲机能，亦即它是通贯人类心灵机能总体包含的三大机能（认识机能、快乐与不快乐之情感、意欲机能）为一体的机能。明乎此，我们就不会把康德所论纯粹实践理性理解为"纯然的理性主体"，也不会认为康德的道德哲学体系包含学者们屡屡提及的所谓"理性与情感二分的道德主体性的特殊架构"。

依据康德批判哲学对于人类心灵机能先验能力之通贯整全的解剖图，我们也可以对孟子言"本心"做超越分解的说明。如前文已论，孟子言"本心"是由我们直接意识到理义（天理）而呈现出来的，此乃"心即理"之首出义、核心义，我们进而可以指出，牟先生所论"心觉觉情"之为道德情感可通康德所论"尊敬"。康德说："法则对于意志的直接决定，以及对此决定之意识，名曰尊敬。这样，尊敬是被视为法则作用于主体的结果，而不是法则的原因。"（Gr 4:401）又，牟先生论自知体"智地认知的感受性而言，它同于康德所说的'良心'（conscience）"。[30]康德在《德性形而上学》一书中，就指出良心是置于"人心对义务概念一般的感受性的感性的预备概念（ästhetische Vorbegriffe）"，良心还包括其余诸"道德情感"，"它们都该是感性的（ästhetische）和先在的（vorhergehende），经由义务概念激发的自然的人心禀赋（预先准备好的［praedispositio］）"，"是使每一个人能承担义务的力量"，"对于这些禀赋的意识不是出自经验的起源，而只能来自道德法则之意识，作为道德法则在人心中起作用的结果"。（MS 6:399）康德说："一切责成意识都以这种情感为根据，以便人能意识到义务概念中所含的强制；因此，每个人（作为道德者）根源上就有这种情感在自身。"（MS 6:399）

总而言之，本心之道德觉识包含立法、尊敬法则以及责成的意识。如我们已说明，此诸道德觉识同样可见于康德所论自由意志（即纯粹实践理性）。事实上，只要以哲学的角度，采用理性的思维来研究儒家文献，我们必定能如实见到，孔子哲学传统揭明人性之根、社会之本，指示出人类伦理共同体的终极目标，以及依于人类全体之理念致力于在世界上实现大同世界的理想。据此，我们可如理指出，孔子哲学传统堪称理性本性之学，亦即本心（人心之仁）之普遍立法之学。我们没有理由贬孔孟之学为情感主义伦理学、经验伦理学、血缘伦理学。依我们所已一再申论，可以指出，孔子哲学传统是理性文明的传统，这个传统包含的伦理学是以道德为基础的伦理学，道德就是康德所论意志自律。以此，孔子传统的伦理学从根柢上不同于西方传统的形形色色的伦理学。近世以来，西方伦理学主流趋向脱离以唯理论或神学奠基，以知识为进路的规范伦理学，而转向以情感为根据的经验论的伦理学，只以著见于外的情感、习俗惯例、经验个案为根据建立伦理学，根本未能进至有诸于内的理性立法来为伦理学奠基。明乎此，学者们以西方传统的形形色色的伦理学为标准来讲解孔子哲学传统，其谬误可知矣。

我们可以指出，牟先生汲取康德意志自律学说之精粹，对孔孟道德哲学及宋明心学做周全的哲学说明，乃哲学领域的一项创辟性的重大贡献。尽管毋庸讳言，牟先生批评康德"卑心而贱情"，长久以来授人以柄，一直成为学界各路派别质疑及反对其以康德意志自律论孔孟儒学之正宗的口实，但我们可论明，只要我们将康德学界对康德道德哲学抱持的误解与偏见一一消除，即可见到孟子道德学与康德的意志自律义若合符节。

西方学界囿于传统的旧思维模式，与康德的全新的哲学思维格格不入，从所谓后康德哲学时代开始，西方的康德学界就一直流行着对康德哲学的贬视[31]、篡夺和强暴[32]。经由各式各样篡夺者和强暴者大动手脚，康德哲学已然体无完肤。本人逾半个甲子研究康德，写出《康德的自由学说》、《物自身与智思物：康德的形而上学》、《康德的批判哲学：理性启蒙与哲学重建》（台北：里仁书局，2014），就是要破除西方传统旧思维框架，以见康德批判哲学堪称为一种颠覆性的全新哲学。康德一生的努力就是要以"真正的世界智慧"取代"旧的世界智慧"，从根柢上全盘颠覆西方哲学。他本人预计到批判哲学的新思维将遭受固守旧思维的评论者的无休止的曲解，他曾抱怨，对固

守旧思维的评论者的回应"纯粹是纠正词意的歪曲"。（KGS 11:40）

我们要清理西方康德学界流行的对于康德批判哲学的诸多权威偏见，[33] 以移除其对汉学界探讨康德与孔子哲学传统之会通造成的重重障碍。[34] 因篇幅所限，于此只略述与康德意志自律学说相关的问题。

学界鲜有注意到康德为理性正名的创辟性洞见。康德学界通常是依据以柏拉图为代表的独断唯理论的观点来看康德哲学所论理性。依照柏拉图，统治身体的灵魂由三部分组成，其中，理性驾驭情感和欲望，倾向理性的是高尚因素，抗拒理性的是低贱因素。理性保留了不朽，"是知识和与之相对应的德行的所在地"[35]。依据这种观点，产生了理性与情感、欲望的对立，以及可知世界与可感世界分立的二元论。我们可以指出，康德作《纯粹理性批判》的一个首要任务就是要破除柏拉图主义的唯理论的独断。康德通过对人类心灵机能通贯一体的活动做出批判考察，揭示出理性作为此活动中的最高认识力和在意欲机能中立法的能力，它在理论认识领域和实践认识领域的作用、地位和原理。在理论认识领域，它不能僭越知性的立法权，只能发挥轨约作用，"理性是加工直观材料并将之纳入思想的最高统一之下的一种最高的认识力"。（A298/B355）在实践认识领域（亦即道德领域），理性在意欲机能中立法，因此，实践理性无非是意志，纯粹意志就是纯粹理性立法的意志，纯粹意志无非是纯粹的实践理性，此表示道德主体的立法活动是理性与意欲机能通贯一体的活动，而道德情感是对理性立法的感受性，因着这种感受性，理性立法本身就产生动力。此即康德一再说"对道德法则之尊敬是动力"，同时又一再强调真正的动力"即道德法则本身"。康德说："对法则的尊敬不是对于德性的动力，而是在主观上被视为动力的德性本身。"（KpV 5:76）人的意志之动力"除道德法则外绝不能是别的东西"。（KpV 5:72）

我们一再申论，康德所论意志自律亦即纯粹实践理性之自律，个中创辟性洞识正在于打破西方传统的理性无力论，揭明纯粹实践理性是一种独自颁布道德法则的高层意欲机能，由此可见康德所论理性根本不同于西方传统所谓理性。既然理性的实践使用是理性立法与意欲通贯一体的活动，理性连同其立法则就包含动力，而不必依赖先行于理性立法而有一种情感作为动力。可以说，意志自律之洞识就在揭明，纯粹的理性现实地是实践的，它是以其自立法则致生道德行为的能力。这一层意思是康德本人一再申论的，[36] 若能排除受西方传统影响而对理性产生的偏见，或许就不会对康德的周详论说视而不见。

我们可以指出，学者们批评康德主张一种"心理二分的间架"。[37] "预设一个理性与情感二分的主体性架构"之说其实是受到西方传统中流行的理性无力论，以及情感动力的心理学主义影响。李明辉教授在其一系列论文及著作中就是持这种观点批评康德。由其论述可见，他囿于"理"（头脑）与"心"（意欲、情感）二分之西方传统思维模式，以西方传统关于理性不包含动力的观点来理解康德所论"实践理性"。依照西方传统的观点，行为的动力归于情感，而理性只发挥驾驭情感的作用。李教授以这种理性与情感二分的头脑看康德，他就看不到，或不接受康德批判地揭明的纯粹实践理性即纯粹意志，而误以为康德"将意志只说成是理性"。[38] 但如我们一再申论，纯粹实践理性是高层意欲机能，其独自立道德法则，同时就是道德行为之动力。此即孟子所言本心立天理就是道德行为之动力，此乃"心即理"之根本义，孟子本心之自律义亦在此。依康德，理性立法"对意欲机能进行决定的意识"就是"对由此产生的行动感到愉悦的根据"，（KpV 5:116）因此可说，在自由意志（即本心）之活动中，理与情是关联一体的。但依照李教授的见解，孟子以道德之情感为"心"，天理为"理"，

73

并以"道德之情"即"天理"来说明"心即理"。[39] 如此一来，他就既误解了康德，也曲解了孟子。

　　大多数学者注目于孟子言"人皆有不忍人之心""皆有怵惕恻隐之心"，就粗率地以为孟子以道德之情作为道德法则的基础，并以此批评康德所论"纯粹的、就自身而言实践的理性直接立法"，"理性以其实践法则直接决定意志，并不借助参与其间的快乐和不快乐的情感"（KpV 5:25），以为康德排斥情感，"将实践理性底功能拘限于法则底制定上"，"依一个心理二分的间架去理解实践理性"，"使得实践理性成为只能立法而不能活动的能力"。[40] 但如我们已指出，纯粹实践理性在意志中立法，它就是自由自律之意志，意志就是"依照原则而行动的机能"（Gr 4:412）。在《基础》中，康德明文说："从法则推导出行动需要理性，所以意志不外是实践理性。"（Gr 4:412）纯粹实践理性之自律就是意志自由，亦即"能够独立不依于外来的决定原因而起作用"的那种意志因果性，"一种依照不变法则"的作用因。（Gr 4:446）在《实践理性批判》考论"纯粹实践理性的动力"的章节中，康德明确提出人的意志的动力"绝不能是某种别的东西，只能是道德法则"。（KpV 5:72）纯粹实践理性以其自立道德法则，它本身就是动力。同样，依孟子，本心之天理就是动力。我们没有理由以为天理缺乏动力，必须将道德之情上提至本心以作为动力。

　　康德以道德法则为首出，同样，孟子以天理为首出。康德强调，道德情感是纯粹实践理性立法（即道德法则）对于情感的作用。他指明《实践理性批判》的"纯粹实践理性的动力"那一章是"关于道德情感的一章"，所论"道德情感"就是"纯粹实践理性对于感性的关系，以及其对于感性的必然的、可先验地认知的影响"。（KpV 5:90）同样，孟子讲"心之官则思""先立乎其大者"，岂可有先行于天理的道德觉情？假若放失天理，则充其量只是一种倾向于德性的品行，甚或有沦为"乡愿"之虞。[41]

康德革新了对"理性"的旧观点，[42] 同时也就扭转了西方传统中视"意志""情感"只有心理学意义的观点。当康德批判地揭明意志无非是理性立法的机能，他就提出了纯粹意志的概念，并严格地将其与传统中"一般而言的人类意愿的活动和条件"区别开。并且，当他批判地揭明道德法则是道德情感的根据，亦即"单单直接通过理性而作成的意志决定"是道德的愉悦之情的根据，"这种决定一向是意欲机能的一种纯粹实践的决定，而不是感性的决定"，（KpV 5:116）他就将道德情感从根源上与感性决定的、情绪的（pathologisch）情感，以及先行于道德法则的情感（诸如同情、好心肠的关心）区别开。依以上所论可见，康德通过批判考察提出"纯粹意志""道德情感"，从传统上囿于心理学意义的层次提升至与理性立法关联一体的维度而考论人类心灵机能的意欲与情感活动。他通过《实践理性批判》提供给我们的是以理性在意欲机能中立法而发动的理性、意欲机能（包括立法则的意志和订立格准的抉意）、情感（包括对道德法则的尊敬、兴趣，以及对道德法则的感受性）通贯一体的活动。此可会通我们依孟子所揭明的本心立理义即悦理义，理义对我们有效并引起我们的兴趣，因为它来自本心之立法。本心的活动是理、意、情通贯一体的综和活动。孟子言理义（天理）是无条件的命令，用康德的话说：它成为定言律令，正是由于普遍立法，"它不以任何兴趣为根据"。（Gr 4:432）倒是理义（天理）是意志的一个"充分的决定根据"，"理义之悦我心"的纯粹的直接的兴趣才得以产生。尽管这纯粹的兴趣能够成为一种决定意志的原因，但要注意，这兴趣根于理义（天理），因而不能误以为它可以离开理义而独自作为原因，毋宁说，理义本身是意志的充分的决定根据。

康德批判哲学中的一种重要的革新性洞见就是他揭明人类认识（分为理论认识和实践认识两大领域）是以人类心灵各种不同能力的先验综和活动为前提条件的，以此从根柢上打破西方传统知性与感性、理性与情感对立二分的思维模式。我们岂可将先验综和的协同一体的活动曲解为分裂对立？于实践认识领域，纯粹实践理性（即纯粹意志）与情感是在同一道德主体活动中协同一致地起作用的两种完全不同的机能，它们不能互换其功能，但并非对立二分的，而是先验综和的。我们可以说，康德的道德情感论属于《实践理性批判》中具独创性的部分。[43]

康德的道德情感学说缜密而周全，[44] 探明了道德法则本身对主体的感性施加影响的所有可能情况，以此彻底打破西方传统中视理性为主宰情感的神秘能力，[45] 或反过来视理性为情感的奴隶的旧思维框架。康德经由艰巨的批判工作揭明人的理性机能的真实使用在于在意欲机能中自立普遍法则（即道德法则），由之，理性被揭明是人类心灵的高层意欲机能，它就具有独立不依于自然因果性的自由因果性之特性，因之亦即是自由意志。如我们已申论，此义通孟子所言本心立法之首出义。康德进而论明，理性依照其自立的自由法则而产生自己的客体（终极目的：圆善），同时因其就是道德法则决定的意志之客体，它就是一种使自己产生的客体成为现实的实现机能，由之见其活动性、创造性。此义通孟子所言本心之活动义、创造义。纯粹实践理性既是自由意志之活动，是自身目的和客体的创造及实现之能，因而自身就致生或伴随着愉悦。[46] 同样，我们把握孟子所言本心之情也不能离开本心立法的创造活动。

李明辉教授持守西方哲学传统的旧思维模式：视理性为"纯理

体"，纯粹实践理性"只是形式地被肯定的道德主体"；[47] 视理性所立道德法则为"只是一形式意义的事实"，是虚的、抽象的。[48] 故其看不到（或根本不能承认）康德已通过批判的工作而揭明：理性的真实使用在实践理性，理性因着其立普遍法则而显示自身是实践的；它就是高层意欲机能，就是道德法则的根据，而出自理性的道德法则自身就是起作用的自由法则，自身包含动力，因而就是实现原则；它自身就是道德兴趣、道德情感的原因，而不必从情感取得动力。当李教授以一种被西方旧思维框架扭曲过的康德理论来谈论道德法则与情感，并据之论孟子时，他就以"情"为"心"，只认"心"（"情"）"是活动原则、创生原则"，甚至"也是能判断善恶、知是知非的原则"。[49] 如此，他就有意无意地以"情"为"理"，然则，孟子言理义（道德法则）也是抽象的、形式的、无力的，不能充当实现原则的吗？孟子也要以"情"作为天理（道德法则）之基础，甚至以"情"为天理吗？

我们可以指出，李明辉教授在概念的使用上有一个滑转，他以"心"为情感，即兴趣、道德情感，此言"心"固然是本心之本质之表现，但岂能由此就将仅以本心之情而言的"心"等同于本心，甚至本心之天理？如我们一再申论，本心的作用是理性在意欲机能中立普遍法则为首出的心灵机能之诸能力（包含理性、意志、情感）通贯一体的活动，本心之天理与本心之情是先验综和、通贯一体的，并且以前者为首出，我们没有理由颠倒二者的关系，更不能说此以"情"言的"心"就是"理"。[50]

孟子言"仁义礼智根于心"，而"恻隐、羞恶、辞让、是非"著见于外。就本心作为立普遍法则（"仁义礼智"）之能而言，本心就是理，故曰"心即理"，孟子岂有以"恻隐、羞恶、辞让、是非"为理？孔子言居丧"不安"，孟子言"怵惕恻隐""不忍"，固然是本心之情，[51] 但是，能说孔孟所言本心之情是本心之天理的基础，就是天理吗？若人意识不到本心之天理，他能有"不安""恻隐""不忍"之情吗？人若是无天理的，则不会区分善恶，行善时就不会有愉快之感，行不善时也不会感到不安。孟子言"仁义礼智根于心""由仁义行"，岂有说由本心之情行？毋宁说，依孟子，人必须先行赏识天理的尊严（即孔子言"畏天命"），以及个人遵守道德法则时在自己眼中的直接的价值（即"良贵"），[52] 否则无道德兴趣和情感可言。天理乃是人的实存法则，它包含人自身是目的的尊严和人格的绝对价值，此所以天理（道德法则）使人感兴趣，此即"理义之悦我心"。

如我们以上所论，康德通过批判揭明：理性立道德法则即显理性之因果性，即显意志自由；即显尊敬法则之意识，即以法则为抉意立格准之根据，即显抉意自由；抉意自发服从法则，对法则之定言律令必然感兴趣，即显道德的兴趣。这些意思完全与孟子言理义根于心、"由仁义行"、悦理义相通，与本心立法为首出下，理与本心之情综和一体的活动义若合符节。但李教授一方面批评康德"只着实于客观的法则与低层的主观的兴趣"，[53] "意志（实践理性）只是以命令者底身分制定道德法则，但它本身并无实现法则的力量"，"意志又无活动义，它只是制定了法则，摆在那里"，"不承认意志有自我实现的能力"。[54] 另一方面又以一种将理收归于心（兴趣、情感）的讲法来解读孟子，将孟子所论讲成以心（兴趣、情感）为"道德法则底客观根据"，甚至就是道德法则本身。[55] 依照李教授的讲法，康德的意志自律成了无实现能力的虚摆设，而孟子虽被标举为意志自律之正宗，但当他将孟子所言本心（即自由意志，亦即纯粹实践理性）立法之首出义抹掉，而以本心之情为首出，其"自律"就根本违离康德所

78

论意志自律之本义了。由此，引起学界各路人马群起批评，实属无可避免之事。

究其实，李教授之所以在致力于维护牟师以意志自律会通康德与孟子之洞见时，引发学界一场见仁见智、各抒己见，却流于争来争去、"打乱仗"的口舌战，[56] 看来归咎于他执持着一种西方哲学传统中的旧思维模式：理性是高级的，但没有自我实现的能力；情感是低级的，却是行为的动力。李教授将这样一种理性与情感对立二分的框架强套在康德身上，制造出所谓"休谟伦理难题"。[57] 他将康德理性与情感通贯一体的缜密的意志自律学说简单化为只是意志（实践理性）制定虚悬法则的空洞无用的理论，看不到意志之动力无非是无条件的道德法则本身。随后，他又以为通过把孟子言"心"（兴趣、情感）讲成是道德法则，就可以使道德法则（理）拥有自我实现的能力，则可补救康德之不足了。但如我们一再申论，康德所论纯粹实践理性，亦即自由自律的意志，与孟子所言"本心"相通，其自立道德法则（理义），同时就产生客体，并且就是通过行动实现客体之能，根本无须寻求情感为自身提供动力，相反，任何道德情感皆以道德法则（理义）为根据。

总而言之，若非学者们跟从英语康德学界流行的权威专家的偏见，[58] 采用由误解和扭曲集结成的一般概论的讲法，我们不难见到康德意志自律学说与孟子哲学中"心即理"之义理若合符节，并以此证牟先生提出以意志自律会通康德与孟子的深刻洞见。

析疑与辩难

问：上海复旦大学杨泽波教授提出"智性伦理"与"仁性伦理"的区分，如何？

答：杨泽波教授在《牟宗三三系论论衡》中提出："在孔子心性之学三个层面中，道德的根据有两层，既有智性又有仁性。由此引出两种性质截然不同的伦理：智性伦理和仁性伦理。智性伦理是不以仁性为满足，而进一步求其所以然的伦理，仁性伦理是以道德本心为根据的伦理；智性伦理强调分析综合、逻辑解析，仁性伦理重视情感、直观、反躬自问；……"[59] 如我们一再申论，依孔孟之学，道德的根据是人心之仁（本心），本心作为道德主体，首出的本质作用乃系理性在意欲机能中普遍立法，依据普遍法则（天理）之因果作用，就产生理义之当然（义），知善恶是非的道德判断（智），道德情感亦包含其中。总说一个道德主体，即本心，其中就包含理性、意欲、情感通贯一体的活动；分说可言仁、知、勇、诚、孝、敬、爱人等诸德。王阳明就说："仁、义、礼、智，也是表德。"（《传习录》上，第38条）孔子"仁智双彰"，但不能如杨教授那样以为孔子主张有一种离开"仁"而言的"智性"单独作为道德的根据。孔子言"下学""博学于文"，无疑，"学"乃系认识力之运用，但岂可以为孔子主张一种只依据智性而建立的智性伦理？孔子言"智"言"学"，又岂是"分析综合、逻辑解析"？孔子说："下学而上达，知我者其天乎！"（《论语·宪问第十四》）"君子博学于文，约之以礼，亦可以弗畔矣夫！"（《论语·雍也第六》）可见，孔子言"学"通于"知天"，关联于道德践履（"约之以礼"）。无疑，道德践履不能离开"学"，但我们不能据之以为孔子从知识的进路讲道德，从而有所谓智性伦理。

我们批评荀子未能继承孔子道德哲学，并不在荀子重视"学"，有云"为学法荀卿"；要害在他从知识的进路建立伦理学，放弃了孔子学包含的"心即理"之意志自律的道德哲学本义。究其实，杨教授所谓"欲性、智性、仁性"三分法，[60]根本不符孔孟言"本心"、"仁"（道德主体）之为理性、意欲、情感通贯一体的本旨。他亦未进入道德哲学来考论孔孟哲学，只是袭用西方流行的经验伦理学、情感伦理学的套路来附会，以欲、智、仁来说"性"，根本不是依哲学之理路言"性"，以致把孔孟言"仁"的哲学含义抹杀掉，曲解为现成的情感、直观，他提出作为道德根据的所谓"仁性"只是根源于"当时当地特殊的社会习俗"在个人内心结晶而成的伦理心境。[61]其根本违离孔孟之义，可知矣。

问：杨泽波教授以"伦理心境"解说孔孟论"仁""本心"，妥当否？

答：我们可以指出，杨教授的说法仿效西方经验伦理学的路数，尤其是受到休谟的道德心理学化的思路影响，而完全无视孔孟之学为道德哲学的事实。如我们一再申论，孔孟之学堪称道德哲学，其根本在孔孟所言"仁""本心"乃立普遍法则（天理）之能，因而是人作为道德实存之本性，以及创造世界为道德世界之实体。也就是说，仁、本心是道德的主体，同时是道德的创造实体，是恒常不变的。孔孟之学区别于受历史条件限制的行为规范的伦理学、社会习俗的经验伦理学，正在于此。

杨教授将道德与行为规范、社会习俗混为一谈，更以历史中、不同文化中人们的行为规范及社会习俗的变化和诸多不同为理由，推翻孟子言"本心"的普遍必然性。他在《牟宗三三系论论衡》中罗列一大堆历史上人群社会生活方式变化的事例，借以主张"良心本心是发展变化的"[62]。诸如，他以现在不会有人行三年之丧为口实，说明"作为'伦理心境'的良心本心也是发展的，是一个历史的过程，不是一成不变的"。[63] 我们不禁要问：守丧的方式方法固然随历史条件、社会环境而有所变化，但孔子言居丧"食旨不甘，闻乐不乐，居处不安"（《论语·阳货第十七》），其直透本源地指点出居丧不安所源自的人心之仁（本心）难道也会时移势易吗？"慎终追远"（《论语·学而第一》）之为本心天理，难道会因现实中人是否守丧而有丝毫改变吗？杨教授又说及"儒家讲良心的重要内容之一就是对父母一定要孝"，但"历史上不同的文化中曾有将年迈老人杀掉的习俗"，以此为由，主张"良心本心因不同的文化背景而有相当的差异性"。[64] 这种说法令人十分诧异，何以杨教授会以杀老习俗作为本心之"具体表现"？杨教授甚至曲解孟子所言"恻隐之心"，说"乍见孺子入井皆有怵惕恻隐之心，是我们经常挂在嘴边的事，它告诉我们儒家是讲爱子的，特别是对于未成年的儿童更是如此"，而有一些部族流行将儿童驱赶到原始森林以锻炼其生存能力，据此以为"恻隐之心有别的表现形式"。[65]

我们可以指明，孟子言"今人乍见孺子将入于井，皆有怵惕恻隐之心"之后，明白指出"无恻隐之心，非人也"。如我们在第二节已申论，孟子依据孔子言"仁"包含理性在道德的意图中绝对需要的普遍性，把握住孔子言"仁"是通天则、常道（普遍法则）的，据之揭明本心（仁）之立普遍法则（天理），言"心之官则思""心之所同然者何也？谓理也，义也""仁义礼智根于心"。显而易见，孔孟言"仁""本心"表示道德理性之标准，如牟先生指出，此标准"在现实自然生命以上，种种外在的利害关系以外"，"人的道德行为、

82

道德人格只有毫无杂念毫无歧出地直立于这超越的标准上始能是纯粹的，始能是真正地站立起"。[66] 杨教授视本心为随历史条件及社会环境而变化的经验的心，显见是对孟子的曲解。孟子说本心是"天之所与我者"，并提出经由"尽心知性"而知"天"，此即明白表示本心之普遍必然性。"天"一字表达不可移易的、普遍有效的普遍必然性，如天伦、天序。但杨教授却将孟子所言"天"解读为在人之外的"上天"，批评孟子"直截了当地将良心本心的根源归到了上天"，并责问："上天是如何赋予人以良心本心的？"[67] 看来，杨教授并不理解，或者拒绝承认孟子所言"本心"包含每一个人自身禀有的普遍必然性，因此，他主张除非能说明本心是上天赋予的，否则就只能走"伦理心境"的路。他说："我认为，传统儒家确实将良心本心视为绝对纯然为善之体，但这只能代表历史上对良心本心的理解，如果加以具体分析就会看到，这样的良心本心事实上根本不存在，良心本心总是随着时间空间的变化而变化的。"[68] 岂知，他所谓"随着时间空间的变化而变化的"良心本心只不过是经验意义的习心，根本违离孟子所言"本心"之本义。

看来，杨教授根本不着意于理解孔孟文本，只是先入为主地以自己构想的"伦理心境"框架来套读孔孟。究其实，他将"是"（历史的和现实的）混同于道德的"应当"，因而不能理解，或者拒绝承认孔孟言"仁""本心"表示人作为道德实存的"应当"。人的道德实存的"应当"并不由经验归纳而来，而是每一个人禀具的本心之天理，哪怕人现实的行为乃至社会习俗违离它，都丝毫不影响其必然性和对一切人、时、地的普遍有效性；相反，人应当以本心之天理检视自身的行为，审视自己遵循抑或违背它。杨教授从人类学、社会学的角度谈论哲学，忽略伦理规范之确立必须以纯粹的道德哲学为基础，因而主张从"是"推出伦理规范之原理。而这种试图从现实上所是推导出道德实存的"应当"的思路是错误的、粗鄙的。

注释

1 李明辉：《四端与七情：关于道德情感的比较哲学探讨》，台北：台湾大学出版中心，2005，页261。

2 同前揭书，页70。

3 同前注。

4 同前揭书，页371。

5 李明辉：《孟子的四端之心与康德的道德情感》，载于《鹅湖月刊》，1989年9月。孟子言"四端之心"原文："恻隐之心，仁之端也；羞恶之心，义之端也；辞让之心，礼之端也；是非之心，智之端也。人之有是四端也，犹其有四体也。……凡有四端于我者，知皆扩而充之矣，若火之始燃，泉之始达。苟能充之，足以保四海；苟不充之，不足以事父母。"（《孟子·公孙丑章句上》）朱注云："恻隐、羞恶、辞让、是非，情也。"（朱熹：《四书集注·孟子集注》卷三）学界中把孟子言"四端之心"解读为四种道德情感，可追溯到朱子。

6 李明辉：《孟子与康德的自律伦理学》。

7 同前注。

8 同前注。

9 李明辉：《康德哲学中情感与理性之对扬与消融——"康德哲学中道德情感问题之研究"（5）》，载于《鹅湖月刊》，1982年3月。

10 李明辉：《孟子的四端之心与康德的道德情感》。

11 在《孟子的四端之心与康德的道德情感》一文中，李明辉认为在康德的道德哲学里，"道德情感并非道德法则底客观根据（这客观根据在于实践理性本身），而只是我们之所以感受到道德法则底强制力的人类学根据"，并认为这是康德的错误。

12 李明辉：《四端与七情：关于道德情感的比较哲学探讨》，页 74。

13 同前揭书，页 49。

14 同前揭书，页 50。

15 同前揭书，页 22。李教授早在 20 世纪 80 年代后期的论文中就一再申论这种说法，见其《孟子的四端之心与康德的道德情感》《孟子与康德的自律伦理学》等文。诚然，这种说法并非李教授首创，也不是舍勒所发明，它在学界长久流行，不仅成为反康德者攻击康德的重要武器，甚至在康德的追随者中都成为诘难康德的热门话题。汉语康德学界更是无批判地一面倒跟从这种自西方传入的见解。

16 同前揭书，页 63—64。

17 见李明辉《从道德本心看道德情感——"康德哲学中道德情感问题之研究"（7）》（载于《鹅湖月刊》，1982 年 6 月）一文结尾。该文为李教授之硕士论文《康德哲学中道德情感问题之研究》第七章。

18 黄进兴：《所谓"道德自主性"：以西方观念解释中国思想之限制的例证》，载于《食货月刊》复刊第 14 卷第 7、8 期合刊，1984 年 10 月。

19 同前注。

20 详论参见前文。

21 黄进兴：《所谓"道德自主性"：以西方观念解释中国思想之限制的例证》。

22 同前注。

23 同前注。黄教授只以"实际的世界"的"人伦关系""身份指涉"视孟子言"父子有亲，君臣有义，夫妇有别，长幼有序，朋友有信"（《孟子·滕文公章句上》），而不知伦常之为常道、天理（即道德法则），故忽略孟子大义以常道、天理为其义理之理性内核的事实。

24 牟宗三：《现象与物自身》，页 73。

25 牟宗三：《心体与性体》第一册，页 126。

26 孟子曰："心之所同然者何也？谓理也，义也。圣人先得我心之同然耳。故理义之悦我心，犹刍豢之悦我口。"（《孟子·告子章句上》）

27 黄进兴:《所谓"道德自主性":以西方观念解释中国思想之限制的例证》。

28 康德的创辟性洞见在揭明:在我们能够讨论道德判断原则和践履原则之先,必须探求并确立道德的至上原则。(Gr 4:392)在道德法则中,不仅不能有任何先行的道德情感掺入,也不能有幸福的混入,甚至理性的完善性理念、上帝也不能混杂于其中。(Gr 4:410)

29 卡尔·雅斯贝尔斯在《大哲学家》一书中说:"在康德看来,他的工作方法是同科学研究相一致的。在尝试、抛弃、重新尝试建树性工作时,需要做的并不是对内容做本源性意识,而是要将这内容转变为明确思想。因为,某位思维稳妥的哲学家对一种认识做了幸运的表述,这并不能令康德满足,令他满足的是某种思想结构的明确性,当这种思想形成之后,要有步骤地对它加以分析,以便在总体上自觉地形成存在意识。对于这样一份成果来说,有必要做长久的,将一切联系起来的工作;同样,读者要做出理解,也需要有一个长期的工作。"(Karl Jaspers, *Die Grossen Philosophen*, München: R. Piper & Co. Verlag, 1957, S. 591. 中译见卡尔·雅斯贝尔斯《大哲学家》,李雪涛主译,北京:社会科学文献出版社,2005,页527。)

30 牟宗三:《现象与物自身》,页67。

31 叔本华就曾对于黑格尔及其追随者从本质上贬低康德哲学的行径表示愤怒。他指责黑格尔"把康德的哲学颠了个个",并说黑格尔"没有能力来评价康德功绩的伟大,而且从本质上就低看它"。(Arthur Schopenhauer, *Die beiden Grundprobleme der Ethik*, Zürich: Diogenes Verlag AG, 1977, S. 24. 中译见叔本华《伦理学的两个基本问题》,任立、孟庆时译,北京:商务印书馆,1996,页17。)关于黑格尔及其追随者贬低,以致摧毁康德哲学,拙著《康德的自由学说》《物自身与智思物:康德的形而上学》有专章详论。

32 卡西尔(Ernst Cassirer)曾批评海德格尔"不再以注解者的身份说话,而是以篡窃者的身份说话"。(见海德格尔《康德与形而上学疑难》一书英译本译者引言中的引述语,该语中译引自牟宗三《智的直觉与中国哲学》,页354。)据此,人们有理由指责他笔下的康德。海德格尔本人在《康德与形而上学疑难》第二版序言中提到:"我的阐释的'强暴性'

（Gewaltsamkeit）不断地引起不满。"（Martin Heidegger, *Kant und das Problem der Metaphysik*, Frankfurt am Main: Vittorio Klostermann, 1951. 中译见海德格尔《康德与形而上学疑难》，王庆节译，上海：上海译文出版社，2011。）

33 关此，可参阅拙著《康德的自由学说》《物自身与智思物：康德的形而上学》《康德的批判哲学：理性启蒙与哲学重建》。

34 关此，可参阅拙著《孔子哲学传统——理性文明与基础哲学》（台北：里仁书局，2014）。

35 Wilhelm Windelband, *Lehrbuch der Geschichte der Philosophie,* 15. Ausg., Tübingen: J. C. B. Mohr (Paul Siebeck), 1957. 14. Ausg., Tübingen, 1950, S. 106. 中译见文德尔班《哲学史教程》上卷，罗达仁译，北京：商务印书馆，1987，页 170。

36 康德说："人们必须不寻求任何另外的、有可能缺乏道德法则的动力，因为这样会造成无法持久的十足伪善。"（KpV 5:72）"如果不把道德法则作为自己格准中的自身即是足够的动力，赋予它在抉意之一切其他有决定根据之上的优越性，那么，一切尊敬道德法则之表白皆是伪装的。"（Rel 6: 42）"存在于对道德法则的尊敬中的动力，我们永远也不会丧失。"（Rel 6: 46）"道德法则在理性的判断中自身就是动力，而且谁使道德法则成为其格准，他就是道德地善的。"（Rel 6:24）其实，康德于《实践理性批判》已说明"道德法则以何种方式成为动力，以及由于动力是道德法则，对人的意欲机能来说，将发生什么事情来作为那个决定根据对人的意欲机能的作用"（KpV 5:72）。

37 李明辉：《康德哲学中情感与理性之对扬与消融——"康德哲学中道德情感问题之研究"（5）》。李教授只以情感为"心"，而又以康德所论实践理性及其法则为"只是理"，故产生康德主张"心理二分"的误解。

38 李教授抓住康德在《基础》一书中提出"意志不外是实践理性"，就以为康德"将意志只说成是理性"。他说："在康德底道德哲学中，作为道德主体的'意志'仅是实践理性本身。"（《康德道德哲学之出发点——"康

德哲学中道德情感问题之研究"（1）》，载于《鹅湖月刊》，1981 年 10 月）
又说："道德主体（意志）仅是实践理性。"（《四端与七情：关于道德
情感的比较哲学探讨》，页 26）我们必须指出，康德以其深刻的洞察力
揭明"意志不外是实践理性"，并非如学者们所想的那样要把意志变成只
是理性，而是要揭明：意志是一种理性之因果性。《实践理性批判》就是
从事意欲机能之考察，"理性在实践之事中有事于主体，也就是意欲机能"
（KpV 5:20）。在《德性形而上学》中，康德说："若一种意欲机能的内
在决定根据来自主体的理性，便称之为意志（Wille）。……就意志能够
决定抉意而言，意志是实践理性自己。"（MS 6:213）事实上，实践理
性作为意欲机能，它就是活动的，就是实现原则。岂有意欲机能而不活动、
不求实现的？李教授的说法跟从牟先生，他引先生文批评康德："康德既
不在此自律之意志上说它是本心，而只把它看成是理性，又把这只是理性
的自律意志（自由意志）看成是个必然的预设、设准，而无智的直觉以朗
现之……而那个自律的意志摆在那里忘记了，好像与我们完全无关似的，
好像完全无用似的，而只是当作纯粹的实践理性以摆在一切有限存有之
上而命令着我们，使我们对之生敬心。"（牟宗三译注《康德的道德哲
学》，页 261—262）又，牟先生批评康德"从理说心，而不是从心说理。
故意志虽本已是心，而亦说成理，其自由自律反成虚说，而亦不稳"。（同
前揭书，页 266）"康德说意志底自律只注意其理性义，而未点出其心觉
义。在孟子，此心觉即理性也。"（同前揭书，页 284）究其实，如我们
已一再申论，康德所论纯粹实践理性即自由意志，也就是高层意欲机能，
它在意欲机能中立道德法则，不仅包括对道德法则之觉识，同时包含对
法则之兴趣、尊敬法则之意识以及责成的意识。此通孟子言本心之心觉
义。只要我们能化除西方康德学界流行的关于"设准""理智直观""理
性无动力"等的权威成见，则牟先生依孟子而论的心觉义，于康德的道德
哲学中并不难见到。

39 依李教授的观点，"道德法则与道德情感底关系并不是原因（或根据）与
结果底关系"，"道德法则与道德情感本质上即为一，它们分别代表本心

底客观面与主观面，亦即理与情（心）这两面"。（《从道德本心看道德情感——"康德哲学中道德情感问题之研究"（7）》）他把"理"（道德法则）与"心"分割开了，故此必得把他视为"心"的"情"上提到道德之客观条件，才算"心"与"理"合而为一。也就是说，依他看来，本心之天理只是"理"，必须合本心之情（"心"）才具有动力。因而，他就不能承认康德所论"道德法则"（"理"）由理性在其中立法的意志（"心"）而发，故含"心即理"义，并且也不能承认康德所论"尊敬"作为因法则而成的对于意志之直接决定的意识，尊敬亦即道德法则自身是动力。依照他自己执持的"理与心二分"之套路，他就把道德法则视为只是"理"而把尊敬视为只是"心"，更把立法意志视为只是"理"而把抉意视为意念并以之为气性的"心"。李教授将"Willkür"译作"意念"，就把与自由意志关联一体的抉意自由自律抹掉了，如此一来，自由的道德主体本身根本就不包含自我实现的力量，法则之实现落在意念这一层上，（同前）康德就"自由抉意对自己被纯粹实践理性（及其法则）所推动的感受性"而论的道德情感，（MS 6:400）也被李教授贬为与一般所论情感无分别。

40 李明辉：《从道德本心看道德情感——"康德哲学中道德情感问题之研究"（7）》。

41 有一种人，貌似循规蹈矩，却对自家本心之仁的立法懵然不知，自身依仁而本有的实存意识无所觉，此等人孔子称之为"乡愿"。"乡愿，德之贼也。"朱子注云："夫子以其似德非德，而反乱乎德，故以为德之贼而深恶之。"（朱熹：《四书集注·论语集注》卷九）又，《孟子·尽心章句下》云："阉然媚于世也者，是乡原也。"

42 杨泽波教授以为康德的道德哲学是以西方哲学的理性传统为背景，"本质上属于智性伦理，智性为了保证道德律的客观性、普遍性，是不能讲情感的"。（见氏著《牟宗三三系论论衡》，页253。）他并未见到康德已破除西方传统对理性产生的偏见，批判地摒弃"理性"（头脑）与"心"（意欲、情感）二分之传统思维模式。他把纯粹实践理性误解为思辨理性，又自造"智性"一词以名之。如我们已申论，康德所论"人的智性的本性"（intelligibelen Natur [KpV 5:153]），意指我们的本性的道德分定（KpV 5:122），是我们的意志自由自律和不依于整个自然的机械性之"独立性及心灵伟大"（KpV 5:152）。杨教授所谓"智性""仁性"，完全是自造新词，违离康德批判哲学太远。

43 如德国学者奥特弗里德·赫费提出："超越的感性论"属于《纯粹理性批判》中"最具独创性的部分"。（Otfried Höffe, *Immanuel Kant*, München: C. H. Beck Verlag, 1983, S. 74. 中译见奥特弗里德·赫费《康德：生平、著作与影响》，郑伊倩译，北京：人民出版社，2007，页60。）康德从分析感觉、经验直观的表象而一直挖掘至其可能之先验根据——感性的纯粹形式，揭明感性和知性在同一认识活动中如何协同一致地起作用。"尽管只有从它们互相结合才能产生认识，但我们也不能因此把它们的参与（Anteil）相互混淆，而是有重大的理由慎重地把它们分开并相互区别。"（A51–52/B75–76）同样，我们可以指出，康德的道德情感论从道德情感之著见一直挖掘至其可能之先验根据——意欲机能的一种纯粹实践的决定，以此揭明纯粹实践理性（即纯粹意志）与情感在同一道德主体中如何协同一致地活动。

44 《实践理性批判》（连同作为其先导之《基础》）论明对道德法则的尊敬、兴趣和人格尊严。道德法则本身对主体的感性施加影响，其对情感的负面的作用（不快），叫做贬损（理智的自贬）的情感，但是，"在与自贬的积极根据即法则的联系之中，这种情感同时就是对法则的尊敬"。（KpV 5:75）康德还指出："个人遵守道德法则时在他们自己眼中的直接价值"，使人遵守道德法则时感到满足，违反道德法则时感到心灵不安。（KpV 5:38）"一旦人的意志因着自由能够由道德法则直接地决定，依照这决定根据的经常的践履最终在主观上也能造成一种对自己本身的满足（Zufriedenheit）之情感"（KpV 5:38），"这种满足叫做'理智的满足'"（KpV 5:117）。"就我在遵从我的道德格准时"意识到自由及遵守道德法则的能力，这就是这种满足的"唯一的源泉"，"它指示着必然伴随德行意识的一种对自己的实存的心满意足"，"在这种心满意足中人们意识到自己无所需求"。（KpV 5:117）"在意识到自己与道德法则相契合时感到满足，并且在能够自责违反道德法则时感到痛苦的疚责。"（KpV 5:38）他在《德性形而上学》中提出："道德情感只是对于出自我们的行为与义务之法则相一致或者相冲突这种意识的快乐或不快乐的感受性。"（MS 6:399）"自由抉意对自己被纯粹实践理性（及其法则）所推动的感受性，这就是我们称之为道德情感的东西。"（MS 6:400）关于康德的道德情感学说，详见拙著《实践主体与道德法则——康德实践哲学研究》（香港：志莲净苑文化部，2000，页162—176）、《康德的自由学说》（页467—503）、《康德的批判哲学：理性启蒙与哲学重建》第三章及第十二章。

45 学者们多抓住康德说"不可能发现和解释人对道德法则所能够有的兴趣"（Gr 4:459–460），"一个其自身不含感性成分的纯然思想如何产生愉快或不快之感，亦即先验地使之可以理解，这是完全不可能的"（Gr 4:460），就以为康德主张人类理性无法理解"我们何以会有道德情感"这问题。李明辉教授就持这种意见，他说："在此成了一个奥秘。是否道德法则之中含有一种神秘的力量？否则实践理性之所以为实践理性者何在？这些问题康德均不能回答，只是把它们推到实践哲学底极限之外。"（见《从道德本心看道德情感——"康德哲学中道德情感问题之研究"（7）》一文。）杨泽波教授亦持同样说法，并以此批评康德"没有能够解决情感问题，其道德哲学存在着严重的不足"。（见氏著《牟宗三三系论论衡》，页247。）究其实，只是他们未能恰当把握康德在《基础》一书中所言人对道德法则的兴趣不可理解，意指道德兴趣不是理论认识之事，并不含着说道德兴趣就是"一个奥秘"。康德明确将实践认识领域与理论认识领域区分开，"纯粹理性如何能是实践的"以及道德兴趣的问题绝不是思辨理性可以解答的，事实上，康德通过《实践理性批判》对这些问题给出了周全的解答。学者们习惯于用随文评说的方法来解读康德，殊不知，康德的任何一个哲学论题都必须在三大批判的通贯整体中得到确切的解答。其实，李教授和杨教授都是跟随牟先生的见解，牟先生批评康德《基础》

一书所言"不可理解"是"舍要害而说那不相干的事"。（详见氏著《心体与性体》第一册，页161—162。）诚然，如牟先生所言，依孟子，"理义悦心，是定然的，本不须问如何可能"。（同前揭书，页162）依中国哲学传统，并没有像西方那样，有着以知识讲道德，只讲理性的理论思辨使用而忽略实践使用的顽固传统，故无须走康德那样破除旧思维的艰难道路。对于身处固若金汤的旧思维的传统中的康德，揭明道德问题绝非理论认识"可理解"的问题，则不是可有可无的工作。康德所言"不可理解"并不会像牟先生所认为那样，使"道德真理成一不能落实的空理论"，"只是理上想当然耳"，（同前）因康德已如理如实地将道德问题置于实践认识领域做出探究，通过《实践理性批判》解答了"纯粹理性如何能是实践的"的问题。道德实践与意志自由相关，此即如牟先生言"躯体承当"之事，不是理论理性的问题。

46 关于康德道德哲学著作中就道德法则对主体的感性施加影响而论道德情感，我们在前注中已做出概述。我们可进一步指出，到最后一个批判（《判断力批判》），我们见到康德以审美判断力为线索揭示出反思性判断力的主观原则——超越的合目的性原则，出奇制胜地把自然与自由两个先前各自先验地建立的独立领域统一于先验的"快乐与不快乐之情"的深层地基上。康德通过审美判断作为实例而从中揭示出一种纯然的纯粹的情感，也就是本真之情（依愚意可称为真情），这纯粹的情感乃是伴随着人类一切心力的最深层的和谐的一种普遍传通的愉悦。借着对"愉悦于美与崇高"之"愉悦"的分析，康德揭示出心灵活动中快乐与不快乐之机能的特性。审美判断的事实显示：作为心灵机能的快乐与不快乐之情有一"先验而对一切人有效"的根据，康德称其为"共通感"（Gemeinsinn）。以审美判断中"先验的愉悦"作为线索，可发现在道德实践中也有一种必然地归于每一人的愉悦，它借赖"理性之十分决定的实践概念"而普遍地可传通。（KU 5:292）康德论明共通感是我们的认识的普遍可传通性的必要条件，它是通理论认识和实践认识两个领域而作为共同领土的深层底据。那就是心灵之普遍可传通性之发现。我们可以说，《实践理性批判》通过批判地

考察纯粹实践理性立法活动的事实说明了"人如何感兴趣于道德法则",
而《判断力批判》则借着共通感之揭明,触及深藏在人心灵中的一个隐秘
的根源,它是在感性与理性两机能之间活动的共同根源,这可以说是找到
一条线索,以便打开"人何以感兴趣于道德法则"之谜。西方学界自康
德那个时代就流行着关于康德贱情的说法,其支持者包括著名诗人席勒。
这些说法其实都是断章取义,甚至断句取义,孤词比附。若学者能自觉避
免受康德学界的权威专家影响,注意改正随文评说的习惯,相信不难见到
康德本人的真旨实义。

47 李明辉:《从道德本心看道德情感——"康德哲学中道德情感问题之研究"
（7）》。

48 李明辉:《从康德底实践论考察道德情感——"康德哲学中道德情感问题
之研究"（6）》,载于《鹅湖月刊》,1982 年 5 月。其中说:"道德法
则只是一形式意义的事实,它不是实现原理、活动原理,而只是一抽象的
是非善恶底标准。"他引牟先生文:"康德对于道德法则、定然命令之了
悟尚只停在抽象的阶段中,不知其如何能具体实现也。"（见《从道德
本心看道德情感——"康德哲学中道德情感问题之研究"（7）》一文。）
其实,大名鼎鼎的黑格尔早就把康德所论道德贬为"主观的,形式主义的",
对后世学者产生既深且远的影响。如所周知,"康德并未超出形式主义"
几乎成了许多学者评论康德道德哲学的口头禅。黑格尔在《哲学史讲演录》
中说:"康德的理性原则纯然是形式的。"（Hegel, *Vorlesungen über die
Geschichte der Philosophie*, Stuttgart: Fr. Frommanns Verlag [H. Kurtz], 1928,
S. 556. 中译见黑格尔《哲学史讲演录》第四卷,贺麟、王太庆译,北京:
商务印书馆,1978,页 259。）批评者抓住康德论道德法则乃先验的形式
原则之论说而纷纷评议所谓康德的形式主义,其实,他们是跟随黑格尔将
道德原则的"普遍立法形式"曲解为"知性的抽象同一性"。他们看不到
康德在道德哲学方面的彻底革新正在于区分开理性的思辨使用与实践使
用:若理性只作单纯的思辨活动,它是空无对象的,不过,理性的真正作
用在实践方面,康德就把理性的真正作用归到意欲机能,从而彻底革新了

93

前人只视理性为纯粹知性的单纯思辨活动的旧思维理路。旧思维下的理性无法摆脱纯然形式的限制，因为它无法解说何以纯然的思辨活动能产生出内容（决定的对象），而纯粹实践理性以其普遍立法形式（道德原则）决定着要产生一切与之相符合的内容，实践理性就是一种依据原则而产生并实现对象的能力。纯粹实践理性作为高层意欲机能就是产生并实现对象之能，说意欲机能空无内容、无动力，那是不合常理的、可笑的。

49 李明辉：《从道德本心看道德情感——"康德哲学中道德情感问题之研究"（7）》。李教授引用牟先生文："法则决定意志，这决定是从'理'上说的客观的决定，这只是当然，不必能使之成为呈现的实然。要成为呈现的实然，必须注意心——道德兴趣、道德情感。心（兴趣、情感）是主观性原则，实现原则；法则是客观性原则，自性原则。"（《心体与性体》第一册，页164）"摄理归心，心即是理；如是，心亦即是'道德判断之标准'。"（同前揭书，页165）

50 李教授在《从道德本心看道德情感——"康德哲学中道德情感问题之研究"（7）》一文中引用牟先生文："恻隐、羞恶、辞让、是非等是心，是情，也是理。"（《心体与性体》第一册，页127）"摄理归心，心即是理；如是，心亦即是'道德判断之标准'。"依牟先生该处所论，"心"是就本心之情而言，它是"情"，也是"理"，亦即是道德判断之标准。然则，本心之天理在本心中的位置何在？依牟先生言"摄理归心"，看来，是收归到以"情"言的"心"，如此言"心即是理"恐怕就与以本心自给道德法则而论"心即理"大不相同了。

51 与此相通，我们见到康德在《德性形而上学》中论及"道德上的同情"——同乐同悲（Mitfreude und Mitleid）。这种"同情"基于实践的理性，康德说："这种情感是自由的，因此被称为同情性的（communio sentiendi liberalis［自由的感觉共联性］），基于实践的理性。"（MS 6:456）"这种易感性可以被设定在就其情感而言互相传达的能力和意志之中。"（MS 6:456）"道德上的同情"与"不自由的（communio sentiendi illiberalis, servilis［不自由、奴性的感觉共联性］）"（MS 6:456）区别开，后者"只是设定在对快乐或者痛苦的共同情感"的易感性之中。（MS 6:456）我们可以指出，"不安""怵惕恻隐""不忍"皆基于实践的理性，以此区别于情绪性的同情心、怜悯心。

52 "畏天命"见《论语·季氏第十六》。"良贵"见《孟子·告子章句上》："欲贵者，人之同心也。人人有贵于己者，弗思耳。人之所贵者，非良贵也。"

53 李明辉：《从道德本心看道德情感——"康德哲学中道德情感问题之研究"（7）》，此语引自牟宗三《心体与性体》第一册，页165。这种批评并不合乎事实。如我们已申论，康德就纯粹实践理性"对于感性的必然的、可先验地认知的影响"而论情感、纯粹的兴趣以及对道德法则的尊敬，皆与低层的情绪的情感明确区别开。在《基础》一书中，康德甚至提出："兴趣是理性由之而成为实践的，亦即成为一个决定意志的原因的那种东西。"（Gr 4:460）不过，此中所言成为"决定意志的原因"之兴趣必须是在道德法则决定下产生的兴趣。他说："唯独在行为的格准的普遍有效性是意志的一个充分的决定根据的情况下，理性才对行为有一种直接的兴趣。唯独这样一种兴趣是纯粹的。"（Gr 4:460）康德提出要将纯粹的兴趣与只是经验的间接的兴趣区别开。在《判断力批判》中，康德经由对反思性判断力的考察揭开依照法则而有的自发活动之快乐之谜，由之提出"先验的愉悦"。他说："我们有一种纯然美学的判断力机能，这种机能对形式做无概念的判断，并在对形式做纯然评估中找到一种愉悦，我们同时使这种愉悦对于每一个人成为规则。"（KU 5:300）并进而揭示另一种"理智的判断力机能"及在这种判断力机能中的"道德情感中的快乐和不快乐"。他说："我们也有一种理智的判断力之机能，即为实践的格准的纯然形式（就其由自己为自己普遍立法的资格而言）决定一种先验的愉悦，我们使这种愉悦对每个人成为法则，而我们的判断并不建立在任何关切上，但却产生一种关切。这种理智的判断力中的快乐和不快乐就名为道德情感中的快乐和不快乐。"（KU 5:300）"我不能先验地把一种确定的情感（快乐或不快乐）与任何一个表象相结合，除非那里有一个决定意志的先验原则在理性中作为基础；这时快乐（在道德情感中）就是这个先验原

则的后果。"（KU 5:289）

54 李明辉：《从道德本心看道德情感——"康德哲学中道德情感问题之研究"（7）》。

55 李教授的依据在牟先生，见牟先生译注《康德的道德哲学》："这非感性的道德之情亦可反上来而为原因，此即是本心之情。因为可以是原因而为本心之情，故亦可为法则之基础。"（页262）又，牟先生批评康德"不敢亦不欲把它（案：道德之情）反上去而使之为道德法则之基础"。（页266）"其所说的道德情感却又只是主观的感受，而不是理性之法则，这也是心理为二也。"（页440）愚意以为，"心即理"意指心（意志）自立法则，此通康德意志自律义，但不能将"心即理"理解为道德情感等同理性之法则，以此批评康德"是心理为二"。本心之情（道德情感）固然是本心（纯粹实践理性，亦即自由意志）的本质的表现，此义亦包含于康德的道德情感学说中，但不能说道德情感就是道德法则，它必须以道德法则为基础。同样，依孟子，本心之情也是以天理为客观根据。如康德指出："道德情感曾被一些人错误地说成是我们的道德判断之标准，其实，它必须被视为法则施加于意志的主观效果，唯有理性才为它提供客观的根据。"（Gr 4:460）"道德情感并非意志决定的原因，而是其效果。如果法则的无条件强制不在心中先行，我们在心中对道德情感就不会有丝毫察觉。所以，说这种情感……构成行动的一切客观必要的根据，从而构成一切义务承受的根据，这种陈腔滥调属于玄想的把戏。"（KGS 8: 283–284）

56 杨泽波教授所著《牟宗三三系论论衡》一书，差不多一半的篇幅都是围绕学者们各自所想的所谓"自律"争来争去、"打乱仗"，可以说是学者们违离康德意志自律之根本义而漫谈"自律"的一个缩影。如我们一再指出，康德意志自律学说通过三大批判的考察而确立，是道德哲学的基石。纯粹理性本身立道德法则，就证明自身是实践的，它就是意志自由之因果性，其法则就是人的实存的法则（自由法则），就是实现原则。此为意志自律的根本义。学者们若离开（或根本不承认）此根本义，转而以情感（无论休谟式的情感抑或道德觉情）立法而谈论"道德自律"，实在已与"意志自律"不相干。学者们"以是否排除情感作为标准"，由之引起一派主张："朱、陆二位仍不出孟子'道德情感说'的藩篱，因此皆为'道德它律'。"另一派提出："朱子与儒家正宗对于恻隐之情都非常重视"，"朱子的系统实较接近康德的自律形态的一端"。（前者为黄进兴之说，后者为李瑞全之说。见杨泽波《牟宗三三系论论衡》，页193—194。）杨教授本人将康德所批判地证明的实践认识与理论认识混为一谈，以为康德"以知识讲道德"，"也应该归为道德他律"。（同前揭书，页230）

57 无疑，休谟在击败唯理论道德观的攻坚战中取得了决定性胜利。但必须指出，休谟的经验论观点仍然没有脱离理性与情感割裂二分、"是"与"应当"割裂二分的西方传统旧思维模式。无论唯理论还是经验论，都未能达到康德批判哲学的异质者之先验综和的全新思维。康德说："当然，意志必须有动力，但这些动力却不是某些作为目的所预设的、关涉自然情感的客体，而无非是无条件的法则本身，意志对于这法则的感受性，即处在作为无条件的强制的法则之下，就叫做道德情感。"（KGS 8: 283）依康德批判所揭明，纯粹实践理性所立道德法则本身就是意志自由之因果性法则，是人的实存法则，它本身就无条件地命令人将"应当"在世界上实现为"是"。康德的批评者站在西方他律道德的旧立场上，根本否认康德所提出的"每一个人的理性本有在意欲机能中立法的能力"，而此作为道德哲学之基石，是经由批判工作确定无疑地证明了的。他们看不到人之所以堪称道德者，端赖人的意志自由是一种自立普遍法则的能力，并且人有能力依据自立的普遍法则订立格准以行动，有能力使其依于感性之本性而来的一切格准隶属于道德法则而与之相一致。康德批判地揭明，道德法则自身即供给一实践的动力，实践的认识就是"关于'应当存在者'之认识"。（A633/B661）道德的"应当"是道德之实存的"应当"，它本身就包含着必须由"应当"转成"实是"之必然性，也就是说，道德乃是依定然的"应当"创造"是"之力量。

58 指责康德贱情是早期西方学界长期流行的一种曲解和偏见，但我们知道，西方学者晚近已对这种曲解进行了检讨。政治哲学家罗尔斯就指出："康德在《实践理性批判》中的目的在于证明，纯粹实践理性是存在的，它明确地存在于我们的道德思想、情感和行为中，存在于理性事实中。"（John Rawls, *Lectures on The History of Moral Philosophy*, Cambridge, MA: Harvard University Press, 2000, p. 268. 中译见约翰·罗尔斯《道德哲学史讲演录》，张国清译，台北：左岸文化，2004，页 401。）并指出：定言律令程序的应用以一定的道德感和道德判断力为前提。（Ibid., p. 165. 中译见页 267。）这个问题的讨论见 Barbara Herman, *The Practice of Moral Judgment*, Cambridge, MA: Harvard University Press, 1993。中译见芭芭拉·赫尔曼《道德判断的实践》，陈虎平译，北京：东方出版社，2006。

59 杨泽波：《牟宗三三系论论衡》，页 250。

60 同前揭书，页 233。

61 同前揭书，页 98。

62 同前揭书，页 95。

63 同前注。

64 同前揭书，页 95—96。

65 同前揭书，页 96。

66 牟宗三：《心体与性体》第一册，页 119—120。

67 杨泽波：《牟宗三三系论论衡》，页 93—94。

68 同前揭书，页 94—95。

第二章

孟子以本心言“性”而道性善

第一节
孟子创辟性的人性论

朱子著《四书集注》，作《孟子序说》，引程子语云："孟子有大功于世，以其言性善也。"又引杨氏言："《孟子》一书，只是要正人心，教人存心养性，收其放心。……千变万化，只说从心上来。人能正心，则事无足为者矣。《大学》之修身、齐家、治国、平天下，其本只是正心、诚意而已。心得其正，然后知性之善。故孟子遇人便道性善。"可见自宋以来，孟子"性善说"成为儒者之共识。然历来论人性者，即便认同"性善说"者，仍然各自立论，大多未能接上孟子之慧识，甚至完全不能契应孟子言"性善"之创辟性洞见。自清代起，学者论人性更日渐趋向经验论、自然主义的立场，立说不离经验中人的丑恶，或有善有恶，返回到先秦告子、荀子及汉代董仲舒、扬雄、王充的"性质朴说""性无善无恶说""或善或恶说""性善恶混说""性有善有恶说""性恶说"等主张。更有以训诂上字词的演变[1]或思想史上概念之变化为依据，引发对"性善说"的辩难者。至现代，因受西方学说影响，又生起以所谓"向善说"解说孟子"性善说"的倾向。

历来就人性而发的诸多论辩，众说纷纭，莫衷一是，然大体不离经验人类学的立场；唯独孟子根本不同于一般人性论，他扭转"生之谓性"的老传统，从本心言"性"而道性善，不是采用经验人类学的进路，而是从人的道德实存论人性的哲学维度。也就是说，孟子"性善说"是一个核心的哲学命题，揭明了人真正的实存性：用孔子的话说，就是"仁者，人也"，即孟子上承孔子言"仁也者，人也"。仁乃人之为人的真正的实存之分定，据此言人之性，此性之"善"是被无限制地视为善的，因其非指善恶相对的外在客体，而是指每个人禀具的人心之仁之为道德创造之机能，如此，我们就能够无限制地宣称人之性（人实存之分定）是善的。此义与康德所论"善的意志"相通。康德说："在世界之内，一般而言甚至在世界之外，除了一个善的意志之外，不可能思想任何东西能够被无限制地视为善的。"（Gr 4:393）"善的意志并不因它造成或者达成的东西而善，并不因它适宜于达到任何一个预定的目的而善，也就是说，它就自身而言是善的。"（Gr 4:394）[2] 任何能称为善者，"总是要以一个善的意志为前提条件"。（Gr 4: 393–394）

我们可以指出，孟子道性善是从人的本心（仁）而言的。本心以其普遍立法作为人之道德实存的法则，它就是一种起因果作用的能力，也就是创造人自身为道德者及世界之为道德世界的机能，因此堪称世间一切善的前提条件。此义与康德言"善的意志"相通，善的意志是通过"自己的格准普遍地立法的意志"，它就是"能够独立不依于外来的决定原因而起作用的"自由因果性，亦即自由意志。我们在第一章第一节中已申论，孔孟言"仁"就是指人的理性在意欲机能中独立不依于自然因果性之拘限而普遍立法。它作为高层意欲机能，就是一切实践活动的最高原则所从出之机能，亦即发动一切道德行为之根源，并且，在每一个人创造自己为道德者的同时，就创造世界为道德世界。

这就是孟子言"仁义礼智根于心""由仁义行""万物皆备于我",此即揭明本心之为道德创造之机能。[3]

从人皆有之的本心(仁)之为道德创造之机能揭明人的道德创生之实存,此即孟子道性善的根本的创辟性的洞见。"性善"之"善"并非由外在客体之"好"而相对言之的"善",也就是说,不是由知识之进路言"善",而是由人自身禀具立普遍法则(天理)之能(本心)说人的实存之性,以及人自身禀具依天理而行并扩充至天地万物为一体的能力来立论。以此言"性",性之"善"是就自身而言为善,我们能够无限制地宣称它是善的,而任何能称为善者,都要以它为前提条件。如孟子说"四端之心":

> 无恻隐之心,非人也;无羞恶之心,非人也;无辞让之心,非人也;无是非之心,非人也。恻隐之心,仁之端也;羞恶之心,义之端也;辞让之心,礼之端也;是非之心,智之端也。人之有是四端也,犹其有四体也。有是四端而自谓不能者,自贼者也;谓其君不能者,贼其君者也。凡有四端于我者,知皆扩而充之矣,若火之始然,泉之始达。苟能充之,足以保四海;苟不充之,不足以事父母。
>
> ——《孟子·公孙丑章句上》

"四端之心"就是本心,从"事父母"扩充至"保四海",乃至"万物皆备于我",皆从本心一根而发。此心为人的真实存在之性,人在现实中固然会有放失本心而不知自己真我之性的情况,但不能以此为口实否认人皆有本心。人有本心,犹如其有四肢百体,没有人会不知道运用其四肢百体,却有人并不存其本心。但我们不能因人现实上有放失本心、扭夺其本有之善性的可能乃至事实，就否决孟子所言"性善"。因为孟子从本心言"性"，是以理性事实立论，而不是由归纳经验个案而来并依经验判断其真伪。此理性事实首先以本心立普遍法则（天理）之为每一个人内在的觉识而得到证明，并以人"由仁义（天理）行"而表现于经验中获得证实。也就是说，理性事实是实践之事，亦即纯粹实践理性（本心）独自颁布定言律令（"应当"），并使"应当"实现为"是"。

从本心言人的真实存在之性，是作为理性事实而得到说明的，此所以说，"不为尧存，不为桀亡"（《荀子·天论篇》）。现实中，人会放失本心，故孟子言"求其放心而已矣"（《孟子·告子章句上》）。又，《孟子·万章章句上》引伊尹语云："使先知觉后知，使先觉觉后觉也。"孟子教人"存其心，养其性"（《孟子·尽心章句上》），就是提醒人知觉自己的本心、真我之性，切莫只知养"口之于味""目之于色""耳之于声""鼻之于臭""四肢之于安佚"（《孟子·尽心章句下》）等以"小体"言之"性"，而放失"大体"（本心）。孟子曰："饮食之人，则人贱之矣，为其养小以失大也。饮食之人无有失也，则口腹岂适为尺寸之肤哉？"（《孟子·告子章句上》）

事实上，人会违背天理，以放于利的原则压倒道德原则，时常有人行不善、作恶。但是，若认为可依据"人性恶"的经验例证来证明人的实存分定是"性恶"，或以为人现实中既有行善也有行恶，就主张人性可善可恶，那样的说法只是对人的现状做经验的描述，而谈不上对人之实存本性做哲学的说明。唯独揭明人自身禀具本心，本心立法而为"大体"，乃人的实存分定，我们才能够对"人是什么"形成一个决定的判断。可以指出，"人性善"或"人性恶"并非无关宏旨的学院式争论，也不是一般经验伦理学单纯处理人行为之好坏的问题，而是要揭示人在造化中的位置，从而了解人立于天地之间能且必须使自己成为什么。此即陆象山说："人生天地间，为人自当尽人道。……上是天，下是地，人居其间，须是做得人方不枉。"（《陆象山全集》卷三十五《语录》）如康德在《〈美与崇高的情感之观察〉注记》[4]中说："人的最重大的事就是知道如何实现在造化中属于他的位置，以及正确理解作为一个人他必须是什么。"（KGS 20:41）"如果有人所需要的科学，那就是教导人恰当地实现他在造化中的地位，以及由此学习作为一个人他所必须是者。"（KGS 20:45）"性善说"之根本在于此。

孟子"性善说"之创辟性洞见既明，则历来对"性善说"之曲解或诘难可予以一一化解。究其实，自孟子那时始，对"性善说"的诸多辩难都不出告子以"生之自然之质"论人性的套路，总的说来，乃源于人们自限于"生之谓性"之传统，而昧于人之为道德实存的事实，误以为言"性善"与人有恶行的事实不相符，并且，学者们易于误认为讲"性善"会使道德教育失去意义。

清末大学问家俞樾，就截取《孟子·尽心章句上》云："孩提之童，无不知爱其亲者；及其长也，无不知敬其兄也。"并加以反驳，说："乌乎！孩提之童，岂诚知爱其亲欤？其母乳之，其父燠休之，故赤子爱其亲者，私其所昵也。顺是以至于长大，于是有同异之见，于是有憎爱之私，而狱讼由此兴，兵戎由此起，适足以明性之不善而已矣，安见其为善哉？"[5]俞樾割掉孟子该段文句开始言"人之所不学而能者，其良能也；所不虑而知者，其良知也"，又略去结论言"亲亲，仁也；敬长，义也。无他，达之天下也"。如此一来，孟子言"性善"的根据，"不学而能"之"良能"、"不虑而知"的"良知"，就被取消了，"亲亲""敬长"所含"仁""义"之"达之天下"的普遍必然性也被抹

105

杀了。俞樾于孟子言"性"之创辟性洞识不加深入理解，只是以现实上有孩童爱亲出于"私其所昵"，就断言"性之不善"。岂知，孟子言"孩提之童，无不知爱其亲者"，其所言"爱"乃含"达之天下"的"仁"，岂可曲解为私爱？若如俞氏以经验中父母之溺爱来说明"子之爱其亲"，岂不见多有慈父慈母出不孝子的事例？孟子言"及其长也，无不知敬其兄也"，其所言"敬"乃含"达之天下"的"义"，岂能与人在经验中表现有"同异之见""憎爱之私"混为一谈？实在说来，俞樾论性不出告子的经验的观点和"生之自然之质之谓性"的原则，因此我们不难明白他何以说"孟子曰'人之性善'，荀子曰'人之性恶'"，"然而吾之论性，不从孟而从荀"。[6]

清代学者扭转宋明儒学之义理方向，除以考据学为宗之外，还以训诂进而论义理，其所论义理亦失去先秦儒家经典包含的超越维度，而落到自然主义、经验论的立场。俞樾论性之"不从孟而从荀"，其论据可追溯至焦循、孙星衍。俞樾对于孟子言"孩提之童，无不知爱其亲者；及其长也，无不知敬其兄也"的诘难，早见于孙星衍说："然童而爱其亲，非能爱，慈母乳之而爱移；敬其长，非能敬长，严师扑之而敬移；然则良知、良能不足恃，必教学成而后真知爱亲敬长也。故董仲舒之言'性待教而为善'是也。"[7]焦循也是承接孙氏说法，提出"不学而能，唯生知安行者有之，不可概之人人"[8]，以区别于"良知"。焦氏说："盖不虑而知，性之善也，人人所然也。"[9]字面上看来，焦氏接纳孟子言"性善"，究其实却不然。他认为，"知"必须待学然后"能"。"不能"而谓之"性"者，岂是孟子言"性"之旨？实质上，焦氏乃依据告子言"性"之有待后天人为加工的材料义；而孟子从"人皆有之"的本心，即每一个人内在而固有的道德创造之能立论。焦氏说："循读东原戴氏之书，最心服《孟子字义疏证》。"[10]然戴

106

氏虽亦云"性善"，却也只落入自然材质义。清初学者戴震确实开清代重训诂并以自然主义立场讲义理的风气之先。焦氏又说："宋之义理，仍当以孔之义理衡之，未容以宋之义理即定为孔子之义理也。"[11]固然，言义理"当以孔之义理衡之"，但清之重训诂不必就能合孔子义理。就戴震以下，孙星衍、焦循，及至明言"性之不善"的俞樾，一众学者论性无不采取自然主义、经验论的观点，清代讲义理之主流违离孔孟讲人性善的道德实存义之宗旨，这是事实，不容辩驳。

戴震说："孟子明人心之通于理义，与耳目鼻口之通于声色臭味，咸根诸性，非由后起。"[12]此言固然不差，但他不分就"耳目鼻口"而言之自然之质的"性"与就"心之官则思"（独立不依于自然因果性）而言之"仁义礼智根于心"的"性"，将二种不同层次之"性"混为一谈，俱以"气禀之性"视之。因此，戴氏虽表示认同孟子言"性善"，却根本曲解孟子原义。他说："后儒见孟子言性，则曰理义，则曰仁义理智，不得其说，遂于气禀之外增一理义之性，归之孟子矣。"[13]依戴氏所论，孟子"以心言性"所言"心"也是"气禀"，故云："人徒知耳之于声，目之于色，鼻之于臭，口之于味之为性，而不知心之于理义，亦犹耳目鼻口之于声色臭味也，故曰'至于心独无所同然乎'，盖就其所知以证明其所不知，举声色臭味之欲归之耳目鼻口，举理义之好归之心，皆内也，非外也……"[14]戴氏视孟子言"理义"为"心之所同然"，与"声色臭味之欲归之耳目鼻口"无不同，皆为内者也。如此一来，孟子言"仁义礼智根于心"所论本心之为"大体"，与耳目鼻口之为"小体"的区分就被忽略了，因此，本心之普遍立法性被抹杀了，其为道德创造之能的意义就失掉了。我们可以指出，此乃清代学者人性论的根本缺失，可追溯至汉代，而汉代学者人性论亦归于先秦"生之谓性"之老传统。

清代脱离"宋学"而返回"汉学"之大流，可说自戴氏始，就人性论方面之立说，也大体遵照汉代董仲舒、扬雄、王充之思路。董仲舒为告子所言"生之谓性"做说明："性之名非生与？如其生之自然之资谓之性。"[15] 以"生之自然之质"论性实乃以本心言性之外诸种人性论所依据的原则。

董仲舒说："性者，质也。诘性之质于善之名，能中之与？既不能中矣，而尚谓之质善，何哉？性之名不得离质。离质如毛，则非性已，不可不察也。"[16] 可见其依从告子主张材质论，而不同意孟子言"性善"。董氏极力反驳"性善说"，因为尽管"性有善端，心有善质"，但不能据之言"性善"，[17] 他认为"善出性中，而性未可全为善也"[18]。又，董氏说："人之受气苟无恶者，心何栣哉？吾以心之名，得人之诚。人之诚，有贪有仁。仁贪之气，两在于身。身之名，取诸天。天两有阴阳之施，身亦两有贪仁之性。"[19] 董氏以"阴阳之施"配"贪仁之性"，以"仁贪之气"言"心"，其说违离孟子言"心"之旨远矣。

董仲舒之后，扬雄主张人性善恶混，云："人之性也，善恶混。修其善则为善人，修其恶则为恶人。"[20] 王充倡人性有善有恶之说，云："论人之性，定有善有恶。其善者，固自善矣；其恶者，故可教告率勉，使之为善。"[21] 二氏所论皆不离董氏以气言性的套路。虽则扬雄之善恶混说更为通于告子所言"性无善无不善"（《孟子·告子章句上》），以及先秦时流行的"性可以为善，可以为不善"（同前），而王充进于才性而论，更有"性三品说"[22]，则近于先秦时流行的"有性善，有性不善"（同前）。

自先秦以来，依"生之自然之质"论性的种种人性论大抵都是以之作为"性待教为善"的理论根据。告子以"杞柳"喻"人性"，杞柳需要人为加工然后制成桮棬，人性也需要后天教育而作成仁义。即使荀子言"人之性恶,其善者伪也",亦并非以为人性是恶魔式的恶,他说:"感而自然,不待事而后生之者也。夫感而不能然,必且待事而后然者,谓之生于伪。"(《荀子·性恶篇》)可见荀子之人性论亦是为"性待教为善"的主张奠基。至汉代,董仲舒倡言"王教在性外",说:"性待渐于教训而后能为善。善,教训之所然也,非质朴之所能至也,故不谓性。"[23]扬雄曰:"学者,所以修性也。视听言貌思,性所有也。学则正,否则邪。"[24]王充说:"其恶者,故可教告率勉,使之为善。"及至清代,戴震说:"人之血气心知,其天定者往往不齐,得养不得养,遂至于大异。"[25]又说:"然人与人较,其材质等差凡几?古贤圣知人之材质有等差,是以重问学,贵扩充。"[26]孙星衍说:"教者何?性有善,而教之以止于至善……即性中之五常,必教而能之,学而知之也。……良知、良能不足恃,必教学成而后真知爱亲敬长也。"[27]焦循亦主张"由知而能"端赖"圣人通神明之德",而"推之天下人"。[28]至俞樾,直斥孟子说:"从孟子之说,将使天下恃性而废学,而释氏之教得行其间矣。"[29]

依以上所论可见,自先秦告子、荀子,至汉、清学者,凡依"生之谓性"之原则论人性者,皆以为"性待教为善",并据之反对孟子。究其实,是这些学者误以为孟子言"性善"就是主张人不教而为善人,而之所以有这种错解,根自于学者们看不到孟子人性论彻底扭转"生之谓性"之传统。如我们于前面章节一再申论,孟子所言"性"乃意指人依根于心之理义(道德法则)而实存之分定,此"性"从"心之官则思"之"心"而言,此"心"所思为"仁义礼智",即"心之所同然者"之"理也,义也"。也就是说,孟子所言"性"是每一个人内在而固有的立理义之本心及"由仁义行"的道德创造之性能。此道德创造之性能本身是无条件地善,若人无此性能,则根本无道德上的善或恶可言。

但是，人有道德创造之性能并不等于说每个人不待教就是善人。孟子言"性善"，首先对人的道德上的善之超越根据做出哲学说明，即第一序的说明；然后从现实中，人可放失其本心，甚至斫丧其心而论教化和培养，落实于实践工夫，即第二序讲人之待教为善。以"生之自然之质"论人性，根本不能触及人的道德实存的本性，故此亦未及人的道德上的善，而所云"性待教为善"，实质也只不过是气质之好坏，谈不上道德之善恶。

历来种种人性论皆依据经验的人类学、生物学、生理学、心理学等而立说。唯独孟子的人性论是创辟性的，真正地属于哲学的，亦即纯粹理性的。

析疑与辩难

问：有学者主张"性善"之"善"是人之"向"而非人之性，我们何以要反驳这种讲法？

答：傅佩荣教授说："'善'也是人之'向'而非人之性。"[30]傅教授有鉴于历代以来关于人性论问题的各种见解繁多，他提出分辨这些见解的真伪高下的三项条件：一、基于经验事实，"人间有善行也有恶行"，"同时行善使人心安，行恶使人羞愧"；二、合乎理性反省，"这些经验事实告诉我们：个人的快乐在于心安理得，群体的和谐在于大家行善避恶，因此人性的要求也是向善的"；三、指点理想途径，"如果肯定人性向善，就要多作存养省察的工夫"，"还要妥当安排道德教育，使大家乐于遵守外在既成的规范"。[31]从以上三项条件可见，傅教授所持"人性向善"观点根本是经验论的、幸福主义的，并未解答人"可以为善"的根源能力何在的问题。只依据经验上"人间有善行"就主张"人性向善"，那么，"人间有恶行"，也可以主张"人性向恶"。人行善避恶只是由于"个人的快乐"、"心安理得"及"群体的和谐"，也就是完全由情感、功利决定。显见，傅教授追随休谟的情感主义伦理学的观点，依休谟，人类行为引起任何满足，则称为善，引起任何不快，则称为恶。如此一来，道德被解说为心理学上的自然的人类现象。这种道德之心理学化以及心理学之自然化，完全借助联想法则和情绪法则，理性在实践领域的立法作用被抹杀掉，从而被贬为情感的奴隶，充其量只能服从和服务于情感。理性在意欲机能中颁布道德法则的理性事实被忽略掉，道德上的善恶本来只能依据道德法则而产生，抹掉道德法则的结果就是将善恶视为摆在外面的客体，如此一来，就以依据情绪法则而产生的好坏冒充道德上的善恶，所谓教育人"行善避恶"，只不过是使"大家乐于遵守外在既成的规范"而已。我们不难见出，傅教授持经验论观点解说孟子的人性论，是一种危害极深的曲解。如我们已申论，孟子从本心言"性"，是以理性事实立论，而不是经验事实，此理性事实首先以本心立普遍法则（天理）之为每一个人内在的觉识而得到证明。

问：孟子"性善说"与传统上通俗而言之"人性本善"的讲法区别何在？

答：傅佩荣教授在《儒家哲学新论》中讨论到这一问题。傅教授提出"人性本善"的说法有三种并对之做出批评。第一种说法认为"人性本来是善的"，粗糙的讲法是启蒙读本《三字经》所言的"人之初，性本善"，属于"一般人幼稚的信仰，天真地以为人性本善"，精细的讲法是指某些学者"一方面把人性推源于天地，认为天地既有好生之德，人性自然也是善的；另一方面把人间的恶归咎于人欲或所谓的'气质之性'"。[32] 诚然，《三字经》的"性本善"的说法尽管含着"可喜的单纯性"（Gr 4:404），但仍不免带有人类童稚期的幼稚性。至于所谓"天地有好生之德"，也只不过是人对自然怀有好意而产生的自然目的论，将人性善恶与天之"好生"关联，可说是幼稚性在学者身上的表现。[33] 把人欲视为恶的根据，更是狭窄的缺乏理性批判考察的独断的偏见。[34] 这一类说法与孟子根于人类理性立法能力而言的"性善"完全不相干。

第二种说法主张："人的'价值意识内在于自觉心'，亦即人心本有自觉能力，由此孕生价值意识，再引发善行。"[35] 这种说法通常为受西方价值伦理学影响的当代学者所采用。但价值意识论并未触及价值判断的根据，也就是忽略了作为善恶判断之根据的道德法则，因此与孟子从"仁义礼智根于心"而言"性善"的理路有不同。

第三种说法，"借助康德的哲学架构，区分感触界与智思界，相对于此，人有习心与本心；就本心可言人之道德自律性……"[36] 傅教授质疑："然而，这样就可以认定心是善的吗？"他又说："如果把'善'界说为'道德法则'，与外在行为之间没有必然关系，那么此说未必不通。但是，此说由心善推至性善。结果依然是：'人人都有这个善性，问题是在有没有表现出来。'这句话显示了人性本善的难解之结：没有表现出来的善，可以称做善吗？"[37] 傅教授此处是针对牟先生而言，牟先生会通康德与儒学，学问精深而成一系统，尽管不能说不容商榷，但可以指出，傅教授所谓"没有表现出来的善"等语完全是将一己之见强加于康德和牟先生。如我们于前面章节已详论，孟子哲学与康德的共通智慧在意志自律，也就是每一个人的意志禀具的特殊因果性之特性（自由），亦即纯粹意志（本心）自立普遍法则（理义）并自我遵循。尤为重要的是，康德已论明：自由的实在性"可以通过纯粹理性之实践法则，并遵循这些实践法则在现实的行动中得到证实，因而在经验中得到证实"。明乎此，则不会有所谓"把'善'界说为'道德法则'"，更无理由视道德法则"与外在行为之间没有必然关系"。

　　傅教授总结说："有趣的是，大多数性善论者从未认真澄清他们笔下的'善'有何意义。"[38] 那么，他所论的"善"又有什么意义呢？他说，"善是对人的行为所作的一种评价"，"'善'的界说是：'人与人之间适当关系之实现'"。[39] 显见，傅教授讲的只是伦理品行之好坏，而未及伦理之超越根据（道德），因而与孟子从本心而言的"性"所论之"善"有根本的不同。如傅教授自己表明，依他的讲法界说的善，"当然不可能与生具有，因此不宜说人性本善，只宜说人性向善"。[40] 但傅教授把依照他自己对善的界说而推论出来的"人性向善"说强加给孟子，则是无道理的。并且，他对"性本善"诸说法的批评尽管听来言之凿凿，但归根结底，皆无一能契应孟子言"性善"之创辟性洞见。

注释

1　徐复观批评了傅斯年在《性命古训辩证》中对"生"字与"性"字的说法，指出其"以语言学的观点解释思想史中之问题"的方法之谬。（《中国人性论史·先秦篇》，北京：九州出版社，2014，页 1—2）徐先生说："清阮元《揅经室集》中有《性命古训》一文，用训诂字义的方法，欲复'性命'一词的原有字义，由此原有字义以批难宋儒，其固陋可笑，固不待言。

傅斯年氏作《性命古训辨证》，以为阮氏训诂字义之方法'足以为后人治思想史者所仪型'；（傅氏《性命古训辨证》引言页一）遂沿阮氏之方法，而更推进一步，以为'性'字出于'生'字，遂以'生'字之本义为古代'性'字之本义；更倡言'独立之性字，为先秦遗文所无；先秦遗文中，皆用生字为之'；（傅氏《性命古训辨证》上卷页一）'《孟子》书之性字，在原本当作生字'；（同前页三五）'《吕氏春秋》乃战国时最晚之书。《吕》书中无生、性二字之分，则战国时无此二字之分，明矣。其分之者汉儒所作为也'（同前页三九）。傅氏所用的方法，不仅是在追寻当下某字的原音原形，以得其原义；并进而追寻某字之所自出的母字，以母字的原义为孳乳字的原义。"（同前揭书，页4—5）徐先生批评："这在语言学上，也未免太缺乏'史'的意识了。"（同前揭书，页5）

2　何以唯独善的意志能够被无限制地视为善的？康德在《基础》一书给出回答：知性、机智、判断力，以及心灵的其他才能，甚至在情绪和激情方面的节制，以及冷静的思虑，不但在许多方面都是好的，而且看来甚至构成人格的内在价值之一部分，这些质性甚至有助于这个善的意志本身，"但仍然不具有任何内在的无条件的价值，而是总是要以一个善的意志为前提条件"。（Gr 4: 393—394）"它们远远不能无限制地被称为善（纵使古人如何无条件地赞美之），因为如果没有一个善的意志的根本法则，它们也可以变为极其恶的。一个恶棍的冷静使他危险得多，而且更为可憎。"（Gr 4: 394）

3　此道德创造之机能上承孔子言"仁"的创造义。仁是内在于人的一切实践活动的不可或缺的能力，是人皆有之的道德创造能力。此所以孔子能够于百姓日用之庸言庸行中，从"孝""悌""谨而信""泛爱众"（《论语·学而第一》），"爱人"（《论语·颜渊第十二》），"居处恭，执事敬，与人忠"（《论语·子路第十三》），"恭、宽、信、敏、惠"（《论语·阳货第十七》），居丧"不安"（同前）中，当机指点"仁"。孔子说："人而不仁，如礼何？人而不仁，如乐何？"（《论语·八佾第三》）礼、乐根于人心之仁。又，"克己复礼为仁，一日克己复礼，天下归仁焉"。

人禀具高层意欲机能（仁）就能够自我约束，人人能自觉践仁，则"天下归仁"，世界实现为大同世界。可见，依孔子，个人的德行、社会伦理德性，以至一个道德世界之建立，皆根源于仁。据此可说，孔子所言"仁"，区别于人的自然本能，而显露人使自身提升至自己本身的自然生命之上的能力，而堪称道德创生之实存。

4　Kant, »Bemerkungen zu den Beobachtungen über das Gefühl des Schönen und Erhabenen«. 在《美与崇高的情感之观察》（1764）发表后，于1764—1765年间，康德在正文夹层的白纸上，或正文旁写下一些片断注说。1942年由莱曼（G. Lehmann）编辑成册出版，收入《康德全集》第20卷。

5　俞樾：《春在堂全书·宾萌集》，南京：凤凰出版社，2010。

6　同前注。

7　孙星衍：《问字堂集·原性篇》，收录于《孙渊如先生全集》，清光绪甲午年（1894）湖南思贤书局刊本。

8　焦循：《孟子正义》，台北：文津出版社，1988。

9　同前注。

10　焦循：《雕菰集》卷十三《寄朱休承学士书》，台北：台湾商务印书馆，1966。

11　又，焦氏说："说者分别汉学、宋学，以义理归之宋。宋之义理诚详于汉，然训故明乃能识羲文周孔之义理。"（《雕菰集》卷十三《寄朱休承学士书》）汉、清两代重训诂，但通过训诂不一定就能"识羲文周孔之义理"，此点学界已有公论。

12　戴震：《孟子字义疏证》，收录于《戴震全书》（六），合肥：黄山书社，1995。

13　同前注。又，戴氏说："孟子专举'理义'以明'性善'，何也？曰：古人言性，但以气禀言，未尝明言理义为性，盖不待言而可知也。至孟子时，异说纷起，以理义为圣人治天下〔之〕具，设此一法以强之从……"（同前）

14　同前注。

15　董仲舒：《春秋繁露·深察名号》，《四部丛刊初编》本，上海：商务印书馆。

16 同前注。

17 同前注。董仲舒云："不法之言、无验之说，君子之所外，何以为哉？或曰：性有善端，心有善质，尚安非善？应之曰：非也。茧有丝而茧非丝也，卵有雏而卵非雏也。比类率然，有何疑焉。"

18 同前注。董仲舒以米与禾的关系来说明善与性，其曰："故性比于禾，善比于米。米出禾中，而禾未可全为米也。善出性中，而性未可全为善也。"

19 同前注。

20 扬雄：《扬子法言·修身卷第三》，《四部丛刊初编》本，上海：商务印书馆。

21 王充：《论衡·率性篇》，《四部丛刊初编》本，上海：商务印书馆。又云："周人世硕以为人性有善有恶，举人之善性，养而致之则善长；性恶，养而致之则恶长。如此，则性各有阴阳，善恶在所养焉。故世子作《养书》一篇。宓子贱、漆雕开、公孙尼子之徒，亦论情性，与世子相出入，皆言性有善有恶。"（《论衡·本性篇》）

22 王充说："人善因善，恶亦因恶，初禀天然之姿，受纯壹之质，故生而兆见，善恶可察。无分于善恶，可推移者，谓中人也，不善不恶，须教成者也。故孔子曰：'中人以上可以语上也，中人以下不可以语上也。'……夫中人之性，在所习焉。"（《论衡·本性篇》）又，荀悦有"三品""九品"说："或问天命、人事，曰：'有三品焉。上下不移，其中则人事存焉尔。……'"（《申鉴·杂言下》，《四部丛刊初编》本，上海：商务印书馆）又说："唯上智下愚不移，其次善恶交争，于是教扶其善，法抑其恶。得施之九品，从教者半，畏刑者四分之三，其不移大数九分之一也。"（同前）"性三品说"认为只有中等之资为可教也。继之者如韩愈说："性之品有上、中、下三：上焉者，善焉而已矣；中焉者，可导而上下也；下焉者，恶焉而已矣。"（《韩昌黎集》卷十一《原性》，北京：商务印书馆，1958）

23 董仲舒：《春秋繁露·实性》。董氏又说："今万民之性，有其质而未能觉，譬如瞑者待觉，教之然后善。……天生民性，有善质，而未能善，于是为之立王以善之，此天意也。民受未能善之性于天，而退受成性之教于王。王承天意，以成民之性为任者也。今案其真质，而谓民性已善者，是失天意而去王任也。万民之性苟已善，则王者受命尚何任矣？"（《春秋繁露·深察名号》）

24 扬雄：《扬子法言·学行卷第一》。

25 戴震：《孟子字义疏证》。

26 同前注。

27 孙星衍：《问字堂集·原性篇》。

28 焦循：《孟子正义》。

29 俞樾：《春在堂全书·宾萌集》。

30 傅佩荣：《儒家哲学新论》，台北：叶强出版社，1993，页18。

31 同前揭书，页17。

32 同前揭书，页186。

33 董仲舒倡"天人合一"说，可说是"天地有好生之德"说之代表。董氏《春秋繁露·天地阴阳》云："世治而民和，志平而气正，则天地之化精，而万物之美起。世乱而民乖，志僻而气逆，则天地之化伤，气生灾害起。"又云："天地之间，有阴阳之气，常渐人者，若水常渐鱼也。所以异于水者，可见与不可见耳，其澹澹也。"

34 这种主张见宋明儒中倡"存天理，灭人欲"者。

35 傅佩荣：《儒家哲学新论》，页187。

36 同前注。

37 同前注。

38 同前注。

39 同前揭书，页188。

40 同前揭书，页189。

第二节
孟子论"性善"与"人禽之辨"

孟子立"性善说"，受到时人的驳难。《孟子·告子章句上》中就有与告子的反复辩论。告子与孟子对辩，明白提出其言"性"所采取的原则：

> 告子曰："生之谓性。"
>
> 孟子曰："生之谓性也，犹白之谓白与？"
>
> 曰："然。"
>
> "白羽之白也，犹白雪之白；白雪之白，犹白玉之白与？"
>
> 曰："然。"
>
> "然则犬之性，犹牛之性；牛之性，犹人之性与？"
>
> ……
>
> 告子曰："食色，性也。"

告子言"性"采取"生之谓性"的原则，也就是以自然之质说"性"，此即董仲舒说："性之名非生与？如其生之自然之资谓之性。""生之自然之质"总说就是"食色，性也"。这是告子执持的观点，属于言"性"之老传统。依据"生之谓性"的原则，生而白的东西就说它白，诸如白羽白、白雪白、白玉白。以"食色"为"性"所含之内容，那么，犬、牛、人皆有食色之性。这种老传统在告子看来言之成理，然则，孟子何以质问："白雪之白，犹白玉之白与？""牛之性，犹人之性与？"[1]

我们可以指出，上文所引告子与孟子对辩，孟子质疑告子以"生之自然之质"（"白之谓白""食色，性也"）言"性"，并非一概反对"生之谓性"，而是针对告子只以自然之质说"生"之缺失。只是以物性（白）、动物性（食色）言"生"，人所生而有的道德性（仁义）就被抹杀了。"人禽之辨几希"，根本就在人不仅生而具有自然之质、食色之性，更生而有仁义之心。《孟子·告子章句上》一开首，孟子在"杞柳之喻""湍水之喻"两段对辩中，就明确提出仁义是人性，以此明人性善，以反对告子以仁义为人为造作，人性无分善不善，只由环境决定的主张。两段对辩如下：

　　告子曰："性，犹杞柳也；义，犹桮棬也。以人性为仁义，犹以杞柳为桮棬。"

　　孟子曰："子能顺杞柳之性而以为桮棬乎？将戕贼杞柳而后以为桮棬也？如将戕贼杞柳而以为桮棬，则亦将戕贼人以为仁义与？率天下之人而祸仁义者，必子之言夫！"

　　告子曰："性犹湍水也，决诸东方则东流，决诸西方则西流。人性之无分于善不善也，犹水之无分于东西也。"

　　孟子曰："水信无分于东西，无分于上下乎？人性之善也，犹水之就下也。人无有不善，水无有不下。今夫水，搏而跃之，可使过额；激而行之，可使在山。是岂水之性哉？其势则然也。人之可使为不善，其性亦犹是也。"

在第一段对辩中，告子以"杞柳"与"桮棬"的关系来比喻"人性"与"仁义"，他认为以人性作成仁义，要通过人为的加工，就像要用刀斧修削杞柳才能将其制成桮棬一样。可见，告子视人性是待加工的材料，本无仁义，必待修削矫揉而后成。孟子的反驳击中要害，他反问告子是顺杞柳之性就能造成桮棬，抑或要人工斧斫杞柳始能制成桮棬，如是，则也要戕贼人始能成仁义。据此，孟子严厉指出，告子的说法"以仁义为害性"（朱子语，见《四书集注·孟子集注》卷十一），其恶果必是"率天下之人而祸仁义"。

在第二段对辩中，告子以水作比，提出"人性之无分于善与不善"，主张人性是中性的，善与不善是后天环境造成。孟子针锋相对提出"人性善"，说："人性之善也，犹水之就下也。"环境习染可使人做出不善的行为，但不能以此为口实否认人性善。譬如若拍击水，可使之飞溅过额头，也可引水上山，但过额、上山乃其势使然，不能以此为水之性。

"杞柳之喻""湍水之喻"是告子先提出的比喻，其主旨是以"生之自然之质"言"性"。孟子反对告子，其宗旨很明确，就是要指明依照"生之自然之质"而论，根本不能言仁义、人性之善。尽管从物性可以说白羽、白雪、白玉为白，依照"食色，性也"，也可以说出犬、牛、人的食色之性，但是，皆不能说到人的仁义之性，也就是不能见及人之善的本性。仁义、善之为人的本性不是依据"生之自然之质"而论，而毋宁说是根本独立不依于自然因果性，用康德的话说，它是自由因果性，亦即道德性。人禀具道德性，以区别于宇宙间此外的一切生物。天地间一切存在皆依照自然法则而活动，唯独人除依照自然法则行动之外，还依照自由法则而创造。

依以上所论，我们可以指出，孟子"性善说"之所以是创辟性的人性论，在其"人禽之辨"之洞识。他揭明仁义内在于人性，此即人性之善，"人禽之辨"之"几希"即在于此。孟子说：

> 人之所以异于禽兽者几希，庶民去之，君子存之。舜明于庶物，察于人伦，由仁义行，非行仁义也。
>
> ——《孟子·离娄章句下》

> 舜之居深山之中，与木石居，与鹿豕游，其所以异于深山之野人者几希。及其闻一善言，见一善行，若决江河，沛然莫之能御也。
>
> ——《孟子·尽心章句上》

孟子通过舜之"明于庶物，察于人伦，由仁义行"，"闻一善言，见一善行，若决江河，沛然莫之能御"，揭明"人禽之辨"之"几希"之性，然此"几希"之性非圣人独具之品性，而是"异于禽兽"的人之本性。孟子说："故凡同类者，举相似也，何独至于人而疑之？圣人，与我同类者。"（《孟子·告子章句上》）孔子就说："性相近也，习相远也。"（《论语·阳货第十七》）"性相近"意即人之本性相近。[2] 其中的"性"，用孔子本人的话说就是"人之生也直"（《论语·雍也第六》）。依此，我们可以说"性相近"的意思同于孟子所言"凡同类者，举相似也"，可与"人禽之辨"的"几希"相通，亦

121

即"同类者，举相似"的"相似"。而用孟子的话说，也正就是"人心之所同然也"[3]。"人心之所同然"就是"人禽之辨"之"几希"之性。因后天条件不同之差异而言性，是以"习相远"而论，不能以此否定人皆禀具"异于禽兽"的本性。

"人禽之辨"从"人心之所同然"处见，后者之首出义在"本心"普遍立法，也就是前文申论的"心即理"义。用孟子本人的话说，本心就是"良能""良知"。孟子说："人之所不学而能者，其良能也；所不虑而知者，其良知也。孩提之童，无不知爱其亲者；及其长也，无不知敬其兄也。亲亲，仁也；敬长，义也。无他，达之天下也。"王阳明说："良知、良能，愚夫、愚妇与圣人同。"（《传习录》中，《答顾东桥书》，第139条）本心（"良能""良知"）由爱亲、敬兄而呈现，扩充至仁民，此所以仁义之心"达之天下"。"亲亲而仁民，仁民而爱物。"（《孟子·尽心章句上》）"亲亲""仁民""爱物"，一切皆在人心一体之仁之充尽中。王阳明说："君臣也，夫妇也，朋友也，以至于山川、鬼神、鸟兽、草木也，莫不实有以亲之，以达吾一体之仁。"（《王阳明全集·亲民堂记》）

孟子是据"人心之所同然"而言"人禽之辨"之"几希"之性，依此言之"性"乃是就自身而为善，非落在人现实上可为善亦可为恶而论。若落在经验世界看人的表现，就是以"习相远"而论，则无疑如公都子引告子语，说："告子曰：'性无善，无不善也。'或曰：'性可以为善，可以为不善。是故文武兴，则民好善；幽厉兴，则民好暴。'或曰：'有性善，有性不善。是故以尧为君而有象；以瞽瞍为父而有舜；以纣为兄之子，且以为君，而有微子启、王子比干。'"（《孟子·告子章句上》）公都子诘问孟子："今曰'性善'，然则彼皆非与？"但孟子并不纠缠于告子的说法，而是摆明自己言"性"的根据与告子根本不同，说："乃若其情，则可以为善矣，乃所谓善也。"（同前）"乃若"，发语词。"情"，实也。也就是说，人"可以为善"之实，就是所谓性善。人有不善的行为，不能归罪于人的能力，此即孟子对公都子指出："若夫为不善，非才之罪也。"（同前）"才"，能力，在孟子该段文之语脉中，意指"良能"，亦即"性"。事实上，即使按一般的理解，也没有理由将行不善或原罪视作人的机能，而毋宁说，行不善是人放失自身本有的"良能"所致。

告子依经验事实立论，现实上有善行的例子，就说性善，有恶行的例子，就说性恶，民之好善或好暴，全赖外力施加作用。孟子不与告子一般见识，他洞见到，唯独揭明人自身有立普遍法则（天理）之能和能够依循天理而创发善行之性能（"本心""良能""良知"），并肯定此机能就是人之道德实存之分定，人始可有善恶之觉识和判断。此所以孟子答公都子之问，直接指明人"可以为善"之实，接着就提出此"可以为善"之实是每一个人禀具的"四端之心"。我们可以指出，《告子章句上》第六节"乃若其情，则可以为善矣，乃所谓善也"起，至"我固有之也，弗思耳矣"，是孟子对"性善"做出哲学说明的关键段落。言简义切，力排流俗，对何谓"性善"给出清晰明确的界定。[4]孟子说：

> 恻隐之心，人皆有之；羞恶之心，人皆有之；恭敬之心，人皆有之；是非之心，人皆有之。恻隐之心，仁也；羞恶之心，义也；恭敬之心，礼也；是非之心，智也。仁义礼智，非由外铄我也，我固有之也，弗思耳矣。故曰："求则得之，舍则失之。"或相倍蓰而无算者，不能尽其才者也。《诗》曰："天生烝民，有物有则，民之秉彝，好是懿德。"孔子曰："为此诗者，其知道乎！

故有物必有则，民之秉彝也，故好是懿德。"

"仁义礼智，非由外铄我也，我固有之也"，通于《孟子·尽心章句上》言"仁义礼智根于心"。"心"，"四端之心"也，亦曰"本心"。又，孟子说："心之官则思，思则得之，不思则不得也。此天之所与我者。""仁义礼智"，心之官之"思"也。此即王阳明说："'思曰睿，睿作圣。'……思是良知之发用。若是良知发用之思，则所思莫非天理矣。"（《传习录》中，《答欧阳崇一》，第167条）思则得之，此天所与人者。不必将"天之所与我"理解为有一个外在的客体给予我，而毋宁说，"天"用以表征普遍必然、不可移易者，"天之所与我"含着说："心之官则思"普遍必然、无例外地为每一个人所禀有。此"心"，人之"才"者，即人之"性"也；人尽其才，即尽其性，通"道"也。此所以孟子引《诗·大雅·烝民》，"有物有则"，"则"，法则也，"民之秉彝"，"彝"，常也，人之执持"常"，循道德法则也，美德所由生也，所以说"故好是懿德"。美德根源于"秉彝"（守常），即德行由遵循道德法则而致。孟子引孔子语说："为此诗者，其知道乎！"其中深义可知矣。

依以上所论，孟子是从本心普遍立法之性能说明人的道德实存之性，据之而言"性善"。学界流行一种说法，以为孟子"性善说"是一种乐观主义，这种误解源自主张人之"原罪"的西方汉学界。究其实，这种误解的产生完全是由于学者们抱持一种忽略甚或拒绝承认道德实存之性的成见。他们草率地以为若承认道德实存为人之本性，则等同主张人自然就会是善的，就如同人有脚就能走路，没有人会自己放失走路的能力，如此一来，他们就将人需要不已地努力成德，以及

124

环境对人实现其实存本性的影响，与"性善"对立起来。殊不知，揭明本心（道德创造之能）乃是人之实存的本性，此能力是人生而有的，并不意味着人不必于后天努力中不已地发挥这种能力，以成就自身本有的道德实存之本性。孟子强调必须于"尽心"之不已进程中"知性"，所谓"尽其心者，知其性也"。

孟子一再指出现实中人有"失其本心""放其良心"的情况。《孟子·告子章句上》云："虽存乎人者，岂无仁义之心哉？其所以放其良心者，亦犹斧斤之于木也，旦旦而伐之，可以为美乎？""仁，人心也；义，人路也。舍其路而弗由，放其心而不知求，哀哉！人有鸡犬放，则知求之；有放心，而不知求。""饮食之人，则人贱之矣，为其养小以失大也。"又，《孟子·离娄章句下》云："人之所以异于禽兽者几希，庶民去之，君子存之。"《孟子·尽心章句上》云："行之而不著焉，习矣而不察焉，终身由之而不知其道者，众也。"可见，孟子并不因道性善而忽视环境影响，相反，他十分强调尽心养性的操存工夫。他说：

富岁，子弟多赖；凶岁，子弟多暴。非天之降才尔殊也，其所以陷溺其心者然也。今夫麰麦，播种而耰之，其地同，树之时又同，浡然而生，至于日至之时，皆熟矣。虽有不同，则地有肥硗，雨露之养、人事之不齐也。

牛山之木尝美矣，以其郊于大国也，斧斤伐之，可以为美乎？是其日夜之所息，雨露之所润，非无萌蘗之生焉，牛羊又从而牧之，是以若彼濯濯也。人见其濯濯也，以为未尝有材焉，此岂山之性也哉？

虽存乎人者，岂无仁义之心哉？其所以放其良心者，亦犹斧斤之于木也，旦旦而伐之，可以为美乎？其日夜之所息，平旦之气，其好恶与人相近也者几希，则其旦昼之所为，有梏亡之矣。梏之反覆，则其夜气不足以存；夜气不足以存，则其违禽兽不远矣。人见其禽兽也，而以为未尝有才焉者，是岂人之情也哉？

——《孟子·告子章句上》

富足的年月里，年轻人大多懒散，多灾多难的年月里，年轻人大多暴戾，可见环境对人的品性之善恶、行为之好坏有极大影响。但是，人有懒散、暴戾的行为品性，并非天生之本性有不同，而是陷溺其心使然也。比如，大麦，播下种子而耰土，土地同，栽种之时又同，蓬勃生长，到了麦熟的日子，就都成熟了。若收成有不同，那是因为土地有肥沃或贫瘠之异，雨露之养、人事照料方面并不一样，即所谓"性相近也，习相远也"。又，孔子慨叹："苗而不秀者有矣夫！秀而不实者有矣夫！"（《论语·子罕第九》）孟子说："五谷者，种之美者也；苟为不熟，不如荑稗。夫仁，亦在乎熟之而已矣。"（《孟子·告子章句上》）

从"心之所同然"（本心）而言人的实存之本性，就像种子都是好的种子，但忽略后天栽培，以及缺乏良好的环境，即使能长苗，也不能开花，纵然开花了，也不能结果实。五谷原是种之美者，若不能成熟至结出果实，则连荑稗也不如了。仁义之心为人的本性，也必须有良好环境，并要悉心培养始能成熟。此即孟子以牛山之木作比喻，牛山的树木曾经茂美，只因位于齐国近郊，伐之者众，故不能保其茂美。牛山的树木有日夜之生息，为雨露所滋润，并非无萌蘖之生长，但放牧牛羊导致牛山光秃秃的。人们看见牛山光秃秃，以为牛山未尝有草本，此岂是山之性呢？仁义之心存乎人，人所以放失其良心，就像用刀斧砍伐树木，旦旦而伐之，可以为美乎？他日夜之所生息，平旦清明之气，其好恶仍有与人相近者已希微，而旦昼之所为，又梏亡之。如此反复，他的夜气不足以存，就去禽兽不远了。人见他禽兽一般，而以为他未曾有才（仁义之心），此岂是人之实呢？

孟子首先揭明人皆有仁义之心，并指出此心乃系人的真实存在之性，然后才有教化可言。若如持经验实证论观点的学者那样，见人有禽兽一般者，就将人定性为禽兽，那人的教育培养就变得不可能。如何能说一颗坏种子可以通过栽培而长出好的植物呢？孟子言"性善"，旨在揭明每一个人生而有"可以为善"之"才"（性），并非主张人不必在现实中不已地努力，自然而然就是善的。人生而有仁义之心，但若不专心致志、持之以恒地培养之，心也是会消亡的。此即孟子说"故苟得其养，无物不长；苟失其养，无物不消"，又引孔子语"操则存，舍则亡；出入无时，莫知其乡"，并指明"惟心之谓与"。（同前）孔子此言，警醒人时刻操存其心，莫让它随时出入，不知去向。

孟子说："一箪食，一豆羹，得之则生，弗得则死。呼尔而与之，行道之人弗受；蹴尔而与之，乞人不屑也。"这段话言人皆有"羞恶之心"，但受物欲之蔽，"万钟则不辨礼义而受之"。人受无礼义之"万钟"，无非是"为宫室之美、妻妾之奉、所识穷乏者得我"，此岂不可以止？孟子说："此之谓失其本心。"又说："学问之道无他，求其放心而已矣。"（同前）

孟子言"可以为善"，意谓人有能够为善的性能；据此言"性善"，本旨在使人自知自身固有之本心，从而操存之，勿让其放失。"存其心，养其性"，专心致志，不可懈怠。孟子警惕说："虽有天下易生之物也，一日暴之，十日寒之，未有能生者也。"（同前）又以弈秋教二人围

127

棋为喻，一人专心致志，另一人一心以为有鸿鹄将至，后者比不上前者，不是因为他的聪明不及人。孟子说："今夫弈之为数，小数也；不专心致志，则不得也。"（同前）围棋虽是小技，尚且要专心致志，何况本心之操存？

事实上，若不揭明人自身生而固有之道德创造之性能——本心（"良能""良知"），亦即人真实存在的本性，则人根本不会有善恶意识，也没有能力判断善恶。也就是说，人无道德，则人的行为无所谓善恶，只有随历史变迁、环境影响而产生的社会规范、伦理习俗。究其实，外在的规范充其量只能作为好坏的标准，而人们误以为它就是道德的法则，其恶果就是把"人禽之辨"的"几希"剥夺掉。

析疑与辩难

问：自黑格尔拒斥康德的善的意志之概念以来，其追随者主张"绝对欲望"才是个人生存的理由。这种主张日益盛行。那么，我们如今讲"人禽之辨"是否不合时宜？

答：黑格尔视善的意志为人类生存的一种本质上异化的形式，认为善的意志既与其感触的本性又与它在其中行动的真实世界相分离。[5]伯纳德·威廉姆斯发挥了这种异化说，提出"绝对欲望"构成个人性格，才是个人生存的理由。[6]依黑格尔所论，"由于特殊者有着本能、爱好、病态之爱、感性经验，如此等等，所以普遍者就必然是并且始终是某种外来且客观之物"[7]黑格尔及其追随者认为普遍的必然性不能包含于主体中，而只能归于外在的客体。他们否认主体立法的普遍必然性，随之而来的结果就是摒弃道德法则，而以偶然的经验原则和时移势易的社会规范作为人的行为准则。事实上，众多哲学家宣称"道德普遍性"只是毫无意义的抽象普遍性，轻蔑地嘲讽"道德主义"，早已成为社会上时尚之风气。

究其实，时下流行否认主体普遍立法，将人视为仅仅是个人的感触的本性的存在，这种见解就是孟子当时驳斥的以"生之自然之质"论人性的观点。如我们已一再申论，这种观点之弊端在于抹杀了人依自由法则（道德法则）而实存的事实，也就是无视"仁义礼智根于心""心之所同然者，理也，义也"的理性事实。我们可以指出，人的道德实存之确立并不会因人们异口同声的反对而损害其确实性，因为它是由内在于每一个人的本心之普遍立法（天理、道德法则）作为信用状而得到证实的。尽管人会放其本心，对天理之声音充耳不闻，就如黑格尔及其追随者视善的意志和道德法则为抽象的普遍性，把天理视为空洞的形式，将本心良知贬为只是主观的，而通统弃之如敝屣。但人作为有理性者，理性机能的作用就是独立不依于自然因果性而在意欲机能中立法。理性是协调感性与知性以实现经验之统一的能力，又是统一意欲杂多使诸意欲和谐一致，以防止人的欲望无度地膨胀的能力，并且，理性以其自由法则产生终极目的，亦即德福一致的大同世界。人类因着其禀具的理性机能，终究要向大同世界而趋，无论哲学教授如何配合时下风气，极力鼓吹人只以自然欲望为生存的理由，人类道德的预告史也不会为人的种种短期思维而从根柢上被摧毁。

问："人之所以异于禽兽者几希，庶民去之，君子存之。"此是否意谓庶民并没有异于禽兽的"几希"之性？

答：陈大齐先生在《孟子待解录》（台北：台湾商务印书馆，1980）中释云"虽为君子所保存，早为庶民所放弃"，又进而引申说，"四端之心"，"在一般人只是昔有，而非今有"。（页37）我们可以指出，陈先生看来把孟子言"四端之心人皆有之"与"庶民去之"对立起来。这种误解所由生，完全因为将人生而固有的"四端之心"与每个人是否依从之而行混为一谈。"人皆有之"是从根源上肯定每一个人内在而固有的创发善行的能力；至于人现实上放失其能力而不使用，并不能说人没有这种能力。用孟子的话说即"是不为也，非不能也"[8]。

如康德所表明："仅仅假定自由被有理性者单在理念中当作其行为的根据，这对于我们的意图来说已是足够。"（Gr 4:449）道德法则（本心之天理）作为道德律令，那就是"只依你同时能意愿它成为一个普遍法则的那个格准而行动"。（Gr 4:421）"定言律令不与任何一个意图（Absicht）相关，亦即无须任何别的目的，自身就宣称行为是客观必然的，所以被视为一个确然的－实践的（assertorisch-praktisches）原则。"（Gr 4:415）亦即它表明一个行为为"自身即善的"，"因而在一个自身合乎理性的意志中为其必然的原则"。（Gr 4:414）但是，如康德同时指出："意志并非就自身而言完全合乎理性（在人这里的确是这样）。"（Gr 4:413）如果人放弃自身本有的理性在意欲机能中普遍立法的能力而不使用，只是关注其意志之经验的性格，那么，依天理而行（"由仁义行"）就只是主观偶然的。就这样一种意志而言，它并不必然地"由仁义行"，因为人有其自然禀赋，毕竟也依赖于感性的动力并把它们纳入自己的格准。（Rel 6:36）一个人是善还是恶，在于他采纳格准的主从关系，"即他把二者中的哪一个作为另一个的条件"。（Rel 6:36）一个人之所以是恶的，在于他"把各种动力纳入自己的格准时，颠倒了它们的道德次序"（Rel 6:36），他把感性的动力作为本身独立自足的，当作遵循道德法则的条件。"人的内部的根源构造——本性或性向——是善的；但是此尚不能使人自己成为善的，而是仅仅依照人采用或不采用（此全然由其自己之自由执意来裁决）此根源的构造所含有的动力于其格准中而言，人始使其自己成为善或恶的。"（Rel 6:44）明乎此，则不必以现实中一般人放失其本心的情状，就推论说一般人没有本心。

如康德说"道德法则是出于人的道德禀赋的"（Rel 6:36），我们也可以指出：天理出于每一个人的本心，就证明本心是一切人作为有理性者所固有的。这是不能由某种所谓人的本性之经验来充分证明的，也就是说：我们把本心看作有理性者"由仁义行"的基础就足够了，不必从理论角度来证明它；亦即不必有经验的实证，只需要说明每一个人本有这种产生善的行为的能力，并且每个人本来就能够使用这种能力，它就取得了在经验中的证实。至于人们时常不依照本心之天理行事，那并不能作为人没有本心的证据。在实践领域，我们只需要说明每一个人都有为善的性能就足够了，若人行不善，不能归咎于他没有本心。此即人有反复梏亡其本心以致"违禽兽不远"者，而孟子说："人见其禽兽也，而以为未尝有才焉者，是岂人之情也哉？"

注释

1 告子以譬喻法（"杞柳之喻""湍水之喻"）来表达其以中性材质义论"性"的主张。终究说来，举例和譬喻在哲学说明中是不必要的，充其量只能起到辅助作用。孟子对应告子所言，采用反诘法让告子自暴其短。告子接着提出"生之谓性"，孟子采用譬喻法迫显告子以"生之自然之质"为论"性"的原则只能论及"食色，性也"，而未及仁义之心之为人的道德实存之本性。此段"生之谓性"辩并非推理论证，故不存在孟子犯逻辑错误的问题。

对孟子逻辑推理错误的批评见牟宗三《圆善论》，台北：台湾学生书局，1985，页 11。

2 朱熹在其《四书集注·论语集注》卷九中，将"性相近也，习相远也"一句理解为孔子言气质之性，他说："此所谓性，兼气质而言者也。气质之性，固有美恶之不同矣。然以其初而言，则皆不甚相远也。但习于善则善，习于恶则恶，于是始相远耳。程子曰：'此言气质之性。非言性之本也。若言其本，则性即是理，理无不善，孟子之言性善是也。何相近之有哉？'"倒是我们要问：若言气质之性，又何相近之有哉？究其实，朱子和程子都把孔子言"性相近"中"相近"之意理解错了，把"相近"解为"不同"，于是就把"性相近"误解为"性互相不同"。如此一来，孔子言"性"之原义尽失。如果朱子能够如他在注"其好恶与人相近"一句时那样，理解"相近"为"心之所同然"（《四书集注·孟子集注》卷十一），恐怕他对孔子言"性"会有另一番理解。

3 朱熹云："其好恶与人相近，言得人心之所同然也。"（《四书集注·孟子集注》卷十一）

4 有学者落在"杞柳之喻""湍水之喻"两段辩论，批评孟子过度依赖论证力量并不强的模拟推理。（见陈大齐《孟子的名理思想及其辩说实况》，台北：台湾商务印书馆，1968，页 136。）究其实，使用譬喻法立论的人是告子。而孟子对应告子的譬喻而反诘，以迫显告子的错误。我们不必以为孟子依赖此两段譬喻作为确立"性善说"的根据。前文已指出，孟子"性善说"的正式立论及论证之关键在《告子章句上》第六节"乃若其情"起的整段文本中。

5 见 Allen Wood, "The Emptiness of the Moral Will", *The Monist*, 1989, p. 473。

6 Bernard Williams, *Moral Luck*, Cambridge: Cambridge University Press, 1981, p. 13. 亨利·E. 阿利森对威廉姆斯的反批评见 H. E. Allison, *Kant's Theory of Freedom*, Cambridge: Cambridge University Press, 1990, pp. 191–197。

7 Hegel, »Der Geist des Christentums und sein Schicksal«. 中译见黑格尔《宗教哲学》下卷，《基督教的精神及其命运》，页 983—984。

8 《孟子·梁惠王章句上》云："'不为者与不能者之形何以异？'曰：'挟太山以超北海，语人曰"我不能"，是诚不能也。为长者折枝，语人曰"我不能"，是不为也，非不能也。'"

第三节
论言"性"的两层面及其主从关系

　　哲学史上，除了康德，恐怕再找不到哪一个学派在说明人的本性上达到孟子"性善说"的深度和高度。孟子和康德的共同洞识乃在揭明"人禽之辨"：禽兽乃至除人之外的天地万物，皆按照自然法则而发生作用，唯独人还具有一种独立不依于自然法则而活动的机能。就物在自然法则下的实存而论物之本性，此即中国老传统中所言"如其生之自然之资谓之性"。独立不依于自然法则，即依于自由法则（天理），就人在自由法则下的实存而论人之本性，就是孟子言"人禽之辨"之"几希"之性。

　　如康德以其深透本源之洞识有见及，"本性"（Natur）这个词（像通常那样）意味着自由行动的根据之对立面，那么，它就会与道德的善或恶之谓词截然对立。我们也可以说，如果只依照老传统从"生之自然之质"言"性"，它就会与道德的善恶不相干。康德恰切地指出，既然"本性"从最一般意义上理解，就是物在法则下的实存，那么一方面，人的"感触的本性（sinnlichen Natur）就是以经验为条件的法则下的实存"，另一方面，人的"超感触的本性（übersinnlichen

Natur）是指他们依照独立于一切经验条件因而属于纯粹理性的自律的法则之实存"。（KpV 5:43）同理，我们可以指出，孟子也是以两种观点考论同一个人："口之于味也，目之于色也，耳之于声也，鼻之于臭也，四肢之于安佚也"（《孟子·尽心章句下》），"耳目之官不思，而蔽于物，物交物，则引之而已矣"（《孟子·告子章句上》），"小体"也；"心之官则思"，"仁义礼智，非外铄我也，我固有之也"，此乃"大体"。用康德的话说，"小体"就人的"感触的本性"而论，也就是指人在自然的（生物的、心理的、物理的）法则下的实存；"大体"就人的"超感触的本性"而论，依此而言，"人的本性（Natur des Menschen）仅仅理解为（遵从客观的道德法则）一般地运用人的自由的、先行于一切在感官中被察觉到的行为的主观根据"（Rel 6:21）。

　　"仁义礼智，非由外铄我也，我固有之也"，此乃人之"实"，用康德的话说，此"实"是就理性事实而言的。"仁义礼智"（总言曰"天理"）是本心颁布的无条件的实践法则，此基本法则之意识就名为"理性事实"。也就是说，本心颁布天理是理性的事实。此即王阳明说"良知是天理之昭明灵觉处，故良知即是天理"（《传习录》中，《答欧阳崇一》，第 167 条）、"亘万古，塞宇宙，而无不同，不虑而知，恒易以知险，不学而能，恒简以知阻"（同前揭书，中，《答欧阳崇一》，第 169 条）、"天理只是一个"（同前揭书，中，《答周道通书》，第 143 条）。天理由每一个人的本心而发，对一切人有效。此即阳明说："尔那一点良知，是尔自家的准则。……尔只不要欺他，实实落落依着他做去，善便存，恶便去。"（同前揭书，下，第 184 条）用康德的话说，天理就是道德的最高原则，它是纯粹的实践理性的基本法则，依照此法则，每一个人自身的意志之格准"任何时候都能够同时作为普遍立法的原则而有效"，（KpV 5:30）也就是说，它是"一切格准的最高条件"（KpV 5:31）。当我们不以私人的感触的角度而是从普遍有效的观点出发为自己拟定行为的准则，天理首先就呈现出来。只要人能成熟至自觉运用理性，天理就在他心中。尽管一般人并非抽象地在一个普遍的形式中思维天理，但人毕竟任何时候都现实地记得它，只要能把一切感触的动力排除于他的行为准则之外，他就能立刻意识到天理就在他心中，这不需要请教任何人，也根本不需要高远的洞察力。这就是理性的事实，是本心独有的事实，本心就凭借这个事实宣布自己是根源上立法的。

本心是直接立法的，本心之天理不是经验的事实，天理不是由经验事例归纳出来的，天理不由见闻而有，而见闻莫非良知之天理的发用。经验的事实只是经验就其结果而向我们显示者，仅仅涉及自然，也就是只说及"是什么"；理性的事实涉及自由因果性法则，也就是说及人的实存的"应当"。理性的事实是"通过纯粹理性之实践法则，并遵循这些法则在现实的行动中得到证实"，据此可以说，尽管理性事实并非经验的事实，不能要求经验的实证，但它是可以在经验中得到证实的。

孟子和康德二人都对他们身处的传统做出彻底的扭转，打破传统中从人性之特殊性状（偶尔也含一般说的理性的人性）论人性的旧有说法，提出两层次考虑人的新思维模式。依照这种新思维模式，不仅从经验的事实考察人类心灵机能，只论其依自然因果性而活动，而且洞见到其中普遍立法的能力，这种机能是通过理性事实的洞察而揭明的，必须就其依自由因果性而活动来考论。基于这种依据经验事实与理性事实的区分而考虑人类心灵机能的方式，我们就既能够如理如实地确立心灵机能的两个层次，又能理清它们的主从关系。孟子说：

口之于味也，目之于色也，耳之于声也，鼻之于臭也，四肢
之于安佚也，性也，有命焉，君子不谓性也。

仁之于父子也，义之于君臣也，礼之于宾主也，智之于贤者也，
圣人之于天道也，命也，有性焉，君子不谓命也。

——《孟子·尽心章句下》

"口之于味"等五者之谓性，从"小体"言，属于"生之自然之质"
的层次。用康德的话说，人的性好、嗜欲是感触的本性。感触的本性
通过经验事实之考察得以说明，此乃"求之有道，得之有命，是求无
益于得也，求在外者也"（《孟子·尽心章句上》），所以说"性也，
有命焉"。何以孟子说"君子不谓性也"？为何君子不以感触的本性
为性？此并非说君子以为感触的本性不是人的以自然之质言的"性"，
而毋宁说，君子知自然之质之为"性"，乃"求在外者也"，故有命限，
不应当以生而有之自然之性为口实，就不知有所节制。人类与人类之
外的天地万物之别，在于人的活动并不只依从自然法则，人可违反自
然法则，其感触的本性可以索求无度，故其自然之质之"性"需要有"心
之官则思"作统率。

"仁之于父子"等五者是否能得诸己，也不能摆脱命限，但是，
君子不以人现实上表现"仁义礼智"总免不了种种限制，便放失自己
生而固有的"仁义礼智根于心"之本性。从本心说"性"，是从"大
体"言，属于生而固有的自由之质的层次，此乃"求则得之，舍则失之，
是求有益于得也，求在我者也"（同前）。用康德的话说，这是从人
的道德主体性而论人的智性的本性，[1]此本性就是意志之超感触的特
种因果性，亦即意志自由。本心，乃至以本心言之"性"，根本不是
经验的对象，不能于任何直观中展现，但更为重要的是，它不需要像

137

经验对象那样借直观来展现自己，而是通过本心之天理之理性事实的考察得以说明。明乎此，我们不必以为，既然康德不承认人有理智的直观，则意志自由就是"虚置"，并据此认为康德不以意志自由为人之性。[2]

人之本性何以有"大体""小体"之分？"小体"乃"耳目之官不思，而蔽于物"；"大体"乃"心之官则思"，"先立乎其大者，则其小者不能夺也"。孔子说："君子有九思：视思明，听思聪，色思温，貌思恭，言思忠，事思敬，疑思问，忿思难，见得思义。"（《论语·季氏第十六》）又，孟子曰："思诚者，人之道也。"（《孟子·离娄章句上》）此所以阳明说："真己何曾离着躯壳！"（《传习录》上，第122条）"'美色令人目盲，美声令人耳聋，美味令人口爽，驰骋田猎令人发狂'，这都是害汝耳、目、口、鼻、四肢的，岂得是为汝耳、目、口、鼻、四肢？若为着耳、目、口、鼻、四肢时，便须思量耳如何听，目如何视，口如何言，四肢如何动；必须非礼勿视、听、言、动，方才成得个耳、目、口、鼻、四肢，这个才是为着耳、目、口、鼻、四肢。汝今终日向外驰求，为名为利，这都是为着躯壳外面的物事。"（同前）又说：

> 汝若为着耳、目、口、鼻、四肢，要非礼勿视、听、言、动时，岂是汝之耳、目、口、鼻、四肢自能勿视、听、言、动？须由汝心。这视、听、言、动皆是汝心：汝心之视，发窍于目；汝心之听，发窍于耳；汝心之言，发窍于口；汝心之动，发窍于四肢。若无汝心，便无耳、目、口、鼻。所谓汝心，亦不专是那一团血肉。若是那一团血肉，如今已死的人，那一团血肉还在，缘何不能视、听、言、动？所谓汝心，却是那能视、听、言、动的，这个便是性，

便是天理。有这个性，才能生。这性之生理，便谓之仁。这性之生理，发在目便会视，发在耳便会听，发在口便会言，发在四肢便会动，都只是那天理发生，以其主宰一身，故谓之心。这心之本体，原只是个天理，原无非礼，这个便是汝之真己。这个真己是躯壳的主宰。若无真己，便无躯壳，真是有之即生，无之即死。汝若真为那个躯壳的己，必须用着这个真己，便须常常保守着这个真己的本体，戒慎不睹，恐惧不闻，惟恐亏损了他一些。

——《传习录》上，第 122 条

"从其大体为大人"（《孟子·告子章句上》），并不意谓要求鄙弃"小体"，尽管在通常之见识中，甚至通过人类社会史、思想史来看，禁欲主义的品性修养、性情陶冶、无我、牺牲精神、精神升华等都被视为德性的标志。但实质上，这一切与道德并不相干，也根本与孔孟义理相抵触。孟子说："人之于身也，兼所爱。兼所爱，则兼所养也。无尺寸之肤不爱焉，则无尺寸之肤不养也。所以考其善不善者，岂有他哉？于己取之而已矣。体有贵贱，有小大。无以小害大，无以贱害贵。养其小者为小人，养其大者为大人。"（同前）失德之人其过不在养"小体"，而在"以小害大"。

动物的"耳目之官"依本能而活动，自然如此，并无逾越本能的能力，因而亦无不依从本能的可能性。唯独人的意志有不依从自然法则的选择能力，并且意志就是"依照法则之表象，即依照原则而行动的机能"。（Gr 4:412）用孟子的话说，人禀具独立不依于本能的"心之官则思"的机能，唯赖此作"耳目之官"的主宰，人的视、听、言、动遵循天理，人的感性欲望始能有所节制，避免陷溺于无度苛求而毁其自身。此所以说，本心是"真己"，"这个真己是躯壳的主宰"。

这个"真己"之为主宰并非要压迫"小体"之自然欲望,而毋宁说是为了把意欲的杂多纳入一个以天理(道德法则)颁发命令的本心(实践理性)的意识之统一。此即在我们被感取欲望所刺激的意志之外,还加上凭自身实践的本心(纯粹的意志)。³立法的本心乃是就人的超感触的本性(智性的本性)而言的,用康德的话说,这超感触的本性就是我们的意志自由自律和不依赖自然机械性的"独立性及心灵伟大"。并且,依照天理的合目的性,借赖着本心来普遍传通,就成就"万物皆备于我"的道德世界。此即康德说:"通过我的人格无限地提升了我作为睿智者的价值,在这个人格里面,道德法则向我展现了一种独立于动物性,甚至独立于整个感触界的生命,至少是从凭借这个法则对我的存在的合目的性之决定中可以得出的,这种决定并不局限于此生的条件和界限,而是无限延续的。"(KpV 5:162)

孟子言"君子所性,仁义礼智根于心",然则,他是否主张本心以及以本心而言之"性"唯独君子禀具?不然。依孟子"性善说",人皆有"四端之心","钧是人也","君子"与"小人"之分别不在禀具"大体"或"小体",而在从其"大体"或"小体"。孔子说:"君子而不仁者有矣夫,未有小人而仁者也。"(《论语·宪问第十四》)孟子也说:"君子亦仁而已矣。"(《孟子·告子章句下》)君子之为君子,在"无终食之间违仁",而小人之为小人,则在其不仁。

孟子对人的考察与康德同样兼具感触与超感触身份,因而同样重视人不可避免地要在限制中实现其道德性。强调人在现实中并不一定遵循意志自律,并不等同主张"自律而不自愿",康德经由《实践理性批判》之"纯粹实践理性的分析论"已阐明理性"能够独立不依于任何经验的东西自为地决定意志"。这是因着一种事实,即"理性借以决定意志去践行的德性原理中的自律"。也就是说,"意志是一种

140

机能，它仅仅选择那理性独立不依于性好而认之为实践上必然的，亦即认之为善的"。（Gr 4:412）因着这自律之事实，康德就证明了，人作为有理性者，就像意识到其意志在感触界中和其他起作用的因素一样，被因果性的法则决定，他在实践中意识到自己是一个能够"在事物的智性的秩序中被决定的存在"。（KpV 5:42）尽管由于同时属于感触界，他亦认识到自己必然从属于自然的因果法则。当人视自己为智性者，用孟子的话说就是"从其大体"（"心之官则思"）时，他就把自己"置于事物的智性的秩序中"，"意识到自己在事物的智性的秩序中被决定的存在，虽然这不是因着对其自身的一种特殊的直观，而是因着某种能够在感触界中决定其因果性的动力学法则"。（KpV 5:42）康德批判地阐明，道德法则（天理、理义）使人意识到自己作为道德的存在，是能够在感触界中起作用的因果性的动力学法则。人视其自己为智性者，他的理性独自决定意志，亦即其意志自律就包含自愿，由意志自律产生道德行为是必然的。但现实上，人的意志不仅具有智性之性格，还兼具经验的性格，当人选取格准时颠倒了道德次序，其意志就是他律的。康德提出道德约束，是就人的意志兼具两性格而言，不能据康德指出人的"意志并非就自身而言完全合乎理性"这一事实就误解康德主张"自律而不自愿"，并从而以为康德所言"意志自由""道德法则"是"虚置"，"依此法则而来的行动亦成偶然"。[4]

事实上，人通过天理一方面认识自身为智性者，另一方面又认识自己是通过依照感触界之决定而活动的，也就是认识到自己的"小体"，如此，我们就能够通过发生在感触界的结果而认识产生该结果的"大体"。明乎此，我们就既能保住"小体"（人欲之总和）的独立性，又能确立"大体"为主宰"小体"的真正的自我。此即康德指出："所

141

以，我将把自己认定为睿智者，虽然在另一方面，我是一个属于感触界的生物。"（Gr 4:453）感触界的全部本性（性好与嗜欲）不能损害人作为一睿智者的意愿之法则，人亦不认那些性好与嗜欲可归于他的真正的自我。（Gr 4:457–458）此正是孟子说："先立乎其大者，则其小者不能夺也，此为大人而已矣。"（《孟子·告子章句上》）"君子所以异于人者，以其存心也。君子以仁存心，以礼存心。"我们没有理由因为孟子指出现实上人有放失本心的情形，就以为本心天理是虚置，同样也没有理由因为康德提出人在现实中并不一定遵循意志自律，就指责其把意志自由和道德法则视为虚而不实。如我们已一再指明，无论人现实上是否遵循道德律令而行（"由仁义行"），根自每一个人自身之理性的道德法则作为定言律令都是无条件有效的，每个人任何时候（哪怕是在不遵从它的时候）都能感受到它的权威。我们没有理由因为康德指出"意欲和性好由于以物理原因为依据，不会自发地与来源完全不同的道德法则相一致"（KpV 5:84），就以为康德所论道德法则是"彼岸"。人是智性者（"大体"），也是属于感触界的生物（"小体"），二者并存，绝非经验世界与彼岸世界之二元对立。"大体"主宰"小体"，是达至二者协调一致的内在的自我约束，并非一个驾临一切人之上的外在权威。[5]

小人之为小人，"放其良心者"也。"虽存乎人者，岂无仁义之心哉？"路中行人尚且不受呼尔之食；蹴尔之食，乞人也不屑。阳明说："良知在人，随你如何不能泯灭，虽盗贼亦自知不当为盗，唤他做贼，他还忸怩。"（《传习录》下，第185条）"故虽小人之为不善，既已无所不至，然其见君子，则必厌然掩其不善，而著其善者，是亦可以见其良知之有不容于自昧者也。"（《王文成公全书》卷二十六《大学问》）康德也说，人的智性的本性是任何一个人（哪怕是最无教养

142

与低劣的人）都能经由自我省察而证明的：心灵的独立性与心灵伟大，它是我们心的特质，是心灵对道德兴趣的接受性，同时也是德行的动力。（KpV 5:152）此即孟子言"良贵"，说："欲贵者，人之同心也。人人有贵于己者，弗思耳。"孟子言"理义之悦我心"就表示内在于心的道德兴趣。小人不见得就无欲贵之心，也不是根本不悦理义，只是"养小以失大"，弃其"大体"而不从，"是不为也，非不能也"。

"性善说"的根本洞见在于揭明人具有自立普遍法则的能力，这就表明人具有道德地善的本性。基于此事实，当我们说"人是恶的"，那并不是说人根本缺乏道德地善的本性，而是说他放失或违背了这一本性。此即康德明确指出："恶必须存在于格准背离道德法则的可能性的主观根据中。"（Rel 6:29）"'人是恶的'这一命题无非是要说，人意识到了道德法则，但又把偶尔对这一原则的背离纳入自己的格准。"（Rel 6:32）

当我们说"人是恶的"，"并不是说，好像这样的品性可以从人的类概念（人之为人的概念）中推论出来（因为那样的话，这种品性就会是必然的了），而是如同凭借经验对人的认识那样，只能据此来评价人"。（Rel 6:32）此所以当孟子以"小人"之称评价一个人，并非意谓其没有本心之"良能""良知"，假若人没有立普遍法则的能力，我们就无从评价他是善或恶。我们以善恶评人，是建基于人有立道德法则的能力之上的。

道德法则之命令（"天命"）是无条件的。我们能够依循道德法则而行，凡依其而行的行为必然是道德地善的。在这个意义上，孟子以"大人""君子"之称评价一个人，并不意谓其根本没有违离道德法则的可能性。此所以孟子明白指出"仁之于父子也，义之于君臣也，礼之于宾主也，智之于贤者也，圣人之于天道也，命也"，就是说，人体现天理无可避免地要受经验条件限制。君子之为君子在"性分之不容已"，而不自限于"命"，此即孟子说"有性焉，君子不谓命也"。

道德法则（天理）根于人自身的心灵机能的普遍立法，它是首出的，本身就是充足的动力，推动道德的行为，并且产生对象（善）及推动人致力于在世界上实现善。依此言之"道德"是人的德行以及社会伦理的超越的根源。道德作为一切善的根据，是无条件的，因为它"包含先验地决定我们的一切作为与放弃（das Tun und Lassen）并使之成为必然的那些原则"，（A841/B869）这些原则是普遍有效的，一条法则如果要在道德上有效，它就必须具有绝对的必然性。即，"由仁义行"是定言律令，不可移易。假若容许模棱两可的原则充当道德法则，那么"一切格准都面临失去其确定性和稳定性的危险"。（Rel 6:22）

天理（本心之普遍立法）的纯粹性、非兼容性容易引起误解，人们将立法根据的纯粹性（不基于人性的特殊构成，天理完全先验地自本心立）误解为现实上人的行为的完美。其实，孟子并未忽略人现实中放失本心的情状。孟子曰："庖有肥肉，厩有肥马，民有饥色，野有饿莩，此率兽而食人也。"（《孟子·梁惠王章句上》）"世衰道微，邪说暴行有作，臣弑其君者有之，子弑其父者有之。孔子惧，作《春秋》。"（《孟子·滕文公章句下》）"杨墨之道不息，孔子之道不著，是邪说诬民，充塞仁义也。仁义充塞，则率兽食人，人将相食。吾为此惧……"（同前）此即康德指出：人所处的道德状态并不是顺着自己的自然喜好就会以道德本性作主宰，相反，"一种自然的辩证"随时随地产生。（Gr 4:405）现实中，人们时常把人自己内部的需要和性好视为一种与道德本性对抗的力量，并据之反对道德法则。

人在现实中是否以道德法则作为格准之根据，是否遵循道德法则而行，这都是没有必然的确定性的。道德法则之所以名为"理性事实"，并非因为人总是以它作为格准的根据，也并非因为它总是为人所遵循。如康德所言，关键只在，人能够做到的"就是确保他们的格准朝着这个法则的无穷前进，以及持续不断地进步的坚定不移，这就是德行"（KpV 5:32–33）。在这个意义上，康德揭明："客观上被认定为有必然性的行为在主观上是偶然的。"（Gr 4:413）如孟子所言，现实上，人有"养小以失大"的情况，但我们不能据此认为"是否能遵从道德法则便成了偶然之事"[6]。

孟子从"可以为善"之实情言"性善"，也就是说，人的本性之"善"意指人有"可以为善"的性能。人能够发挥这种自身禀具的性能，就是以道德者的身份（即"仁者，人也"）自视，人作为道德者，"仁义礼智根于心"，他于任何时、任何地都操存本心之天理，"由仁义行"，他就悦理义。由此见"人能实践道德法则"是理性事实，并非"永无定准之事"[7]。但是，人有"可以为善"的能力，此并不意谓人现实上就必然会发挥和善用这种能力。本心人皆有之，良知天理人所固有，人皆禀具选取天理为自己的行为之根据的自由抉意，但现实上人会放失自身本有的自由抉意，而选取经验的材质的原则作为行为格准的根据，此即"从其小体"，颠倒了"大体"与"小体"的主从次序。人除视自己为道德者之外，还视自己为感触界的一分子，且人并非必然地就会以道德本性作为感触的本性的基础，而且保持二者之协同一致。

依照孟子和康德所论，二人皆揭明人之实存的事实。一、人作为一般有理性者的"感触的本性就是以经验为条件的法则下的实存"。此即孟子所言"小体"："口之于味也，目之于色也，耳之于声也，鼻之于臭也，四肢之于安佚也"。二、人依其超感触的本性，也就是作为"依照独立于一切经验条件因而属于纯粹理性的自律的法则之实存"，"在纯粹实践理性的自律之下"认识自己。（KpV 5:43）此即孟子所言"大体"："仁之于父子也，义之于君臣也，礼之于宾主也，智之于贤者也，圣人之于天道也""仁也者，人也"。三、人只有"作为睿智者才是真正的自我"。（Gr 4:457）他自立的道德法则直接地和定言地关涉他，而人自身能意识到他的感触界的全部本性应当受真正的自我自立的道德法则所约束。此即孟子提出："从其大体为大人""无以小害大"。

现实中，人时常有意无意地背离其道德本性，人的意志有可能违反道德法则（天理），并非完全与道德法则契合。孟子说："富岁，子弟多赖；凶岁，子弟多暴。"此即见人因环境影响而"陷溺其心"，又指出人旦昼之所为，有梏亡其良心者，"梏之反覆"，"则其违禽兽不远矣"。此所以康德提醒，当我们指出超感触的本性（道德本性）乃系每个人"天生而有的"（für angeboren zu halten [KpV 5:141]），必须注意避免把它视为不需要努力的"本能"，这种超感触的本性需要在现实的践履中实化，尽管这种机能并非经验地获得的。此即孟子言"性善"之同时极为重视本心的存养。孟子引孔子之言"操则存，舍则亡；出入无时，莫知其乡"，曰："惟心之谓与？"[8]孔子此句言"心"最精到，揭明"心"之超感触性：无形状、无方所，操存得住，则清楚明白，毋待外求；稍有松懈，则消失得无影踪，不知其去向。

人的行为在主观上并不必然依循道德法则，这是任何人不能否认的事实，但不能由之否决道德法则作为无条件的定言律令对每一个人的有效性。成德的可能根据就在道德法则的这种有效性上，而非一种主观上也必然被人依循的法则。儒者言天理（道德法则）是无条件的命令，也就是康德所论"道德取决于定言律令"，[9]"道德法则的命令是无条件的"，这一层意思与现实上人的行为能否是无条件的不能混为一谈。学者们以现实上时常有权宜的考虑，以及经验条件时常成为各种阻力和限制为口实，质疑道德法则能否具有绝对必然性。究其实，他们在谈论的已经不是道德法则，而只是行为规范。

如我们已申论，孟子"性善说"的根源洞见在首先揭明人"可以为善"的性能——天理由之而立的本心，以此从只依据人的行为之好坏来讨论社会伦理和个人品行的传统提升至以人作为道德实存而为德行、伦理奠基的道德哲学。此洞见通于康德，康德根本地扭转了西方传统道德学，其洞识在于区分了道德（Moralität）与习俗德性（Sittlichkeit）、德行（Tugend）。道德关涉的是人之道德实存，它必须先行于伦理学的经验部分（特别称之为"实用人类学"）而被探究，这门学问名为"德性形而上学"（亦名曰"纯粹的实践哲学"）。"一门德性形而上学是不可或缺地必要的"，"为的是探究先验地存在于我们的理性中的实践原理的源泉，因为只要缺乏正确地判断德性的那条导线和至上的规准（Norm），德性本身就会不断受到各种败坏"。（Gr 4:389-390）明乎此，我们就能明白，道德连同其最高原则之研究的根本任务在探明每个人自身内在固有的产生道德行为及做出道德判断所依据的至上的规准，那么，我们也就不会以为天理（道德最高原则）必定要提供具体行为规范的系统，以作为人在经验世界中行走的拐杖。

"由仁义行"是无条件的定言律令，遵此，则行为是道德地善的。此即见天理（道德最高原则）的不折不扣的严格性和绝对的必然性。但"由仁义行"并不意谓依赖什么成规成矩而行，也不表示只要人循天理而行，则在现实的道德践履中就必定能避免犯错。学者们以实用主义、功效论的狭隘思维来想道德法则，他们以此要求（或想象）它是一根保证人不行差踏错的无敌拐杖，是让人无所用心就可以有规条可循的灵丹妙方，由此制造出层出不穷的所谓道德抉择的两难、道德法则之间的冲突。他们精心炮制各种所谓"道德试验"，搜罗形形色色在道德上两难的经验个案，[10]一心以为借此可以驳斥道德法则之绝对的必然性。殊不知，道德法则并不是通过经验事例之归纳而得出，因而亦绝不能由经验事例来证伪。[11]

不必讳言，天理只能是形式的，并不包含现实上的行为规范。"性善说"以天理为首出，亦即以意志决定之形式为首出，但此亦并不意谓要把道德封限在形式上，[12]相反，正是这普遍形式决定着要产生一切与之相符合的内容，也就是说，德性、德行的内容之所以具道德价值，完全由于其依据道德立法之形式原则而决定。若离开道德法则的普遍立法形式，则无任何真正的道德内容可言。

天理（道德法则）作为意志决定的形式原则，它是"我们的智性的实存的法则"（KpV 5:99），在每一个人的本心（意志自由）中，不需要被告教。每一个人自己依循道德法则应当做什么并不需要被教导，并且，人能够行其所应当行。天理就是康德所论道德原则，亦即定言律令的自律原则，"作为一项责成之根据而有效，就必须具有绝对的必然性"（Gr 4:389），它是"定言地发布命令的"（Gr 4:414）。此如陆象山曰："此理充塞宇宙，天地鬼神且不能违异，况于人乎？"（《陆象山全集》卷十一《书·与吴子嗣》）但必须指明，天理具有的绝对必然性是就其为"无条件"而言的，并非如一些学者误解的那样，指具体行为的绝对规定。真正的道德行为只是依循道德法则行其所当行，道德之要旨根本不在为每一个人规定他在具体的情况中做什么。"舜之不告而娶，武之不葬而兴师"，阳明说，"使舜之心而非诚于为无后，武之心而非诚于为救民，则其不告而娶与不葬而兴师，乃不孝不忠之大者。而后之人不务致其良知，以精察义理于此心感应

148

酬酢之间，顾欲悬空讨论此等变常之事，执之以为制事之本，以求临事之无失，其亦远矣"。（《传习录》中，《答顾东桥书》，第139条）用康德的话说："只要意志对于纯粹理性来说是合法则的，那么，意志履行中的机能如何，就一任其制宜行事了。"（KpV 5:45–46）

人依循道德法则而行，此亦并不意谓人能够"作为一个绝对的主体"，"有一个完全的认知"，能够"下绝对的判断"。[13] 此所以说，"圣人无所不知，只是知个天理"。在现实的道德践履中，人无法避免犯错，重要的是：只要本心操存得住，人的良心当能立刻自省。[14] 此所以儒者重视"内自省"。《论语·学而第一》云："曾子曰：'吾日三省吾身。'"孔子曰："有颜回者好学，不迁怒，不贰过。"（《论语·雍也第六》）又曰："已矣乎！吾未见能见其过而内自讼者也。"（《论语·公冶长第五》）孟子曰："仁者如射，射者正己而后发。发而不中，不怨胜己者，反求诸己而已矣。"（《孟子·公孙丑章句上》）

孟子"性善说"是依据人"可以为善"的性能而论，这性能就是本心，是人之"真己"，也就是人以"仁者，人也"自视，亦即作为道德者。用康德的话说，这就是人的智性的本性，亦被称为"人格性"（Persönlichkeit）。"人因其自由之自律，他是道德法则之主体，是神圣的。因而，在其个人中的人性（Menschheit in seiner Person）对于他必定是神圣的。"（KpV 5:87）"人毕竟感到自己作为道德者（当他客观地、按照自己的人格中的人性考虑自己，看自己被自己的纯粹实践理性决定为什么的时候），他就神圣得足以不喜欢（ungern）违背内在的法则，因为还没有如此卑鄙的人，在有这种违背时在内心感受不到抗拒和对自己的厌恶。"（MS 6:379）但是，现实上，人并不必然服从道德法则，此即康德在《德性形而上学》中说："就作为有理性的自然存在者的人，人还不够神圣。他们虽然承认道德法则的威望本身，但也可能会一时感到违背它的愉快，甚至当他们遵从它时，也仍然不喜欢（借助抵制他们的性好）这样做，而这正是约束之所在。"（MS 6:379）

圣人如孔子，践仁进德也是一生努力不已之事。孔子说："君子之道四，丘未能一焉：所求乎子以事父，未能也；所求乎臣以事君，未能也；所求乎弟以事兄，未能也；所求乎朋友先施之，未能也。庸德之行，庸言之谨，有所不足，不敢不勉，有余不敢尽。言顾行，行顾言，君子胡不慥慥尔！"（《中庸》第十三章）孔子自道："若圣与仁，则吾岂敢？抑为之不厌，诲人不倦，则可谓云尔已矣！"（《论语·述而第七》）孔子不标榜无过，而重知过能改。孔子说："丘也幸，苟有过，人必知之。"（同前）"主忠信，毋友不如己者，过则勿惮改。"（《论语·子罕第九》）"过而不改，是谓过矣！"（《论语·卫灵公第十五》）

依以上所论，我们即可明白，何以康德严格区分道德与德行、德性，[15] 并指出："人能够时时处于其中的道德的状态，乃是德行，亦即在奋斗中的道德存心（moralische Gesinnung）。"（KpV 5:84）此亦即孟子言"存其心，养其性"。

道德性内在于每一个人（作为有理性者）的心灵，神圣性就是人的道德性，而并非专属于一些具非凡道德品性之人，此乃道德层面（即德性形而上学）的问题。再者，道德性必须在限制中表现，这属于德性、德行之论域的问题，是我们应当求接近之并且在一个不断的无限进程中为之努力的榜样。（KpV 5:83）也就是说，一方面，神圣性是人的道德实存之本性，另一方面，从实现其道德性之德性、德行而论，神圣性亦是人的理想。[16]

孔孟成德之学重视人一生中努力实现"神圣性的道德性"而不已，

150

此义并不碍道德性在每个人的道德践履中的当下呈现。我们亦不必以为揭明每一个人内具之仁之发用必须在限制中不已体现，就等于否认人心之仁的纯粹性和实在性。仁之为人的真实存有，属于实践领域的命题，其证真或证伪均不依据现实上人是否能圆满呈现之，而在人能不已地践仁，不断地克服限制，以自身本具之仁成己成物。此所以孔子强调"有恒"，说："善人，吾不得而见之矣！得见有恒者，斯可矣！亡而为有，虚而为盈，约而为泰，难乎有恒矣！"（《论语·述而第七》）

"性善说"之成立建基于人是道德的生物（亦即人的理性立道德法则并以道德法则为动力以行动）这一理性事实上，无论人现实上是否遵从道德法则而行，均不能动摇人尊敬道德法则并受其约束的事实。此即康德说："遵守德性之定言律令，这是任何时候都在每个人的力量中的。"（KpV 5:36）"德性的法则命令每一个人遵守，而且是一丝不苟地遵守。"（KpV 5:36）又说："道德的法则之所以被思想为客观必然的，乃是因为它对每一个具有理性和意志的人应当都有效。"（KpV 5:36）人会做出违反道德法则的行动，但每一个人都能就他自己的每一违反道德法则的行动而正当地说：他能不做此行动。（KpV 5:98）即使他文过饰非，但这并不能使他逃避良心之判决。（KpV 5:98）人对自己的不道德行为会后悔，产生"一种痛苦的、由道德存心引起的感受"。（KpV 5:98）每一个人都承认要为违反道德法则的行动而受谴责。（KpV 5:100）这就是何以康德指出：即使是最邪恶的人都不会以叛逆的方式废弃道德法则，道德法则是由人的道德禀赋不可抗拒地加诸人的。（Rel 6:36）

良知之天理为人所内在固有，天理之命令确然不可移易，此乃"性善说"之根本。以本心言我们人格中的人性，如康德说："我们人格中的人性对我们自身必定是神圣的，因为它是道德法则的主体。"

（KpV 5:131）它"并非理想，而是真正的理性命令的不懈追求"（KpV 5:123）。天理内在于每一个人的本心而普遍有效，但此绝不意谓，人可以依一己成见而自以为拥有真理，更不表示人可以良知天理乃自家事为由而为所欲为。人们容易对内在于每一个人的本心良知之天理的普遍必然性产生误解，以为它具有一种主观的随意性。[17]

须知，天理绝非一种外在的客观标准，如我们已一再申明，天理内在于每一个人，人依天理而存在以显示自身作为道德实存的本性。据此，我们可以指出，天理作为道德主体之普遍立法，具有普遍的必然性，是客观的，对一切有理性者皆有效。也就是说，天理是包含于道德主体中的客观性，是既主观又客观的。天理不通过获取外在客体的知识而得到，也就是说，并非朱子所言"格物穷理"之理；天理不是思辨理性之推理的产物，[18]也不能与西方哲学中所谓"隐默之知"混为一谈；[19]天理也不是如一般讲儒学的人喜言的通过"反思"获得的，因为离开天理，无任何道德反思是可能的。毋宁说，一切道德的（即实践的）认识，以至整个道德哲学系统都以天理为阿基米德支点。天理（道德最高原则）是首出的，当一个人为自己的行为拟定主观格准时，本心通过其主观格准同时把自己视为普遍立法者，他就意识到天理。用康德的话表达，天理即行动的主观格准"任何时候都能够同时作为普遍立法的原则而有效"。正是天理首先表明本心之"思"之独立不依于自然因果性的智性本性——自由。

李明辉教授认为"良知"是未经反省的"隐默之知"，《康德伦理学与孟子道德思考之重建》中就有一章题为"孟子道德思考中的隐默之知"。他说："哲学上的先天论者几乎均强调思想底隐默面向，而将先天原则之学习视为抉发其'隐默之知'的过程。孟子亦不例外。在《孟子》书中有一段话明确地包含'隐默之知'底概念，此即《尽心上》篇所载孟子之言：'行之而不著焉，习矣而不察焉，终身由之而不知其道者，众也。'"[20] 依李教授所论，先天原则只是"隐默之知"，有待学习来抉发。其据此解说孟子言"孩童无不知爱其亲"，说："但这种'知'显然是未经反省的'隐默之知'，也就是'夫妇之愚，可以与知焉'的'知'。"[21] 他甚至引《孟子·尽心章句上》言"舜之居深山之中，与木石居，与鹿豕游，其所以异于深山之野人者几希"，以为："当舜居于深山中时，尚未经教化"，他对于"'善'已有'隐默之知'，只是尚未自觉而已"。[22] 他说："尽管如孟子所言，人人皆本具良知，能知仁义礼智，但此种'知'最初仍只是一种未经反省的'隐默之知'。在这种情况下，教化与教育之意义便在于引导人借反省底工夫提撕其本具的良知……因为在隐默状态中的良知仍有放失之虞，而有待于存养。"[23] 李教授以为良知只是"隐默之知"，有待教化而反省。若李教授的讲法成立，孟子所言良知天理之意志自律义，亦即本心颁布天理之纯粹自动、自发义，岂不丧失殆尽？须知，孟子言"良知"并不是"有待教化而反省"然后能知，良知之所以有放失之虞，不在其只是"隐默之知"，而在于人时常以其他材质原则凌驾于良知天理之上，不遵之而行，用康德的话说，就是颠倒了道德的次序。良知有待存养，是时刻保存良知天理作主宰，并非要存养只是"隐默状态"的良知。又，李教授解"衅钟之牛"，说："当齐宣王以羊易牛以供衅钟之时，他并未自觉到这便是其本心之呈露……当其时，其本心之'知'其实便是一种'隐默之知'。"[24] 此说法有值得商榷处。依愚见，齐宣王不忍衅钟之牛"无罪而就死地"，此"不忍之心"正是齐宣王本心之呈现，岂是"隐默之知"而已？若"不忍之心"仅仅是"隐默状态"，孟子又如何能指点？若以为良知天理于一般人只是"隐默之知"，必须由圣贤加以指点始能"透过反省自觉到他自己的

153

本心之'仁'"[25]，岂不成了意志他律？[26]

究其实，如康德所论，在道德实践之事中，当我们为自己拟定了意志之格准，我们直接意识到道德法则。（KpV 5:29）因为理性把纯粹的实践法则展现为完全独立不依于任何感触条件的决定根据，我们注意到理性用以规定纯粹实践法则的必然性，（KpV 5:30）我们就意识到纯粹的实践法则（即道德法则）。同样，良知之天理即康德称之为"理性的声音"（Stimme der Vernunft）的道德法则，是如此明白，如此不可转移，甚至最平庸的人都听得如此清楚。[27]（KpV 5:35）

天理在每一个人心中，人依照天理而行就能够做出善的行为；人的行为若出错，天理就会在自家的良心里起内在法庭的作用。有学者担心这会为个人成见辩护，产生所谓"良心的傲慢"，究其实，只是他们自己错认天理之故。天理使每一个人的行为格准都与别人的意志联系起来，并且也使自己的行为一贯，此即孔子说"己欲立而立人，己欲达而达人"、"吾道一以贯之"（《论语·里仁第四》）。天理为何物？既不是人为私己行为辩护的护身符，也不是对他人做道德攻击的利器，甚至也不是任何外来的诫命和规条。它由每一个人自己心之官之"思"而发，而又站在每个他人的地位上周全而一贯地思维，因而是普遍的。它显示出道德的思维模式，包含着人的尊严（"良贵"）。

总而言之，孟子立"性善说"，揭明人的本性中的立普遍法则之机能及遵其而行之能力。遵循天理而行，就是每一个人应当并且能够使自己成为道德者，不管现实上人是否有怀疑天理有效性的倾向，甚至有种种倒行逆施的恶行。即便就通常人的理解都能承认，在道德教诲中，关于人生而恶的讲法毫无用处。无论现实环境如何，道行或道不行，天理对每一个人都保持着同样的力量。人遵循天理，"认定一种实践的进步作为我们意志的实在客体是必然的"（KpV 5:122），这就足够了。"性善说"无非是揭明人的"人格性"作为人的道德的本性，如康德指出，人的本性中善的原初禀赋还包含有"动物性的禀赋"和"人性的禀赋"。（Rel 6:26）后两者构成人的需要和性好（Gr 4:405），它们是人的生存所依赖的东西，人的道德本性必须在全部人性中表现出来。

人之为不善，并不归咎于人的本性中包含有"动物性的禀赋"和感性欲望。孟子针对告子只以自然之质说"生"，而不知人不仅生而具有食色之性，更生而有仁义之心。孟子反对告子抹杀了人所生而有的道德性，但并非一概否定人有"生之自然之质"的本性，[28] 也从没有把人之为不善归咎于人的欲望。而毋宁说，人的自然本然唯赖道德本性作主宰，欲望的杂多始能和谐一致，以免人心为无节制之欲望拉扯撕裂。

孟子扭转"生之谓性"的老传统，从本心言"性"而建立"性善说"。其根源洞见在揭示以"生之自然之质"言"性"，只能从经验中人的丑恶或有善有恶而主张人性或善或恶，但无法指出道德的善如何可能。善恶问题是道德的论题，必须首先确立道德主体（即孟子言"大体""本心"，康德言"纯粹实践理性""自由意志""超感触的真我"），依道德主体而论"性善"，是无条件的绝对的善。"大体"立，"小体"（感触的本性）之或善或恶不能损害它，人也不承认这感触的本性为真我之本性。故孟子曰："先立乎其大者，则其小者不能夺也，此为大人而已矣。"

无条件的绝对的善只能从人的善的意志（自由自律的意志）见，以此论人的超感触之真我的本性，即包含"性善说"。此与从经验的我而论人性"有善有恶""向善向恶"可同时成立，因依据不同层面之本性而各自立论故。唯独揭明人自身禀具道德的本性，即善的本性，而论明人的实存分定是"性善"，我们才能够对"人类"形成一个决定的概念，并且，人才能够视自己为"有理性的世界公民（Weltbürger）那样在整体上依照一个商定的计划行事"（KGS 8:17）。"把人类作为一个遵循德性法则的共同体"，以此，"保证一种永恒的和平"，（Rel 6:124）以展开一个"为万世开太平"的人类道德史进程。

析疑与辩难

问：人的智性本性属于彼岸吗？

答：如所周知，康德学界长久以来流行一种权威成见，就是责难康德的"智思物主义"。康德专家们将《纯粹理性批判》中就现象与智思物之区分所论的无对象、无内容的智思物概念与康德在其道德哲学中经由实践理性批判证成的"一个人自己就其为自由主体之身份视作一智思物"（KpV 5:6）混为一谈，以为康德以现实的人之意志的经验性格为人性，而人之意志的智性性格（自由自律）不能作为人之本性，只不过是一设准而已，并据此将康德所论人的智性的本性连同智思界的法则（道德法则）都斥为"彼岸"。

如我们于正文中已一再申论，依康德之考论，人的道德行为能力归于人的纯粹实践理性，亦即归于人的意志自由之特性。自由作为人的意志之特性，不是从人类的特殊本性、"生之自然之质"得出的，因之，康德说它是人的智性的本性，是人作为睿智者之本性。并且，我们亦已论明，孟子从"心之官则思""四端之心"言人之分定，此言人之性同于康德所言人的智性的本性。人的智性的本性意指人在自

156

由法则（用孟子的话说就是"天理""理也，义也"）下存在的本性，以区别于人在自然法则下存在的本性。据此，康德做出"作为经验对象的人之自然属性"与"作为物自身的人之睿智性格"之超越区分，此二者归于同一个人，其关系是先验综和的，后者是前者的根据，是自由因果性，其作用是智性的，其结果落于经验界。

康德区分了理论认识与实践认识。前者关涉那些作为显相之对象的性质之认识，与可能的经验对象相联系。后者探究那些"能够成为对象自身实存的根据"之事物，是非感触的，不为感性所把握，独立不依于自然因果性，但其结果落在经验界，因之，我们就能够认识其起作用的法则及其与经验界联系的方式，尽管我们不能对其性状或性质有理论的认识。理论认识和实践认识因各自不同而互不侵犯的立法（前者是知性立法，后者是理性立法）得以区分开，但这两种立法处在"一个而且同一个经验的领土上"。（KU 5:175）

许多康德专家把理论认识与实践认识曲解为相应于两种不同实体的认识，因之曲解为对立二元世界的认识，并将彼岸世界的观点强加于康德。黑格尔是这种曲解的首倡者。他在《精神现象学》一书中批判康德的三个设准学说，他以为"设准"是"不能实现的"。他在《哲学史讲演录》中批评说："客观的东西在康德看来，只是自在存在；……但自在存在只不过是死躯壳，是对于他物的僵死的抽象，是空洞的、不确定的彼岸。"[29] 黑格尔及其追随者将"睿智者之本性"曲解为"彼岸"，在他们眼中，只有欲望、性好是人的真实本性。黑格尔在《历史哲学》中说："我们深信人类的行动都发生于他们的需要、他们的热情、他们的兴趣、他们的个性和才能。……个别兴趣和自私欲望的满足的目的却是一切行动的最有势力的泉源。"[30] 伍德追随说："在智性界中的斗争这一康德式的景象使我们的实践理性从

157

自满自足中分离出来，在黑格尔的观点中，意志活动和行动的道德价值并不依赖其结果这一康德式的观念也使道德行为者从其真实世界的生存中异化出来，并使之从其对于生存之关注中异化出来。这一观点使我们以为道德行为之本质自身是生发于外来世界中的。"[31] 黑格尔他们将康德所论"行动的道德价值并不依赖其结果"错误地引申为"道德之事无关于结果"，并错误地把康德所论"智性的本性"曲解为彼岸的东西。其实，他们从不关心康德自由学说的整体论证，总是抓住片言只语就妄加评断。康德早在《纯粹理性批判》中就说明，自由作为非经验地被制约的因果性是超感触的，但具有自由之特性的（作为有理性者的人的）意志是实存的。因为意志本身是作为原因"而被考虑为属于感触界的条件系列的"，"而只有它的因果性是被思维为智性的"。这不同于思维一个无条件者（如上帝）如何可用来作为显相之根据，意志是必须被想作完全在感触界之外，而且纯是智性的。康德明确地把意志自由跟其他纯智性的智思物区分开，他绝非主张在我们的经验地受制约的意志之外还有一个外来世界的意志。他一再强调，我们的同一个意志有两方面的性格，这两方面的性格之区分是根源于同一个人的心灵的意志既可服从经验地制约的理性之决定，也可由纯粹实践理性决定。人的意志，由于属于感触界，认识到自己必然从属于自然的因果法则，同时另一方面在实践之事中，由于某种能够决定他在感触界中的因果性的动力学法则（道德法则），他意识到自己是一个能够"在事物的智性的秩序中被决定的存在"。康德说："超感触的本性，在我们能为自己造成这个概念而言，无非就是在纯粹实践理性的自律之下的本性。而这自律法则就是道德法则。"（KpV 5:43）

康德说："道德法则提供一个绝对不是可以由感触界的一切材料以及我们的理论的理性使用之全部范围来说明的事实，这一事实展示一个纯粹的知性界，乃至积极地决定它。"（KpV 5:43）此即孟子言"理义"乃系独立不依于"生之自然之质"者。正是道德法则作为理性事实，把人真实地提升到超感触界，道德法则是智思界之基本法则，它把智思界之形式给予感触界，"而同时并不中断感触界的法则，这个超感触界的复本实存于感触界中"。（KpV 5:43）黑格尔及其追随者抓住康德论道德法则乃先验的形式原则之论说而纷纷评议所谓康德的形式主义，黑格尔在《哲学史讲演录》中说："康德的理性原则纯然是形式的。""什么是这个道德法则的内容呢？这里我们所看见的又是空无内容。因为所谓道德法则除了只是同一性、自我一致性、普遍性之外不是任何别的东西。形式的立法原则在这种孤立的境地里不能获得任何内容、任何规定。这个原则所具有的唯一形式就是自己与自己的同一。这种普遍原则、这种自身不矛盾性乃是一种空的东西，这种空的原则不论在实践方面或理论方面都不能达到实在性。"[32]他在《小逻辑》中又说："实践理性自己立法所依据的法则，或自己决定所遵循的标准，除了同样的知性的抽象同一性，即：'于自己决定时不得有矛盾'一原则以外，没有别的了。因此康德的实践理性并未超出那理论理性的最后观点——形式主义。"[33]黑格尔及其追随者以他们自己那种通过"抽象"达到纯粹形式的想法加诸康德，然后批评康德"在实践理性中去除道德之内容"。他们把康德论纯粹实践理性之原则只能是形式的原则，而不能是材质原则理解为康德主张纯粹实践理性排除一切内容，并由之批评康德的道德纯粹性排斥行为者的特殊性，成为一种人类生存的异化形式。

所谓"康德并未超出形式主义"，道德法则只是虚悬的"彼岸"等责难，几乎成了许多学者评论康德道德哲学的口头禅，但究其实只是他们追随黑格尔的讲法而已。康德本人一再论明，知性纯粹概念（范畴）之先验形式与实践之先验形式要严格区分开。前者是理论的先验形式，若离开感触的直观则是空洞的；而后者却不必靠赖直观，它自身就是道德的动力，在这形式内就包含着一种自由之因果性，并据之产生意志之对象，它是一种定言律令，命令行动者在实践中实现对象，即创造内容。自由之原则（道德原则）其为形式的是实践的，是一条"我们实存之分定"的法则。诚然，康德这根源慧识在西方传统中并无相应的教范可印证之，不过，我们可以在中国儒家智慧中找到若合符节的印证。明儒王阳明云："夫良知之于节目时变，犹规矩、尺度之于方圆、长短也。节目时变之不可预定，犹方圆、长短之不可胜穷也。故规矩诚立，则不可欺以方圆，而天下之方圆不可胜用矣；尺度诚陈，则不可欺以长短，而天下之长短不可胜用矣；良知诚致，则不可欺以节目时变，而天下之节目时变不可胜应矣。毫厘千里之谬，不于吾心良知一念之微而察之，亦将何所用其学乎？"（《传习录》中，《答顾东桥书》，第139条）本心良知之天理是绝对地必然的，定言地发布命令，对每一个人有效，它先验地在本心中有其位据和根源，如阳明说："此心无私欲之蔽，即是天理，不须外面添一分。"（同前揭书，上，第3条）天理之尊严正源自这种根源上的纯粹性，亦正因此，天理才能够作为我们的最高的实践原则。[34] 本心良知之天理"无私欲之蔽"，也就是"不依于任何经验的东西自为地决定意志"。用康德的话说，它定言地命令："要这样行动：意志之格准任何时候都能够同时作为普遍立法的原则而有效。"（KpV 5:30）本心良知"独立于经验条件"，"经由纯然的法则形式决定"。（KpV 5:31）"这法则无条件地命令，它不从经验或任何外在的意志借来什么东西。"（KpV 5:31）天理作为这样一个"必然的实践原则"，它不可能是材质的，"它不涉及行为的材质及其应有的结果，而是涉及行为由以产生的形式和原则"。（Gr 4:416）此即阳明说"心之本体原无一物"（《传习录》上，第119条），又说："夫良知之于节目时变，犹规矩、尺度之于方圆、长短也。""圣人无所不知，只是知个天理；无所不能，只是能个天理。圣人本体明白，故事事知个天理所在，便去尽个天理。不是本体明后，却于天下事物都便知得，便做得来也。……然他知得一个天理，便自有许多节文度数出来。不知能问，亦即是天理节文所在。"（同前揭书，下，第205条）明乎此，我们也不会误以为良知是主观的，天理只是形式。

不必讳言，康德一再强调自由属于无时间性的智性界，自由领域与自然领域是并行不悖的两个完全不同的领域。但是，康德并没有如他的批评者所以为的那样，视这两个异质的领域为对立的，一个在现世，一个在彼岸。相反，康德的批判工作正是要探明这两个异质的领域何以能够以及依怎样的方式实现异质的综和，以达谐和一致。道德的自我主宰就表现于人在把各种动力纳入自己的格准时坚守着它们的道德次序，也就是必须"把自爱的动力及其性好当作遵循道德法则的条件"。（Rel 6:36）在道德的自我主宰中，同一行为主体的感性与理性绝不是如席勒他们所想的那样是对立的，相反，除了在这种道德的次序中使感性取得与理性的谐和一致，我们别无他途能够使这两种异质的能力并行不悖。此即孟子说："饮食之人无有失也，则口腹岂适为尺寸之肤哉？""先立乎其大者，则其小者不能夺也。"

我们可以说，孟子扭转"生之自然之质之谓性"的人性论传统，而从本心言人之道德实存之性，其义通康德所论"作为经验对象的人之自然属性"与"作为物自身的人之睿智性格"之超越区分，而以后者为人作为道德者的本性。二者相互印证，相得益彰。

161

问：自黑格尔倡历史主义观点以来，其追随者主张没有任何先于历史的东西可以用来定义人性。这种主张日益盛行。那么，今天，我们逆潮流而道性善，意义何在？

答：新实用主义者罗蒂在其大作《偶然、反讽与团结》之导论中，一开首就提出："自黑格尔以降，历史主义的思想家一直努力尝试突破这种众所周知的僵局。他们否认有所谓'人性'或'自我的最深处'这种东西。"[35] 此中所谓"僵局"指：柏拉图或基督教从形而上学或神学的角度，"要求我们承认人类有一个共通的人性"，"他们想尽办法让我们相信，对我们每一个个人而言，最重要的东西就是我们和其他人所拥有的共通人性；换言之，私人的实现和人类的团结，其实来自同一个源头"。[36] 像尼采一样的怀疑论者，虽然往往也都有各自的人性理论，"他们也主张所有的人类都有共通的本性，例如权力意志或原欲冲动"，但他们认为，"在自我的'最深处'根本无人类团结的意识"，"除了社会化的个人所构成的小圈圈之外"，没有"所谓的'社会'可言"。[37] 历史主义者宣称要突破这种主张共通人性所带来的对立的僵局，"他们一贯的策略是极力主张社会化或历史环境的无所不及，所以根本没有任何在社会化的背后，或先于历史的东西，可以用来定义人性"。[38] 罗蒂除赞同人性不可定义的主张之外，他比历史主义者走得更远，依他看来，"那些以自我创造或私人自律的欲望为主要出发点的历史主义者，如海德格尔与福柯"，与"那些以追求正义自由的人类社会为主要出发点的历史主义者，如杜威和哈贝马斯"，彼此对立。[39] 他本人主张"语言的偶然性"[40]，提出要放弃强求不同类作家"说同一种语言"[41] 的奢望，也就是要包容一切人自己的喜好。他自称为"自由主义的反讽主义者"（liberal ironist），并借朱迪丝·施克莱（Judith Shklar）对"自由主义"一词的定义说："所谓'自由主义者'，乃是相信'残酷是我们所作所为最糟糕的事'的那些人。"随后他接着说："根据我的用法，'反讽主义者'认真严肃地面对他或她自己最核心信念与欲望的偶然性，他们秉持历史主义与唯名论的信仰，不再相信那些核心的信念与欲望的背后，还有一个超越时间与机缘的基础。"[42]

罗蒂不愧为后现代主义大师，拼贴文化的开路先锋。从黑格尔的历史主义观点之肇始，至尼采"以自我创造取代发现，其实是以饥渴的世世代代相互践踏的图像，取代人类一步一步接近光明的图像"[43]，到弗洛伊德建议"我们必须回归特殊物"，"并没有所谓普遍共有的信念或欲望"，"抛掉'真实的人'这个概念"，[44]迄至现代各路新老实用主义者、自由主义者，全都被他收归于其新实用主义之旗下。无疑，这大批人马都是奔着抛弃传统真理观、丢掉"认识真理"的幻想，反对本质主义、基础主义和普遍性的共同目的而来，他们的攻击目标是以柏拉图为代表的独断唯理论，基督宗教的"奴隶道德""人可以由服务他人而获得完美的自我实现"，[45]以及欧洲启蒙运动工具理性和科学至上主义的霸权。我们不必怀疑，自启蒙运动以来，西方世界一直酝酿和结集着反传统哲学的力量，直至当今已成摧枯拉朽之势。但是，我们必须指出：诸种由反对西方旧思维模式而挑动的极端虚无主义、全盘反理性、反人类共同理性本性与目的的学派，对人类的前景同样有着极大的危害。正如康德洞悉到，假若任由极端的怀疑论戕贼人与人之间普遍传通的本性，否决人的理性本性之决定，那么，人的前景堪虞。

但是，西方哲学家并不认真对待康德学说，罗蒂就将康德视为"残余的柏拉图主义"[46]。他说："按照柏拉图／康德一脉相传的正统定义，'哲学'企图认识一些特定的事物——一些相当普遍的、重要

163

的事物。……而柏拉图／康德哲学传统的语汇，乃是使我们能达到某种普遍性的东西的工具。相对的，反讽主义者质疑这套语汇会不会只属于'希腊的'，或'西方的'，或'布尔乔亚的'特定时空而已。"[47]他引用尼采的观点，说："一旦我们知道柏拉图所谓'真实世界'只是子虚乌有，当死亡来临时，一个人寻求的慰藉就不在于他已经超越了动物性，而在于他是一只具有独特性的濒死动物。"[48]他曲解康德"企图将自我加以神圣化"，崇尚"人类模范"："无私的、无自觉的、缺乏想象力的、端正诚实的、富有责任感的人"，[49]提出要"拆除必然性的最后一个大本营，把建构'人类皆面对相同的定言律令、相同的无条件要求'一观念的最后企图，消除干净"[50]。罗蒂主张，"这世界并不具备任何判准"[51]。他呼应戴维森的语言哲学，提出丢掉"内在本性"，"承认语言的偶然性"，"进一步承认良心的偶然性"。[52]他引用塞拉斯（Wilfrid Sellars）的观点：道德其实就是"我们－意图"，"不道德的行为就是我们不做的事情，若是做了，那只可能是动物做的，或其他家族、部落、文化或历史时代的人做的"，"道德哲学所具有的形式是历史的叙述和乌托邦的想象，而不是普遍原则的追求"，[53]"不必假定任何核心的自我，不必假设'理性'乃是所有人类的共同成分"[54]。不必怀疑，罗蒂代表后现代潮流，这批人物比他们的欧洲前辈更为彻底地反传统，他们嫌尼采的"超人"仍然保留"人类模范"的观念，并称其为"颠倒的柏拉图主义"。他们不满意福柯听从尼采"小心留意自由主义"的警告，揭发"民主社会扼杀自我创造和个人规划的空间"的种种弊端。[55]哈贝马斯所言"沟通理性""相互主体性"被认为未能从根铲除"理性"和"人性"观念。总之，罗蒂他们主张彻底抛弃自柏拉图以降，乃至启蒙运动理性的语汇，"真理的本性"、"人的本性"、"上帝的本性"、目的论式的"人性完成观"、"绝对有效性"、"普遍性"、"必然性"等词语都是无法理解、毫无用处的。无疑,西方传统上诸多哲学家,从形而上学或神学的角度提出形形色色的人性观,如走马灯般让人眼花缭乱,不但无益于人的自主性之确立,有些甚或可说是人类进步的绊脚石,但我们不能因此而主张废弃对于人之本性的研究。如我们已一再申论,孟子的"性善说"关系到人如何成就自己的全部禀赋以及人如何以自身的力量将公义、幸福、永久和平之共同理性目标在社会和世界中实现。

注释

1 康德在人的感触的本性之外,彰显人的超感触的本性。(KpV 5:43)康德指出:这超感触的本性是"我们的本性的道德禀赋"(moralischen Anlagen unserer Natur [KpV 5:163]),是"我们的本性的道德分定"(moralischen Bestimmung unserer Natur [KpV 5:122])。

2 牟先生说:"康德不以自由底自律性为人之性,乃因其不承认人可有智的直觉故。因为无智的直觉,故不能成为实性……如是,意志自由是一虚置,其所自律的道德法则亦是一虚置……"(牟宗三译注《康德的道德哲学》,页284)不过,如我们已一再申论,康德批判地论明,道德法则、意志自由之为"实"而不虚,不依赖于直观之有无。我们没有理由将道德法则、意志自由视为外在的对象而要求对之有直观之证明,其并非理论认识之客体,故不必依赖直观始能获得实在性之证明;它们属于实践的认识,关涉的是自身产生客体并使其在世界上实现。康德明文指出:自由因着它是我们的理性(意志)的特种因果性,"其实在性可以通过纯粹理性之实践法则,并遵循这些法则在现实的行动中得到证实,因而可以在经验中得到证实"。事实上,《实践理性批判》已论明德性的原理无须求索和发明,"它早已存在于一切人的理性中,与人的本质(Wesen)融为一体"。(KpV

5:105）自由就是："对我们在这个智性界中的存在的意识。"（KpV 5:133）从而，"智性界的现实性在实践的考虑中确定地被给予我们"（KpV 5:105）。康德说："这种决定在理论的意图中会是超绝的（越界的），在实践的意图中却是内在的。"（KpV 5:105）

3　此即康德说："在我的被感性欲望所刺激的意志之外，还加上同一个意志之理念，但这同一个意志却是属于知性界的，且是纯粹的、凭自身实践的。"（Gr 4:454）

4　牟宗三译注《康德的道德哲学》，页284。先生说："其所自律的道德法则亦是一虚置，依此法则而来的行动亦成偶然，即实然的心气之实然的意志亦可以遵之，亦可以不遵从之，而必力求训练以遵从之，是则现实上无真正自发的道德行为……"（同前）但如我们所申明，由道德法则而行就是意志自律，法则作为定言律令，遵循道德法则而行，行为就必定是道德的。诚然，实然的心气之实然的意志亦可以不遵从道德法则，但我们不能以此为据推翻人的意志自由自立法则自我遵循之为事实，这一点是康德一再申明的。他说："当我们说人有自由的时候，与我们认为人作为自然的部分而服从自然的这些法则的时候相比，我们是在另一种关联中思量人的；二者不仅能够很好地并存，而且必须被思想为在同一主体中必然地结合在一起。"（Gr 4:456）"他意识到自己是睿智者，亦即意识到自己在理性使用中独立于感取的印象（因而属于知性界）。"（Gr 4:457）"他把自己置于不同的物之秩序中，而且置于完全不同类的决定根据之关联中"，"这两者能够同时发生，甚至必须同时发生"。（Gr 4:457）"在那智性界中，唯有理性，而且是纯粹的、独立不依于感性的理性在立法"，唯独在这样的智性界中，"他作为睿智者才是真正的自我（相反于仅仅作为他自己的显相）"。（Gr 4:457）"法则对我们人类有效，所以它使我们感兴趣。因为它根源于我们的作为睿智者之意志，因而根源自我们真正的自我。"

5　黑格尔责难康德所论道德法则、意志自由只是"彼岸的东西"，英语界的康德专家接过这种说法，与英国的经验论传统结合，掀起反本体论的康德哲学批判之潮流。康德专家刘易斯·贝克说："我们担负着智思的人的自由，但我们绞死了现象的人。"（L. W. Beck, *A Commentary on Kant's Critique of Practical Reason*, pp. 42–43.）威廉姆斯责难康德提出一种"智思物之自我"，并轻蔑地斥之为"浮夸的形而上学包袱"。（Bernard Williams, *Ethics and the Limits of Philosophy*, Cambridge, MA: Harvard University Press, 1985, pp. 64–65.）如亨利·E.阿利森在《康德的自由理论》一书导言中指出："康德的批评者一致认为，把现象—智思物的区分运用于自由问题会导致无路可走的两难困局：要么，自由存在于某个无时间性的智思物领域，在这种情况下，它可能与自然的因果性相调和，但是，那要付出一定的代价，就是将自由这一概念弄得几乎难以理解，并对理解人的行为能力无关紧要；要么，可选择另一种观点，即认为自由在经验界中举足轻重，在这种情况下，自由的无时间性的智思物地位的概念以及在受因果原则支配的自然领域内的不受限制的范围都必须被摒弃。"（H. E. Allison, *Kant's Theory of Freedom*, p. 2. 中译见亨利·E.阿利森《康德的自由理论》，陈虎平译，沈阳：辽宁教育出版社，2001，页2—3。）康德的批评者采取"要么/要么"的立场，拒绝承认人不仅是属于感触界的生物，而且同时作为智性者。但我们可以指出，一般人都会承认，将人只视为感触界的生物并不符合人之实情。事实上，人不仅依自然法则而存在，以此显其经验的性格，而且依自由法则而存在，以此显其智性的性格，此二者关联一体。自然法则管辖现象界，自由法则管辖智思界，两界协调一致而结果落实于同一的经验土地上。康德专家们以西方传统二元对立的思维来解释现象界与智思界，故产生智思界为彼岸世界的错解。这种二元对立的思维在哲学界根深蒂固，连牟宗三如此深契于康德哲学之根源，也受到这种权威康德专家之成见影响。先生批评康德说："今康德把自律放在睿智界，把自愿放在感性界，而不能合一……如是这虚置在彼岸的自律法则亦与以圆满或上帝决定意志之原则无以异。自律的法则就是圆满，自律的意志就是上帝，那个驾临一切有限存有的实践理性就是上帝。……如是，那等同于圆满或上帝而从未实现过的自律意志对我们的现实意志，

有限存有底意志而言，岂非是他律？"（牟宗三译注《康德的道德哲学》，
页 284—285）

6　李明辉：《从道德本心看道德情感——"康德哲学中道德情感问题之研究"
（7）》。文中说："如果依康德所说，意志底自由只存在于制定法则，
而非实现法则上，法则底实现则落在意念这一层上，那么我们是否能遵从
道德法则便成了偶然之事。"我们可以指出，李教授把康德如实论明"行
为在主观上是偶然的"误解为"我们是否能遵从道德法则便成了偶然之
事"。并且，他将"Willkür"译为"意念"，也就抹掉了抉意自律，将
抉意与作为立法机能的意志分立，从而破坏了康德所论的意志自律与抉意
自律通贯一体的道德主体，而制造出所谓纯理体的意志主体与经验的抉
意主体之间的二元对立。他将"抉意"曲解为"意念"，而"道德情感、
兴趣，还是行动"都被他误解为"全都属于实然的层面"。如此一来，原
来意志自律与抉意自律乃至道德情感、兴趣、行动通贯一体的道德主体
活动，就被错解为立法（意志）与体现法则（抉意）对立二分。究其实，
李教授将康德所论以两观点考察同一主体心灵机能曲解为心灵机能中纯
理体与情欲和情感截然区分，以此制造超越层面与实然层面的二元对立。

7　同前注。李教授说："人是否真能实践道德法则，便成了永无定准之事。"

8　朱子注："孔子言心，操之则在此，舍之则失去。其出入无定时，亦无定
处如此。"（《四书集注·孟子集注》卷十一）朱子此注恰切。但宋明儒
者中有因彰显本心之实存义，而以为"出入无时，莫知其乡"不就本心言。
朱子注引程子曰："心岂有出入？亦以操舍而言耳。"（同前）愚意以为，
彰显本心之实存义固然重要，但同时亦要重视本心之超越的实存不能离操
存而自存。就本心之超越的实存而论，固然不因现实中个人之操存与否而
决定，但不能因此以为本心之超越的实存能够根本地与人的操存不相干而
自存于人之外。

9　康德专家亨利·E.阿利森说："道德性的论述是以定言律令为基础的，
所以，其总体的说服力也就不能脱离对该论述的评价来确定。简而言之，
如果道德性不取决于定言律令，那么，针对他律的整个批判就会是无的放

矢。"（H. E. Allison, *Kant's Theory of Freedom*, p. 101. 中译见亨利·E. 阿利森《康德的自由理论》，页 144。）

10 诸如所谓"出于利他动机而说谎"，妻子与母亲同时掉进河里该救谁，"杀身成仁"与"不自杀"原则不能兼容，"子为父隐，父为子隐，直在其中矣"与公义原则相冲突，等等。关此，详论参看拙著《孔子哲学传统——理性文明与基础哲学》，页 89—96。

11 如康德指明："实例与说明只从通俗方面着想是需要的"（Axviii），"努力用实例来证明超越的命题是无用的"（A554/B582）。

12 我们指出，天理只能是形式的，但并非如黑格尔及其追随者曲解的形式主义。黑格尔将实践理性立法的普遍形式曲解为"实践理性是形式主义的"，以其设想的那种通过"抽象"达到纯粹形式的想法加诸康德，以扭曲康德所论"道德法则只能是形式的"，然后批评康德"在实践理性中去除道德之内容"。黑格尔错误地把康德所论"实践的先验形式"等同于"知性的同一性"，并且将包含内容的伦理和个人的特殊行为与作为一切德性和德行的根据的普遍的道德立法混为一谈。其实，"实践的先验形式"并不像普通的逻辑那样"抽掉了认识的一切内容"，"仅仅在认识的相互关联中考察逻辑的形式，即思维形式一般"，（A55/B79）而是好像"超越的逻辑"那样，"先验地与对象相关联"（A57/B82），被"用来完全先验地思维对象"（A56/B81）。天理之为"实践的先验形式"，亦即理性立法形式，能产生出对象，并决定实现对象，亦即产生内容。

13 沈清松教授认为孟子所言"本心"没有一个完全的认知，因此质疑孟子的思想是否符合康德对自律的规定，这种疑问看来是由于对康德的误解而生起。沈教授说："对孟子而言，善是需要扩而充之的，由是观之，孟子的'本心'是否已经具足了对善的认知，不无疑议；若本心还没有一个完全的认知，它是否可以作为一个绝对的主体？若本心不必然是一个绝对的主体，孟子的思想是否符合康德对自律的规定？"（见刘若韶《自律与他律——第二届利氏学社研讨会报导》。）我们可以指出，沈教授这些疑问与自律道德毫不相干。无论孟子还是康德，皆不以为人能够"下绝对的判断"。康德说:"道德法则还需要由经验磨砺的判断力,以便分辨它们在什么情况下可以运用。"(Gr 4:389)他一再提醒:在实践认识这里,"并不是关于被给予的超感触对象的认识的拓展"(KpV 5:135),"根本不能够在这方面建立一种思辨的认识,而是把自己的使用仅仅限制在道德法则的践履"(KpV 5:137)。

14 康德在《宗教》一书中说:"我们也可以这样定义良心:它是自己裁判自己的道德的判断力。"(Rel 6:186)在《德性形而上学》中,康德指出:"良心就是在一法则的任何事例中都告诫人有做出赦免或者宣判的义务的实践理性。"(MS 6:400)"在某事是不是义务的客观判断中,人们有时很可能出错。"(MS 6:401)但是,良心绝不会犯错误,"也就是说,一个迷糊出错的(irrendes)良心是不合理(Unding)"(MS 6:401)。

15 在《伦理学演讲录》中,康德指出一般伦理学没有恰切的字汇表达道德的本性,因而混淆了道德与习俗德性。德行理念很难充分表达道德的善的本性。"Sitten"和"Sittlichkeit"惯常被用以表达道德的理念,但是,"Sitten"被理解为礼节,德性的意涵是社会的善。如法国这样的国家可以有"Sitten",一个礼仪的法典,而不关联到德性。(Ethik 85)他在《德性形而上学》中又说:"'Sitten'与拉丁语中'Mores'的意思是一样的,仅指规矩习惯(Manieren)和礼仪教养(Lebensart)。"(MS 6:216)黑格尔正是以习俗德性、一般伦理取代道德。依黑格尔的观点,伦理义务并不需要于主体(恰切地说,在黑格尔的字典里没有"主体",只有"个人")中有其根据,它们是为人的环境所明确指出的,就是"国家的一切规定和组织"。(Hegel, *Grundlinien der Philosophie des Rechts*, Frankfurt am Main: Suhrkamp Verlag, 1970, S. 297–298. 中译见黑格尔《法哲学原理》,范扬、张企泰译,北京:商务印书馆,1995,页 167—168。)

16 在康德著作的中译里,"Moralität""Sitten""Tugend"三词混译的情况很常见,尤其受早期英译三词混译之影响,即便后来注意到在翻译上做出区分,但三词在运用上的区分仍未受到大多数学者重视。汉语界学者受英语界康德专家影响,也大多未区分康德依道德 / 道德性(Moralität)

而做的论说与就德性、德行（在限制中表现道德性）所做的论述。李明辉教授在其译著《道德底形上学之基础》中，就将三词一概译作"道德"。看来，李教授并未注意到道德与德性、德行为不同层面的论述，故而将康德就德性、德行之层面论"意志并非就自身而言完全合乎理性（在人这里的确是这样）"，理解为康德论意志只是立法。（李明辉：《从道德本心看道德情感——"康德哲学中道德情感问题之研究"（7）》）李教授忽略康德先验综和之思维，故未能理解道德与德性、德行既是两个不同层面的论域，同时又是通贯关联的。他把康德就德性、德行之层面所论一概归入"低层的主观的兴趣"，而与就道德层面而论的"客观的法则"对立。依照这种截然二分的思维路数，他势必也以这种观点看待"天理"，有意无意地，也就产生一种以天理为无动力的形式，而必须由道德情感取代天理而在道德中占首出地位的见解。

17 学界中，有"良知天理化""天理良知化"（吴震：《〈传习录〉精读》，上海：复旦大学出版社，2011，页219—221）及"天理私人化"（余英时：《现代儒学的回顾与展望》，北京：三联书店，2004，页156）等说法。吴震教授引用黑格尔的话，说："他指出：'完全的内在性和自身确然性最终会导向主体的绝对随意性。'这便是对'良知的傲慢'的一种指责。"（《〈传习录〉精读》，页223）黑格尔以"良心的傲慢""理性的傲慢"抨击康德的道德学说，归根结底，只是他自己固执一种偏见，把道德视为普遍者对个人的制驭；他无法接受康德批判地揭明的意志自由之普遍立法性，也不能承认每个人的良心执持着道德法则就有能力对自己的行为做出公正无误的道德判断。依黑格尔及其追随者看来，每一个人都是"特殊者"，对于特殊者（本能、性好、病态之爱、感性经验，如此等等）说来，普遍性必然并且始终是异己的、客观的。黑格尔在《基督教的精神及其命运》中说："依据康德所言，德行是普遍性对个体性的制驭，是普遍性对那作为其对立面的个体性的克服。"（Hegel, »Der Geist des Christentums und sein Schicksal«, S. 299.）他把个体性与普遍性对立起来，这就注定他根本无法理解康德所揭明的每个人自身的理性具有在意欲机能中普遍立法的能力，也不会承认每个人自身有一个依据道德法则做裁判的内部法庭，即良心。新黑格尔运动中颇具影响力的伯纳德·威廉姆斯发挥黑格尔式的观点，他提出个人的欲望构成第一人称的根本的真实的"我"，（Bernard Williams, *Moral Luck*, p. 67.）把人异化为只具个人主观性立场的，因而只受本能和欲望驱动的个体。他们剥夺了人作为有理性者而禀具的理性在意欲机能中自我立法的能力，把良心贬为私人的。

18 杨泽波教授在《牟宗三三系论论衡》中指康德所论为"智性道德自律"，他说："智性道德自律是运用理性的思辨能力，将'其然'上升为'所以然'从而抉发最高道德法则。"（页250—251）我们必须指出，所谓"智性道德自律"是杨教授自造的术语，其所谓"自律"根本与康德论"自律"之义毫不相干。依康德，自律机能是立法的。（KU 5:196）在实践领域，亦即道德领域，人服从的法则就只是他自己订立的同时也是普遍的法则。理性把普遍法则先验地规立给意欲机能，"意志自律"因此无非是"纯粹实践理性之自律"，"亦即自由之自律"。（KpV 5:33）杨教授离开立法机能而漫谈种种"道德自律"，他就"学习和认知的思想"而言"智性"，（《牟宗三三系论论衡》，页276）提出所谓"智性道德自律"，又将"道德本心"视为心理学意义的"心"，提出所谓"仁性道德自律"。（同前揭书，页250—251）他还伸张"以知识讲道德"，说："如果将道德他律的标准定在是否以知识讲道德上，康德也将落入道德他律的陷阱，而不能成为他自己所崇尚的道德自律。严格来讲，仅仅凭朱子重认知，以知识讲道德而定其为道德他律，实在是出于理论上的误会。"（同前揭书，页317）杨教授以为康德"运用理性的思辨能力"，"从而抉发最高道德法则"，属于"以知识讲道德"，显见其完全无知于康德批判哲学对于理性的思辨使用与实践使用做出的区分，故将实践认识与理论认识混为一谈。一些缺乏扎实的哲学训练功底者，凭着二手资源，借赖哲学概论书得到的知识，执持哲学权威之成见，就以为懂得了哲学，驰骋于康德与孔孟哲学之间，难免令人生起离题万里之慨叹。

19 李明辉教授在《康德伦理学与孟子道德思考之重建》（台北："中研院"

中国文哲研究所，1994）中引入哲学家波拉尼（Michael Polanyi）"隐默之知"（tacit knowing）的说法，并提出所谓"作为隐默之知的道德洞识"，说："一切普遍主义的伦理学都必须以隐默之知为出发点。"（页15）愚意以为，此说有值得商榷处。道德意识属实践认识之事，依康德的批判考察，实践认识与理论认识无论在概念、原则，还是论证方法上，都被区分为完全不同的两个领域。而波拉尼并不接纳康德的超越哲学，也根本未有见及实践认识，他所谓"隐默之知"是从理论认识的观点立论。所谓前知识作为一切知识的阿基米德支点，不过是一种非批判的独断的设想。并且，我们必须指出，李教授将波拉尼的"隐默之知"加于康德所言"理性事实"和"道德法则"，以及孟子所言"良知"，有曲解康德和孟子言道德之真义之嫌。

20 李明辉：《康德伦理学与孟子道德思考之重建》，页81。

21 同前揭书，页82。

22 同前揭书，页88。

23 同前揭书，页88—89。

24 同前揭书，页91。

25 同前注。

26 无疑，李教授用心良苦，如他本人自道，要显示"承认良知本具仁义，同时承认教化与教育为必要，并不致形成矛盾"，而依他的见解，"'隐默之知'底概念正可化解这种表面的矛盾"。（《康德伦理与孟子道德思考之重建》，页91）但依愚见，教化与教育之为必要，并不在良知天理必须经由外力而后能真知。如本人一再申论，（自我和社会）教化之作用根本在让每个人自觉操存其本心、尽其本心、"由仁义行"，莫让自然辩证干扰自家本具之良知，以致对良知天理生疑心，怀疑其定言律令之必然性和普遍有效性。

27 康德提醒我们注意："我们在通常人类理性的道德认识中就得到它的原则；尽管通常的人类理性并不如此抽象地在一个普遍的形式中思维这一原则，但毕竟在任何时候都现实地记得它，并把它用作自己的判断的准则。"（Gr

173

4:403-404）他指出："在道德的事上只要有普通的理性判断就够了。"
（Gr 4:404）"在实践的判断机能中，只要通常的知性把一切感触的动力
排除于实践法则之外，判断力就能够表现得十分优越。"（Gr 4:404）"不
需要任何科学和哲学"，"甚至在这方面几乎比哲学家更有把握"。（Gr
4:404）依康德批判考察做出的说明，每个人自己就能清楚意识到道德法则，
因为这法则是人的理性向自己颁布的，（KpV 5:31）尽管人们并不在一个
普遍的形式中思维它，但不能说它是"隐默之知"。实在说来，在实践
方面并不是像李明辉教授所主张那样需要"哲学反思"以及苏格拉底的
诘问法，而是需要实践理性的批判考察，"以便在那里为其原则的源泉
及其正确决定，与依据需要和性好的格准相比，获得说明和明晰的指示，
使自己脱离由于这两方面的要求而陷入的困境"（Gr 4:405）。人并非不
能清楚意识到道德法则，而是人自身同时感觉到来自归于幸福名下的需要
和性好对于道德律令的强大抵制力量，由此就产生一种"自然的辩证"，"亦
即一种癖好，以诡辩反对那些义务法则，怀疑其有效性，至少是怀疑其纯
粹性和严格性"。（Gr 4:405）正是这种自然的辩证迫使理性求助于哲学，
因而进入实践哲学之场地。"人的本性虽然高贵得足以给自己形成一个
如此值得尊敬的理念来作为自己的规范，但同时却太软弱。"（Gr 4:406）
康德说："除了在对我们的理性的一种完备的批判中之外，不能在别的
地方找到安宁。"（Gr 4:405）李教授引用康德说"就像苏格拉底那样，
只需要把人们的注意力指向他们自己使用的原则上，而丝毫不必教他们
以任何新的东西"（Gr 4:404），就将康德与苏格拉底的道德思考等同
起来，并说："普遍的道德法则之基础在于作为隐默之知的道德洞识中，
故道德思考底目的仅在于抉发和确定隐默的道德法则，将它提升到哲学反
省底层面上。"（《康德伦理学与孟子道德思考之重建》，页 17、20、
28 及其后）但我们必须指出，苏格拉底是以知识讲道德，我们不能抓住
康德的一处说法，就把康德的道德哲学与苏格拉底混同。看来，李教授
并没有重视康德批判哲学对于理论认识与实践认识做出的严格区分。

28 陈大齐先生在《孟子待解录》（页 5—6）中提出，孟子明示"仁义礼智"

为人性的四种内容，故谓"仁义礼智"为我所固有，等于说性是人所本有，不是出生以后从外面获得的。而告子"生之谓性"的"生"，意即生成的，不是习得的。陈先生认为，"固有"与"生"就字义而论，可谓相同，并据此质疑孟子何以主张"我固有之也"而反对"生之谓性"。陈先生给出一个解答："孟子虽主张：性是人所固有的，但不主张：固有的都是性。"我们必须指出陈先生将孟子所言"四端之心"之"固有"与告子所言"食色，性也"之"固有"混同，而未明孟子反对告子只以自然之质说"生"，是要指出人不仅生而具有自然之质、食色之性，更生而有仁义之心，告子的讲法只及"生之自然之质之谓性"，而抹杀了"四端之心"之"固有"为人的道德本性。孟子与告子辩的要旨在指明：若抹杀掉仁义之心为人的本性，则根本无道德可言，也就无道德上的善恶可论。而并非如一般学者以为的那样，旨在否认食色等是人之性。查《孟子》，其中亦有论及感触的本性之处。孟子曰："口之于味，有同耆也。易牙先得我口之所耆者也。如使口之于味也，其性与人殊，若犬马之与我不同类也，则天下何耆皆从易牙之味也？"（《孟子·告子章句上》）"口之于味也，目之于色也，耳之于声也，鼻之于臭也，四肢之于安佚也，性也，有命焉。"此等文句中"性"字即指人生而有之欲望。

29 Hegel, *Vorlesungen über die Geschichte der Philosophie*, S. 606. 中译见黑格尔《哲学史讲演录》第四卷，页 303。

30 Hegel, *Vorlesungen über die Philosophie der Geschichte*, Frankfurt am Main: Suhrkamp Verlag, 1970, S. 34. 中译见黑格尔《历史哲学》，王造时译，上海：上海书店出版社，1999，页 21。

31 Allen Wood，"The Emptiness of the Moral Will", p. 473. 引文见 H. E. Allison, *Kant's Theory of Freedom*, p. 187。中译见亨利·E. 阿利森《康德的自由理论》，页 281—282。

32 Hegel, *Vorlesungen über die Geschichte der Philosophie*, S. 591. 中译见黑格尔《哲学史讲演录》第四卷，页 290。

33 Hegel, *Enzyklopädie der philosophischen Wissenschaften I, Die Wissenschaft*

der Logik, Frankfurt am Main: Suhrkamp Verlag, 1970, S. 138. 中译见黑格尔《小逻辑》，贺麟译，北京：商务印书馆，1981，页142—143。

34 此如康德揭明："一切德性的概念皆完全先验地在理性中有其位据和根源……它们的尊严正在于这种根源上的纯粹性，使它们能够充当我们的最高的实践原则。"（Gr 4:411）

35 Richard Rorty, *Contingency, Irony, and Solidarity*, Cambridge: Cambridge University Press, 1989, p. xiii. 中译见理查德·罗蒂《偶然、反讽与团结》，徐文瑞译，北京：商务印书馆，2003，导论，页3。

36 同前注。

37 同前注。

38 Ibid., p. xiii. 中译见导论，页3—4。

39 Ibid., pp. xiii–xiv. 中译见导论，页4。

40 Ibid., p. xvi. 中译见导论，页8。

41 Ibid., p. xv. 中译见导论，页5。

42 Ibid., p. xv. 中译见导论，页6。

43 Ibid., p. 20. 中译见页33。

44 Ibid., pp. 33, 34, 35. 中译见页51、53。

45 Ibid., p. xiii. 中译见导论，页3。

46 Ibid., p. 35. 中译见页53。

47 Ibid., p. 76. 中译见页109—110。

48 Ibid., p. 27. 中译见页43。

49 Ibid., p. 34. 中译见页52—53。

50 Ibid. p. 35. 中译见页53—54。

51 Ibid., p. 20. 中译见页33。

52 Ibid., p. 9. 中译见页19。

53 Ibid., pp. 59–60. 中译见页87。

54 Ibid., pp. 194–195. 中译见页276。

55 Ibid., p. 63. 中译见页91。

第三章

论孟子言"尽心知性知天"确立一个道德
的形上学之宏规

第一节

通过康德的形而上学新论对孔孟所言"天"做哲学说明

　　我们于前面两章研究孟子以"心"释孔子所言"仁"及"以本心言性而道性善"，可以说，此乃对于孟子学作为理性本性之学的一个首要的哲学说明，属于道德哲学的核心。我们已论明，孟子言"本心"区别于生物学、心理学的经验意义的"心"，而是人的道德实存之分定，包含着独立于自然因果性的自由因果性的作用因，堪称道德创造之机能。那么依照康德批判哲学展示出的道德的形上学之理路，我们可以进一步说明孟子言"本心"所包含的道德创造义，其所具之普遍性、必然性，实可与道德的形上学之实体义相合。

　　诚然，如所周知，"形而上学"早在康德那个时代就已经声名狼藉。康德表明他之所以着手批判哲学的艰巨工程，就是为了拯救形而上学。面对形而上学的穷途末路，康德丝毫没有怀疑其作为一门学问的必要性，他的批判工作就是一种重新的努力，将形而上学从耽溺于超感触的外在客体的梦幻中唤醒，让它的确当性、必然性稳固地建基于我们人类自己的纯粹知性和纯粹理性之本性上。总括来说，康德经由《纯粹理性批判》论明西方传统的思辨的形而上学妄作一个外在的最高创造实体，纯属虚构臆测，[1] 从而为转至实践领域建立形而上学打扫好场地。如我们所见，康德通过实践理性之批判工作，阐明是由主体之意欲机能去决定创造实体的实在内容和确定意义的。最初通过每一个有理性者之意志自立普遍法则自我遵循的事实（Faktum）而证立的自由，是在人可以纯粹所思的超感触的东西中唯一能得到证明的事实物（Tatsachen: scibile; res facti），自由一旦作为有理性者之意志之特殊因果性之智性的特性，就不局限于个体，它既宣示自身为一种超越自然法则之限制而创造自身为道德者以及创造世界为道德世界的能力，就必定充极发展至唯一的真实的创造实体。

同样，我们通过前面两章已经说明，孟子承接孔子言"仁"而论"本心"，就是揭明我们每一个人自身禀具创造自身为道德者以及创造世界为道德世界的能力。我们就可以说，"本心"通于康德所论"意志自由"（纯粹实践理性），既含道德主体义，同时因其为道德世界之作用因而具客观的创造实体义。

尽管康德和孟子皆未正式就他们已论明的"意志自由""本心"提出"道德的形上学"之名，我们仍可依照他们以之为轴心展示出的学问系统而如此名之。人或问：对孟子学做道德的形上学说明是否有"儒学知识化"之嫌？学者郑家栋就说，"知识化的儒学所关注的是本体而非工夫，是系统的整全而非实践的笃实，'工夫'反成为了可有可无的东西。知识化将使儒学偏离其作为圣学的整体精神"[2]。此等议论实属似是而非的无谓之谈。学问系统是从事哲学工作者之本务，而工夫是每个人自己"由仁义行"之事。没有人以为可以拿学问代替工夫，而所谓"工夫"到底真是道德实践，抑或只是个人的品德修养而已，倒是必定要先认清每个人自身禀具的道德主体。我们援用康德哲学来对孟子学本身包含的道德创造实体义做说明，并非如一些学者所以为的攀援比附，而是根自于对人自身的道德创造性能的考察而做出的共同结论。

牟先生吸纳康德批判哲学之洞见而论儒家的"道德的形上学"，并不是照搬康德的术语来套中国传统哲学，也并非跟从西方哲学的分类架构来讲"形上学"。并且，如我们已一再申论，依照康德的新形而上学的含义，真正的形而上学并不是理论、知识论之事，而是实践的、自由意志之事。尽管康德在《纯粹理性批判》中处理了西方传统知识论产生的诸种错误，并建立超越的知识学，但我们仍然清楚地见到，他并没有把知识论作为哲学的根本任务。康德论"意志自由"，抑或孟子言"本心"以展开道德的形上学的宏规，皆不是"知识化"之事，不是要认识作为我们之外的客体的世界，而是要认识我们自身禀具的道德创造之性能，以及如何能产生对象（善、圆善）并实化于世界。

事实上，"形而上学一向停留在不确定和矛盾的动摇状态中"（B19），仍未能成为一门科学，那么，康德何以仍然说"作为理性的自然禀赋，形而上学是现实的"（Proleg 4:365）？康德本人指出："这种自然禀赋的目的乃是使我们的概念摆脱经验的桎梏和纯然的自然考察的限制，使它至少看到在自己面前展开了仅仅包含着感性不能达到那些纯粹知性的对象。"（Proleg 4:362）实在说来，一般人都会意识到感性认识的东西并不能囊括他所思想和寻求的东西之全部，一种越出感性认识的界限而进至超感触界的追求，就表示出人的形而上学之自然禀赋。此即康德说："世界上总是会有形而上学。不仅如此，每个人，尤其每个能够反思的人，都会有形而上学。"（Proleg 4:367）只要我们能克服西方传统中将人的形而上学之自然禀赋引向外在实体的虚幻妄作，那么，因着此禀赋，人便能认识到自身感性的局限性而寻求超感触的普遍必然性和恒常性。正赖于此，人可提升其心灵至纯

181

粹和崇高，创造自身以区别于仅依自然法则而存在的天地万物，而成为道德的实存。亦唯赖此，人得以进至自由领域，以开辟一个道德的形上学领域，进而产生终极目的（圆善）和将圆善实现于世界上的理性目标，并将道德伸展至一个纯粹的理性的宗教。据此，我们可以说，假若人放弃其形而上学的禀赋，那么，人类社会便不会有什么真正的道德和宗教可言，也不会有共同的理性目标，人将沦为鼠目寸光的、无目的的、纯然偶然的存在。

以上所论述的康德关于形而上学之新思路，可以帮助我们恰切理解孔孟言"天"的哲学意义，以避免采用西方传统中那种"超离的、独断的神人同形同性论的（anthropomorphistisch）"思维模式，将"天"比附于基督教传统中的人格神、一元神，因而抹杀掉孔孟哲学的理性本性之特质。依据理性的形而上学之自然禀赋来理解孔孟所言"天"，它可以指表一种摆脱经验的桎梏和纯然的自然考察的限制，而作为天地万物之超越根源义。仅从人的形而上学之自然禀赋考论，"天"可表征天地万物之超越根源的最高者，以及宇宙和人世间普遍的秩序与法则。如孟子说"且天之生物也，使之一本"（《孟子·滕文公章句上》），"《书》曰：'天降下民，作之君，作之师'"（《孟子·梁惠王章句下》）。又，孟子引伊尹之言，曰："天之生此民也，使先知觉后知，使先觉觉后觉也。"（《孟子·万章章句上》）这些句子中的"天"无非是一个无条件的"综体"之理念，不必以为孟子主张有一个外在的实体而名之曰"天"。明乎此，则不会如傅教授那样将"天"解读为"造生者"。[3]

"天"也可同时表征宇宙秩序与道德法则。如孟子引《诗·大雅·烝民》"天生烝民，有物有则，民之秉彝，好是懿德"，说："孔子曰：'为此诗者，其知道乎！'""物则""民彝"乃众民及天地万物之普遍法则，亦为其超越根据。"天生"表征此法则根源自"天"，"天"无非指表人与万物之法则的共同根据，不能以为果真有一实体义的潜存自存的"天"在创生万物。而毋宁说，凡定然与当然者，亦即不受经验限制而具绝对普遍性和必然性者，皆可以"天"表达之。换言之，内在于每一个人的心灵的、追求无条件的普遍性和必然性的理性机能创造了"天"（康德称其为"上帝"），并赋予其道德的内容，以及伸展至包含宗教的意义。早在华夏古文明中，就有这种表现人的形而上学之自然禀赋的语言。如《书·虞夏书·皋陶谟》云："无旷庶官，天工人其代之。天叙有典，敕我五典五惇哉！天秩有礼，自我五礼有庸哉！同寅协恭和衷哉！天命有德，五服五章哉！天讨有罪，五刑五用哉！政事懋哉懋哉！天聪明，自我民聪明；天明畏，自我民明威。达于上下，敬哉有土！"由此中所言"天叙""天秩""天命""天讨"可见，"天"意指：恒常不易，绝对的普遍性、必然性，法则性及合法性。此三种性质皆通着物则及人伦彝常，并无神秘主义的意味——将律则与永恒推到外在不可知的力量以控制人的行为，[4] 以此区别于犹太 – 基督宗教传统外在的一元神。叙者，伦序也；典者，常也。"天叙"即人类社会五伦之彝常；"天秩"即五礼爵秩之常度。"五典"，五伦也：父慈、子孝、兄友、弟恭、朋友有信。总归于一个词，就是"天理"。

不必讳言，就像人类所有古代文明那样，夏商古文化也有表现出人对外在的不可知的力量（上帝和鬼神）的依赖性，存在形形色色对上帝、神、鬼的奴性侍奉活动。但是，我们已注意到，在夏商古文化中已显示出人自身主动性的意识，尽管它是以极为粗糙的形式表现的。如"天工人其代之"、"惟时亮天功"（《书·虞夏书·尧典》），"天功"要由人来辅导、完成。"天秩""天命"等皆不离人世间，不离人自身的德、善、叙典、秩礼、常度而得有其意义。"天"之明畏根自"我"（每一个人自己）之明威。进至周初，重德意识越发强烈，通过"文王之德"表现出来，并配之以"天"。《诗·周颂·维天之命》云："维天之命，於穆不已！於乎不显，文王之德之纯。"以"天"表征道德的法则性、绝对普遍性、必然性。依据《书》《诗》提供的史料而论，周代已结束原始的"尊神"时期，而上升至伦理性的文明期。此所以孔子曰："郁郁乎文哉！吾从周。"（《论语·八佾第三》）

依以上之简述即可见出，华夏原始文明的发展很早就包含着理性的萌芽，形而上学之自然禀赋很早就表现出来，日益明显地超过那种习俗的对上帝鬼神（或者偶像）的奴性敬畏和崇拜，并在文化的大传统中发挥主宰的作用。正是由于华夏文明的理性核心，中华民族的文化生命很早就走上文明化及至道德化的进程。依此，我们可论明：孟子承继孔子理性本性之学，确立道德的形上学之宏规，这个形上学之产生，乃是人的本性中的理性光明之透显，它孕育于周代文明"以德配天"的土壤中，而经孔子发煌，由孟子阐明以确立其规模。

如康德所言："作为理性的自然禀赋，形而上学是现实的。"他提醒道："这样做不是为了以思辨的方式探讨这些对象（因为我们找不到能够立足之地），而是为了实践的原则，如果不在自己面前为它们的必然的期待和希望找到这样一个空间，实践的原则就无法扩展到普遍性，而理性在道德的意图中绝对需要普遍性。"（Proleg 4:362–363）"经验的使用并不满足理性自己的全部决定性。"（Proleg 4:328）理性必然要追求"所有可能经验的绝对整体"。（Proleg 4:328）因为理性明白，感性的界线不能扩展到无所不包。"纯粹理性有一种绝对必要的实践的使用（道德的使用）不可避免地扩展至越过感性之界线。"

（Bxxv）西方传统旧有形而上学放任"思辨理性越界洞察的僭妄"（Bxxix），进而陷入独断的客观的神人同形同性论。康德指出，后者"把我们思维经验的对象所凭借的任何特性就其自身而言加给最高的存在者"。（Proleg 4:357）其实，只要我们恰如其分地注意到我们只是"把这些特性转用到最高者与世界的关系"，"仅仅涉及语言，而不涉及客体本身"，（Proleg 4:357）就能够完全避免神人同形同性论。我们的理性的自然禀赋有权"仅仅按照模拟"，把只是出自感触界的谓词用于根源者（或曰"最高者"）之理念上，这样做仅仅表示"我们不知道的最高原因与世界的关系，为的是在它里面在最高程度上符合理性地决定一切"。（Proleg 4:359）康德说："这样一来，就使我们不致使用理性的特性去思考上帝，而是用它去思考世界，为了就世界而言按照一个原则最大可能地使用理性，这样做是必要的。"（Proleg 4:359）并指出："我们由此承认，最高者按照它就其自身而言所是的样子对我们来说是完全不可探究的，甚至不能以确定的方式去思想。"（Proleg 4:359）

我们不厌其详引用康德关于理性的形而上学之禀赋的论述，[5] 是要指明：一方面，孔子哲学传统言"天"之理路根本不同于西方传统中那种神人同形同性论的思维模式，不能轻忽地将"天"比附于基督教传统的一元神（上帝）；另一方面，我们要如实地解读孔子哲学传统所言"天"之理性义和实践义，避免以为孔子哲学传统根本没有超越的道德和宗教意义的"天"。

我们可以申明，孔子哲学传统中的"天"正是康德在关于形而上学作为一门依理性本性而建立的学科的讨论中所论的最高者（依西方传统词语名曰"上帝"）。若依人的形而上学之自然禀赋而论，所谓最高者无非是人自身的思辨理性从有条件的东西追问至无条件者而产生的一个"综体"的理念。所谓"综体"就是说，它并没有决定的对象，而仅仅起到一种轨约的作用，即不构造对象，而是以理性之原则和目标来指导经验之统一。但人的形而上学之禀赋并不满足于轨约的作用，必然会有进于理性的实践使用，也就是说要到理性在意欲机能中立法的自由领域中获得真实的使用。

譬如"天生烝民"，此中所言"天"就可说出自人的形而上学之自然禀赋，并没有意指一个外在的实体的"天"在创生万物，对于"天"决定的内容是什么一无所说。古人有云，"自其遍覆言谓之天"[6]。《书·周书·泰誓中》云："天视自我民视，天听自我民听。"《书·虞夏书·皋陶谟》云："天聪明，自我民聪明；天明畏，自我民明威。"又，孔子说："天何言哉？四时行焉，百物生焉，天何言哉！"（《论语·阳货第十七》）此等引语中所言"天"均无实指，未妄称知道"天"是人之外的什么东西。在这些地方使用"天"一词，并不表示要窥探它，或以为能以确定的方式去思想它。而毋宁说，以"天"表示"最高者""最高原因"，为的是我们可以使用理性的特性去思考世界，将世界思想为"有物有则"、"遍覆"、四时有序、生生不息的，以此，我们能够就世界而言按照一个原则最大可能地使用我们的理性。这种形而上之思维模式本身就含蕴着道德的思维模式，后者无非是一种独立不依于受条件束缚的自然因果性，而使用我们的理性在意欲机能中立法的能力，借以将天地万物思想为在一个最高目的（理性的目的）下和谐一致的全体。这就是"仁者，以天地万物为一体"（《二程全书·遗书》）的宇宙视野。我们可以指出，孟子提出"尽其心者，知其性也，知其性，则知天矣"，展示出一种道德的形上学之规模，其根源就在这种道德的思维模式。

析疑与辩难

问：学术界流行一种讲法，以为依儒家所论，是"将道德的根据推给上天"[7]。

答：杨泽波教授就主张这样一种说法。他批评说："中国哲学确实有以天论性的传统，但严格说来，这种做法只是对天的一种借用，是延续先前的思维惯性，从而在心理上满足人形上需要的一种做法。从理论上分析，天不可能是性的真正原因。"[8]可以指出，杨教授实在是以西方传统中外在的形而上的实体义来理解中国哲学所论的"形上天"，故产生曲解，而他以心理学角度来讨论人的形而上学之自然禀赋亦不恰当。

究其实，此种曲解之产生完全归咎于学者们头脑中只装着西方传统中外在的形而上的实体之旧观念。但如我们一再申论，"形上天"并不意谓有一个"天"在掌控天上、人间的一切，也不意谓有一个"天"在给予道德或人性。毋宁说，人的本性中有一种形而上学之自然禀赋，总是会从可见的、经验的、有条件的一切进至设想经验所不能及的无条件者。如康德揭明，这是理性纯然思辨的使用的"综体"之概念，只不过是一个纯然的理想。若人们错误理解这种纯然由理性思辨使用而产生的无条件者，以为真实地有一个最高者，而"一切其他的可能性都从这一根源者派生出来"，（A579/B607）那只是理性的虚幻。我们必须指出，华夏文明的大传统中，并无理性虚幻妄作而言之"天"，恰恰相反，在这个大传统中，"形上天"除表征绝对性、普遍必然性、创造性、无条件的最高者之"综体"外，更进一步经由人自身的内在道德性将这个"综体"实化，这一层转进由孔子表现出来。他说："下学而上达，知我者其天乎！""我"之全部"下学"乃践仁，故是"仁

187

者，人也"之充尽，同时是"人能弘道"之充尽，"性"于此显普遍必然性，"天"之普遍必然性亦于此显。"仁"乃"性"之根源，"天"为普遍必然的最高者之根据。离开人心之仁的不已充尽，我们根本不可能知道"性""天"为何物，有些什么意义与内容。孔子所言上达于"知我者其天乎"之"天"绝非意谓有一外在的客观之存有来"知我"，而是"性"与"天"无内外，无主客，亦无奥秘，更谈不上有什么人格神之神秘意味。孟子出而言"尽其心者，知其性也，知其性，则知天矣"，正是承继孔子言"天"所含道德义合形上义之本旨。岂能倒转来，将"天"作为"道德的根据"，而强加于孔孟？！

问：学界流行一种讲法，以为孔子相信人格神，然则孟子何以不承继孔子呢？

答：傅佩荣教授就持这种主张，他说："就宗教信仰而言，孔子也接受周代对'天'的信仰，相信天是至高而关心人间的主宰。……许多著名的汉学家，像卫理查（案：R. Wilhelm，卫礼贤）、施利奥（案：J. K. Shryock，施赖奥克）、德效骞（H. H. Dubs）等，主张中国古人所信的天是一位人格神，而且孔子相信的是一位有神论的上帝，甚至是一位一神论的上帝（a monotheistic God）。"[9] 傅教授将"天生德于予，桓魋其如予何？"（《论语·述而第七》）解读为孔子"相信他的'德'源自于天"，又说"这里所谓的'德'应该是指孔子异于其他所有人的一种独特性质"。[10] "文王既没，文不在兹乎？天之将丧斯文也，后死者不得与于斯文也；天之未丧斯文也，匡人其如予何？"（《论语·子罕第九》）他就解读为："孔子相信自己是天所拣选委派的那一位，负有使命要把'文'传于后世。"[11] 他解释"天何言哉？四时行焉，百物生焉，天何言哉！"一句，说："以天为模范，指出无言而有为的明证。"[12]并引秦家懿教授在《儒与耶》(*Confucianism and Christianity*)一书中的说法,秦教授认为"天何言哉"句是"我们对孔子的神秘主义倾向所能获得的最接近的证据"。[13]我们可以指出,此种说法摆脱不了以西方传统之人格神比附中国哲学传统所言"天"的错误思路之桎梏,阻碍了人们对孔孟哲学中"天"的道德的形上学义之恰切理解。

以犹太-基督宗教传统的独断的外在的一元神来思想"天",无法看到华夏古文明与独断的神人同形同性论根本不能相提并论。华夏文明的宗教并不离世俗关切,以此大异于印欧古代宗教。华夏文明从来没有那种超绝的、一元神极权钳制的宗教,它孕育的宗教传统极高明而道中庸,最高者(名之曰"帝""上帝""天")超越于天地万物之上,而又在人世间(即经验世界)普遍有效。这种宗教传统区别于其他历史性信仰的宗教,它不依赖任何超自然的、特殊的历史性事件的启示,而肇发于一种以"神人以和"(《书·虞夏书·尧典》)、"天工人其代之"、"天聪明,自我民聪明;天明畏,自我民明威"为核心的根源智慧。

如徐复观先生指出,"到了《诗经》时代,宗教的权威,渐渐失坠"[14],"春秋承厉幽时代天、帝权威坠落之余,原有宗教性的天,在人文精神激荡之下,演变而成为道德法则性的天,无复有人格神的性质"[15]。神的道德性与人民性见于《左传》:"夫民,神之主也。是以圣王先成民,而后致力于神。"(《桓公六年》)"神,聪明正直而壹者也,依人而行。"(《庄公三十二年》)"鬼神非人实亲,惟德是依。"(《僖公五年》)"祭祀以为人也。民,神之主也。"(《僖公十九年》)依此,我们可以指出,傅教授以为"就宗教信仰而言,孔子也接受周代对'天'的信仰"而相信人格神,是无根据的,不足为信。

况且，认为孔子信仰人格神的讲法，与孔子哲学的道德理性之慧识根本不相符。《论语·述而第七》记载："子不语怪力乱神。"又，孔子说："未能事人，焉能事鬼？""未知生，焉知死？"（《论语·先进第十一》）可见，对于任何人都不会有所知者，孔子不做妄测，正是其所言："知之为知之，不知为不知，是知也。"（《论语·为政第二》）理性承认有所不知，故"六合之外，圣人存而不论"（《庄子·齐物论》）。孟子言"尽心知性知天"正是继承孔子的道德理性之慧识，所谓孔孟之不同在是否信仰人格神的讲法，根本站不住脚。

注释

1　通过对人的认识机能的批判考察，康德将仅仅作为纯粹知性所思的物自身及智思物的地位从自然概念之领域剔除，以此彻底推翻西方哲学传统上以之冒充"自在之物""存有论的本体"的虚构妄作。详论见拙著《物自身与智思物：康德的形而上学》，本人在此书指出："康德艰巨的三大批判工程是要为一门有其永久确定性的纯粹哲学（形而上学）奠基。形而上学作为纯粹理性发生的哲学知识的整体的科学（A841/B869），它要获得自身独有的合法权利，首先就要与数学和自然科学严格区分开：后者无论可以如何无界限地扩展，但绝不能超出作为感触直观对象而属于经验的东西所组成的现象界；而形而上学的本务正就是要在自然科学不予问津的超感触界的汪洋大海中建立其拥有立法权的领域。自古以来，那迷人的超感触界的汪洋大海吸引了无数探险家，但除了留下一座座虚无缥缈的海市蜃楼，人们可说一无所获。直至康德出而提出他的创辟性洞见：人们一直追求的超感触界根本不存在于我们之外的世界中，也不在我们的认识机能所及的范围内，真正说来，超感触界存在于我们理性立法的意欲机能（亦

190

即纯粹的实践理性）中。康德的三大批判工作都在证明这个根源的洞见。"

（页33）

2　郑家栋：《当代新儒学论衡》，《没有圣贤的时代——代序论》，台北：
　　桂冠图书公司，1995，页5。

3　傅佩荣：《儒道天论发微》，北京：中华书局，2010，页33、114。又见
　　傅佩荣《儒家哲学新论》，页123。

4　此处是从哲学的高度（即大传统）来考论古代华夏文明，至于历史学家考
　　察所及的原始文化的迷信及神秘主义，亦即学界所谓民间习俗的小传统，
　　并不在考论之列。

5　以上所论详见拙著《孔子哲学传统——理性文明与基础哲学》之第二章《论
　　孔子哲学传统"心、性、天一"之义及借康德的形而上学新论作说明》。

6　夏良胜：《中庸衍义》卷十一，清文渊阁《四库全书》本。

7　杨泽波：《牟宗三三系论论衡》，页119。

8　同前揭书，页103。

9　傅佩荣：《儒道天论发微》，页89—90。

10　同前揭书，页93。

11　同前注。

12　同前揭书，页91。

13　同前揭书，页103。

14　徐复观：《中国人性论史·先秦篇》，页40。

15　同前揭书，页47。

第二节

论孟子言"尽心知性知天"展示的道德的形上学之规模

　　孟子对于自然形上学并无兴趣，他的关切专注于孔子言"仁者，人也""人能弘道"，[1]此二者正是为道德的形上学奠基的核心命题。而孟子所言形上意义的"天"是与道德心（本心）关联而获得决定意义的。孟子说："心之官则思，思则得之，不思则不得也。此天之所与我者。"

　　孟子言"此天之所与我者"，应作为比喻来理解，[2]我们没有理由以为孟子认为有一个"天"将本心给予我，这种将"天"实体化之思路不能在《孟子》中找到文献上的支持。[3]毋宁说，孟子以"天之所与我"表达本心（"大体"）所具普遍必然性和对一切人而言之有效性。此句中"我"指每一个人，并非特指某一个体。孟子要表明本心人皆有之，具普遍必然的根源之超越义，从根本上与经验、生理、心理意义的"心"区别开，故云"天之所与我"。明乎此，我们始能进一步研究"尽其心者，知其性也，知其性，则知天矣"所包含的道德的形上学之规模。

　　我们要指明，依孟子所言，"心""性""天"通贯关联地说，真实而有确定内容者在"心"。这种表达并非经验描述的，而是纯粹哲学的（亦可说是形而上学的）。我们指出，"心""性""天"三词表达孟子确立的道德的形上学的三个基本命题，此可与康德所论形而上学的三个对象（"意志自由""心灵不朽""上帝"）相比较而论。[4] 尽管孟子并没有像康德那样，首先从理性之思辨的超越使用来考论这三个形而上学的对象，但正如康德本人表明："形而上学的三个基本命题对理论的认识来说绝不需要，但我们的理性却锲而不舍地追求之，其实恰当说来，它们的重要性必定只关涉实践方面。所谓实践，就是指通过自由而成为可能的一切东西。"（A799–800/B827–828）依此，我们有理由略去思辨的形而上学不论，而专就实践方面，借助康德的理路来探讨孟子学中，"心""性""天"通贯一体而展示的道德的形上学。

我们于前面两章已论明，孟子言"心"（"心之官则思"）乃是从"大体"言，此即区别于"小体"，"小体"乃"耳目之官不思，而蔽于物，物交物，则引之而已矣"。"心之官则思"，"思"乃思"仁义礼智"之天理也。孟子此言"心"，名之曰"本心"，以区别于心理学意义的"心"。

"尽其心"之"心"当指本心，而本心之首出作用在立普遍法则。此义已于第一章论明。我们已于第一章第一节指出，本心（人心之仁）之所以与依外来决定原因而起作用的经验性意欲区分开，端赖其乃"仁义礼智"所从出之"根"（"仁义礼智根于心"）。我们可以说，本心就是天理之根源。依此，我们可以说"心即理"。也就是说，本心作为一种自由因果性，就包含着法则之概念。本心所含法则是自由法则，即"天理"，它独立不依于人的感性欲望，而对一切人具有一种"无条件的实践的必然性"。此即孟子说："生亦我所欲也，义亦我所欲也；二者不可得兼，舍生而取义者也。""先立乎其大者，则其小者不能夺也。"也就是康德所论道德法则不是材质地、经验地决定成的，它具有的必然性表示一种道德的定言律令的无条件命令，一切包含有具体内容的行为之堪称为道德行为都必定出自以此无条件命令为根据的格准。此乃第一章第二节所申论者。

本心之内容既明，则可据之阐释"尽其心"。"尽"，不已地扩充也。孟子此处言"尽"，是就动态的扩充不已言，而并非静态的穷尽。孟子说："凡有四端于我者，知皆扩而充之矣，若火之始然，泉之始达。苟能充之，足以保四海；苟不充之，不足以事父母。"[5]我们以本心包含之内容来理解"尽其心"，即可指出，"尽其心"意指不已地扩充本心普遍立法的能力，以创发道德的行为，于此道德践履的进程中，即认识其性之何所是及其全部内容。经由"尽其心"而"知"之"性"，"知"是实践之知，"性"是依本心立普遍法则（天理）而实存之存在性，即依道德法则之无条件命令创造自身为道德实存与创造世界为道德世界的创造性，故可言"尽其心者，知其性也"。实践的认识根本区别于那些关于外在对象的理论认识及以思辨的方式探讨的那些我们找不到能够立足之地的对象的虚幻之知。在本心立法的自由领域（道德领域）中获得真实使用的知识，是要对我们自身禀具的道德创造之性能，以及如何能产生对象（善、圆善）并实化于世界有所认识。也就是说，是关于"应当"，以及如何由"应当"实化为"是"的知识。

假若孟子所论为理论认识之"知"，也就是说视"性"为一个外在的潜存自存的客体而认识之，那如何能说"尽其心"就能获得关于此客体之知识呢？朱熹注孟子"尽心知性知天"句，采取的就是理论认识的思路。他说：

心者，人之神明，所以具众理而应万事者也。性则心之所具之理，而天又理之所从以出者也。人有是心，莫非全体，然不穷理，则有所蔽而无以尽乎此心之量。故能极其心之全体而无不尽者，必其能穷夫理而无不知者也。既知其理，则其所从出，亦不外是矣。以《大学》之序言之，知性则物格之谓，尽心则知至之谓也。

——朱熹《四书集注·孟子集注》

孟子言"尽其心者，知其性也"，"尽其心"与"知其性"是同一的实践之事，而朱子取用的"格物致知"格局是理论认识之路数，把"心"解作"具众理而应万事者"，把"性"解作"心之所具之理"，"性"成了外在的物之"理"，而为"心"之所具。如此一来，既析"心"与"理"为二，又析"心"与"性"为二，孟子本心之天理义被转换成心所具之众理，"以本心说性"之"性"被转换成泛指存在之所以然之理。"尽其心"原来所含道德创造之扩充义，被朱子讲成"穷理"，"以尽乎此心之量"。原是本心之天理也被讲成待穷究"而无不知者"。孟子大义尽失。

孟子原义分明是天理从本心出，朱子却解读为"天又理之所从以出者"。我们可问：若是万理从"天"而出，心又如何能穷尽得了，尽知得了？朱子依照自己的思路，把"尽心知性"倒转来，说成"先知性，后尽心"，"知性知天，则能尽其心"。他说："性者，吾心之实理，若不知得，尽却尽个甚么？'尽其心者，知其性也'，所以能尽其心者，由先能知其性。知性，则知天矣。知性知天，则能尽其心矣。不知性，不能以尽其心。'物格而后知至'。"（《朱子语类》卷六十《孟子十·尽心上》）依朱子解，要旨在格物以穷物之理，知性知天随后，尽心更无独立意义可言了。孟子言"尽其心者，知其性也，

195

知其性，则知天矣"，理路分明，岂能倒转来说？！

今人中，劳思光先生也是视"理"为就自然现象而言的"自然理序"之理，"天"就是"自然理序"。[6]如此一来，他就抹掉孟子哲学中"本心之天理"的意思，自必然无法见到有什么形而上学在其中。但若依照劳先生的解读，那么，孟子怎么能说"尽其心"，"则知天"呢？心如何能尽知心之外的万事万物之理呢？显见，此中"知天"无非知个天理（即康德所论"普遍法则"，亦即最高的道德原则）。"吾心之良知，即所谓天理也。"（《传习录》中，《答顾东桥书》，第135条）"圣人无所不知，只是知个天理"，知天理之心不能是认识心，而必定是道德心（本心），此道德心（本心）就是人在道德原则（天理）下的实存，亦即人的存有之性。"心""性""天"是一事，如是，"尽心知性知天"才是如理实说。

劳先生认为"天"泛指万事万物之理，也就是持理论认识的观点，就认识力言"天"，但依照这种观点，必定无法解释何以尽心就能够认知万事万物之理。不但万事万物之物理之理无穷复杂，人的认识力无法尽知，万事万物自身之存在之理更是人的认识力根本不能究极者。劳先生说："'心'是主体，'性'是'主体性'，而'天'则为'自然理序'。"[7]如此一来，"心""性"划归主体一边，而"天"则划归客体一边，主体之客观性就被抹杀掉了，主客一体的可能性就没有了。显然，劳先生将孟子哲学误置于自然概念之领域，"心""性""天"原来作为自由概念而确立，却被误作为自然概念来解读。

依孟子，离开"尽其心"，"性""天"之内容及意义根本无从知。我们于上文已论，"性"是依本心立普遍法则（天理）之无条件命令创造自身为道德实存与创造世界为道德世界的创造性。依此可说，我们通过此依本心天理之无条件命令及据之而来的创造性来认识"天"

之内容及意义，就是说，撇开人自身的感触的身份之限制而专就其智性身份之道德创造性之无条件的普遍必然性而论，名之曰"天"。故孟子言"知其性，则知天矣"。

孟子并不就"天"之何所是做妄测，"知其性，则知天矣"也并非离开人自身的本心之普遍立法的创造性而论自身潜存的"性"是什么。孟子言"性""天"，其真实内容的意义通过本心天理之不已、充尽地创造道德的人和道德的世界而得到决定，由之可说，"心""性""天"三个形而上学的对象及其三个命题是理性意义和道德实践意义的。此与康德批判哲学有着共同的慧识，依孟子，"性""天"获得其实在的意义和决定的内容，根本在于本心扩充不已而显示的创造之无限性、恒常性、普遍必然性。同样，依康德，若只就理性之思辨使用而言，"自由""上帝""心灵不朽"原来只是悬而未决的概念，唯独通过理性之实践使用，亦即经由理性在意欲机能中立普遍法则之事实而证明纯粹实践理性机能之实在性，超越的自由亦被建立起来。（KpV 5:3）上帝和不朽之概念"在思辨理性中是无物以支持之的"，唯独把它们附随于自由概念，"与自由概念一起并通过它获得支持和客观实在性"。（KpV 5:4）上帝和不朽之概念"经由自由是现实的这个事实得到证明"，而且"在实践的关联里，能够且必须被认定"。（KpV 5:4）此义同于孟子所言"性""天"，经由本心天理是现实的这个事实得以成立，并且在实践中关联一体而能够且必须被认定。

必须指明，康德所论"心灵不朽"与西方传统形而上学所言与物质二元对立的灵魂不灭之精神实体根本不同。依康德，"心灵不朽"无非意指每一个人的道德分定的"实存之无限延续以及这同一有理性者的人格性"（KpV 5:122）。康德并非主张离开人的意志自由之道德主体而假定一个单纯的本体叫做"心灵不朽"。恰切地理解，他是通过"与道德法则的践履的完整性相切合的"持续而把持久性（Beharrlichkeit）之标志给予道德主体（意志自由），以把它补足成一个"本体之实在的表象"（realen Vorstellung einer Substanz）。（KpV 5:133）康德表明：实践理性通过这种持续之设准建立了那个心灵之最后主体（letzten Subjekts）。（KpV 5:133）

我们可以说，孟子所论通过"尽其心"而"知其性"，正同于康德所论我们本性之道德分定只有在一个无限的进程中才能完全符合道德法则，而此"性"表示本心之无限扩充之持续，因着这持续而把持久性之标志给予道德主体，也可以说，本心即道德创造之持存性，乃"不朽"。蕺山说："此心在人，亦与之无始无终，不以生存，不以死亡。故曰：'尧舜其心至今在。'"（《刘子全书》卷十《学言上》）可以说，此与康德言"心灵不朽"有异曲同工之妙。横渠也有说："知死之不亡者，可与言性矣。"（《张载集》，《正蒙·太和篇》）

并且，我们可以指出，孟子言"天"与康德所论"上帝"有共同的慧识。"形上天"并非一种对于外在的超自然的东西之理智的臆测，不是一种离开人力和人的自然理解而宰制人的最高意志实体。"形上天"的意义只能是道德的，其堪称创造实体之真实内容也唯独通过人的道德创造来决定。通过道德创造来理解的"形上天"，如同康德通过纯粹理性之实践使用来理解的"上帝"。康德彻底推翻西方传统形而上学及神学的独断妄作的上帝观，从根柢上铲除那种通过实体化，甚至人格化的手法把只是单纯表象的理想制作成一个外在客体，然后试图认识其何所是的虚妄之举。

我们以人自身之本心（仁）的普遍必然性来决定在我们的形而上学之自然禀赋中得到设想的"天"，"形上天"依此得到可决定的意义。明乎此，我们就不会以实在论的头脑，以为凡言"形而上的实体"必定是肯定一个外在的超自然的东西在宰制万物的存在，甚至认为离开道德主体仍可肯定有一"形上天"实存，或肯定形而上的实体能够借着一种不同于感取直观的理智的直观来呈现。通过道德进路确立"形上天"，不必也不能依待任何直观来取得其实在性，因为"形上天"之决定意义以每一个人的道德主体（本心、意志自由）的实存为依据，对每一个人都是真实有效的，所以不必依赖直观来证实。这并不意味着我们承认对之无任何理论的认识而仅是把"天"虚化了，也没有理由轻率地说这是"借天为说"。[8] 如康德指出："上帝存在"完全由人之意志自由而决定成，人因道德而为自己创造上帝。（Rel 6:168）我们也可以说，"天"完全由人之本心而决定成，人因道德而为自己创造"天"。通过本心（意志自由）的客观实在性而得到决定的"天"（"上帝"），与那因着我们的形而上学之自然禀赋而设想到的根源者、最高者之只是轨约的未决定的概念不约而同地相合在一起，并且使后者获得决定的意指。实在说来，我们没有任何办法说明"天"是人的道德的原因，也无法说明何以认为理是从"天"出，正如康德指出，我们不能以为道德法则来自上帝，实情倒是，上帝之理念出自道德法则。

本心（意志自由）乃人真实的存在之本性，就其为道德创造性而言自身是充足的，那么，何以要伸展至"天"呢？既然在"心""性""天"中，唯独"心"是人的心灵机能，它本身作为自然的机能，只是它的自由因果性属于超感触的，因此其实存是由其自身起作用而得到证明的，而"天"除非与"尽心知性"相关联，否则我们对其内容不能置一词，那为什么必定要言"天"呢？用康德的话来说："这样一来，就使我们不致使用理性的特性去思考上帝，而是用它去思考世界，为了就世界而言按照一个原则最大可能地使用理性，这样做是必要的。""尽其心"含着本心之扩充至与天地万物为一体之意。[9]孟子曰："万物皆备于我矣。反身而诚，乐莫大焉。"以阳明的话来说，"万物皆备于我"就是："夫人者，天地之心。天地万物，本吾一体者也。"（《传习录》中，《答聂文蔚》，第171条）为此，我们的理性产生一个最高者之理想，以之指导我们思考一个自然法则与自由法则协调一致的道德世界，并致力于其在世界之实现。

但是，不少学者忽略康德批判哲学以主客先验综和为底据之事实，只以西方传统的主体性哲学思维模式来看康德的道德哲学和孔孟哲学，因此，鲜有学者能把握二者的共同基石——道德主体（名曰"纯粹实践理性"，即"意志自由"，也可名为"本心""仁"）。此主体乃是与万物一体者，普遍法则由此主体出，故其法则终究是合自由与自然为一的，总天地万物一体而为言的，其终极目的是自由合目的性与自然合目的性谐和一致，并且是能够于世界上实现的。道德主体既是主客一体，它自身之终极目的就是世界创造之终极目的，它就是道德目的秩序之创造者，同时就是道德世界之创造者。就每一个人的意志自由来看这道德主体，它就是"心"；就这道德主体是人的实存分定而论，即可名为"性"；从这道德主体充其极而为一个道德世界的最高创造者而言，它可被标举于每一个人之上而为道德世界的创造实体，这实体可名曰"天"，也可名曰"上帝"（但我们并非要对最高者在理论认识方面有任何决定）。

我们通过阐明本心（仁）及本心良知之天理的普遍必然性的充其极而论"心""性""天"是一事，从而展示孟子所言"尽其心者，知其性也，知其性，则知天矣"包含着一个以本心为创造动源的天地万物一体的形上学。这种形上学是唯一可通过每一个人的理性肯认的，因其以人的道德主体充尽而致最高的创造实体之故也，亦因此故，我们可名之为"道德的形上学"。

析疑与辩难

问：何以需要有道德的形上学？

答：康德早就指出：在"一切我们的认识必须以对象为准"（Bxvi）的旧思维模式下，人类理性陷入种种永无止境的矛盾中。整个西方哲学的"形而上学"为独断论者所统治，在一切学问中成为"混沌和黑暗之母"（Ax）。旧有形而上学的专横立法放纵人类理性超出经验的限度，而不受任何经验的检查，（Aviii）旧有形而上学的政权"在独断论者的统治下，起初是专制的。因为其立法带着古代野蛮的痕迹，以致它的帝国内战频仍，而渐渐崩解为无政府状态"。（Aix）西方传统中，哲学家通过将意识实体化杜撰出超自然的东西，并虚构出种种关于超自然的东西之知识。通过实体化甚至人格化的手法把只是单纯表象的理想制作成一个外在的客体，然后妄称认识其何所是。"上帝"可说是最著名的独断臆测的形而上的实体。康德说，上帝作为我们的理性的理想之对象，我们可以允许称之为根源者、最高者、必然者、全能者、全知者、永恒遍在者等等，但是，这些词语绝不指表一个现实的对象，我们对上帝的实存仍然完全无知，"但人们把这个只是单纯表象的理想制作成客体，接着又将之实体化，甚至人格化"（A583/B611）。康德严厉地指责此举对于哲学以及对于人类理性是一桩丑闻（可耻之事，不光彩之事）。（Bxl）他洞察到时代对旧有形而上学的厌弃并非一时的轻率，而是时代成熟判断的结果，"因为时代拒绝再以虚幻之知（Scheinwissen）来敷衍推宕"（Axi）。康德一生致力于建立一个唯一的科学的形而上学，就是要终结西方传统形而上学之丑闻。他本人明白地说，这项全新的工作所研究的对象"对于人类的本性不能是无所谓的"（Ax）。它区别于"只不过是学院概念（Schulbegriff）"的一种认识体系，后者只是寻求"认识在逻辑上的完善性"。（A838/B866）这项全新的工作关涉"一种宇宙概念（Weltbegriff: conceptus cosmicus）"，也就是"涉及每一个人都必然有兴趣的（jedermann notwendig interessiert）那种东西的概念"，（A839/B867）"是人类理性的一切培育（Kultur）的完美无缺"（A850/B878）。他所探求的全新的形而上学作为人类理性立法的科学，"是关于一切认识与人类理性的本质的（wesentlichen）目的（人类理性的目的论）之联系的科学"（A839/B867）。它是建基于意志自由为创造实体的道德的形上学，它的确立是要为人类伦理、宗教和政治生活，以及人类历史发展奠基。同样，孔子哲学传统包含的道德的形上学也是为万世太平之盛德大业而奠基，并且同样以人类理性立法为根本（用中国哲学的话语说就是天理、常道根于本心），建基于本心（仁），而扩充至一个道德目的论（用中国哲学的话语说就是人与天地万物为一体）。此共同的、唯一真实的形而上学，皆以道德原则（天理、常道）为因果性法则，道德原则由常体发。此常体即意志自由（纯粹实践理性）、本心，亦即为依循自立的普遍法则并按照目的秩序创造道德世界之动源，它就是一个道德世界成为经验中被给予的实存的先验根据，因而可称为形而上的实体。

但不必讳言，不乏西方哲学家反对康德。罗蒂就不分青红皂白地将康德归于柏拉图传统，他看不到批判哲学彻底推翻西方传统从外在于人的超自然客体寻求普遍性和实在性的旧思维，也不承认康德通过对人类心灵机能之批判考察所揭明人自身的理性机能之普遍立法，因而无法见及借着理性立法而确立的人的真实存在性及世界永久和平系于其上的理性之共同目标。

罗蒂不仅反对西方传统旧思维模式产生的外在决定的虚妄的普遍性，更主张偶然性，其目的在彻底丢掉"道德原则"概念，[10] 他以为"真理、理性和道德责任等概念"，"已经变成了民主社会延续与进步的障碍"。[11] 用罗蒂信奉的历史主义的观点来说，我们可以指出，他自称的"自由主义的反讽主义者"无非是后现代富裕的民主社会的产物。罗蒂本人就说："'何谓人类'的问题应该丢弃，而以'生活在一个 20 世纪富裕的民主社会中是怎么一回事？'和'生活在这样的一个社会中，我们如何才能避免成为只是按照预先写好的剧本扮演角色的人？'等问题来取代。"[12] 又说："启蒙运动理性主义的语汇一旦烟消，'哲学基础'的概念也会随之云散。……我将试图以非理性主义的、非普遍主义的方式重新构述自由主义的希望。"[13] 他坦然承认其维护"现代自由主义社会"的立场，他说："我想现代自由主义社会已然包含它自我改良的制度，这种改良能够缓和福柯所看到的种种危险。事实上，我有个预感，西方社会和政治思想也许已经完成了它所需要的最后一次概念上的革命。"[14] 因此，他以为社会批判已经变得不必要，他说："在这理想的自由主义文化中，'相对主义'的警告，质问社会制度是否在现代已经日益'合乎理性'，或怀疑自由主义社会的目标是不是'客观的道德价值'，统统会令人觉得莫名其妙。"[15] 他说："我们未来的统治者到底会像什么，并不决定于人性和人性与真理、正义的关系之伟大必然真理，而是决定于许许多多微不足道的偶然事实。"[16] "自由作为对偶然的承认"，"这项承认乃是自由主义社会成员的主要品德"。[17] "偶然"作为罗蒂那个美国哲学家交际圈的语汇之核心，无非是将短期思维推至极端。这套所谓后现代语汇对于他们那群"生活在一个20世纪富裕的民主社会中"的"实利群体"、兼具着物质与思想双重"优越感"的"我们"，确实是最有用的。对于这样一群富裕、心满意足的"我们"，除无关痛痒地表达一下"残酷是我们所作所为最糟糕的事"之外，他们实在没有什么事需要关心。

究其实，罗蒂他们那一套说法建立于"富裕的民主社会中"的"实利群体"的幻觉里。这个幻觉就是日本裔美籍学者福山所云：资本主义自由民主制乃是人类文明的最后形态，资本主义社会的布尔乔亚就是最后的人。[18] 但如所周知，二十几年来，美式民主制陷入困境，"历史终结论"连福山本人也不复再唱了。

究其实，如康德指出：要使道德禀赋与自然禀赋协调一致并成为人的本性。（KGS 8:117）人类必须有持续不断的启蒙，通过不断的启蒙，"使那种受感性逼迫的社会整合终于转变成一个道德的整体"。（KGS 8:21）假若人类整体不进至道德化而团结成道德之全体，则人所处的自然状态会导致人与人之间的敌对状态和战争无法休止。显而易见，资本主义自由民主制达至的文明化和高度物质化远未达到实现人类和平的道德化的阶段。如果人认不出有任何理性的目标，以为一切行为的动力都是个人的欲望，就像罗蒂那一群自由主义、新实用主义鼓吹的那样，一切听任"偶然"，认为自发生成的就是正当的规则和社会秩序，那么，如何能摆脱"放于利而行，多怨"（《论语·里仁第四》）的冲突状态呢？凭什么原则及由谁来决定何谓"正当"呢？事实上，唯独凭着理性，人类才能够离开"无法的和暴力的自然状态"，"唯有法则的约束才能把我们的自由限制在能够与任何一个他人的自由，并正是由此而与公共利益一致共存的地步"。（A752/B780）唯赖真正的启蒙（理性之启明），亦即启发每一个人"以自己的理性不是被动地，而是任何时候自己立法"，（KU 5:294）人类才能够在经历了从原始野蛮至文明化的苦难进程之后，进展至道德化。

迄今人类历史表现出：无法则的自由为我们准备着灾祸的深渊，（KGS 8:25）各个国家之间的野蛮的自由造成战争的破坏，"各个国家把其全部力量用在它们那些徒劳而又残暴的扩张计划上"（KGS 8:26）。康德说："因此，人们就不能预言，对我们的类来说如此自然的那种纷争，是否最终会在一种还如此文明的状态中而为我们准备好一个灾祸的深渊；到那时它也许又会以野蛮的破坏再度消灭这种文明的状态以及全部迄今为止在文化中的进步。"（KGS 8:25）他警告："这种命运是人们在盲目的偶然性的统治之下所无法抵御的。"（KGS 8:25）人类必须有一个道德的预告史，以人自身的理性力量团结起来，致力于从文明化进至道德化。如果像罗蒂他们主张那样，人类整体停止在偶然性的文明化的阶段，将道德发展弃之如敝屣，这种状况不但对于道德，而且对于自然福祉都恰好是最有负累和最危险的。正是为着人类整体的福祉和永久和平，人类要承担起创造自身为道德者及实现一个道德世界的预告史之责任，而已由康德和孟子展示的道德的形上学，正是这样一个道德的预告史之奠基。

问：中国的后现代形态与罗蒂他们那种西方的后现代是否异曲同工？

答：在全球化的当今世界，美国不仅影响着其他国家的经济，其意识形态还像细菌一样向全世界的每个角落扩散，先不论长期来说这对发展中国家是否会造成致命的伤害，就实时而言，它对一群追求自我表现的文化人、知识分子，无疑是一服有一定适用性的兴奋剂。

如前文所指出，罗蒂他们的后现代主义思潮乃系富裕的民主社会的产物，可以说，苏联共产阵营解体后西方流行的"美国式民主乃系人和制度之终结"的观点是其滋生的土壤。福山《历史的终结及最后之人》一书堪称"西方式自由民主和资本主义永恒论"的代表作。正是这种美国资本主义是人类制度的终结的想法，激发起一群西方学者与柏拉图以来的理智臆测系统及欧洲启蒙的人本主义、科学和技术理性至上的现代体系做彻底的割裂。他们抛弃发轫于欧洲的西方文明传统，追求的是美式制度的话语权。诚然，如所周知，自"9·11"袭击事件、华尔街金融诈骗引发经济危机及美国开动印钞机后，美式资本主义永恒论就不能再唱了，就连福山在其后来的著作中也改了口风。由以上所述观之，我们可以指出，所谓"后现代"在中国的流行，有着完全不同的历史背景。在中华民族的历史中，以孔子传统为核心的文化命脉从未中断，其中固然有曲折，但没有任何一股势力能彻底斩断华夏文脉，因孔子传统为理性文明之传统故也。中华民族的文化命脉系于人类理性之本性，因而是生生不已的，它没有西方传统哲学的那种独断臆测，也不像欧洲启蒙那样标举知性而失落实践理性。

如我们一再申论，孔孟哲学乃是理性本性之学，我们要有一场启蒙运动，就是要有复兴孔子哲学传统的自我教化和社会教化。

国人中有受西方后现代意识形态影响者，以为倡导"理性""人性尊严"有违后现代精神。依他们的观点，理性本性之学必然会威胁个人自由、取消私人空间。究其实，他们未能了解，西方传统根本未达到真正的理性高度，西方后现代主义所反对的"理性""人的内在本性""本质主义"等，其实是落在西方传统独断论脉络中而言者，与孔子哲学传统及康德通过三大批判论明的理性本性根本不是一码事。真正理性乃系每一个人自身禀具的机能。

我们不知道罗蒂他们凭什么以为靠"偶然"就能自然而然地达

至美好的社会、世界永久和平。只要我们如理如实地考察人类历史，必定能见到人类的意志自由毕竟依照自由法则创造人类整体的进步，从野蛮人的无目的状态进展到文明化，最后还要达至道德化，"尽管道德化仍言之过早"（KGS 8:26）。如康德指出，当人第一次尝试摆脱自然本能的束缚而运用自己的自由，他就意识到："理性是一种能够把自己扩展到一切动物被拘禁于其中的限制之外的机能。"（KGS 8:112）"他在自身发现一种机能，即为自己选择一种生活模式，不像别的生物那样受制于唯一的一种生活模式。"（KGS 8:112）可以说，人"第一次去尝试做出一次自由的选择"，亦即第一次违背自然本能，就给理性提供了"最初的机缘"。（KGS 8:112）但是，刚开始，人并不知道"应该如何用自己这种新发现的机能行事"，"他可以说站在一个深渊的边缘"。（KGS 8:112）康德如实地揭示出："一方面是人类在努力追求其道德的分定，另一方面则是它始终不变地在遵循其本性中所具备的野蛮的与动物性状态的法则。"（KGS 8:117）"大自然在我们身上为两种不同的目的而奠定了两种禀赋，也就是作为动物物种的人类以及作为德性的物种的人类；……人类自身将会使自己突破他们自然禀赋的野蛮性，但在超越它的时候却须小心翼翼不要违背它。这种技巧，人类唯有在迟迟地经历了许多次失败的尝试以后才能够获得。"（KGS 8:117）"自然禀赋就其自身而言是好的，是合目的的"，"但这些禀赋却表现为纯然的自然状态，所以就受到进展着的文化所损害，并反过来也损害着文化"。（KGS 8:117）而人类道德的分定就是"使作为一个德性的物种的人类的禀赋得到与其分定相应的发展，从而使其不再与作为一个自然物种的人类相冲突"。（KGS 8:116）倘若人没有理性，人类就只能接受这种文明化与人类之本性交互损害之宿命。如我们看到人类在世界大舞台上的表演，就像康德说：

"就宏观而论，一切归根到底都是由愚蠢、幼稚的虚荣，甚至还往往是由幼稚的罪恶和毁灭欲交织而成的"，"我们终究不明白：对于我们这个如此以其优越性而自诩的物种，究竟该形成怎样的一个概念"。（KGS 8:17–18）但从人类历史总体进程来看，"人类意志自由"总是发挥作用，否则我们无法解释奴隶解放的历史、从神权统治转至人权的时代是如何可能的，此即康德说："历史学却能使人希望：当它考察人类意志自由的作用的整体时，它可以揭示出它们有一种合乎规律的进程，并且以这种方式，从个别主体上看来显得是杂乱无章的东西，在全体的物种上却能够认为是人类原始的禀赋之虽则是漫长的，却不断前进的发展。"（KGS 8:17）"通过不断的启蒙，开始奠定一种思想模式，这种思想模式能使道德辨别的粗糙的自然禀赋随着时间推移而转变为确定的实践原则，从而使那种受情绪上逼迫的社会整合终于转变成一个道德的整体。"（KGS 8:21）人类史表明，理性"把人完全提高到不与动物为伍"（KGS 8:114）要经历无数世代的艰难步骤，而每一步都伴随着"文化与人类之本性不可避免的冲突"，这种冲突"产生一切压迫人的生活的真正灾祸和一切玷污人的生活的恶习"。（KGS 8:116–117）鼠目寸光的哲学家据此人类历史上因为误用理性而造成的灾难，就将人的异化归咎于理性，并主张摒弃理性的实践使用，亦即抹杀人的道德实存。这种粗鄙的思维模式使人的理性窒息。

我们不明白罗蒂他们如何能想象人处于"偶然"中，就能免于伴随自然状态而产生的纷争、罪行和灾难。罗蒂他们指责倡导理性与道德（人的尊严）必定要损害个人的自由，其实是不知所谓的浅薄之谈。须知，理性与道德是每一个人的自由与他人的自由共存的根源。启蒙"即在一切事物中公开地使用自己的理性的自由"。（KGS 8:36）"对其理性的公开使用必须在任何时候都是自由的，而且唯有这种使用能够在人们中间实现启蒙。"（KGS 8:37）因倡导理性而损害个人的自由，实属无稽之谈。理性的视野与私人视野并行不悖，没有人有权以理性为由干涉别人的私人视野。私人视野，亦即特别的和有条件的视野，是多种多样的。人除个人性、多样性之外，必须有共同的视野，以达至人与人之间的普遍传通。"可以设想一个健全理性的视野和一个科学的视野"，以便据之来决定"我们能够知道什么和不能够知道什么"，此关涉"普遍的和绝对的视野"，而又是在与主体的联系中的。（Logik 9:41）每个人必须关切私人视野，如康德说："私人当然必须首先关注自然目的，但此后也必须关注人性的发展，关注使自己不仅有技能，而且也是有德性的，而最难的是，他们要努力使其后代比他们自己推进得更远。"（Pädagogik 9:449）

　　"动物自动地满足自己的分定，但并不认知它。"（Pädagogik 9:445）人则不同，人必须追求达到自己的分定，"但如果人对自己的分定连一个概念也没有，这就不可能发生"。（Pädagogik 9:445）因此，我们需要有"一种把人里面的所有自然禀赋都发展出来的教育的理念"（Pädagogik 9:445），"把整个人类导向其分定的教育"（Pädagogik 9:446）。"孩子们受教育，应该不仅适合人类当前的状态，而且适合人类未来更好的状态，也就是适合人性的理念及其整个分定。"（Pädagogik 9:447）"设想人的本性将通过教育而发展得越来越好，而且人们能够使教育有一合乎人性的形式，这是令人陶醉的。这为我们展示了未来更加幸福的人类的前景。"（Pädagogik 9:444）孔孟之教与康德提出的教育理念若合符节。无人能凭空说中国现代化的道路具体如何，但可以确定的是，人的教化和社会重建是当务之急。有刚健奋发的国民，始有健康和谐的社会，有此两者方能谈中华民族如何富强，如何复兴。此可见，国人当务之急在复兴孔子哲学传统。

注释

1 孟子说："乃所愿，则学孔子也。……自有生民以来，未有孔子也。"（《孟子·公孙丑章句上》）朱子著《孟子集注》，作《孟子序说》，引韩子语云："文、武、周公传之孔子，孔子传之孟轲，轲之死不得其传焉。"又云："自孔子没，独孟轲氏之传得其宗。故求观圣人之道者，必自孟子始。"

2 "此天之所与我者"中"此"字，朱子《孟子集注》注云："'此天'之'此'，旧本多作'比'，而赵注亦以'比方'释之。今本既多作'此'，而注亦作'此'，乃未详孰是。但作'比'字，于义为短，故且从今本云。"依愚意，作"比方"于义不见得为短，反而能表明"天之所与我者"为虚指。

3 此如我们于前面引《烝民》诗时申明，不能如某些学者那样，以为"天生烝民"所言"天"系"造生者"。我们实在不能就诗句本身推测《烝民》诗的作者认为有一外在实体的"天"在那里造生人类。

4 "形而上学研究的本来对象只有三个理念——上帝、自由和不朽。……形而上学这门科学此外所研究的一切都只是用作它的手段，以作为达到这三个理念及证明其实在性之用。形而上学并不为了自然科学的缘故而需要这些理念，而是为了超越自然。"（B395）事实上，在康德的全部批判工作中，他一直系属于"自由理念"之探究，而又严格区别地展开关于"上帝"和"不朽"两理念的探究。

5 后世儒者亦多有承袭孟子讲法者。胡五峰曰："六君子，尽心者也，故能立天下之大本。"（《知言》卷一）王阳明曰："心尽而家以齐，国以治，天下以平。"（《王文成公全书》卷七《重修山阴县学记》）

6 劳思光先生解孟子言"尽其心者，知其性也，知其性，则知天矣"，说："'天'作为'本然理序'看，则即泛指万事万物之理。说'知其性，

则知天矣'，意即肯定'性'为万物之源而已。"（《新编中国哲学史》第一卷，台北：三民书局，1986，页196）

7 同前揭书，页197。

8 杨泽波教授说："儒家'以天论德'，将道德的根据推给上天，说到底不过是借天为说而已。"（《牟宗三三系论论衡》，页119）

9 劳思光先生把孟子言"万物皆备于我"作知识论的解说，解读成"心性中包有万物之理"。（《新编中国哲学史》第一卷，页196）依劳先生此解说，则与"反身而诚"何干？若"万物之理"只是自然事实上说的秩序，"心性"又如何能包得无穷复杂的"万物之理"？究其实，劳先生只依西方肇始于笛卡儿的主体性哲学之主客二元观来论孔孟哲学中的心性主体。这种独断的主体性哲学根本忽略了主客分论必须奠基于主客先验综和的事实上，尤其在实践领域，完全未能注意到实践主体与万物为一体的事实，因而就无法洞识到实践主体创造世界的可能性和必然性。以此之故，在劳先生的观点中，孔孟哲学中的"主体"就只不过是伦理行为主体，与万物之存在不相干，更谈不上作为创造一个道德世界的机能。

10 Richard Rorty, *Contingency, Irony, and Solidarity*, p. 59. 中译见理查德·罗蒂《偶然、反讽与团结》，页86。

11 Ibid., p. 44. 中译见页67。

12 Ibid., p. xiii. 中译见导论，页4。

13 Ibid., p. 44. 中译见页68。

14 Ibid., p. 63. 中译见页92。

15 Ibid., p. 45. 中译见页68。

16 Ibid., p. 188. 中译见页266。

17 Ibid., p. 46. 中译见页69—70。

18 Francis Fukuyama, *The End of History and the Last Man*, New York: The Free Press, 1992. 中译见福山《历史的终结及最后之人》，黄胜强、许铭原译，北京：中国社会科学出版社，2003，页1、13。

第三节

论孟子哲学包含的道德的形上学有进于《中庸》《易传》之本体宇宙论

我们于前文已论明，孟子所言"尽其心者，知其性也，知其性，则知天矣"包含着一个道德的形上学。此道德的形上学根本不同于西方传统上独占形上学之名的"思辨形上学"，它是由人自身的道德创造之性能作为唯一的创造实体，扩充至天地万物为一体的道德目的论之宇宙全体而成立者。其真实性由人自身的本心（仁）普遍立法在世界中现实地起作用而获得证明，据此区别于充其量只能发挥轨约原则之作用的、依于人的形而上学之自然禀赋而产生的各种本体论和宇宙论。

自然形上学的本体论的理念使我们认识到经验概念的不足，由此使我们离开唯物论；而宇宙论的理念"有助于使我们不致陷入自然自义，把自然说成是本身自足的"。（Proleg 4:363）事实上，中国哲学中，无论儒家还是道家，都含有一种自然形上学的本体论和宇宙论的旨趣。如"维天之命，於穆不已""天生烝民，有物有则，民之秉彝，好是懿德"。再如孔子说："天何言哉？四时行焉，百物生焉，天何言哉！"

孟子说"且天之生物也，使之一本"。无疑，这种旨趣在儒家的《中庸》《易传》和道家学说中尤为突出。魏晋玄学家所谓"三玄"：《老子》《庄子》《易经》，是也。[1]

帛书《易传》中《要》篇云："子曰：'《易》，我后其祝卜矣，我观其德义耳也。幽赞而达乎数，明数而达乎德，又【□】□者[2]而义行之耳。'"[3]据此可见，孔门《十翼》有史料方面的根据。我们不仅可从《论语》见孔子之形上智慧，而且可通过《易传》见儒家承接孔子形上智慧而发展出一个与圣人盛德大业相配的自然的本体宇宙论。《中庸》又从《易》之形上智慧结合"诚"，展示出一个合外内之道的高明致远的本体宇宙观。[4]并且，我们可指出，孔门汲取《易经》之玄思产生之形上智慧不同于老庄汲取《易经》而有的纯然的玄学，[5]其根本区别在孔门之玄思并不止于自然的形而上禀赋，而是经由人的道德创造得以实化。

熊十力先生就《论语》中展现的这种形上智慧有极美之表述："《论语》，子曰，天何言哉。（天非神帝之称，乃本体或道之异名。何言者，叹其冲寂无为也。）四时行焉。百物生焉。（时行物生者。言冲寂之体，神变无穷。而万物由之以成也。）天何言哉。（重言之，深赞其无为而无不为之妙也。）子在川上。喟然叹曰。逝者如斯乎，不舍昼夜。此亦幽赞道妙之辞。逝者如斯，悟变化之神也。不舍昼夜，则于变而知常也。昼夜恒如斯而不已。可知本体、真常，故万变而无竭耳。形容道体，莫如川上之叹。含藏不尽。极妙极美。非识《大易》全部秘密意趣，不堪了此。《大戴礼》与《易》《论语》，皆可互证。"[6]

熊十力先生说："天者，无待之称。"[7]又说："无声无臭曰天，以其为万物之统体而言也。流行曰命，从其赋物而言也。"[8]熊先生说："按道字，或云天道。或单名曰道。今略举《论语》《大易》《大戴礼》《中庸》互相证明。则道之为恒常义，自可见。"⁹依熊先生所论，"天"之形上义单就此词本身看，指表"恒常"，"无声无臭"表征"万物之统体"。用康德的话说，它只是轨约原则、"综体"之理念，并不特指有任何实在之谓词加诸其上（故曰"无声无臭"）。"命"从"流行""赋物"而言，意思是并不实指什么命令在下达。如前文已论，中国哲学中"天"，或曰"道""天道"，首先表现的是自然的形而上禀赋，是一种追寻"恒常""万物之统体"的自然目的论之理性思维。

孔子多言"仁"，孟多言"心""性"，而少言"天"，学界通常以心性论标志孔孟哲学，并据此与《中庸》《易传》所表现的宇宙论对立起来。但如我们已论明，"天"包含于孔孟心性论中，不论立言篇幅多或少，"天"与"心""性"同是孔孟哲学的核心。孔孟之学都包含有自然的形而上之表达，并且，道德的心性论本身就是道德的形上学，此乃道德的心性之普遍必然性所决定的。明乎此，我们就不会像劳思光先生那样以为是"心性论混同形上学"¹⁰，并误以为《易传》《中庸》，乃至宋儒周濂溪、张横渠所表现的道德的宇宙论是所谓"宇宙论中心"。¹¹

牟先生提出《易经》代表儒家的玄思，表现在象数和义理两方面。《易经》从卦爻结构讲象数，从象数了解自然变化、自然造化之妙，展示的是中国式的自然哲学。《易传》解释《易经》能相应，就在于把握到《易经》的基本观念——"几"。¹²"几"就含着"诚""神"。

《易传》讲"乾元"，《周易·彖上传》云："大哉乾元，万物资始，乃统天。"¹³"乾元"，天道也，万物凭赖之而有其存在者也，乃统御万物者也。据此，牟先生提出"从'大哉乾元，万物资始'讲，也就是从'元亨'讲是创生原则"¹⁴。《易传》这种讲"天道"之进路一开始是纯粹本体宇宙论的，区别于孔子"践仁知天"、孟子"尽

214

心知性知天"之进路。不过,《易传》的宇宙论进路并不是只关注宇宙论问题,而是根于道德的创造,据此而论,《易传》的本体宇宙论归于孔子哲学传统。如牟先生说:"《周易》讲'生',但不是西方的生命哲学,儒家讲'生'是讲生命的创造。"[15] 又说:"《易传》固然有讲阴阳气化,但阴阳气化属于形而下的,它还有形而上那一面。'形而上者谓之道,形而下者谓之器。'(《周易·系辞上传》)"[16] 先生提出,"创造之所以为创造是道德的创造"[17]。在中国哲学中,创造不用神话的方式讲,更不用人格神的方式讲,真实地根据"诚"讲,依据人的实践讲,这样讲创造,既是本体宇宙论的,同时又是道德的。《易传》一开始讲"乾元",那还只是一个形式概念,只说"乾元"是创生性、活动性还不够,牟先生说:"光从客观方面讲道体是空洞的,只是客观的、形式的话头。光形而上地讲道体'即活动即存有'太抽象,对道体具体而真实的意义还是不能了解。"[18] 又说:"光说活动性还是个形式概念,空洞的。这里所谓形式的空洞的,就是理上应当这样了解。"[19] 我们要对"天""道"为天地万物的根源有具体而真实的理解,不能仅借赖一个形式概念,此所以牟先生说:"假定通过'诚'来了解,就很具体了。'诚'是一个人的真实生命,'诚'是理,也是心。所以,通过'诚'来了解道体,比乾元更具体。"[20]

牟先生把握住《易经》中"几"这个基本观念,通过"几"所含"诚""神",心就带上去了,据此讲明《易传》何以能相应地解释《易经》,并且说明了"乾元"的创生性妙用。如此,"乾元"就不仅是统全宇宙万物而言的一个根源,"几"也不只是宇宙论的,而且还落实到人事、道德践履和圣人的盛德大业上,取得具体的内容。

《周易·象上传》云"天行健,君子以自强不息",这句话说明了"大哉乾元,万物资始"。前者是象征的说法,就是落实到人的道德践履上来说明原初只是本体宇宙论进路的后者。"天行健"不是机械论的词语，牟先生说："当说'天行健'，就根本不属于mechanical，'健'是一个道德上的观念。这不是对于价值做存有论的解释，乃是反过来，对于存有的一切存在做价值的解释。这是恰当的了解，这不能有异议的。假定有异议，那是这个人完全不懂，太外行。"[21] 又说："《易传》对道体的了解形而上学的意味重，而通过'天行健，君子以自强不息'，形而上学与道德实践就合在一起。"[22] "乾者，健也，阳之性也。"[23] 乾，健德也，代表创造原则。

《周易·系辞上传》展示儒家形而上之玄思，并且不离"道济天下""安土敦乎仁"，[24] "盛德大业""显诸仁，藏诸用"。[25] 牟先生提出："道德实践是法坤"[26]，"一切道德修养的完成都在《坤卦》《坤·文言》里"[27]。《周易·彖上传》云："至哉坤元，万物资生，乃顺承天。"[28] 坤者，顺德也。牟先生提出："坤顺所代表的基本原则是'保聚原则'，也叫做'终成原则'。"[29] "终成"就是天道的具体实现。故《周易·彖上传》云："坤厚载物，德合无疆。含弘光大，品物咸亨。"《周易·象上传》云："地势坤，君子以厚德载物。"

牟先生提出，儒家形而上之玄思在《易传》里面就表现在两个原则：创造和终成。先生说："乾是创造原则，是体。我们本身不是乾道，我们是要把这个乾道表现在我们的生活中，把这个'体'体现到我们的生命中来，这就要通过一个实践的工夫，这个实践的工夫统统是坤道。你看坤卦里面，主要讲的是道德实践，道德实践都在坤卦里面。乾卦只讲一个'体'，人不是体，人要成为圣人，成为君子要体现这个'体'。"[30] "乾元者，始而亨者也。""大哉乾乎！刚健中正，纯粹精也。"（《周易·文言传》）此二句进一步申明"乾元"乃为万物之始，其体刚，其用健，其行无过不及，其立不偏，纯粹至极。

此所以"乾元"为创造原则也。"坤道其顺乎！承天而时行。"（同前）"坤元"，地道也，顺德也，直方大也。顺德代表顺承天道而行，于人的践履中实现天道。坤卦代表终成原则，这是宇宙论地说，"法坤"就落实到人生，"坤道"就是道德实践之道。

《易传》展开的宇宙论首先表现在乾坤并建，分言"乾元""坤元"，总说一而不分。"乾元"（天道）不可以空言，必然要落实到"人能弘道"，故《周易·文言传》讲大人"与天地合其德"，"先天而天弗违，后天而奉天时"。"先天"意指不就经验而言，而就大人体现之道德的普遍必然性而言，就大人之德体现的普遍必然性而言，天也不违背之。[31]"后天"意指内在于经验中，在经验世界里，大人也遵循天时而实践天道。"与天地合其德"并非意指大人之外另有什么天地之道，而人去"合"之也，意即孔子曰"非道弘人也"。离开人的道德创造的普遍必然性，并无什么天地之道可言。

落在万物上讲，《易传》是本体宇宙论地言"善"与"性"。《周易·彖上传》云："乾道变化，各正性命。保合太和，乃利贞。"也就是说在"乾道"作用不已而发生的进程中，万物皆各正其性命，此即"保合"，经由"保合"而达至大和谐、终成，即为"利贞"。这样言"性"是从天道讲，用牟先生的话说，是"用道为性"，而不是王充说"性成命定"的"用气为性"。[32]进一步，《周易·系辞上传》云："一阴一阳之谓道。继之者善也，成之者性也。"这就是以本体宇宙论的观点为入路来言"善"、言"性"。就其生发阴了又阳，阳了又阴之变化行程而言，[33]"道"不已起作用而此变化行程永远继续，善也，循"道"而实现此变化行程，性也。[34]

《易传》讲"天道""性"之进路一开始是纯粹本体宇宙论的，

尽管配以人的道德践履而显其道德意义。《中庸》较之于《易传》，则显见其突出"诚"之为创造实体及其合外内之道的本体宇宙论之道德义。《中庸》首章云："天命之谓性，率性之谓道，修道之谓教。"头两句解答何谓"性"与"道"，统人与天地万物而为言，可以说包含一种广义的本体宇宙论，但我们不能依据这两句就判定作者本人提出了一个可决定的创造实体的概念。第三句即落实到人而说"修道"，可见"道"只能于人的道德实践取得其决定的内容。

《中庸》上篇多引孔子语，其展示之形上慧识上承孔子，可说较《易传》明显。我们可以指出，孔子"天何言哉"句深赞"时行物生者"，"万物由之以成"而冲寂无为，其中形上旨趣可说见于《中庸》："《诗》云：'维天之命，於穆不已！'盖曰天之所以为天也。"又："天地之道，可一言而尽也：其为物不贰，则其生物不测。"（第二十六章）"为物不贰"可与"天生烝民，有物有则"一并理解，而孔子正是引此诗句以言知"道"。"生物不测"可与"维天之命，於穆不已"一并理解。"辟如四时之错行，如日月之代明。万物并育而不相害，道并行而不相悖。"（《中庸》第三十章）其中宇宙论之表示，也可以说是上承孔子言"四时行焉，百物生焉，天何言哉"。依此，我们可以说，《中庸》展示的宇宙论实在是上承于孔子之形上智慧。

并且，孔子之形上智慧必定配之以人德以实之，同样，《中庸》展示的本体宇宙论亦不离人德而空言。孔子以《诗》云"天生烝民，有物有则，民之秉彝，好是懿德"为知"道"，生生不息的、法则性的"天道"，必定配之以人之"秉彝"。同样，《中庸》并非独断地先立一"天道"以立"性体"而决定"人道"，不是主张先知"天"为下达命令的实体然后知人，而是"天道"与"人道"并言，故云："性之德也，合外内之道也，故时措之宜也。"（同前揭书，第二十五章）

《中庸》言"诚"，乃发孔子言"仁"之旨。孔子言："下学而上达，知我者其天乎！""下学"，践仁也；"上达"，知天也。"仁"，合外内之道也。此即《中庸》第二十章《哀公问政》引孔子言，云："诚身有道，不明乎善，不诚乎身矣。诚者，天之道也；诚之者，人之道也。诚者不勉而中，不思而得，从容中道，圣人也。诚之者，择善而固执之者也。博学之，审问之，慎思之，明辨之，笃行之。"第二十一章云："自明诚，谓之教。"第二十二章云："唯天下至诚，为能尽其性；能尽其性，则能尽人之性；能尽人之性，则能尽物之性；能尽物之性，则可以赞天地之化育；可以赞天地之化育，则可以与天地参矣。"第二十三章云："其次致曲，曲能有诚，诚则形，形则著，著则明，明则动，动则变，变则化，唯天下至诚为能化。"第二十五章云："诚者物之终始，不诚无物。"又云："成己，仁也；成物，知也。性之德也，合外内之道也，故时措之宜也。"第二十六章云："故至诚无息。不息则久，久则征。征则悠远，悠远则博厚，博厚则高明。博厚，所以载物也；高明，所以覆物也；悠久，所以成物也。博厚配地，高明配天，悠久无疆。如此者，不见而章，不动而变，无为而成。"

"自诚明，谓之性"（同前揭书，第二十一章）一语可以说是对首章"天命之谓性"所定义之"性"做进一步说明，原初于首章统人与万物而单纯依必然分定（"天命"）之实存立论以言"性"，实之以"诚"，此即合外内之道而言"性"。我们可以说，"诚"乃是《中庸》包含的合外内之道的形上学之本体，此本体创发一个宇宙生成的进程："诚则形，形则著，著则明，明则动，动则变，变则化，唯天下至诚为能化。"[35] 这展示出一个高明致远的本体宇宙论。《中庸》展示的本体宇宙论，其言极妙极美，相比之下，孔孟哲学中显现的形上旨趣确实远没有那么耀眼。依此，我们甚至可以说《中庸》于本体宇宙论方面的建树使其在孔子哲学传统中取得不可替代的位置，但不容忽视的是，其本体宇宙论丝毫没有超出儒家道德的形上学所包含的"践仁知天"之大旨。

依以上所论可见，《易传》《中庸》的本体论和宇宙论绝不是汉儒的那种形上学宇宙论，后者主张离开道德心性而有一外在的"天"，然后论"天人相通"。并且，我们也没有理由把形上学之要素从孔孟哲学中清除掉，而只剩下失掉其普遍必然性之根源的美德伦理，因而视《易传》《中庸》乃至宋明儒所表现的宇宙论为与心性论对立的"天道观"，并据之误判其为孔孟义理之歧出。

《易传》《中庸》采用本体宇宙论的观点为入路展示了天道性命贯通为一。这种本体宇宙论之玄思尽管并不构成孔孟之学的重心，但亦并非不为其所包含。儒家道德的形上学之义理模型依据"践仁知天""尽心知性知天"而确立，那么进一步的问题是：《易传》《中庸》所展示的本体宇宙论是否能独立构成一种道德的形上学，而有进于孟子学说？或是必须与孔孟哲学关联一体地构成儒家的义理系统？

依上文所论，《易传》之玄思之核心仍是自然的本体宇宙论，根于人的自然形上学的禀赋，但它是有人的德行及圣人盛德大业相比配的，以此而显出道德之意义。且它并非如西方独断形上学那样，通过"实体化意识"之妄作杜撰出超自然的东西，并虚构出种种关于超自然东西之知识。"乾元""道体"并非对于外在的超自然东西之理智的臆测，根本不会是一种离开人力和人的自然理解而宰制人的最高意志实体。《中庸》根于"诚"而展开的本体宇宙论，可以说更为接近"尽心知性知天"之道德的形上学。无疑，"诚"的根本义、实在义不能离人的道德心而确立，但可以指出，《中庸》毕竟仍未能直指孔子言"仁"

220

包含的本心义，更未意识到本心之天理义，只是圆融地说出"诚"之"合外内之道"。直至孟子出来，言"仁义礼智根于心"，本心即天理也，此"心"就是人之实存之"性"，以心说性，心即性也。本心之天理统天地万物而言"万物皆备于我""上下与天地同流"，此即确立"尽心知性知天"之道德的形上学之规模。

依牟先生的解说，《论语》《孟子》与《易传》《中庸》"可会通而为一大系，当视为一圆圈之两来往"。[36] 而《易传》《中庸》乃是由《论语》《孟子》发展至"圆满顶峰"。[37] 先生之立论依于主观面与客观面之分言，亦即：心及从本心言之"性"，属主观面；"道体"及从"道体"言之"性"，属客观面。依此分言论先秦儒学之发展，《论语》《孟子》为主观面，《易传》《中庸》为客观面，这就是先生说："先秦儒家是从《论》《孟》向前发展，一根而至《中庸》《易传》，这叫'调适上遂'。"[38]

牟先生揭明："儒家之道德哲学必承认其涵有一'道德的形上学'，始能将'天'收进内，始能充其智慧方向之极而至圆满。"[39] 此见先生深刻之哲学洞识。先生一方面反对朱子"泛存有论的路"，[40] 另一方面又批评象山与阳明"对于客观地自'於穆不已'之体言道体性体者无甚兴趣"，并说："纯从主观面申展之圆满，客观面究不甚能挺立，不免使人有虚歉之感。"[41] 观牟先生所论，关于儒家之道德的形上学有两种说法：一是"天道性命通而为一"，[42] 其依据在《易传》，要点是"从上面由道体说性体"，"故直下从'实体'处说也"；[43] 二是"心、性、天一"，依据在《论语》《孟子》，要旨是"由'道德的进路'入"，"以由'道德性当身'所见的本源（心性）渗透至宇宙之本源"。[44] 依先生所论，这两种说法是"一圆圈之两来往"，"来往"意指主观面言"心、性、天"与客观面言"天道性命"两头通，故可从主观面透至客观面，亦可直下"以天命实体说性体"[45]。

就义理内部之相互说明而言，"一圆圈之两来往"的说法是极具说服力的。然做深一步批判考察，似仍难免有可商榷处。首先，孔子言"仁"，孟子言"心性"，皆以形上之体言，既是人之主体的实存之性，此主体因其禀具普遍立法之能同时就是客观的，是主客合一而与万物为一体者。故"仁"、天理所从出之本心、由本心言之"性"，并非只是主观地说。并不是从主观面说"仁""心性"，然后论"仁""心性"与客观面言的"天"合一，而是"心、性、天"根本是一。再者，若单就《易传》直下从上面说"道体"，并由"道体"说"性体"，而不收归到孔孟"心、性、天一"之义理规模下，《易传》本身并不能单独确立真正的形而上的实体。因为若离开"仁""心性"，我们根本无法直下从上面说"道体"并避免只是形式地说。牟先生本人就提醒："光从《易传》的乾元讲，尽管它也是创生性的实体，不过，还是一个形式概念。"[46]"空洞的"，只是"理上应当这样了解"。[47]用康德的话说，如此言之"道体"，充其量是一个可以作为理性之"综体"而言的最高者，它不能有决定的对象，而只能作为轨约原则，以指导我们依照理性的统一来思考世界。据此可以说，单就《易传》本身并不能圆满地确立一个道德的形上学，尽管如我们已申论，《易传》并非什么宇宙论中心，而恰切地说，它是包含自然的本体宇宙论的广义的道德哲学。我们可以指出，儒家道德的形上学之义理规模依据孔孟哲学，在儒家道德的形上学里，"仁""本心"居轴心地位，是唯一的内在于人自身的真实的创造实体。

究其实，《易传》言"乾元""乾道""性命"，不能被视为在客观面有一外在于本心的"真体"，《中庸》更没有离开"诚"来言一独立自存的"道体""性体"。以康德的话来说,《易传》《中庸》言"道""天"等,"只是就主体遵守它客观的实践的法则而言的一种必然的认定",是"真正的和无条件的理性必然性"。(KpV 5:11)但是,"这种道德的必然性是主观的,亦即是需求,而不是客观的"。(KpV 5:125)另一方面,我们不能认为孔子言"仁"、孟子言"本心"只是从主观面而言。本心(仁)固然是人的道德主体,但不因为是主体就属于主观面地说,以康德的话来说,本心以本心之天理(道德法则)证明自身之自律自由,天理"存在于一切人的理性中,与人的本质融为一体",它是人的实存之分定的法则。本心作为内在于每一个人的主体,不是只属于主观面的、就个人而言的"内在道德性",它是天命不已之体之性,本心天理是统自然秩序与自由秩序为一道德世界之宇宙秩序,以此才可说本心与"天"同。

我们恐怕不能说"孟子是纯由主体直线地申展出去"[48],也不能说只是直下圆顿言之。孟子从"四端之心"说"性善",固然是以心说性,但恐怕不能理解为"'即是即是'之平说方式"[49],更不会是逻辑上说的"A=A"。因为孟子之实义是通过天理("仁义礼智")自本心出,揭明本心之为立普遍法则之能,此能乃是人的真性,以此言"性善"。本心是实体,以此实体之创造之能为"性",此"性"当然也是实体,二者相互说明,既是一,同时又各因言说分际之不同而有各自的含义。孟子既由"尽心"说"知性",就含着"性"必须在"尽心"之不已进程中成就、实现;同理,"天"之为"天"也必须在"尽心"之不已进程中得见。

我们可以指出,《中庸》言"天命之谓性"并不表示建立"於穆不已"之"性体",引"维天之命,於穆不已"而言"天之所以为天",此中包含"天"之深远奥秘义并未出孔子言"天何言哉"之"形上天"

的意旨，并无超乎"六合之外，圣人存而不论"之立场，未于"诚"之外肯定一"道体"以言"性体"。至于《易传》则确实展示了一个本体宇宙论，并配之以人的道德实践，但仍然只能说其成立一种为道德学奠基的自然形上学，严格地说，它本身不能离开孔孟哲学而独自成一道德的形上学，遑论作为孔孟哲学之圆满发展之顶峰。恰切地说，《易传》展示的本体宇宙论可以加入孔子哲学传统之道德的形上学之规模中，让原来孔孟并不多言的"天"得到更为丰富的说明。我们如此费辞，不厌其详，旨在表明孔子哲学传统之道德的形上学之首要是本心（仁），而不能是先离本心而建立的"道体""性体"，若不然，就会使本心好像只表示人能自觉地进行道德实践以证实那先在的"道体""性体"。这容易令人误会，好像先有"道体""性体"，而"惟在人而特显"。[50]

总而言之，无论是《易传》《中庸》，还是孔孟，皆有言及自然形上学意义的"天""道体"，但都没有臆测"天"是什么。"天"这个名词不是指表一个现实对象，也不是意谓一个名为"天"的现实对象与人和物有什么客观关系。（A579/B607）道德的形上学之名之所以立，根本在人自身如理如实地确立道德创造实体，因而此实体能够通过人的道德实践而被证实；而我们指出孟子为道德的形上学之建立者，正在其揭明本心（仁）乃人之创造自身为道德者之本体，以及创造世界为道德世界之创造实体。本心作为创造之性能，造就人自身以及世界为合道德目的的存在，亦即创造自身为道德的实存，同时创造世界为德福结合的道德的世界。本心的创造性就体现于以圆善理想（大同世界）为原型的创造活动中。而我们提出《易传》《中庸》未能臻至道德的形上学，理据亦在其毕竟没有明确指出道德创造的实体在人自身。

析疑与辩难

问：《中庸》言"诚"有进于孔子所言"仁"吗?

答：如我们已申论，《中庸》于道德的形上学仍有一间未达，因其所言"诚者，天之道也"与"诚之者，人之道也"仍有间隔，性德与天德、人道与天道仍是分设的。也就是说，仍有先设一外在之"道体"，再论人的道德性与之合之嫌，故仍不能说"诚"乃人的道德创造性的当身而为唯一的形而上的实体。

尽管《易传》通过"乾元"、《中庸》通过"诚"显示出创造性的"道体"这个观念，但不能离开孔子所言"仁"，必须以"仁"之道德创造性为前提条件，《易传》《中庸》始能从那样一个本体宇宙论来统观天地万物。尤其《中庸》言"诚"，其实旨不离"仁"，第二十五章云："诚者非自成己而已也，所以成物也。成己，仁也；成物，知也。"第三十二章云："肫肫其仁! 渊渊其渊! 浩浩其天!"第二十章云："知、仁、勇三者，天下之达德也，所以行之者一也。"朱子《中庸章句》云："程子曰：'所谓诚者，止是诚实此三者。三者之外，更别无诚。'"又云："诚者，真实无妄之谓，天理之本然也。"又，王阳明说："诚是实理，只是一个良知。"(《传习录》下，第 259 条) 可见，后儒理解"诚"紧扣孔子所言"仁"及孟子所言"良知""天理"。孟子在《中庸》之后，亦有言"诚"，但仍不以"诚"来表示最高的创造根源，而要回到孔子所言"仁"，以本心言"人心之仁"，并由"尽心"伸展出一个道德的形上学。此即孟子说"一者何也? 曰，仁也"(《孟子·告子章句下》)，而不言"一则诚而已矣"(《四书集注·中庸章句》)。

注释

1 世人多以为玄学属道家，未知《易传》说《易》表现儒家的玄思。（详论见牟宗三主讲，卢雪崑整理《周易哲学演讲录》第一讲。收入《牟宗三先生全集》卷31，页3—11。）

2 有残存笔画但无法确认的字用"□"代替；因残损而完全缺失的文字且字数可确定者用相应个数的"□"外加"【】"表示。"又【□】□者"张政烺释作"又（有）［仁］□者"。"仁"字诸家释文多同，裘锡圭谓"此字以存疑为妥"。

3 裘锡圭主编，湖南省博物馆、复旦大学出土文献与古文字研究中心编纂《长沙马王堆汉墓简帛集成》，《周易经传》，北京：中华书局，2014，页118。

4 熊十力先生提出"《中庸》为说《易》之书"（《读经示要》卷一，台北：广文书局，1960，页15）。他说："而于《中庸》演《易》之旨，则言诚。……皆孔子微言大义。"（同前揭书，页26）

5 钱穆先生认为，"《中庸》接受庄周观念"（《中国学术思想史论丛》［二］，台北：东大图书公司，1977，页314）。钱先生自称特别重视《中庸》，在于其能"汇通儒道"，并据此否认《中庸》为儒学经典。他在《中庸新义申释》中说："《易·系辞》亦属晚出书，当与《中庸》略同时，均属汇通儒道而立说者。故《易》《庸》与《论》《孟》，断当分别而观。"（同前）钱先生所持观点有三：一、《中庸》天的观念出自庄周；（同前）二、《中庸》混同人性物性，乃接受了当时庄子、惠施意见，《中庸》吃重在发挥天人合一，此一义亦道家所重视；（同前揭书，页319—320）三、他说："求于儒家人生论上面安装一宇宙论，而亦都兼采了道家长处。"（同前揭书，页282）此乃学界一种流行见解。

6 熊十力：《读经示要》卷一，页14。

7 同前揭书，页12。

8 同前揭书，页15。

9　同前揭书，页11—12。

10　劳思光：《中国哲学史》第二卷，香港：香港中文大学崇基学院，1971，
　　页109。关于该问题，详论见拙著《孔子哲学传统——理性文明与基础哲
　　学》，页61—163。

11　劳思光：《中国哲学史》第一卷，台北：三民书局，1981，页140、148。

12　牟宗三主讲，卢雪崑整理《周易哲学演讲录》第一讲，《牟宗三先生全集》
　　卷31，页10。"几"这个观念在《易经》最初是从占卜讲。每一爻一发动，
　　刚刚开发，似动而未动之时就是"几"。"几者，动之微"（《周易·系
　　辞下传》），这个"动"是思动。占卜是人们日常生活中人事的问题，但"几"
　　不限于人事上，整个宇宙全部的思动都可以用"几"这个观念，这就变成
　　形而上学的观念。《周易·系辞下传》云："子曰：'知几，其神乎！……
　　几者，动之微，吉之先见者也。'""子曰：'颜氏之子，其殆庶几乎？
　　有不善未尝不知，知之未尝复行也。'《易》曰：'不远复，无祇悔，元吉。'"
　　牟先生引该书，说："《易传》本身言'几'就是通过我们的道德实践方
　　面讲，所以说：'颜氏之子，其殆庶几乎？有不善未尝不知，知之未尝复
　　行也。'"（牟宗三主讲，卢雪崑整理《〈周易〉大义——"先秦哲学"
　　演讲录》第三讲，载于《鹅湖月刊》第32卷第8期，2007年2月。）

13　朱注曰："此专以天道明乾义。"又云："元，大也，始也。乾元，天德
　　之大始，故万物之生皆资之以为始也。"（朱熹：《周易本义》，北京：
　　中华书局，2009）

14　牟宗三主讲，卢雪崑整理《周易哲学演讲录》第三讲，《牟宗三先生全集》
　　卷31，页22。

15　牟宗三主讲，卢雪崑整理《〈周易〉大义——"先秦哲学"演讲录》第二
　　讲，载于《鹅湖月刊》第32卷第7期，2007年1月。

16　同前注。

17　同前注。

18　牟宗三主讲，卢雪崑整理《宋明理学演讲录（三）》，载于《鹅湖月刊》
　　第14卷第2期，1988年8月。

19 牟宗三主讲，卢雪崑整理《宋明理学演讲录（二）》，载于《鹅湖月刊》第 14 卷第 1 期，1988 年 7 月。

20 同前注。

21 牟宗三主讲，卢雪崑整理《〈周易〉大义——"先秦哲学"演讲录》第三讲。

22 同前注。

23 朱熹：《周易本义》。

24 《周易·系辞上传》第四章云："《易》与天地准，故能弥纶天地之道。……与天地相似，故不违。知周乎万物而道济天下，故不过。……安土敦乎仁，故能爱。范围天地之化而不过，曲成万物而不遗，通乎昼夜之道而知，故神无方而《易》无体。"

25 《周易·系辞上传》第五章云："显诸仁，藏诸用，鼓万物而不与圣人同忧，盛德大业，至矣哉！富有之谓大业，日新之谓盛德。"

26 牟宗三主讲，卢雪崑整理《周易哲学演讲录》第七讲，《牟宗三先生全集》卷 31，页 47。

27 同前揭书，页 51。

28 朱注曰"此以地道明坤之义"，又曰："生者，形之始。顺承天施，地之道也。"（朱熹：《周易本义》）

29 牟宗三主讲，卢雪崑整理《周易哲学演讲录》第三讲，《牟宗三先生全集》卷 31，页 19。

30 同前揭书，第五讲，页 38。

31 此如依康德所论，"只有从理性先验地制定的德性的圆满性之理念，并且不可分地与一个自由的意志之概念联结在一起"，我们才得有上帝之概念。（Gr 4:409）此外，根源自人的意志自由的道德法则之普遍必然性，其自身是绝对无条件的命令，它才被表象为一个道德的最高者（如上帝）的诫命。同样，只有依从人的道德的普遍必然性，并且不可分地与"人能弘道"的道德创造联结在一起，我们才得有"乾元"（天道）之概念，以及取得其为创造原则之内容。

32 牟宗三主讲，卢雪崑整理《周易哲学演讲录》第四讲，《牟宗三先生全集》

卷31，页32。

33 牟先生说："'一阴一阳之谓道'，阴阳是气，不是道，一阴一阳才叫做道。"（牟宗三主讲，卢雪崑整理《周易哲学演讲录》第十三讲，《牟宗三先生全集》卷31，页96）"'一阴一阳'是阴了又阳，阳了又阴，连续下去成个变化，道就在变化过程里面呈现。"（同前揭书，页96—97）又，先生指出："朱子解'一阴一阳之谓道'，从'一'看出所以然，这是对的。"（同前揭书，第十四讲，页103）朱子可以采用这种存有论的推断，"但是，他对'道'本身的分析有偏差，因为他理解成'只是理'"（同前）。

34 牟先生指出"成之者性也"，此语有三解："一、其意是：'成就此道是性也'。……二、则解为：万物各具有斯道即是其性。意即：万物各具斯道以为性。此是朱子说。……三、张横渠转生另一义，解'成之者性'为'成性'，'性'是需要继善化气来成就的，所成的是性，是则'之'字代表性。如是，'成之者性'意为：吾人所要去成就它的就是性。此根本不合原句之句意。但其观念却清楚。"（《心体与性体》第二册，页140—141）先生对这三种解说均有批评："能就或完成此'道'的便是吾人之性，言性复能成就此道也，此是实践地言'性之义用'，不是物具有斯道以为性以示'性之存有'……"（同前揭书，页45）然依愚意，原文之语意并不专就人的实践而言吾人之性。

35 牟先生赞曰："形、著、明、动、变、化，这是最漂亮的宇宙观，光明俊伟的宇宙观。"先生又指出："这是通过实践而来的存有论的过程，统摄在实践理性下的一个本体宇宙论的过程。"（牟宗三主讲，卢雪崑整理《宋明理学演讲录（一）》，载于《鹅湖月刊》第13卷第12期，1988年6月。）

36 牟宗三：《心体与性体》第一册，页49。

37 同前揭书，页42。

38 牟宗三主讲，卢雪崑整理《宋明理学演讲录（一）》。本人早年著作《儒家的心性学与道德形上学》（台北：文津出版社，1991）亦依从牟师这种见解。

39 牟宗三：《心体与性体》第一册，页35—36。

40 牟宗三主讲，卢雪崑整理《宋明理学演讲录（四）》，载于《鹅湖月刊》第14卷第3期，1988年9月。

41 牟宗三：《心体与性体》第一册，页47—48。

42 牟先生说："中国没有神学，照中国的文化传统就叫做道德的形上学。道德形上学的内容就是天道性命通而为一……"（牟宗三主讲，卢雪崑整理《周易哲学演讲录》第五讲，《牟宗三先生全集》卷31，页37）

43 牟先生说："大抵先秦后期儒家通过《中庸》之性体与道体通而为一，必进而从上面由道体说性体也。此即是《易传》之阶段，此是最后之圆成，故直下从'实体'处说也。"（《心体与性体》第一册，页35）

44 牟先生说："以由'道德性当身'所见的本源（心性）渗透至宇宙之本源，此就是由道德而进至形上学了，但却是由'道德的进路'入，故曰'道德的形上学'……"（《心体与性体》第一册，页140）

45 同前揭书，页36。

46 牟宗三主讲，卢雪崑整理《宋明理学演讲录（二）》。

47 同前注。

48 牟宗三：《心体与性体》第二册，页511。

49 同前揭书，页510。

50 关此，详论见牟宗三《心体与性体》第一册，页40。依先生，"'性体'一观念居关键之地位"（同前揭书，页37）。先生说："如以性为首出，则此本心即是彰著性之所以为性者。"（同前揭书，页41）又说："客观地自'於穆不已'之天命实体言性，其'心'义首先是形而上的，自诚体、神体、寂感真几而表示。"且此客观地言之者"由孔子之仁与孟子之心性彰著而证实之"。（同前揭书，页42）此句容易被理解为仁与心性只是起彰著和证实性、天的作用。在《心体与性体》第二册，先生一再强调自"於穆不已"之体言性与孟子自人之"内在道德性"言性，是不同的进路，不能"以为此两进路所呈现者即是同一意义之性"，并说："谓孟子所说之性其初即同于自'於穆不已'之体所言之性，则混漫进路上之分际。"（页463）

第四节

论以《孟子》为背景解释《大学》言"心、意、知、物"之意义及其对儒家心学之贡献

《中庸》成书于《孟子》之前，[1] 那么，孟子何以不满足于《中庸》展示的以"诚"为本体的合外内之道的本体宇宙论呢？若"诚"果真能取代"仁"而成为最高的哲学词，那么，为何孟子不接续《中庸》言"诚"为核心讲本体宇宙论，而要以本心言"人心之仁"，并由"尽心"伸展出一个道德的形上学呢？《孟子·离娄章句上》有一段话与《中庸》第二十章言"诚"的一段文字几乎完全相同，[2] 其中云："诚身有道，不明乎善，不诚其身矣。是故诚者，天之道也；思诚者，人之道也。"可见孟子言"诚"与《中庸》有相契处。而"思诚者，人之道也"，与《中庸》言"诚之者，人之道也"相比较，亦可见孟子言"诚"归根于本心之"思"（"心之官则思"）。又，孟子曰："万物皆备于我矣。反身而诚，乐莫大焉。"人因着其天理所从出之本心，与天地万物为一体，此乃由"反身而诚"所显者。此所以王阳明说："夫人者，天地之心。天地万物，本吾一体者也。"此见孟子言"诚"之意为本心（人心之仁）所显。

然则，孟子并非不接纳《中庸》所言"诚"，而毋宁说，孟子将《中庸》言"诚"所包含的"人心"义更明确地表达出来。《中庸》之从"诚"言"性"固然可以通过圣人之德了解："诚者不勉而中，不思而得，从容中道，圣人也。"但我们仍未能依此对就每一个人而言真实有效的"性"有真切确定的意指。至孟子，回到孔子言"仁"，明确指出"仁，人心也"，以"天之所与我者"说明"天命之性"，就是从对每一个人皆有效的普遍必然的本心（"大体"）之本质作用说人的不可移易的分定之性，并据此道性善。"性"从"四端之心"言，"四端之心"人皆有之，我们可以说，先秦儒家言"性"至此达至根本而明确之决定。

"仁义礼智根于心"，"心之所同然者何也？谓理也，义也"。本心就是理义（天理）之根源。仁义就是内在于每一个人的本心的本质作用，此即孟子名之为"良能""良知"，故曰："人之所不学而能者，其良能也；所不虑而知者，其良知也。""亲亲，仁也；敬长，义也。无他，达之天下也。""良能""良知"乃天赋，人皆有之；天理乃本心普遍立法，心同理同。人依循自身禀具的"良能""良知"，立普遍法则（天理）之本心而行，即"由仁义行"。孟子以"良能""良知"人皆有之，从本心之立普遍法则及依循法则创发行为，揭明内在于每一个人自身的道德创造性，以此说人的真性。可以见出，孟子言"性"有进于《中庸》"天命之谓性""自诚明，谓之性"之说。我们可以说，孟子从"心"言"性"，真切、具体、而又直透本源，儒家之人性论由此确立。

那么，我们可以问，《中庸》所言"诚"在孔子哲学传统中占有一个怎样的位置呢？可以指出，孟子言"存其心，养其性"，就是把"诚"收归于存"心"、养"性"，"存其心，养其性"就是"诚身"。《中庸》、孟子都有言"诚身"，"诚身"是道德践履之事。而孟子说"尽其心者，知其性也，知其性，则知天矣"，那是形而上学的命题。

孟子言"心之官则思""思诚者，人之道也""诚身有道"，可见他是将"诚"归于本心之作用。那么，我们可问，"诚"是本心的哪一种作用呢？关此，我们可以于《大学》言"诚意"找到答案。"诚"乃就"意"之纯粹性而言，而"意"乃心之所存。《大学》首章云：

> 古之欲明明德于天下者，先治其国；欲治其国者，先齐其家；欲齐其家者，先修其身；欲修其身者，先正其心；欲正其心者，先诚其意；欲诚其意者，先致其知；致知在格物。物格而后知至，知至而后意诚，意诚而后心正，心正而后身修，身修而后家齐，家齐而后国治，国治而后天下平。

依《大学》所论，要达到"家齐""国治""天下平"，"身修"为要；而"欲修其身"，"正其心"为要；所谓"心正"，"知至"及"意诚"而已。我们可指出，"心正"即孟子所言"存其心"，也就是操存自家的本心良知，良知之天理时刻在"意"中作主宰，故"意诚"。尽管孟子未有言"诚意"，然而，"诚意"的意思就包含在"存其心"中。至《大学》始提出"诚意"之概念，明确地表达"意"之纯粹性，并且正式表明"知"与"意"为"心"所包含的两种关联一体的机能。以此可见《大学》重在言"心"，其提出"意"，更是孟子未正式指明者，可说是对孔子哲学传统之义理体系的一大贡献。虽则如此，我们不必以为《大学》可以取代《孟子》作为孔子哲学传统义理之综合。[3]

况且，《大学》言"心"，未见其于孟子言"仁义礼智根于心"之普遍立法义有所了解。其言"致知"，以孟子学为背景来理解，"知"

意谓"良知"，似亦应包含"天理"之义，但《大学》毕竟没有提及"良知""天理"。历来不少学者就以"知识"来训"致知"之"知"，其中以朱子影响最为深远。朱注云："致，推极也。知，犹识也。推极吾之知识，欲其所知无不尽也。"（《四书集注·大学章句》）徐先生表示赞同朱注，说："朱元晦以'推极吾之知识'释'致知'，我觉得这与原义相合。"[4] 尽管我们无法确定《大学》作者本人之原义，但显而易见，朱子之说根本于理不通。知识又如何能"推极"呢？如康德说，知识属于经验界之事，而经验界之地平线是永远无穷后退的。有谁能穷极宇宙间万事万物的知识呢？"圣人无所不知，是知个天理"，并非尽知万事万物的知识。

明代最后一位大儒刘蕺山，于《大学》言"心、意、知、物"有通贯周全的理解，他说："合心、意、知、物，乃见此心之全体。"（《刘子全书》卷十一《学言中》）"心中有意，意中有知，知中有物，物有身与家、国、天下，是心之无尽藏处。"（同前）又说："心、意、知、物，总是至善中全副家当。"（同前揭书，卷八《说·良知说》）依蕺山考论，"意"与"知"乃是"心"之关联一体的意欲机能之活动。他说"释氏言心便言觉，合下遗却意，无意则无知"，"意"若无立天理之"知"，不得为"心之存主"，"心"若无存天理之"意"，亦不得为作主宰之"心"。

援用康德的意志学说来分析：总说，"心"是心灵的意欲机能，亦可总称"意志"；分说，"知"是意欲机能中的立法机能，"意"就是依照法则订立行为格准的机能。即同一个意志包含起立法作用的意志，以及依照法则订立行为格准的抉意。"良知"之"知"无非是知天理，也就是本心中立普遍法则的机能，与康德所言立法的意志相通；"诚意"之"意"乃"心之存主"，即"存天理"，以作为行为的主观原则（格准）的根据。此即"意者，心之所存"，"知藏于意"（同前揭书，卷十《学言上》）。

蕺山辩明"意"为心之主宰，于阐发儒家言"心"之实旨有很大贡献。他说："意者，心之所以为心也。止言心，则心只是径寸虚体耳。着个'意'字，方见下了定盘针，有子午可指。"（同前揭书，卷九《问答·答董生心意十问》）而若非"知藏于意"，"意"凭什么能作心之主宰？"知藏于意"即良知之天理藏于意，才有"方见下了定盘针"。

蕺山于《大学》言"意"有周全的理解与阐发，并就此与其诸前辈相关论说多所辩难。事实上，蕺山之前，宋明儒者并未能就《大学》言"意"有一个确切的理解，也未见有"合心、意、知、物，乃见此心之全体"而立论的通贯周全的讲法。蕺山批评朱子言"意者心之所发"（《四书集注·大学章句》），说："意者，心之所存，非所发也。朱子以'所发'训意，非是。《传》曰'如恶恶臭，如好好色'，言自中之好恶一于善而不二于恶。一于善而不二于恶，正见此心之存主有善而无恶也，恶得以所发言乎？"（《刘子全书》卷十《学言上》）

蕺山之前，一般将"意"视为"心之所发"，也就是将"意"混同于"念"。即使以"致良知"释《大学》所言"致知"而有极大贡献的王阳明，亦未能摆脱朱子"意者心之所发"说之影响。阳明解释《大学》言"心、意、知、物"，有四者通贯而皆以"体"言者，他在《答顾东桥书》中说："心者，身之主也，而心之虚灵明觉，即所谓本然之良知也。其虚灵明觉之良知应感而动者，谓之意。"（《传习录》中，第137条）此中以"良知应感而动者"言"意"，是"体"言，亦即以超越义而论。稍后，《答罗整庵少宰书》云："以其主宰之发动而言，则谓之意；以其发动之明觉而言，则谓之知；以其明觉之感应而

235

言，则谓之物。"（同前揭书，中，第170条）此中言"物"指意本物。

但是，逮居越以后，阳明却转而仅以经验义言"意"和"物"，显出驱"意""物"于"心"之外，"独以知与心"的思维格局，此正是"四句教"（亦称"四有句"）[5]的根柢。这个时期，阳明言"心、意、知、物"的定论是"指其主宰处言之谓之心，指心之发动处谓之意，指意之灵明处谓之知，指意之涉着处谓之物"（同前揭书，下，第179条）。就"心之发动"言"意"，故云"有善有恶意之动"，此所言与《答顾东桥书》中言"良知应感而动者，谓之意"根本不同，后者意指称"体"而动，岂能说"有善有恶"？"心之发动"指气性的"心"而言，故"有善有恶"，阳明于此言"意"，究其实，"有善有恶"之"心之发动"只是"念"而已。阳明称之曰"意"，实在有将二者混淆之嫌。又，阳明所言"意之涉着处谓之物"，其言"物"是本末物，故有正有不正而待格，此所言与《答罗整庵少宰书》中言"以其明觉之感应而言，则谓之物"也根本不同。本心"明觉之感应"之"物"乃系意本物。

依以上所论可见，居越时期，阳明言"意"兼超越义与经验义而论，言"物"亦兼二义。发展至晚期"四句教"，更倾向把"意""物"皆落到第二节的对治工夫上说，甚至"知"也从良知之普遍立法义转到良心义之"知善知恶"来说。如此一来，"四句教"后三句所言"意""知""物"与首句言"无善无恶心之体"的"心"分割为二了。

蕺山作为宋明儒之殿军，对于六百多年来诸儒种种说法，自觉地要做出批判衡定。尤其于辩驳阳明"四句教"中，显其对维护儒家合"意"与"知"言"心"之义理纲维做出的贡献。总括来说，蕺山正阳明"四句教"之偏，要点有三。

一、指出"有善有恶意之动"与朱子云"意者心之所发"同，是以"念"为"意"，"驱意于心之外"。蕺山批评，说："若或驱意于心之外，

236

独以知与心，则法惟有除意，不当诚意矣。且自来经传无有以意为心外者。求其说而不得，无乃即知即意乎？果即知即意，则知良意亦良，更不待言。"（《刘子全书》卷十二《学言下》）

牟先生替阳明辩护，说："依阳明，知与意本属两事。意为意念，属感性层者；知为良知，属超越层者。"[6]"意本可上下其讲"，并无法确定《大学》之"意"必是蕺山所言之"心之所存"之"意"。[7]但愚意以为，我们诚然无法确定《大学》作者本人是否意识到"心、意、知、物"四者必须通贯而皆以"体"言，或者也可以假设作《大学》之人就是以为"意本可上下其讲"。不过，如此一来，《大学》本来"即天下、国、家、身、心、意、知以为体，是之谓体用一原，显微无间"（同前揭书，卷十《学言上》）的通贯整体，就被肢解得不成系统了，《大学》也就没有理由被列为"四书"之一，而势必要从先秦儒家典籍中除去。蕺山坚持《大学》所言"意"只是善，他说："然读《大学》本传，'如恶恶臭，如好好色'，方见得他专主精神只是善也，意本如是，非诚之而后如是。意还其意之谓诚，乃知意者心之主宰，非徒以专主言也。"（同前揭书，卷十二《学言下》）

《大学》云："所谓诚其意者，毋自欺也，如恶恶臭，如好好色，此之谓自谦，故君子必慎其独也。"蕺山理解此中言"意"为"体"，故说："意还其意之谓诚"，"意"本"只是善"，"非诚之而后如是"。这种说法明显是针对朱子。朱子注"毋自欺也"，说："毋者，禁止之辞。自欺云者，知为善以去恶，而心之所发有未实也。……言欲自修者知为善以去其恶，则当实用其力，而禁止其自欺。"（《四书集注·大学章句》）朱子处处以"善恶两纠之"（《刘子全书》卷八《说·良知说》），是未见"意"之为"体"。阳明言"有善有恶意之动"，所犯毛病与朱子一样。此所以蕺山批评他"将'意'

237

字认坏"（同前），又说："看《大学》不明，只为'意'字解错，非于格致事。"（同前揭书，卷十一《学言中》）

或可辩护说阳明言"诚意"是诚"受感性影响的意——意念之意"，诚者使其"转为超越层纯善之意"。[8] 但如我们已申明，蕺山正是反对这种视"意"本为受感性影响的意念，须经"诚意"然后转为纯善之意的讲法。他说："意者，心之所发，发则有善有恶，阳明之说有自来矣。抑善恶者意乎？好善恶恶者意乎？"（同前揭书，卷十二《学言下》）依蕺山所论，"意无所为善恶，但好善恶恶而已"（同前揭书，卷十《学言上》），"意也，心官之真宅也"（同前揭书，卷七《原旨·原心》），"意者，至善之所止也"（同前揭书，卷十《学言上》）。有质疑"意有起灭"云云，蕺山答曰："来教所云起灭相，正指念而言。如云发一善念而忽迁焉，人尽皆然。念起念灭不常，所以忽忽忽忆。若主意一定，岂有迁者？"（同前揭书，卷九《问答·商疑十则答史子复》）

蕺山力斥将"意"看作"私意"的说法，叹曰："每日间只是一团私意憧憧往来，全不见有坦然释然处，此害道之甚者。"（同前揭书，卷十《学言上》）又说："朱子曰'私意也'，必下个'私'字，语意方完。毕竟意中本非有私也。"（同前揭书，卷九《问答·商疑十则答史子复》）蕺山一再指明"私意"只是"念"，不能与"意"混。"念有善恶……物本无善恶也；念有昏明……知本无昏明也；念有真妄……意本无真妄也；念有起灭……心本无起灭也。故圣人化念归心。"（同前揭书，卷十一《学言中》）

蕺山力排众议，坚持《大学》所言"意"只能以"体"言，指出"意者，心之所存"、"知藏于意"、"即知即意"、"知良意亦良"、"心，一也，自其主宰而言谓之意"（同前揭书，卷十二《学言下》），以突出"意"为心之主宰，可说是继阳明提出良知天理后，对孔门义理之阐发做出的又一不可埋没的贡献。

二、批评"知善知恶是良知"犯有将"知"与"意"分作两事的错误。蕺山说："'有善有恶意之动，知善知恶知之良'，二语决不能相入，则知与意分明是两事矣。"并责问："将意先动而知随之邪？抑知先主而意继之邪？如意先动而知随之，则知落后着，不得为良；如知先主而意继之，则离照之下，安得更留鬼魅？"（同前）

在蕺山看来，"只因阳明将'意'字认坏，故不得不进而求良于知"，却又"仍将'知'字认粗"。（同前揭书，卷八《说·良知说》）依蕺山所论，"有善有恶意之动"乃是以为善恶者意也，随后"知善知恶是良知"即是"意先动而知随之，则知落后着"，故曰"不得为良"。"不得为良"一语看来未必恰当，但落于后着之"知"不能是即"天理"之良知，则是不必置疑的。此所以蕺山责难阳明"四句教"将"知"字认粗，并诘问："因有善有恶，而后知善知恶，是知为意奴也，良在何处？"（同前）他恰切地指出就"良知所发"而言"知善知恶"，与自本心天理而言"良知"要区分开。他解释说："'知善知恶'与'知爱知敬'相似，而实不同。'知爱知敬'，知在爱敬之中；'知善知恶'，知在善恶之外。知在爱敬中，更无不爱不敬者以参之，是以谓之良知。知在善恶外，第取分别见，谓之良知所发则可，而已落第二义矣。"（同前）

究其实，就"知善知恶"为"良知所发"而言，可称其为"良心"。只不过，宋明儒者并未对此二者做出区别。蕺山本人也有以"良知"一词表达"良心"之意，他说："心是鉴察官，谓之良知，最有权。人但随俗习非，因而行有不慊，此时鉴察，仍是井井，却已做主不得。"（同前揭书，卷十二《学言下》）此中所言作为"鉴察官"之"良知"，对人"随俗习非"而行起一种鉴察作用,正是指就"良知所发"而言的"良心"。[9]若以为天理所从出之"良知"在"有善有恶"之"意"之后,则大错。蕺山说:"知在善不善之先,故能使善端充长,而恶自不起。若知在善不善之后,无论知不善无救于短长,势必至遂非文过,即知善,反多此一知,虽善亦恶。"(同前)又引邓定宇语责难阳明"在用处求落后着不得力也",说:"'阳明以知是知非为良知,权论耳。……且及其是非并出,而后致之,是大不致也。'余甚韪其语。然必知是知非,而后见此知不是荡而无归,则致知之功庶有下手处,仍指月与镜言。"(同前)

依蕺山之洞识,"知之与意只是一合相"(同前)。就"良知"而言之"知善知恶"不能落在能知与所知相对的知识论意义上理解,因知识论意义之"知"不可能自身包含作用因,故无所谓"良"。唯独"知藏于意",此所言"知"具有创造及实现其客体的意志因果性,故堪称"良知"。此即康德所论纯粹实践理性不外就是纯粹意志,以区别于"只是理"的理论理性。此所以蕺山指出"致知工夫不是另一项,仍只就诚意中看出",他解释说:"如离却意根一步,亦更无致知可言。予尝谓好善恶恶是良知,舍好善恶恶,别无所谓知善知恶者。好即是知好,恶即是知恶。非谓既知了善,方去好善,既知了恶,方去恶恶。审如此,亦安见其所谓良者?乃知知之与意只是一合相,分不得精粗动静。"(同前)

蕺山揭明:"知"为意志因果性中的"知",亦即知善即好善,知恶即恶恶,以与作为"鉴察官"的"知是知非"的"良心"区别开。此乃蕺山把握住孟子言"良知"之意志因果性的道德创造义而理解《大学》言"知",可说是其为儒家良知学说做出的重要贡献。

三、依阳明,物为"意之用","格物"为"正其不正以归于正"。[10]

蕺山责难说："阳明云'致良知于事事物物之间'，全是朱子之说，而又云'格其不正以归于正'，则又兜揽正心项下矣。岂欲正其心者，究竟只在去其心之不正以归于正乎？"（同前）蕺山之责问可说针砭得当。

我们熟知，阳明明文批评朱子"外吾心而求物理"，"是其一分一合之间，而未免已启学者心理为二之弊"，"外心以求理，此知行之所以二也"。（《传习录》中，《答顾东桥书》，第133条）又不指名批评伊川，说："先儒解'格物'为格天下之物，天下之物如何格得？且谓'一草一木，亦皆有理'[11]，今如何去格？纵格得草木来，如何反来诚得自家意？"（同前揭书，下，第296条）他指出："人惟不知至善之在吾心，而求之于其外，以为事事物物皆有定理也，而求至善于事事物物之中，是以支离决裂，错杂纷纭，而莫知有一定之向。"（《王文成公全书》卷二十六《大学问》）然则，蕺山何以仍然批评阳明"全是朱子之说"？

朱子解"致知在格物"，云："致，推极也。知，犹识也。推极吾之知识，欲其所知无不尽也。格，至也。物，犹事也。穷至事物之理，欲其极处无不到也。"又解"物格而后知至"，云："物格者，物理之极处无不到也。知至者，吾心之所知无不尽也。"（《四书集注·大学章句》）阳明不接纳以"至"字训"格"的讲法，他提出以"正"字训"格"，说："如'格其非心''大臣格君心之非'之类，是则一皆'正其不正以归于正'之义，而不可以'至'字为训矣。"他斥朱子"格物穷理"之工夫为支离，说："今偏举格物而遂谓之穷理，此所以专以穷理属知，而谓格物未常有行，非惟不得格物之旨，并穷理之义而失之矣。此后世之学所以析知行为先后两截，日以支离决裂，而圣学益以残晦者，其端实始于此。"（《传习录》中，《答顾东桥书》，第 137 条）伊川、朱子"格物穷理"之说走的是以"知识"讲道德的路，这种讲法将孟子言"心"的普遍立法之道德创造义抹掉了，充其量只能讲到德性涵养和个人德行，而根本未论及德性、德行的超越根据——道德。如阳明自道，"知行本体"之揭明实乃"对病的药"，（同前揭书，上，第 5 条）"是就今时补偏救弊说"（《王文成公全书》卷六《答友人问》）。伊川、朱子之弊病不是小病痛，其来亦非一日，实在已形成根深蒂固的学说系统，其病根就在忽略本心良知之创造的实体性。

蕺山批评阳明所论"致知格物"，并非不同意其对朱子所论"致知""格物穷理"的驳难。[12] 蕺山所言容或有过激之嫌，然其对阳明以"格其不正以归于正"解释"格物"提出批评，是对的。其诘问"岂欲正其心者，究竟只在去其心之不正以归于正乎"，也是中肯的。依阳明的讲法，"物"有"正"与"不正"，而待"正"之，故其言"物"指本末物。而依蕺山，"心、意、知、物"皆以"体"言，"物"是意本物，不可以"正"与"不正"两纠之，此即他所说："即天下、国、家、身、心、意、知以为体，是之谓体用一原，显微无间。"阳明之所以言"物"有"正"与"不正"，归根结底是因为他"将'意'字认坏"。此即蕺山说："看《大学》不明，只为'意'字解错，非干格致事。"

阳明言"有善有恶意之动"，是将以"体"言的"意"视作"念"，显然与他在《答顾东桥书》中言"良知应感而动者，谓之意"根本不同。此所以蕺山诘问："心、意、知、物是一路，不知此外何以又容一'念'字。今（新本作'二'字）心为念，盖心之余气也。余气也者，动气也，动而远乎天，故念起念灭，为厥心病。（新本下云：'还为意病，为知病，为物病。'）"（《刘子全书》卷十一《学言中》）依蕺山，"物

242

本无善恶也"，"知本无昏明也"，"意本无真妄也"，"念"始有"善恶""昏明""真妄"。[13] 此乃"心、意、知、物是一路"应有之义。阳明既"将'意'字认坏"，他原本讲"良知""心即理""可谓心学独窥一源"，连带着也转换了意思。此所以"四句教"拉下来言"知善知恶是良知"，此中所言"良知"与他原来言天理所从出的"良知"明显有不同。此所以蕺山批评他"仍将'知'字认粗"。在这种思维路数下，阳明将"物"理解为本末物，有待人一一"正"之，故"四句教"第四句言"为善去恶是格物"，那是必然之事了。

蕺山自始至终信服阳明良知说乃"可谓心学独窥一源"，但此不碍他同时辩难良知教。如我们一再析论，蕺山之功在于承阳明而进一步阐发孟子言"心"（"良能""良知"）之全蕴。蕺山之所以辩难良知教，乃在于阳明讲对治的工夫时将之与其先前所论本体工夫混淆，以致使其"四句教"教法所言"意""知"偏离了他原本"心、意、知、物"皆以"体"言之大旨。

我们必须指出，若《大学》要在儒家心学中占一席位置，则其言"心、意、知、物"，必须以孟子学为背景，也就是说，将"心、意、知、物"一并置于心灵通贯一体之活动中考虑。此即蕺山强调："凡圣贤言心，皆合八条目而言者也，或止合意、知、物言。维《大学》列在八目之中，而血脉仍是一贯，正是此心之全谱，又特表之曰'明德'。"（同前揭书，卷十《学言上》）"身者天下、国、家之统体，而心又其体也。意则心之所以为心也，知则意之所以为意也，物则知之所以为知也，体而体者也。物无体，又即天下、国、家、身、心、意、知以为体，是之谓体用一原，显微无间。"（同前）[14] 又说："心中有意，意中有知，知中有物，物有身与家、国、天下，是心之无尽藏处。""总（新本作'统'）而言之则曰心，析而言之则曰天下、国、

243

家、身、心、意、知、物。惟心精之合意、知、物，粗之合天下、国、家与身，而后成其为觉。"（同前）

戢山一再强调"天下、国、家、身、心、意、知、物"血脉一贯，"正是此心之全谱"，"体用一原，显微无间"。他对阳明"致知格物"之解说多所辩难，也是针对阳明将"诚意""致知格物"落到第二节工夫上讲。牟先生对阳明的"致知格物"解说有相应的恰切理解，先生说"所谓'致知'者是对于'吾心之良知'不让其为私欲所间隔而把它推致扩充到事事物物上"，"'格物'者是以良知之天理来正物"。[15] 显然，此言"致知"是将"良知"与"私欲"两纠之，"致知"就成了对治私欲的第二节工夫。"吾心之良知"以其自立的天理为动力包含的道德创造之应有之义被忽略掉了。良知本身自不容已地扩充，"为私欲所间隔"者岂得谓"良知"？若是人心为私欲充塞，就是放失其良知了，此时岂是一味做"去人欲"之对治工夫即可？依孟子，若是良知放失了，就得做"求其放心"的工夫，岂有教人落到"有善有恶"的"意"（实质只是"念"）上做对治人欲的工夫？依孟子言"万物皆备于我"来理解《大学》言"格物"之"物"，"物"是本心良知创造的意本物，就良知天理创发道德行为及善之事物而言。意本物作为本心创造之客体是"善"，岂有推出去作为与本心良知相对的对象物，以待拿良知之天理来"正之"之理？明乎此，即可知，戢山对阳明"致知格物"说的诘难是正当的。[16]

可以孟子学为底据来解释《大学》所言"心、意、知、物"。"心"乃本心，无不正，"心"合"意"与"知"。"心"还其本心，即"心正"，此谓"正其心"。"心"的首出作用是立普遍法则，"知"即是本心普遍立法之知，即知天理之知，此"知"不以善恶为对象，故为"良知"。"意"乃良知之天理存于心，故"意"无不诚。"物"为意本物，

"意"无不诚，"物"无不正。据此，可以说，《大学》所言"心"，即孟子言"本心"，所言"意"即孟子言"存其心"，所言"知"乃天理所从出之"良知"，而"物"即是孟子言"万物皆备于我"之"物"。

"心"以"体"言，即是本心。天理自本心立，心体即是良知天理，故曰心是无善无恶之心；意体只是存天理，故曰意是无善无恶之意；良知只知个天理，故曰知是无善无恶之知；致知格物是正物，故曰物是无善无恶之物。既以"体"言"心"，本心之下如何能安放那"有善有恶"的"意"？"知"又怎能是那依良知之天理做是非判断的"知是知非"的"知"？若能理解"心"合"意"与"知"，皆以"体"言，我们则可获得对《大学》言"致知在格物"的确切解释："致"是"扩充"的意思，"知"是孟子言"良知"，充尽吾人之良知，也就是孟子言"尽心"，故"致知"即"尽心"。"格"可训"至"而引申出"达成""通达""成就"之义；"物"是意本物，也就是良知天理之创造产生的"物"，故意本物无不善，"身修""家齐""国治""天下平"皆为意本物也。"格物"指意本物通达、成就。"致知在格物"即本心良知之充尽在意本物之通达、成就中。

蕺山说："汉疏八目先诚意，故文成本之曰：'《大学》之道，诚意而已矣。'极是！乃他日解格致，则有'意在乎事亲'等语，是亦以念为意也。"（同前揭书，卷十一《学言中》）阳明与蕺山皆盛倡"诚意"，蕺山之所以诘难阳明的"诚意"说，要点在反对阳明"以念为意"。阳明把就"诚意"而言的工夫，落到第二节之对治工夫上，"存天理"不在"意"上说，只成个空说，着实说就只是"去人欲"，即使说"着实用意去好善恶恶"（《传习录》上，第119条）、"致吾心之良知于事事物物"（同前揭书，中，《答顾东桥书》，第135条），也只是用上说的工夫，并未及本体上的工夫如何做。依蕺山，"诚意"

是本体上的工夫，即孟子所言"存心"，也就是操存自家的本心良知，亦即"存天理"。良知之天理时刻在"意"中作主宰，故"意诚"。

用康德的话说，"诚意"就是始终保持纯粹意志之道德法则作为行为格准之根据，亦即时刻保住抉意之自由而不放失，也就是确立遵循道德法则的存心。蕺山说："诚敬之存，乃是天理。只是存得好，便是诚敬。"（《刘子全书》卷十《学言上》）又说："孟子曰：'君子所以异于人者，以其存心也。君子以仁存心，以礼存心。'"（同前揭书，卷四《圣学吃紧三关》）"意为心之所存"，"好恶一于善而不二于恶"，"正见此心之存主"。（同前揭书，卷十《学言上》）据此所言"诚意"就是保住"心之主宰"、好善恶恶之"意"而不放失，此即"存天理，致良知"之第一义工夫的实功所在。

如康德指出："人，作为感触者在经验中不仅有选择遵从法则的机能，而且有选择违反法则的机能，但是，作为智性者之自由（Freiheit als intelligiblen Wesens）不能这样定义。"（MS 6:226）现实上，"意"有善有恶，但我们不能据此定义"意"。背离天理的种种可能性只能是"意"失去自身之能力而已。[17] 此即蕺山说："意可言有善有恶，而以诚还意，则意之无恶可知。子能顺杞柳之性而以为桮棬乎？将戕贼杞柳以为桮棬也。"（《刘子全书》卷十二《学言下》）

依蕺山所论，"诚意"就是保存我们自身禀具的好善恶恶之"意"，而并非如阳明言"致知以诚意"那样，将良知关联着有善有恶之"意"而期对治之。蕺山所论"诚意"亦即康德所言保存"纯粹的道德存心"[18]，此存心是通过将德性建立在其纯正的原则上而造成的。（Gr 4:412）如康德说，德行就是"在奋斗中的道德存心"。用儒者的话说，就是"体认天理"，"存此天理"在意中，"循此天理"于行为中。"人心如谷种，满腔都是生意"，"惟有内起之贼，从意根受者不易除"。

（《刘子全书》卷十一《学言中》）"致知诚意"的实功从意根上做，时时保存自家本天之诚体，就是"保证永远拥有一种一直在善中向前进的（永不脱离善的）存心的现实性和坚定性"，"确信这样一种存心恒定不变"。（Rel 6:67–68）这样一种"道德存心的力量"乃是"与重重障碍做战斗，并且无论遇到多大的诱惑都能克服障碍"的力量。（Rel 6:61）"道德概念的所有实践上的用途本来都是以这种存心的要求（它的发展和促进）为目的的。"（Rel 6:76）

蕺山言"诚意"是真正的本体工夫，他说："诚意一关，其'止至善'之极则乎！"（《刘子全书》卷十二《学言下》）阳明落到对治"人欲"（念）上言"诚意"，无疑把"诚意"的本体工夫义讲坏了。阳明揭明本心良知乃心之本体，倡言"心即理"，扭转伊川、朱子以"性即理""格物穷理"解孔孟义理之错误方向，实有大贡献于孔子哲学系统的确立，却又何至有那样的错误呢？我们可以指出，归根结底，是他终究未能明了本心良知之天理是具有道德创造力的自由因果性法则，它是理性在意欲机能中所立普遍法则。道德主体是合理性与意志而为创造的机能。用蕺山的话说，天理（普遍法则）出自本心，而本心合"意"与"知"，因而是"天下、国、家、身、心、意、知、物"血脉一贯的。

阳明揭明本心之为普遍立法之能力，此无疑是说明孟子言本心之意志自律义的第一关，但他未进而把握本心所立法则（天理）乃是能起创造作用的自由因果性法则。依照自由因果性法则（即意志自律原则），自立法则即自我遵循；自由因果性法则存于"意"，此"意"就能产生对象（善、善的行为、善的物）并致力于其对象之实现于世界上。但阳明之论，用牟先生的话来说就是："至善是心之本体，犹言是心之自体实相，简言之，就是心之当体自己也。"[19]"至善"只就心之自体实相而言，"心之自体是如此，然其发动不能不受私欲气质之阻隔或影响因而被歪曲，因此'有善有恶意之动'。其发动即得名曰'意'。故'意'可以说是经验层上的"[20]。"良知"的作用就成了对治或善或恶的"意"，"意"是"心之自体"之发动，良知于此"彰其超越的照临之用"。[21] 牟先生说："然发动的或善或恶，此心之自体即其灵昭明觉之自己未尝不知之，此即所谓良知。"[22] "意有善恶两歧，而照临此意的良知则是绝对的纯一，故它是判断底标准。"[23] 如此理解，心成了"只是虚说"，牟先生说，"故'至善是心之本体'是虚说，即笼综地先一提，而由良知之超越的照临之用，反而形著其为至善，则是实说"[24]。如此说来，本心以其为普遍立法之机能而为"体"，故纯粹地善的意思没有了，"意"为天理存心而作主宰的意义抹掉了，良知本有的意志自由之因果作用的创造性丢掉了，被说成是"决定一方向"，以及"一种不容已地要实现其方向（天理）于意念乃至意念之所在（物）以诚之与正之之力量"。[25] 天理成了良知"在其照临的一觉中隐然自决一应当如何之方向"[26]。

然而，依照孟子，"仁义礼智根于心"，由天理（"仁义礼智"）见心之本体纯粹至善，岂有虚说？用康德的话说，天理就是意志自律的原则。它岂只是在良知照临中"隐然自决一应当如何之方向"？又岂只是拿来作为对治意念与正物之用？

孟子教人"尽心""存心""由仁义行"，哪有"善恶两纠之"而言"意念"？"存心"是操存本心天理，不让其放失，这就是本体上做工夫，哪有专就"去人欲"来做诚之或正之的工夫？但阳明晚年有"本体上何处用得功"之说，他说："然至善者，心之本体也。心之本体，那有不善？如今要正心，本体上何处用得功？"（《传习录》下，第 296 条）这就是牟先生说"至善是心之本体"是虚说，既只是虚说，

248

自然就无处可用功。但本心普遍立法正是实处，操存本心良知之天理，就是本体上用功，就是"诚意"的工夫，蕺山正是由此本体工夫言"诚意"。但阳明却认为在"善恶两歧"的"有善有恶意之动"处，才用得功，如此一来，就成了只承认针对"意念"（随躯壳起念）可做的对治工夫。

此所以蕺山批评阳明"驱意于心之外"，并指出若"意可言有善有恶"，则"惟有除意，不当诚意矣"。"每日间只是一团私意憧憧往来，全不见有坦然释然处，此害道之甚者。"蕺山力排众议，伸言以"体"言"意"："意也，心官之真宅也"，"毕竟意中本非有私也"，"意还其意之谓诚，乃知意者心之主宰"。

阳明并非未能见及本体工夫的重要性，而是未能见及本体上的实功只能在"意"上做。结果落得个"本体上无工夫可做"的结论，论工夫就只得"四句教"之对治工夫，以及"四无句"之无工夫之工夫两途了。也就是以对治工夫为"用"，以求良知本体，而并非以意与心合之本心为本体而言其创造性之用。尽管阳明也一再叮咛本体工夫，说："合着本体，方是工夫。做得工夫，方是本体。又曰：做得工夫，方见本体。又曰：做工夫的，便是本体。"[27] 但其始终未能说出本体工夫之实功该如何做，毕竟只是停留在说个本体工夫，而实际上只是教人通过对"用"（对治工夫）以求"体"。故他在天泉桥上说："故且教在意念上实落为善去恶。功夫熟后，渣滓去得尽时，本体亦明尽了。"（《传习录》下，第293条）但我们仍旧不明白，如何只通过对治工夫，本体就可以"明尽"了。

此所以蕺山批评这种"即用见体"的主张，他说："今欲求无善无恶之体，而必先之于有善有恶之意而诚之，是即用以求体也。即用求体，将必欲诚其意者先修其身，欲修其身者先齐其家，又先之治国平天下，种种都该倒说也。此亦文成意中事。"（《刘子全书》卷十一《学言中》）无疑，这种"即用见体"的讲法将孟子所论本心之为本体的创造性之大旨忽略掉了。

以上所论既明，则可知，蕺山以《孟子》为背景说明《大学》言"心、意、知、物"之意义，对儒家心学有着不可埋没的贡献。"心、意、知、物"置于本心作为自由因果性之创造活动中考虑，既是超越分解地揭明各自的位置与作用，同时"血脉仍是一贯"。必至此，方能论明"心、意、知、物，总是至善中全副家当"，以彰孟子学"合心、意、知、物，乃见此心之全体"之通贯周全的体系。

析疑与辩难

问：孔子重视"学"，那朱子以"推极吾之知识"释"致知"，有何不妥？

答：徐复观先生就赞同朱子此说。学界中持这种观点的学者并不少见，一般所持理由是，道德要落到现实行为中，就离不开知识。徐先生就说："第一阶段的诚意……只能算是'正其端绪'，此时与致知并无关系。……但由'意欲'而到'实行'，亦诚意所应有之义。实践的行为，必须与客观事物相结合，这便由正其端绪，发展而为知识问题。"[28] 徐先生所言"端绪"，实意指实践行为之根据，亦即人的德性和德行的超越根据问题，用康德的话来说，就是德性形而上学的问题，此属于纯粹的道德哲学，亦即属于实践哲学。科学的实践哲学系统的稳固基础在于查明意欲机能之先验原则及决定关于这些先验原则使用之条件的范围与限度。（KpV 5:12）而"知识"属于理论的哲学，康德的批判工作的重要成果之一就是确切地划定理论认识的界限，把它限制在"感取和知性之对象"的范围内，从而正当地将我们的全部认识机能区分为两个领域——"自然概念之领域"与"自由概念之领域"，并据之将"理论认识"与"实践认识"区分开。依据康德批判哲学所论明，在实践理性这里，"必须处理的是意志，并且必须不是从与对象的关系中，而是从与这个意志及其因果性的关系中来考虑理性"。理性在实践使用中并不像在理论的使用中那样要关注认识机能之对象，而是"关注意志的决定根据，而意志或者是产生那符合于表象的对象的一种机能，或者是决定自身去造成这样的对象（不管我们的物理机能足不足够）的一种机能，亦即决定其因果性的一种机能"。（KpV 5:15）在道德领域，我们并不处理直观所对的外在客体，而是处理意志的决定根据乃至决定自身去产生对象。

我们可以指出，孟子哲学作为纯粹的道德哲学，属于实践哲学的领域，即不是就我们的意识力而言的关于对象的知识，而是"关注意志的决定根据"（本心良知之天理），以及意志自身产生的对象（善），并实现自身产生的对象于世界上。如蕺山所说"惟心精之合意、知、物"，此中所言"物"并非成知识的对象物，所以蕺山说："物即是知，非知之所照也。"（《刘子全书》卷十《学言上》）

我们所以要论明实践的哲学与理论的哲学的区分，把孟子哲学之为道德哲学与一般所论"知识"区分开，就是要防止将理论的知识混入孟子哲学中，以破坏其稳固基础——本心立普遍法则（天理），天理本身就是道德创造的动力。朱子以"推极吾之知识"释"致知"，正是犯上将本心之良知当作知识来讲的毛病。朱子之前，已有伊川言"道体""性体"只是理，只讲"性即理"，而不能说"心即理"；朱子追随伊川，把性讲成"只是理"，心属于气之灵之实然的心，孟子所言本心良知就根本不能讲了。[29] 本心良知不能讲，道德创造实体也就无从确立，故程朱理学偏离孔子哲学传统之道德的形上学，转而成一种知解的形上学，在如此一个系统中，根本就无真正的道德可言了。其所论"德性之知"并无道德（本心良知）作超越根据，尽管也冠以"德性"之名，其实只是"在物为理""外心以求理"的理论认识；其所论"行"也不会是道德实践，而充其量只是技术地实践，仍只属理论认识之范围。[30]

以上所论既明，则不会对我们强调区分实践认识与理论认识而保有各自的独立性产生曲解，不会误以为是于人的道德践履中将知识排斥掉。人的良知天理不从经验中来，不是认识力的对象之知识；它来自每个人禀具的本心之自由因果性的创造性能，创造人自身为道德者，及创造世界为道德的世界。此并不妨碍本心之创造要落实于经验界，则必须依从自然因果性，亦即必须有知识。就此而论，人的道德践履不能离开知识，但我们不可因此误以为"德性之知"（本心良知之天理）必须从知识来。

注释

1 　关于《中庸》成书时代问题，徐复观先生依据其翔实研究，提出《中庸》为子思及其门人所作，成书于《孟子》之前。（《中国人性论史·先秦篇》，页 93，页 126—128）近年来，郭店楚简儒家逸书之研究成果为徐先生的识见提供了有力的支持。从文献证据方面来看，1973 年冬湖南长沙马王堆出土的帛书，其中《五行》篇被学者引以为支持《中庸》为子思作的史料。1993 年湖北省荆门市郭店村一号墓出土的郭店楚简（荆门市博物馆编《郭店楚墓竹简》，北京：文物出版社，1998），出土全部是逸书，共计十八篇，其中大多属儒书。经学者专家研究，除曾于马王堆发现过的《五行》篇之外，《缁衣》篇大致相当于《礼记》所载，而《成之闻之》篇、《尊德义》篇、《性自命出》篇、《六德》篇与《五行》篇、《缁衣》篇都有密切相关之处。专家们据此提出郭店楚简儒家逸书"可说是代表了由子思到孟子之间儒学发展的链环"。（李学勤：《先秦儒家著作的重大发现》，收入《郭店楚简研究》，《中国哲学》第二十辑，沈阳：辽宁教育出版社，1999，页13—17。）

2　《孟子·离娄章句上》云："居下位而不获于上，民不可得而治也。获于上有道，不信于友，弗获于上矣；信于友有道，事亲弗悦，弗信于友矣；悦亲有道，反身不诚，不悦于亲矣；诚身有道，不明乎善，不诚其身矣。是故诚者，天之道也；思诚者，人之道也。至诚而不动者，未之有也；不诚，未有能动者也。"《中庸》第二十章云："在下位不获乎上，民不可得而治矣。获乎上有道，不信乎朋友，不获乎上矣；信乎朋友有道，不顺乎亲，不信乎朋友矣；顺乎亲有道，反诸身不诚，不顺乎亲矣；诚身有道，不明乎善，不诚乎身矣。诚者，天之道也；诚之者，人之道也。诚者，不勉而中，不思而得，从容中道，圣人也。诚之者，择善而固执之者也。"

3　徐复观先生著《中国人性论史·先秦篇》，书中有一章题为《先秦儒家思想的综合——大学之道》。徐先生恰切地指出："'诚意'是由《大学》所提出的新观念。"（同前揭书，页239）以此保住《大学》在孔子哲学传统中的一席地位，这是正当的。徐先生还以翔实的文献材料为证据，提出"《大学》成篇，可断言在《尔雅》成书之前"（同前揭书，页246），"是秦统一天下以后，西汉政权成立以前的作品"（同前揭书，页247）。不过，愚意以为，《大学》只言"心"，而不言"性""天"，故远不及孟子承继孔子而确立的"尽心知性知天"之道德的形上学的宏规。又，徐先生以《大学》既受孟子思想系统影响，又多引《荀子》之言，故见其亦受有荀学影响，（同前揭书，页248）便认为《大学》综合孟荀，堪称"先秦儒家思想的综合"。此说值得商榷。我们不必否定荀子于政治制度及社会史方面的贡献，但荀子不承认人皆有的道德心，否认人的道德实存之性，也不言"天命""天道"，荀子有云："唯圣人为不求知天。"（《荀子·天论篇》）据此，我们可以指出，就"哲学"一词之严格意义来说，我们不把荀学作为哲学来研究，故此也不会将之列入孔子哲学传统。明乎此，即可理解，就哲学而论，不可能言孟荀之综合。

4　徐复观：《中国人性论史·先秦篇》，页 260。

5　四句教："无善无恶心之体，有善有恶意之动，知善知恶是良知，为善去恶是格物。"（《传习录》下，第 293 条）

6　牟宗三：《从陆象山到刘蕺山》，页 377。

7　同前注。

8　同前注。

9　我们可以用康德的话来说，"良知"是立道德法则的纯粹理性，而"良心"是对于道德法则的"感受性的主观条件"。（MS 6:399）"良心"作为监察与裁决机能，"它以法则之神圣性和纯粹性评价我们的存心和行为"（Ethik 146）。康德指出："在我为了知性所做出的那种判断已经把它与我的实践的（这里是裁判的）理性进行了比较的主观判断中，我不可能出错。"（MS 6:401）依康德所论，"良心"与"道德立法主体"不能割裂为二。同样，我们可说，"良心"与立天理之本心良知并非割裂为二，但超越分解而言，必须依其作用之不同而做出区分。

10　阳明说："意之所用，必有其物，物即事也。如意用于事亲，即事亲为一物；意用于治民，即治民为一物；意用于读书，即读书为一物；意用于听讼，即听讼为一物。凡意之所用，无有无物者，有是意即有是物，无是意即无是物矣。物非意之用乎？'格'字之义，有以'至'字训者，如'格于文祖''有苗来格'，是以'至'训者也。然'格于文祖'，必纯孝诚敬，幽明之间，无一不得其理，而后谓之'格'；有苗之顽，实以文德诞敷而后格，则亦兼有'正'字之义在其间，未可专以'至'字尽之也。如'格其非心''大臣格君心之非'之类，是则一皆'正其不正以归于正'之义，而不可以'至'字为训矣。"（《传习录》中，《答顾东桥书》，第 137 条）

11 语出程颐所言："求之性情，固是切于身，然一草一木皆有理，须是察。"（《二程全书·遗书》）

12 阳明揭明本心良知，并提出知行本体工夫，有大功于孔孟义理之阐发。蕺山也并非要否认阳明的贡献，他说："阳明子言良知，最有功于后学。"（《刘子全书》卷八《说·良知说》）又赞阳明视朱子穷理工夫为支离，"专提'致良知'三字为教法"，"可谓心学独窥一源"。（同前揭书，卷八《说·中庸首章说》）又说："自良知之说倡，而人皆知此心此理之可贵，约言之曰：'天下无心外之理。'举数千年以来晦昧之本心，一朝而恢复之，可谓取日虞渊，洗光咸池，然其于性，犹未辨也。"（同前揭书，卷七《原旨·原学中》）

13 心之所发，于经验界中随躯壳起念，"欲动情炽而念结"，此所以蕺山说："人心出入存亡之机，实系于此。甚矣！念之为心祟也，如苗有莠。"（《刘子全书》卷十一《学言中》）

14 蕺山说："《大学》八条目如常山之蛇，击其首，则尾应；击其尾，则首应；击其中，则首尾皆应。"（《刘子全书》卷十《学言上》）

15 牟宗三：《从陆象山到刘蕺山》，页 191。

16 牟先生替阳明辩护，并对蕺山多加指责。先生说："蕺山之辩驳言论多不如理，或多无实义，时不免明末秀才故作惊人之笔之陋习；其说法多滞辞，自不如象山阳明之精熟与通畅。"（《从陆象山到刘蕺山》，页 371—372）"其穿凿辨难大抵皆无所谓，不可以为准。若据其辨难，以为良知教真有问题，则全成误解。"（同前揭书，页 378）又说："我观其辨难多无理……其辩驳者盖一时之纠结状态所成之窒碍，未可视为定论也。"（同前揭书，页 407）

17 康德说："有理性的主体能够做出与自己（立法的）理性相违背的选择，经验可以证明这种情况经常发生，但是我们不能将自由置于这种事实上。因为承认一个经验之命题是一回事，而把它作为定义原则（Erklärungsprinzip），（在本例中即是自由的抉意之定义原则），并把它作为区别于支配兽性或奴性的原则之普遍的标志，那却是另一回事。"

（MS 6:226）

18 如康德指出：存心乃是"格准的内在的原则"（Rel 6:22），即"采纳格准的首先（erste）主观根据"（Rel 6:25）。"德性的存心的动力"就是解脱一切感触的条件之束缚。（KpV 5:75）

19 牟宗三：《从陆象山到刘蕺山》，页195。

20 同前注。

21 同前注。

22 同前注。

23 同前注。

24 同前揭书，页196。牟先生持有这样一种思路：只说"心之自体"，那是虚说；必须经由"良知之超越的照临之用"（即察知心之"发动的或善或恶"），反而形著心之为至善，始是实说。看来，先生并未注意到孟子是以本心乃天理之所从出来说明心之为实。正如他未注意到康德由道德法则乃根于意志自由，以此证明意志自由之实在性。先生认为凡在直觉中者为实，不在直觉中者为虚。因此，先生执着康德言人无智的直观，意志自由没有（也不必等待）直观来证实，就断定意志自由为虚说。先生说"意志自由是一虚置，其所自律的道德法则亦是一虚置"。先生只承认良知是实说，理由是良知是"灵昭明觉"，对"善恶两歧"的"意"有"超越的照临之用"。而因为没有注意到本心之立普遍法则是实说，故有"'至善是心之本体'是虚说"的想法。

25 同前注。

26 同前注。牟先生说："然良知之照临不只是空头地一觉，而且即在其照临的一觉中隐然自决一应当如何之方向，此即所谓良知之天理。"（同前）可见，依牟先生理解，天理是照临善恶两歧的"意"（案：实质是"念"）的良知所"自决一应当如何之方向"。这样理解，"天理"作为道德创造之原理的意义就被抹掉了。同样，先生认为康德所论"自律的道德法则亦是一虚置"，也是没有注意康德已论明，理性在实践法则中自身就直接决定意志，它作为纯粹理性就能够是实践的。（KpV 5:25）我们能够

256

意识到纯粹的实践法则（道德法则），"这是因为我们注意到理性借以给我们颁布纯粹的实践法则的必然性"。（KpV 5:30）道德法则"存在于一切人的理性中，与人的本质融为一体"。它是人的实存之分定的法则，也就是自由因果性法则，人据之认识到自身立普遍法则的能力，并遵循此法则而行。我们没有理由以为康德所论道德法则是"虚置"。

27 朱得之：《稽山承语》第二十条。见吴震《〈传习录〉精读》，页212。

28 徐复观：《中国人性论史·先秦篇》，页260。

29 见牟宗三《心体与性体》第二册，页254—255。关于伊川、朱子所成系统与先秦儒家之古义不合，自"体"上言根本有偏差，详论见牟宗三《心体与性体》第一册，页49—51。

30 此如古希腊时期，古典的德性学（无论是著名的柏拉图抑或亚里士多德）探究："人们认为善的对象，哪些是真正的善或者是最高的善？"亦即关于善的知识，也称为实践性的智识。但严格按照批判哲学给予"道德哲学"这门科学的定义，则这些实践性的智识仍然不能混同于道德实践的认识，而只不过是技术地实践的知识，只能划归于理论认识之范围，因其未触及纯粹实践理性之普遍立法机能故也。

第五节

论孟子依"尽心知性知天"确立的道德的形上学如理如实

所谓"如理",意指这门学问之概念和原则依理性的思辨之轨约作用而言是合法的;所谓"如实",则意谓其概念和原则依理性的实践使用而言是真实的,有其实践的实在性。"天"作为形而上学之概念,作为经验世界中一切有条件之事物归于其下而成一个目的秩序之全体的"综体"之理念,它是合法的,此中并无关于形上实体之妄作。如我们已论,这种表征普遍必然之秩序的最高者的作为"综体"之理念,有见于孔孟之学,而尤以《易传》《中庸》显其高明致远之精彩。进一步,孟子上承孔子"践仁知天",从人自身于不已之道德践履进程中"尽心知性知天","天"之概念之决定及其内容完全由人"尽其心"以不已地实现其分定之性而上达至。我们说"天之所与""天命",根本就是人自与、自命,我们将这种本心之自与、自命所含的不可移易的普遍必然性标举为最高者("天"),故不能理解为妄作一个从上而下给人下命令的形而上的实体。并且,孔子哲学传统中所言"天",作为本心之创造性的普遍必然性、无限性本身,绝非随意假借以为人的特殊用途，以此区别于心理学意义的形形色色借"天"为用的习俗小传统中所谓"天"。据此，我们可以指出，孟子展示的道德的形上学之规模是如理如实的。

学术界流行一种观点，以为孔孟之学没有也不需要给出哲学的说明，甚至有一种误解，以为凡证明就是知识化，像康德哲学那样的证明就是理论的、思辨的，完全不能与孔孟之学的"自明""自证"相通。但如我们一再申论，康德通过批判论明实践的哲学之独立性，而与理论的哲学区分开，实践的哲学亦即道德哲学，是"因着理性按照自由概念之实践的立法而这样命名"。（KU 5:171）不能将道德哲学包含的周密而详尽的说明系统混同于思辨的知识。同时，以为孔孟之学"自明""自证"不包含任何哲学证明，是受一种简单化的思维影响，这种观点势必危害到孔子哲学传统之普遍必然性，以致使其被曲解成通俗的、时移势易的经验伦理学。

如我们一再申论，孟子学作为道德哲学，它包含着对儒家道德的形上学的核心概念（"心""性""天"）之周全的哲学说明。无疑，孔子乃至孟子，并不以专业哲学家的身份立说。牟先生引庄子语，说："圣人怀之"，而有别于"众人辩之以相示也"。[1]孔子学以"圣人怀之"的方式出，而孟子学起到一种"辩之以相示"的作用。也就是说，孔子学经由孟子之"辩"，将一种圆融而周全、既高明又中庸的哲学智能系统地建立起来，如我们已论，这门学问堪称道德的形上学。以形上学之名出之，并非要比附、挪用西学的名词，而在于形上学是人的自然禀赋，它表示人自身本有的对于普遍必然性的追求，这种追求首先产生自然形上学，并且，人感觉到感性的局限性，认识到偶然性带来的危险，这样一种超越局限性、偶然性的要求酝酿着道德的形上学。

孔子传统要避免被曲解为只是经验的、心理学的，无非是劝人行善的嘉言懿行的记录、时移势易的风俗伦理，充其量不过是一种主观的学问，只能经由个人工夫去体证，那么对于孔子传统的哲学说明就是必不可少的。如我们一再申论，孟子就在致力于这项工作，可以说，孟子之后，一代代儒者也是做这种工作。现在，我们援用康德的批判哲学来理解孔子传统，就是旨在说明本心（人心之仁）的普遍性与必然性，端赖此，我们才能够向世人说明孔子传统乃真正的哲学传统，如理如实，无论于何时何地，对一切人皆有效。

依康德批判哲学论明，哲学的原理作为论证的原理总是要求一种推证，"无论它们是如何确定都永远不能自称是自明的"[2]。（A733/B761）康德称之为"论证的原理"，以区别于"直观的原理"。他说："从（论证的认识中的）先验概念出发永远不能产生直观的决定性亦即自明性，哪怕判断在其他方面是不容置疑的。"（A734/B762）哲学的认识不是通过这直观而进行的。

同样，我们能够指出：孟子依"尽心知性知天"确立的道德的形上学如理如实，也并不是依赖任何所谓直观之自明，甚至也并非靠借从生活行为、人事上的践履"能有体证形上实体之可能"[3]就可以建立道德的形上学。孟子所论"本心"之所以堪称形而上的实体，而作为道德的形上学的轴心，如我们已论明，根本上是由于他揭明本心乃立普遍法则之能，即人的道德分定（道德实存之性），并由"尽心"说明"四端之心"扩充不已，创造人自身为道德者及世界为道德世界，并以从"尽心"所包含的最高创造性而言"知天"。孟子承接孔子之智慧而建立一个道德的形上学之规模，既不是"从具体生命行为上推，至天道处立足"的思辨推理，也不是"把恻隐的本心看作是宇宙心、是绝对永恒之本体"的"一种感悟"。[4]依照我们的一再说明可见，孟子"尽心知性知天"的道德的形上学系统之理路，与康德的道德论证相通。

我们可以指出，孟子与康德所论相通，两人的道德论证都是首先揭明人的心灵的意欲机能作为高层的意欲力这一事实。人的心灵的意欲机能作为个人的禀赋而言，是主观的；而因着理性立法之普遍性，它同时是客观的。据此，孟子与康德都同样揭明了高层意欲机能（孟子言"本心"，康德言"自由意志"）既主观亦客观的自由因果性之特性。因着自由因果性包含的道德创造性，一个道德创造的实体就得到如理如实的说明。这样的一个道德创造的实体既是每一个人的心灵的意欲机能，它就是自然的能力，而并非专属非凡人物的力量。同时，它又是让每一个人超越感性条件限制而将自己提升至创造的道德主体的机能，人以此为道德分定的真我之本性。并且，因着道德主体之为创造的实体，它是神圣的，对每一个人是共同的，故可标举为通过自己的道德创造性就可认识到的最高者，名之曰"天"。以此，我们勾勒出"尽其心者，知其性也，知其性，则知天矣"所展示出的哲学说明的理路。

孟子所论的道德的形上学的本体无非是每一个人自身的真实的道德创造性之不已扩充。"仁义礼智根于心"，天理乃本心所从出者。从本心言"性"，"性"就经由"心"之普遍立法的自由因果性的创造性来认识，以获得决定的内容，此乃"我与圣人同类"之"性"；"天"亦无非是由人的道德创造主体充尽而至神圣的道德的最高者，此最高者是每个人通过自己的道德创造性就可认识到的。"性"与"天"之内容意义由"尽心"决定，不必先设定"天"来决定"性""天"。因此可见，经由"尽心"而"知性""知天"以展示的创造实体是如理如实的，通过每一个人自身的实践证实的，建基于此创造实体的形上学亦是如理如实、内在地构造的。

孟子言"尽其心者，知其性也，知其性，则知天矣"，必定要从本心之充尽而提出"天"之理念，此乃天理其内在实践的必然性将我们引至一个道德的最高者。如康德说："恰恰是道德法则其内在的实践的必然性把我们引到一个独立的原因或一个智慧的世界统治者的预设。"（A818/B846）并且如康德所提醒：我们决不能因此以为"高升到了对新对象的直接认知（Kenntnis），于是就能从这个概念出发，并从中推导出道德法则本身"。（A818/B846）他明确地说："就实践理性有权引导我们而言，我们之所以把行动视为责成的，就不是因为它们是上帝的命令，相反，我们之所以把它们视为神的命令，那是因为我们内在地被道德法则所责成。"（A819/B847）同理，我们决不能以为孟子主张通过"尽其心"，就高升到了对"天"这个新对象的直接认知，并以为可从"天"这个概念中推导出天理。究其实，天理之所以对我们有推动力，对我们是一个定言律令，责成我们"由仁义行"，绝非意谓有一个名曰"天"的外在自存的客体给我们下命令，强制我们"行仁义"，毋宁说，因为我们内在地无条件地被天理所责成，所以我们视之为"天命"。此"天命"就是我们的"性"，绝非意谓有一个外在客体之"天"在下命令并直贯下来以作为潜存的"性"。

如果有人主张有此种"性"，并认为它是由潜存自存的"天"所下贯于人和天地万物的，则必须指出，我们并不知道此所谓潜存自存的"天"及"性"的内容是什么。用康德的话说，它们根本没有决定的对象，"对之没有对象是直接地被给予了的"。（A670/B698）"它的客观实在性不应该在于它直接关涉一个对象（因为在那种意义上，我们就不能为它的客观的有效性辩解）。"（A670/B698）康德提醒："以这样的方式，理念真正说来只是一个启发性的概念，而不是一个明示性的概念，它所说明的不是一个对象有什么性状，而是我们应该

262

如何在它的引导下去寻找一般经验的对象的性状和联结。"（A671/B699）

康德提出"用来认识存在的东西（was da ist）的认识"与"用来表象应当存在的东西（was da sein soll）的认识"之区别，前者是理论的认识，后者是实践的认识。（A633/B661）我们认识"天"，是作为实践的认识，由于天理自身是绝对必然的，就有正当理由设定"天"为最高者。既然天理是绝对必然的实践法则，我们就有理由提出，天理必然地把"天"预设为其约束力的可能性的条件。[5]也就是说，我们用"天"一词来"表象应当存在的东西"。此即意谓"天"不能作为"存在的东西"来认识。因为尽管"天"这理念是完全必然地在本心中按照其天理产生的，即使是这样"一个符合理性要求的对象"，我们也"无法形成一个能够在可能的经验中被显示（gezeigt）并成为直观的概念"。[6]我们绝不能以为人可有理智的直观或别的什么直觉来认知"天"，但此并不妨碍我们合法地以"天"一词来表象"应当存在的东西"。

学术界流行着一种成见，那就是只承认"实然"是有意义的，而"应然"则被贬为无谓之谈。黑格尔明言："哲学的任务在于理解存在的东西，因为存在的东西就是理性。"[7]他认为，如果理论超越时代而建设一个如其所应然的世界，那么，这种世界只实存于哲学家的私见中，"私见是一种不结实的要素，在其中人们可以随意想象任何东西"。[8]他指责康德哲学"从没有超出'应当'的观点"。[9]但是，假若黑格尔的主张是真实的，那么，人类的祖先如何能一再突破历史的限制呢？如果人根本缺乏"应当"这种创造的机能，又如何会有一种预告人类史的进程呢？[10]

我们指出"天"一词表象"应当存在的东西"，并不意谓"天"

只实存于哲学家的私见中。因为它绝非人们可以随意想象的，而是本心以其普遍立法（天理）之能力让我们"超越感触界而取得关于超感触的秩序和联系的认识"，这种认识之扩展乃是本心之纯粹实践的意图所必需的。[11]此即"万物皆备于我""上下与天地同流"。本心之充尽必定达至"仁者，以天地万物为一体"，用康德的话说："在我们自己作为一个具有（其因果性的）自由的有理性者之内，我们发现一种道德的目的论，而因为我们对于一个目的的关系，连同支配那关系的法则，是先验地决定，因而被人认识为必然的，那么，道德的目的论就毋待于我们自身之外的任何智性的原因来解释这种内在的与法则之符合。"（KU 5:447）"万物皆备于我"就是表达这样一个道德的目的论，它不需要一个外在的实体来作为解释，而毋宁说，为了要说明符合于"仁者，以天地万物为一体""万物皆备于我"的道德世界之全体，我们才必须承认一个可名之曰"天"的道德的最高者。我们这样做，并非如西方传统中独断的神人同形同性论。如康德指明：我们的理性的自然禀赋有权"仅仅按照模拟"，把只是出自感触界的谓词用于最高者之理念上，而所谓最高者本身是我们完全不知道亦不必知道的。没有人能夸口说他知道有"天"，[12]在中华民族的文化大传统中，说及"天""天命"正是像康德指出那样，完全没有主张它们指表一个现实的对象，也没有就其特性而言自以为知道些什么。

孟子从"尽其心者，知其性也"而言"知天"，"天"用康德的词语说，就是"纯粹理性的对象"，因此，有关它的认识能够在所有人之间普遍传达。每一个人都能够由自身之本心天理认识共同的最高者"天"，以及通过天理认识人与人、人与天地间一体相连的关系。何以故？因为天理就是每一个人本心的普遍立法，是"人同此心，心同此理"。只要人在为自己拟定意志之格准时，注意到本心借以给他

264

颁布法则的必然性，他就直接意识到天理。尽管天理只是这样一个普遍立法的形式，然其致用之实无穷。此即孔子曰："吾道一以贯之。"孟子曰："夫道若大路然，岂难知哉？人病不求耳！"（《孟子·告子章句下》）亦即阳明曰："心之本体即是天理，天理只是一个，更有何可思虑得？"（《传习录》中，《答周道通书》，第 143 条）又，孟子曰："大匠诲人，必以规矩，学者亦必以规矩。"（《孟子·告子章句上》）此即《诗·豳风·伐柯》云："伐柯伐柯，其则不远。"此所以阳明曰："夫良知之于节目时变，犹规矩、尺度之于方圆、长短也。节目时变之不可预定，犹方圆、长短之不可胜穷也。故规矩诚立，则不可欺以方圆，而天下之方圆不可胜用矣；尺度诚陈，则不可欺以长短，而天下之长短不可胜用矣；良知诚致，则不可欺以节目时变，而天下之节目时变不可胜应矣。""果能随事随物精察此心之天理，以致其本然之良知，则虽愚必明，虽柔必强，大本立而达道行，九经之属，可一以贯之而无遗矣，尚何患其无致用之实乎？"（《传习录》中，《答顾东桥书》，第 137 条）

道德法则并不命令具体行为必定要如何或绝不得如何，而是意指行为的格准之根据必须是无条件的普遍立法。道德律令无非表达：一、格准"应当像普遍的自然法则而有效"；二、有理性者就其本性而言作为目的自身；三、自律，亦即"一切格准都应当从自己的立法出发而与一个可能的目的王国和谐一致，如同与一个自然王国和谐一致"。（Gr 4:435–436）如果用儒家的话来表达，就是以"成己成物""与他者乃至与万物为一体"作为每一个人自己的格准所依据的法则。道德律令本身已含着说：一、每一个人是独立的个体，自我立普遍法则，自我遵循；二、站在别人位置上考虑，推己及人，能近取譬；三、总

265

天地万物为一体考虑。这种律令根本不是命令人如何为或不为的戒律，更不是什么律法，而是一种理性的道德思维模式。它不包含材质，却是每一个人为自己的具体行为选择格准的普遍有效的根据。

天理绝非一种超自然的东西给人下达的命令，并非什么先知、圣贤加于人的律法，也不是社会习俗、行为规范，它不是外在地给予人，以便人避免犯错的拐杖。毋宁说，它是内在于每一个人之人心之仁中的普遍必然的客观性，人依照其本心自有的内在于主体的客观性，就能意识到于任何时、任何地对一切人有效的道德法则，即天理。我们可以指出，天理（道德法则）包含道德的思维模式，即理性的思维模式。一、"自己思维"，不盲从权威的话，（KU 5:294）康德称之为"摆脱强制的思维模式"（Anthro 7:228），也就是孔孟之学的"反求诸其心"。二、"站在他人的地位上思维"（KU 5:294），康德称之为"与他人的理解力相融洽的、豁达的思维模式"（Anthro 7:228），"无成见的思维模式之格准"和"开阔的思维模式之格准"，（KU 5:294）也就是孔子说的"能近取譬"。三、"总是一致地思维"（KU 5:294），康德称之为"一以贯之的（前后一贯的）思维模式"（Anthro 7:228），也就是孔子说的"吾道一以贯之"。

依以上所论，我们可以指出，天理本身显示的思维模式就含着人本有的宇宙之视野，此所以它本身就必然产生天地万物为一体的宇宙全体的理念，此即孟子说："万物皆备于我矣。反身而诚，乐莫大焉。"此言表达一道德的目的论，亦即由人的本心而发的自由合目的性与天地万物作为隶属于天理下的一个宇宙全体的自然合目的性结合，即自由与自然结合，也就是德福一致，德福一致即终极目的（圆善）。天理（道德法则）作为至上的条件已经包含在圆善的概念中。（KpV 5:109）着实说，是本心（意志自由）颁布天理产生出圆善，这是先验地（在道德上）必然的。（KpV 5:109）并且，唯独本心之天理不容已地命令我们把德福一致之终极目的实现于世界上，我们产生一个最高者（"天"）之理想，以之指导我们思考一个自然法则与自由法则协调一致的道德世界。这个理想乃理性的理想，因而是根源自一切人的意志自由（本心）立法而共同的、先验地必然的，以此区别于自出想象力的空想的乌托邦。

意志自由（本心）以其普遍立法产生终极目的，它是一个有效因；而终极目的作为结果连同这结果之实现所要求的至上原因（依西方传统称为"上帝"）反过来也作为一种目的因，又名为"理想的原因"。这就是康德说："有效因的联系也可以鉴定为目的因所发生的作用。"（KU 5:373）如若我们向上溯地看此系列，在此联结中，那一度被称为结果的东西，也可被说为是使其成为结果的那个物的原因，此类因果联系名为"目的因的因果联系"。康德认为有效因的因果联系可更恰当地名之为"实在的原因之联系"，而目的因的因果联系则可名之为"理想的原因之联系"。（KU 5:372-373）依此，我们可以说，"尽心知性知天"中的"心"是有效因，它的因果联系是"实在的原因之联系"，而通过尽心必然产生"万物皆备于我""上下与天地同流""天下平"的终极目的。为达成本心天理所要求的终极目的，我们以本心之充尽为自身之分定，也就是以本心之能为"性"，在尽心之不已进程中成就人之真实的本性，同时就实践地认识自身之"性"何所是，并且，尽心知性之进程就是致力实现终极目的于世界的不息的前进。正是实现终极目的于世界的目标，我们自身要求至上原因（"天""上帝"），并实践地认识它，此通过尽心知性而知之"天"，它作为最高者，无非表达理性之道德意图所绝对需要的普遍性与人的道德分定的关联。因着以本心之天理作为"天"关联于人的普遍法则，我们始

267

能够对"天"取得一个决定的概念，亦即使"天"一词的意义能够普遍可传达。而我们的理性要求至上原因，究其实是要标举人自身之本心依其普遍立法必臻至的自然与自由结合的最高原理，此至上原因反过来也作为一种目的因。

依以上所论可知，孔子哲学传统绝不是通过理智臆测而妄作一个外在的客体为最高者、至上原因，更不是像西方传统中以历史性的启示虚构一个外在的超绝客体创造和主宰人类和天地万物。"天"是因着与本心所立普遍法则及其普遍立法产生之终极目的相关联，而取得意义，且因着这种联系得以作为目的因而发生作用，从而获得其实在性和持存。我们能够称"天"为创造的实体，其根源在本心之为创造的有效因。本心之真实性是人之为人的真实本性，是人的真正的自我。此真正的自我也是人的尊严，即孟子所言"良贵"："欲贵者，人之同心也。人人有贵于己者，弗思耳。"此如康德指出：纯粹的道德动机（"由仁义行"）"使人感到他自身的尊严，而赋予人心一种甚至出乎其所料的力量，以挣脱一切想占支配地位的感性依赖性，并且在他的智性的本性之独立性及心灵伟大里面找到他所做出的牺牲的充分补偿，而他看到自己是分定具有这种独立性和心灵伟大的"。（KpV 5:152）"我们的心的这种性质，这种对于纯粹的道德兴趣的接受性，从而也是德行的纯粹表象之动力，当被恰当地置于人心时，着实是最强有力的行善的动力。"（KpV 5:152）

正如在康德的体系中，道德、德行、德性三词项之含义既有别，同时又指涉同一实践活动，并非割截为三事；在孔孟之学中，本心（仁）就是人之所以能进行道德践履的超越根据，离开每个人本具的本心，根本无道德行为和道德品性可言。人的道德性既是超越的形而上的实体，同时现实地作用于人的行为和性格，于人对于纯粹的道德兴趣的接受性中、道德存心中，（KpV 5:84）以及在"使一个人的诸格准朝向道德法则所执持的模型而趋的无限进程成为确实的，即是德行"中，（KpV 5:32）道德的实在性即显露出来。用孔孟的话说，就是在"理义之悦我心""由仁义行"中，在"克己复礼"的不已的践履进程中，本心作为人之"真我"的实在性就呈露出来。

　　有人以为康德所论道德是从"应当"推论到"能够"。[13]究其实，"应当"与"能够"根本不会是一种推论的关系，恰当地理解，道德的"应当"本身就必定包含"能够"作为其本有之义。康德明确指出："道德法则涉及的是我们知道处于我们力量中的东西。"（Rel 6:98）即使凭通常的理解力也能明白，以人做不到的事情作为其应当做的事情，那根本是悖理的。事实上，对康德持这样一种误解的学者总是固执于黑格尔主张的那种观点，他们只承认"实然"是有意义的，以为"能够"只能以"实然"来决定，不愿意承认有一种"能够"是意指经由"应当"而成为"是"的能力，也就是说，他们否认有道德的"应当"。诚然，现实上人们并不一定都做"应当"做之事，这无疑是经验事实，但学者们若以此为口实反对"应当"本身就包含"能够"之义，那是不成立的。重要的是，"现在，事情单单取决于这个能够（Können）会转变为是（Sein）"（KpV 5:104）。康德说："从那已作成的东西中去引生出那关于我应当做之事的法则，或者想要由此对我应当做之事的法则做出限制，这是最卑鄙的。"（A319/B375）

　　"道德"绝非如黑格尔他们以为的那样不过是"应然"，只是空洞的抽象物，而是人的德性和德行所以可能的根据，这根据内在于人自身，堪称人之"真我"。而超感触的非经验制约的（即意志自由的）道德的"真我"绝不是理论的虚构。[14]事实上，人不会只是以欲望、性好、情欲的"我"作为自己唯一的本性，这一点只需要每一个人扪心自问则可知，只有心存偏见的"哲学家"才会对之质疑。

此所以我们可以确定地指出，孟子接续孔子"践仁知天"之根源智慧，经由"尽心知性知天"之进路建立孔子哲学传统的道德的形上学之规模，乃是如理如实的。此道德的形上学乃是理性本性之学，它扎根于人的道德创造之能，此创造之能作为形上学的实体，源自每一个人内在禀具的能力（本心），而扩展至"天"，由之确立的道德的形上学极高明而道中庸，经得住严格的审查，用康德的话说："在这里，没有任何东西在其用途上如此重要，没有任何东西如此神圣，可以免除铁面无私、一丝不苟的审查。"（A738/B766）"理性绝不能拒绝批判，而它毕竟任何时候都没有理由惧怕批判。"（A739/B767）道德的形上学是每一个人自由运用自己的理性就能够把握的，"它关涉到实践的东西"。（A800/B828）

析疑与辩难

问：道德的形上学可以自上而下地建立吗？

答：依照孟子"尽心知性知天"之进路建立的形上学，根本不能混同于一般所谓"天人合一"，以人德与天德为二，也不能错认为先立外在的"天"、最高的无限者，再下降为有限，更不能以为如同黑格尔那样先立绝对精神，然后下降于限制中表现。康德一再提醒：不能首先独断地肯定一种绝对的无条件者，然后"向有条件者下降"（A337/B394），而是必须从每一个人自身就认识的理性事实开始，一步步在条件序列中向上升，直至无条件者。孟子之道德的形上学，就是从人自身的道德创造机能开始，以此能力之作用不已而扩充至"天"，绝非发明什么直观来首先立一外在实体以为最高者。

如康德指出：有条件者的后果之综体是不能预先设定的。（A337/B394）事实上，"如果事先以一个最高的进行安排的存在者为基础，那么，自然统一性实际上就被取消了"（A693/B721）。因为这个最高者概念"就自身而言是完全不可探究的"，"是以神人同形同性论的方式规定的，并且强横专独地把种种目的强加给自然"。（A692/B720）

依照孔子哲学传统，道德的形上学之进路不是直下从上面建立"道体"，由"道体"说"性体"，因离开本心，我们不知道任何所谓"实体"如何能获得实在性。唯独首先论明本心天理包含的天地万物在道德目的论下的合目的的统一性，我们才能够从纯粹的智性者充尽致一每个人自身就认识的最高者。只是人们时常把事情颠倒过来，"从把合目的的统一性的原则的现实性当作实体性的而奠定为基础，也就是把一个最高的睿智者的概念奠定为基础开始"（A692/B720）。我们不能说先有外在的"於穆不已"之天命实体，然后"由孔子之仁与孟子之心性彰著而证实之"。《中庸》《易传》及其后继者所论"乾元""天道性命通而为一"，可收归于孔孟"心、性、天一"之形上学规模中，而不能独立于孔孟之道德的形上学之外。

问：道德的实体是由圣人之智能与悲悯之情推出来的吗？

答：杨祖汉教授于《牟宗三先生对孔子的理解》一文中恰切地指出："从生活行为、人事上的实践"，"能有体证形上实体之可能"，然而必须提醒，不能以为这就能确立道德的形上学。[15] 亦并非如徐复观先生所说，"是从具体生命行为上推，至天道处立足"。又，杨教授提出"唐先生由恻怛之仁心体证此心为形上的实在之义"[16]，此言不错。不过亦须注意，不能因之以为本心之堪称形而上的实体，是从圣人的悲悯不忍之情推出来，更不能以为凭着圣人有一种特殊的"直觉"以知"天"而建立形而上的实体。如我们一再申论，从每个人自身禀具的本心（人心之仁）之充尽致天地万物为一体以说明本心为道德创造之能，据此证实它乃是形而上的实体，其间需要有义理开展之种种曲折，仅以圣贤之"一种感悟"[17]，则以为可证立形而上学的宇宙心，恐怕有失之粗疏之嫌。诚然，圣贤之道德情怀和道德践履作为榜样，让人们清楚见到本心之不已之充尽是人可以做到的、真实的。但如孟子言"圣人，与我同类者"所表明，本心之为道德创造实体是依据"人同此心，心同此理"而证立，而并非凭个人（圣贤）的独特性而宣称的。无疑，体证于实践哲学是不可或缺的，但体证毕竟属个人践履之事，而形上学之为"学"，仍需要有学理方面的说明。不能像一些学者那样以为实践哲学只能由个人体证，而不得有学理上的证明，甚至把学理方面的说明一概视为是逻辑的、思辨性的推理，以致将牟先生建立儒家道德的形上学之努力斥为儒学的知识化。

如康德说："哲学的真正意图是使理性的一切步骤都处在其最明亮的光照下。"（A737/B765）"在纯粹理性的思辨使用中也在内容上根本没有独断教理，那么，一切独断的方法，无论它是借自数学家还是借自一种特别的风格，都是不适当的。因为它们只是掩盖错误和失误，并迷惑哲学罢了。"（A737/B765）

注释

1　见牟宗三《心体与性体》第一册，序言，页2。

2　康德说："其至数学的可能性在超越的哲学中也必须予以证明。"（A733/B761）作为基础的《纯粹理性批判》并不是从数学和自然科学中的先验综和命题开始的，倒是数学和自然科学的可能性"在超越的哲学中也必须予以证明"。

3　杨祖汉：《牟宗三先生对孔子的理解》，载于《鹅湖月刊》第28卷第10期，2003年4月。

4　杨祖汉教授批评徐复观先生"从具体生命行为上推，至天道处立足"的说法，而提出"感悟"说，见《牟宗三先生对孔子的理解》一文。

5　如康德提出，由于道德法则本身是绝对必然的，我们就有正当理由设定这最高者。他明文说："既然有绝对必然的实践法则（道德法则），所以如果这些法则必然地把某一种存在（Dasein）预设为其约束力的可能性的条件，则这种存在必须被设定。"（A634/B662）

6　康德说："人们能够说，一个纯然的超越的理念的对象是人们对之毫无概念的某物，尽管这理念是完全必然地在理性中按照其原初的法则产生的。因为事实上，即使是对于一个应该符合理性要求的对象，也不可能形成一个知性概念，亦即无法形成一个能够在可能的经验中被显示并成为直观的概念。"（A338/B396）

7　Hegel, *Grundlinien der Philosophie des Rechts*, S. 26. 中译见黑格尔《法哲学原理》，序言，页12。黑格尔有一句名言："这里有蔷薇，就在这里跳舞罢。"（同前）这就是警告：哲学（理性）切勿妄想超出它那个时代。（同前）"概念所教导的也必然就是历史所呈示的。……当哲学把它的灰色描绘成灰色的时候，这一生活形态就变老了。……密纳发的猫头鹰要等黄昏到来，才会起飞。"（同前揭书，序言，页14）他嘲笑说："妄想一种哲学可以超出它那个时代，这与妄想个人可以跳出他的时代，跳出罗陀斯岛，是同样愚蠢的。"（同前揭书，序言，页12）

8　同前注。

9　Hegel, *Die Wissenschaft der Logik*, S. 200. 中译见黑格尔《小逻辑》，页208。

10　叔本华当时就预言："黑格尔正大步走向他将在后世获得的蔑视。"(Arthur Schopenhauer, *Die beiden Grundprobleme der Ethik*, S. 38. 中译见叔本华《伦理学的两个基本问题》，页31。)而康德的光芒迟早会被人们看到，他说："人类的真正阐释者总是享有恒星的命运，需要许多年的时光，它们的光芒才能被人们看到。"(Ibid., S. 28. 中译见页21。)

11　康德说："在整个理性能力里面唯独实践能力能够帮助我们超越感触界而取得关于超感触的秩序和联系的认识，尽管这种认识能扩展的程度只限于纯粹实践的意图所必需的范围。"(KpV 5:105–106)

12　康德说："没有人能夸口说他知道(wisse)有上帝和来生；如果他真知道，他就是我一直要寻找的人。因为一切(与纯粹理性的对象有关的)知识(Wissen)都能够传达(mitteilen)。"(A829/B857)

13　詹姆斯·利文斯顿(James C. Livingston)在《现代基督教思想》一书中就对康德有这样的诘难，李秋零先生所译的《单纯理性限度内的宗教》(北京：商务印书馆，2017)之中译本导言引述这种见解，批评康德宣称："义务命令我们这样做，而义务也仅仅命令我们做自己力所能及的事情。"(页28)他们认为这句话证明康德采用了从"应当"推论到"能够"的手法。究其实，这句话并不包含推论，而是指明"做自己力所能及的事情"乃"义务"本有之义。试问：在一个人自己力所能及之外的事情能够被作为义务吗？

14　伍德在其《道德意志的空洞无物》一文中就追随黑格尔而主张"行为者其行为有利益关切"，"一切利益关切也必然反映出行为者的基本需要和个人眷恋"，因此，康德所谓单纯出于义务的行为概念就无余地了。伍德认为，既然无法确切裁定一个行为的种种动机中何者为最强，动机纯粹性的问题就形同虚设，"也不必把我们的道德价值概念建基于这些问题上。……这整个戏剧都是一场虚构，一种奇异思想，只是道德学家不健全的想象力的产品"。（Allen Wood, "The Emptiness of the Moral Will", pp. 467, 473.）
由此可见，他并未理解康德所论义务概念的纯粹性之深义。

15 杨祖汉：《牟宗三先生对孔子的理解》。

16 同前注。

17 杨文引用了唐君毅先生《人生之体验》（台北：台湾学生书局，1989）的第三部《自我生长之途程》中一段感人肺腑的文字，杨教授随后说："由这文字可见把恻隐的本心看作是宇宙心、是绝对永恒之本体，是一种不容自已的肯定。是一种感悟……"

第四章

孟子言"存心养性事天"包含的实践智慧学及向道德宗教之伸展

第一节
从道德的形上学进至实践智慧学之概述

我们于上一章已论明，道德的形上学本身既关涉人作为道德的存在以及世界作为道德目的论下的世界之实现，其本身就不是一种学院概念，而是一种宇宙概念。因此，道德的形上学乃是为人类伦理生活、宗教生活、政治生活，以及人类历史发展奠基的学问，它就要运用于这一切方面而表现人类理性立法的作用。也就是说，道德的形上学运用于现实世界，即包含形而上与形而下（自由与自然）之异质的综和，此综和是先验的、实践的。

并且，我们已经就本心（人心之仁）作为创造实体做出严格的哲学说明，这项说明的成功奠定了实践哲学的基石。孔子哲学传统包含两大主干："仁者，人也"和"人能弘道"。前者奠定了整个系统之基石，而从人之"仁"，必然产生大同世界之理想，以及致力于在世界上实现它的努力。这就是康德论意志自由产生圆善，成为使圆善在世界上实现的创造力，圆善包含自由法则（道德法则），作为世界的终极目的而成为自由与自然结合而创造目的秩序之新世界的动源。

康德在《实践理性批判》中提出："在实践上，亦即为了我们的有理性的行为的格准，充分地决定圆善这个理念，这就是智慧学，而作为一门科学，这种学说在古人所理解的这个词的意义上就是哲学。"（KpV 5:108）他提出要让"哲学"这个词保留其古义，即"作为一种圆善的学说"，"理性致力于在其中使圆善成为科学"，（KpV 5:108）尽管如他本人指出："希腊各学派从来未能解决它们关于圆善的实践的可能性的问题。"（KpV 5:126）康德重提"实践的智慧学"之古义，可见批判哲学开始时致力于区分开理论哲学与实践哲学，两个领域各自的概念和原则根本不同，犹如隔着一道鸿沟，[1] 但批判哲学之宗旨并不在于截然区分开二者，其所以首先进行划界工作，目的是要彻底改革西方哲学传统中根深蒂固的思维模式。依照这种旧模式，理论哲学独自占据哲学之名，由之使实践哲学失去其应有的领域。批判哲学的最后目的是要在实现圆善的终极目的下，建立理论哲学与实践哲学结合为一的整全哲学体系。

如我们已申论，孔孟哲学传统中的"仁者，人也"、"人能弘道"、"下学而上达"、"践仁知天"、"尽其心者，知其性也，知其性，则知天矣。存其心，养其性，所以事天也"（《孟子·尽心章句上》），显示出自然与自由结合之思维模式，正与康德提出"实践的智慧学"之义若合符节。康德通过对人类心灵机能做批判考察而揭示人作为睿智者与目的秩序有必然的关联，他提出："在诸目的秩序中，人（以及每一个有理性者）就是目的本身。"（KpV 5:131）而人联结为一个"所有目的的整体"，"只有这整体才切合于作为道德法则的无条件的实践法则"。（KpV 5:87）此即自然与自由之最后大综和之所以可能的根据，也就是"实践的智慧学"所以成立的深层根基。康德通过《纯粹理性批判》探明依据自然法则而有的自然秩序，又通过《实践理性批判》探明依据自由法则而有的道德秩序。通过这两部批判，他说明了两种事实：一、颁布"自然法则是我们的知性的工作"（KU 5:187），"知性的普遍法则同时是自然法则"（KU 5:186）；二、颁布自由法则是我们的理性的工作，理性的普遍法则同时是道德法则。但在其中，康德并未探究我们人现实上何以可能对这些法则感兴趣。要到《判断力批判》通过对反思性判断力之考察，康德揭示在我们人自身中有一种依照目的而联结的机能，以及一个合目的性原则，他的批判的工作才进入整个哲学体系之底部，"直到不依赖于经验的诸原则之能力的最初基础（die erste Grundlage）所在的位置"（KU 5:168）。

康德揭示："正是通过合目的性原则就好像在自然里面对我们认识的机能安置下一个类似目的的东西，以便不致在自然的无穷多样性中迷失方向。"（KU 5:193）"两个或多个经验的异质的自然法则在一个包括它们两者的原则之下的一致性，这一发见是一种十分明显的愉快的根据。"（KU 5:187）"若无此愉快，即使最通常的经验亦不可能。"（KU 5:187）尽管我们在"自然的可理解性及其种类划分的统一性上"不再感到任何明显的愉快，在知性为自然立法方面，不再"从我们的知觉与依据普遍自然概念（范畴）的法则相一致中发现对我们心中的愉快情感的丝毫作用"，"但这愉快在相应过程中曾经随时出现"。（KU 5:187）人们已经习惯把自然秩序视为天造地设的而忽略知性之立法作用，更不会想到其中有什么自然合目的性之根基。同样，在理性为意欲机能立法方面，尽管不需要任何快乐为媒介，但理性为意欲机能决定其终极目的，而"这终极目的就同时伴随着对客体的纯粹的理智的愉悦"。（KU 5:197）尤为重要的是，唯独揭明自然秩序与道德秩序二者共同的最初基础，我们才能够解答何以可能还有一种宇宙秩序与道德秩序相即的"万物的合目的性的统一"的目的秩序。[2]

宋明儒者承继了孔子哲学传统，横渠说"为天地立心"、"大其心，则能体天下之物"（《张载集》，《正蒙·大心篇》）、"天体物不遗，犹仁体事无不在也"（同前揭书，《正蒙·天道篇》），明道说"学者须先识仁。仁者，浑然与物同体"（《二程全书·遗书》），象山说"宇宙便是吾心，吾心即是宇宙"（《陆象山全集》卷二十二《杂著·杂说》）、"万物森然于方寸之间，满心而发，充塞宇宙，无非此理"（同前揭书，卷三十四《语录》），阳明说"盖天地万物与人原是一体，其发窍之最精处，是人心一点灵明"（《传习录》下，第252条），蕺山说"人心大常而已矣""心与天通"，其道一以贯之。

依据孔子哲学传统，仁通自然与自由，本心统天地万物而普遍立法，在普遍立法中通贯一体、共同实现。此即康德通过三大批判而展示的"实践的智慧学"。康德提出的"万物的合目的性的统一"的目的秩序，及依之而论一个目的王国，可以说正是孔子哲学传统中王道理想所显示者。人若以为此是独断的唯心论，差矣！孔子哲学传统与康德哲学同具的实践智慧学并不主张世界为人心所幻化。自然因着人的知性立法而成一自然秩序之系统，自然世界之经验实在性并不妨碍自然自身离开人而本身是一合目的之实存；自由因着人的理性立法而成一道德秩序之系统，而与自然秩序不相碍，道德法则连同其客体（圆善）之实现，其根据正在自然与自由之结合。

孔孟之学并无像康德那样首先严格区分开据不同的概念和原则而建立的理论哲学和实践哲学（前者乃依自然概念和法则而确立的自然领域；后者是依自由概念和法则而确立的自由领域）。[3]康德之所以要做出这种区分，是由于西方哲学传统中一直固守一种错误的思维模式，就是将实践哲学混杂于理论哲学中，以致自由概念和自由法则被抹杀，自由领域（即道德领域、实践领域）失去其独立意义。康德必须经由艰巨的三大批判工作，分解地考察人类心灵机能之诸能力，据之揭明知性立法管辖的自然领域，以及理性立法管辖的自由领域。这两个领域因其立法不同而区分开，并行不悖，但绝非意谓有两个独立不相干的世界。

康德于《判断力批判》已论明，自然概念之领域与自由概念之领域在它们的立法中截然二分，互不干扰，犹如隔着一道不可逾越的鸿沟，并同时指明两种不同的立法是在一个且是同一个经验基地上起作用，而且两种立法及其立法机能在同一个主体内并存着。（KU 5:175）尤为重要的是："自由概念应该把它的法则所赋予的目的在感触界里实现出来。"（KU 5:176）据此，自由能够通过道德法则而且按照道德法则在现实行动中，因而就是在经验中证实其为事实物。此即表明自然与自由之结合而实现一个目的王国并非自然而然的，而是由人依照自身之意志自由普遍立法在现实中行动而创造的。

虽然自然概念之领域与自由概念之领域间存有一固定的鸿沟，但后者却试图去影响前者。"自由概念要把其法则所提出的目的实现于感触界，因而自然也必须能够这样设想，即自然的形式之合法则性至少与依照自由法则在自然中实现目的的可能性相谐和。"此即意谓，人依照自由法则在现实世界中创造与自由法则谐和一致的第二自然，它是全新的目的秩序，亦即一个道德的世界。康德说，"每一个人都应该使尘世上可能的圆善成为自己的终极目的，这是一个先验综和命题"（Rel 6:6）。"就道德来说，为了正当地行动，并不需要一个目的，相反，从根本上来说，包含着运用自由的形式条件的法则对它来说就足够了。"（Rel 6:4–5）"但是，从道德中毕竟产生一种目的"（Rel 6:5），这目的就是终极目的。依孟子所论，"由仁义行"创造人自身为道德者，本心（"四端之心"）扩而充之，从"事父母"扩充至"保四海"，乃至"万物皆备于我"。也就是说，本心之充尽必定要发展至一个道德的目的论，亦即自然合目的性与自由合目的性结合的终极目的（圆善）。

正是道德自身"构成一个所有事物的终极目的之概念"，"每一个人为自己的所作所为在整体上设想一个可以由理性加以辩护的终极目的"，"这不可能是无关紧要的"。（Rel 6:5）终极目的是依照自由概念而来的结果，正是意志自由所从出的道德法则要求实现通过我们而可能的终极目的。在终极目的之关联中，一个人作为道德者不仅关心他自己如何成为道德的，还要关注"他会在实践理性的指导下为自己创造一个怎么样的世界，而他自己作为一个成员置于这一世界中"。（Rel 6:5）人依照道德法则的要求去实现终极目的，也就是要实现一个道德的世界，康德称之为"目的王国"。其即孟子所言"仁政王道"："以德行仁者王"（《孟子·公孙丑章句上》）、"行仁政而王，莫之能御也"（同前）、"尊贤使能，俊杰在位"（同前）。亦即《礼记·礼运》记载孔子曰："大道之行也，天下为公，选贤与能，讲信修睦。故人不独亲其亲，不独子其子，使老有所终，壮有所用，幼有所长，矜寡孤独废疾者，皆有所养，男有分，女有归。货恶其弃于地也，不必藏于己；力恶其不出于身也，不必为己。是故谋闭而不兴，盗窃乱贼而不作，故外户而不闭，是谓大同。"

孔孟所论"王道""大同世界"，与康德所论"人类伦理共同体""目的王国"相通。"王国"是指"不同的有理性者因共同的法则而成的系统的结合"，"目的王国"就是"一切目的在系统中联结的一个整体"。（Gr 4:433）"有理性者必须总是在一个经由意志自由而为可能的目的王国中视其自己为立法者，不管他身为成员，抑或是元首。"（Gr 4:434）"这种立法必须在每一个有理性者自身中被见到，而且能由其

284

意志产生出来。"（Gr 4:434）此即"王道""大同世界"乃是一切人依据本心之天理，"由仁义行"而趋向的一个道德目的论之整体。

析疑与辩难

问：为何说"实践的智慧学"之古义自古希腊已提出，然而除康德之外，于西方传统哲学中从未有过真正的圆善学说？

答：康德在《实践理性批判》的《纯粹理性在决定圆善概念时的辩证论》一章中就指出："希腊各学派从来未能解决它们关于圆善的实践的可能性的问题。"原因在："它们不承认德行和幸福是圆善的两个不同的要素。"（KpV 5:111）也就是说，它们都是采用了割弃其中一个要素的方法。如康德指出："伊壁鸠鲁学派说：意识到自己导向幸福的格准，这就是德行；斯多葛学派说：意识到自己的德行，这就是幸福。"（KpV 5:111）"斯多葛学派主张德行就是整个圆善，幸福只不过是对拥有德行的意识，属于主体的状态。伊壁鸠鲁学派主张幸福就是整个圆善，德行只不过是谋求幸福这个格准的形式……"（KpV 5:112）

如《实践理性批判》之分析论已论明，"幸福和道德是圆善的两个在种类上完全不同的要素"（KpV 5:112）。这两种不同的要素之结合就不能"被分析地认识到"，而是先验的，"在实践上是必然的"。（KpV 5:113）何谓"在实践上是必然的"？康德解释说："在最高的对我们而言是实践的，也就是因我们的意志而成为现实的善中，德行和幸福被设想为必然地相结合。"（KpV 5:113）"通过意志自由产生圆善，这是先验地（在道德上）必然的。"（KpV 5:113）据此可知，

285

圆善是由人自身之意志自由所产生。依孔子哲学传统，就是通过"尽心"，即本心扩充不已而致力于大同世界之理想的道德世界之实现。

德行和幸福并不是分析命题，而是先验综和命题。康德的这一洞见对其身处的传统而言颇具颠覆性。而我们可以指出，孔子哲学传统正包含着与康德相应的实践智慧。孟子说的"仁也者，人也，合而言之，道也"，就表现了先验综和的思维。人之为人的内涵由"仁"来决定，人实现自身为仁者，就是现实中的人与其自身之道德分定相合，"道"即由此决定。依此，一种先验综和的思维清晰可见。此乃孟子承传孔子，孔子言"仁者，人也""人能弘道，非道弘人""下学而上达，知我者其天乎"，在在见其先验综和之慧识。

孔子直透人心之根本言"仁"，而孟子据之明确提出"仁，人心也"。依孔子言"仁"包含的普遍法则义、万物一体义、创生不已义，孟子言"心之所同然者何也？谓理也，义也""仁义礼智根于心"，以及"仁也者，人也，合而言之，道也""上下与天地同流""万物皆备于我"，正式揭明本心之能就是人的分定之性，本心（人心之仁）之为成就人自身为道德者及创造世界为道德世界的创造义得以确立。依此可以说，人实现其为道德者之不已进程，就是致力于道德世界（即德福一致的世界）之过程，亦即道德创造幸福的实践的进程。

注释

1 在《判断力批判》引论中，康德说："作为感触界的自然概念之领域，与作为超感触界的自由概念之领域之间有一道固定的鸿沟。"（KU 5:175-176）"知性与理性各有其不同的法权以管辖这同一的经验领土，但是这两种法权其中任一种皆不干扰另外一种。"（KU 5:175）因着那使超感触者与显现区分开的巨大鸿沟而割断了这两个领域各自按照自己的基本法则而施加于对方的影响，自由概念在自然的理论认识方面不能决定什么事，而自然概念在自由的实践法则方面也不决定任何事；按照自由概念而来的因果性的决定根据在自然中找不到证据，而感触界的东西也不能决定主体中超感触的东西。（KU 5:195）但是，康德同时强调：经由自由而成的因果性的结果"应当按照自由之形式法则在世界上发生"。（KU 5:195）"自由概念要把其法则所提出的目的实现于感触界，因而自然也必须能够这样设想，即自然的形式之合法则性至少与依照自由法则在自然中实现目的的可能性相谐和。"（KU 5:176）"依照自由概念而来的结果是终极目的，这终极目的（或它在感触界中的表现）是应当实存的，为此我们必须预设它在自然中的可能性之条件"，这条件是由判断力预设的，判断力以其"自然之一合目的性之概念"把自然概念与自由概念之间的媒介概念提供给我们。（KU 5:195–196）

2　依康德的批判考察，判断力对于快乐或不快乐之情感提供一条先验的原则，那就是合目的性原则，这条原则是沟通知性立法的自然领域与理性立法的自由领域的一个中介项，并作为这两领域的一个共同的最初基础。（KU 5:168）

3　康德说："只有两种概念容许它们的对象之可能性有正好两种原则，这就是自然概念和自由概念。前者使理论认识按照先验原则成为可能；后者……对于意志的决定，则建立起扩展的原理，这些原理因而名为实践的原理。由之，哲学被划分为原则方面完全不同的两个部分，即理论的部分作为自然哲学，实践的部分作为道德哲学（因着理性按照自由概念之实践的立法而这样命名）。"（KU 5:171）

第二节
论孟子言"存其心，养其性，所以事天也"包含实践智慧学

我们于上一章已论明，孟子言"尽心知性知天"乃是据"心"之无限扩充之创造之能，说明"性""天"的真实存有义，以此确立"心、性、天一"之道德创造实体。由之可以说，"尽其心者，知其性也，知其性，则知天矣"乃是一个对道德的形上学之实体做说明的语句。这是《尽心章句上》首段的第一句。孟子进而于第二句说："存其心，养其性，所以事天也。""事天"表示在现实道德践履之进程中，人必须通过存心、养性遵奉"天"。此句言"天"作为人所侍奉和崇敬的对象，但并非如一些历史性的启示的宗教那样，是对一个外在的神的物质侍奉和崇拜，而是通过操存本心以保养"性"来表达。此所言"天"无非是就第一句中以"心"之充尽而显的道德创造之"性"而言之道德创造实体，而绝非于此之外另有一外在的客体。在依本心天理而行的一切行为中，我们视自己的"立法的主体"（本心）为一个不同于作为感取者的我们的他者。如康德指明："这个他者可以是一个实际上的人格，或者是理性为自己造就的纯然理想的人格。"（MS 6:438–439）

我们的理性为自己设想一个理想的最高者，一个"同时必须具有（天上和地上的）一切权力"的道德者。（MS 6:439）我们就称这样的最高的道德者为"天"，康德则称其为"上帝"。（MS 6:439）这样一个"上帝概念"，"任何时候都包含在每一道德的自我意识存在者中"。（MS 6:439）所谓信仰神，无非是把有良心"想象成在一个与我们自己有别，但却对我们来说最亲密地在场的神圣者（道德上立法的理性）面前负责，并且使自己的意志服从正义的规则"（MS 6:440）。孟子所言"事天"也正是表达这样一种思维模式。

"存其心，养其性，所以事天也"意即存心、养性以"对越在天"（《诗·周颂·清庙》）。孟子此义上承孔子曰："不怨天，不尤人，下学而上达，知我者其天乎！"（《论语·宪问第十四》）此如康德说："人的良心在一切义务里都将必须设想一个（与一般的人，亦即）与自己不同的他者，作为他的行为的审判者。"（MS 6:438）孔子、孟子以及康德之言，都在表达"诚可鉴天"之意。"下学"与"上达"关联，"下学"意指在现实世界中做存心、养性之道德实践。现实世界中实现自身之道德性，总是在限制中表现，无可避免有种种艰难挫折乃至莫须有的毁誉，圣人亦无法避免，此所以言"不怨天，不尤人"。此乃"对越在天"，孟子言"事天"亦含此意，也就是康德所言设想一个他者作为自己的行为的审判者。此"他者"应理解为"如"一个他者，而事实上，他是我们自身的道德主体（本心、人心之仁、纯粹实践理性、意志自由，此四者言说分际有别，究其实是同一道德创造之本体）。此"他者"包含在"每一道德的自我意识存在者中"，"作为授以全权的（autorisierte）良心法官"，"因为法庭是建立在人内部"，它"必定是知心者"。（MS 6:439）此即"知我者其天乎"所表达之真实意义，不能像一些学者那样，以为孔子相信有一外在的人格神的

"天"与他相知并了解他。[1]倒是可以援用康德的说法来理解，"知我者其天乎""对越在天"表示"我"如同在"最亲密地在场的神圣者（道德上立法的理性）面前负责，并且使自己的意志服从正义的规则"。宋明儒者多有契应孔子此意，程明道说："君子当终日对越在天也。"（《二程全书·遗书》）蕺山说："直是时时与天命对越也。"（《刘子全书》卷十《学言上》）

孔子哲学并无"实然"与"应然"之区分，此显其先验综和的思维模式以圆融的方式出。"下学"即"上达"于"天"，"我"之全部"下学"乃践仁，故此"天"是"仁者，人也"之充尽，同时是"人能弘道"之充尽，"心""性"于此显普遍必然性，"天"之普遍必然性亦于此显。"心""性"与"天"无内外，无主客，亦无奥秘，更谈不上有什么人格神之神秘意味。而毋宁说，"天"就是自身内部的自我道德意识之实存，此所以孔子说："不患莫己知，求为可知也。"（《论语·里仁第四》）

我们可以指出，"尽其心者，知其性也，知其性，则知天矣"是超越的形而上的语句，而"存其心，养其性，所以事天也"则是实践地先验综和的语句。形而上学于纯然的学理而论，可不必言及实践，但道德的形上学既是关于道德创造之形上学，就不能停于学理而论，必定要进至道德创造之实现于现实世界，此即包含自然与自由之先验综和如何可能的问题。孟子言"存心养性事天"，乃上承孔子言"下学而上达"，表达本心（人心之仁）合外内之道，此即："仁也者，人也，合而言之，道也。"可见孔孟之学同具先验综和之慧识，正与康德提出的"实践的智慧学"之义若合符节。

如康德指出："道德是通过纯粹的实践理性而自足的。"（Rel 6:3）孟子说："大人者，言不必信，行不必果，惟义所在。"（《孟子·离

290

娄章句下》）此上承孔子曰："君子之于天下也，无适也，无莫也，义之与比。"（《论语·里仁第四》）道德就是"由仁义行"，就是"我欲仁，斯仁至矣"，并不预定特定的目的和结果，此即"截断众流"之第一义（牟先生语），以显道德之纯正性。[2] 此亦即孟子说"仁，人心也；义，人路也"、"仁，人之安宅也；义，人之正路也"（《孟子·离娄章句上》）、"夫仁，天之尊爵也，人之安宅也"（《孟子·公孙丑章句上》）。

但本心依循其天理必定要扩充至"保四海"，乃至"万物皆备于我"的纯粹的目的，此即康德提出：源自意志自由的道德本身"自己构成一个所有事物的终极目的之概念"，"只有这样，才能够在客观上赋予出自自由的合目的性与我们根本不能缺乏的自然的合目的性之结合以实践的现实性"。（Rel 6:5）"倘若没有一切目的联系，人就根本不能做出任何意志决定，因为意志决定不可能没有任何结果。"（Rel 6:4）在道德践履中，"目的转化为结果"，也就是"被法则决定为一个目的而产生结果"。（Rel 6:4）康德说："道德学不是把这样一种目的作为依照法则所采用的格准的根据，而是把它作为它的必然的结果。"（Rel 6:4）

"我欲仁，斯仁至矣""由仁义行"并不以任何目的作为依循天理而行的格准之根据。此即孔子说："君子无终食之间违仁，造次必于是，颠沛必于是。"孟子说："何必曰利？亦有仁义而已矣。"（《孟子·梁惠王章句上》）人为了正当地行动，并不需要一个目的，根本上只是依天理而行，天理本身绝以任何目的或别的什么东西为其根据。但是，本心良知决定一个"仁者，以天地万物为一体"的道德世界，即德福一致的大同世界，天理定言地命令每一个人致力于实现此目的。用康德的话说，此目的就是"一个一切物之终极目的之概念"，"造就一个把所有目的结合起来的特殊的关联点"。（Rel 6:5）终极目的是"一个客观的目的（即我们应当具有的目的），它是由纯然的理性交给我们的目的"。（Rel 6:6）无论人现实上可怀有的目的是如何多种多样，但人作为有理性者，他必定有一种能证明其行为的意图之纯粹性的目的，这目的就是终极目的，"它是由道德法则自身引入的"（Rel 6:6）。

终极目的之关联涉及自由的合目的性与自然的合目的性之结合如何可能的问题。于此，我们不仅要面对每一个人依本心普遍立法而行，还要处理人类之整体如何共同一致地遵照天理而行，此外，我们还要创造第二自然，以使自然与自由协调一致。事实上，当人依本心天理而行其所当行，他只问自己如何堪称一个道德者，而并不能预计其他人是否同样总是遵循天理，也并不能预计天造地设的大自然是否有助于他作为一个道德者对与其德性相配称的幸福的希冀。尽管如康德所考论，不但德行在我们的力量（意志自由）中，幸福也依靠每一个人和其他人的相互行为而产生，假若每一个人任何时候都遵循道德法则，并且得到自然的配合，那么，德福一致就会是必然的。但康德也指出，并不是每一个人任何时候都遵循道德法则而行，即使一个人自己严格地依从道德法则，以之为其行为的格准，但他不能预计他人也必如此，并且也不能预期自然方面将有助于他对于幸福的期望。（Gr 4:438–439）

当我们仅仅研究德性所以可能的根据，也就是确立德性形而上学，我们并不需要解答先验的实践的综和命题如何可能。（Gr 4:444）但当我们进至道德的形上学，就要关注人因着其道德创造的能力必定要成就自己为道德者及造就一个道德世界。用康德的话说，"道德在一切行为对于立法的联系中，由之一个目的王国始可能，而这种立法必

292

须在每一个有理性者自身中被见到，而且能由其意志产生出来"（Gr 4:434）。同样，"一日克己复礼，天下归仁焉"表达的依于仁而实现之"天下"，可以说就是康德所论"目的王国"。

如前所述，道德律令三程序之一的自律的程序就是"一切格准都应当从自己的立法出发而与一个可能的目的王国和谐一致，如同与一个自然王国和谐一致"。其自然法则的程序也是关联于自然法则而论："必须这样来选择格准，就像它们应当像普遍的自然法则而有效。"（Gr 4:436）而这样一个"自然"是实践的理念，依据这个理念来"实现并不是既存的，而是通过我们的所作所为就能够成为现实的东西"。（Gr 4:436）这显示出康德的全新的目的论洞见，而根本上不同于西方哲学传统旧有的目的论。依旧有的目的论，"目的王国是一个理论的理念，用来说明存在的东西"（Gr 4:436）。如康德指出，这种独断臆测的目的论"把自然视为一个目的王国"，而"道德学把一个可能的目的王国视为一个自然王国"。（Gr 4:436）"目的王国为一个实践的理念，用以去完成那尚未真实化，但可借我们的行为而能被真实化者。"（Gr 4:436）

这意谓人通过道德创造使目的王国成为现实的东西。用孔孟的话说，就是通过"克己复礼""由仁义行"，而实现施仁政、行王道的大同世界。道德的世界（目的王国、大同世界）就是一个人在其中依德性而获得相配称的幸福的世界。尽管无论依康德还是孔子哲学传统，道德绝不以幸福为目的，道德法则（天理）也绝不依据于幸福，但值得注意，道德必定创造幸福，若一个社会令有德的人遭殃，那它必定是一个缺德无道的社会。

道德创造幸福，是一个先验的实践的综和命题，不仅包含自由的原理，而且包含与自由原理相协调的自然原理。这就是康德说的获得幸福之希望与使自己配得幸福的不懈努力之间的必然联结，"只有当我们把一个依照道德法则发布命令的最高理性同时又作为自然的原因而置于根据的位置上时，才可以有希望"。（A810/B838）我们可以说，孟子言"事天"中的"天"同于康德所言"最高理性"，它不仅依天理而发布命令，并且处于"根据的位置"，以成为每一个人根自本心而生的尊崇和侍奉的对象。

我们可以说，"存心养性事天"中的"存""养"就包含着于现实限制中表现的意思，亦即通过不懈努力以实现自由与自然之结合；而此结合并不是仅经由个人的道德践履即可达至的，还需要既表征自由之原理同时表征自然之原理的"最高理性"（"天"）。

康德提出：为着自由与自然之结合，亦即为着终极目的（圆善）的可能，"我们必须假定（annehmen）一个更高的、道德的、最神圣的和全能的东西，唯有它才能够把圆善的两种成素结合起来"，（Rel 6:5）它是"人之外的一个有权威的道德立法者的理念"（Rel 6:6）。同样，我们也可以说，"事天"中的"天"就是这个东西。孔子就说："唯天为大，唯尧则之。"（《论语·泰伯第八》）

"天"作为人通过存心、养性之道德践履而侍奉的对象，含有宗教之意义，"事天"就表达一种宗教的侍奉。但值得注意，孟子言"事天"乃是道德的宗教侍奉，而与一切历史性（教会）的信仰[3]根本不同。各种历史性的信仰怀着"一种关于侍奉神灵义务的妄想"，（Rel 6:123）人们在其中"有趋向于侍奉神的强制性信仰的倾向"，他们自发地趋向于给予这种信仰以先于道德信仰的最大重要性。（Rel 6:134）我们中国习俗之小传统中亦不乏这种崇拜鬼神之侍奉。而"事天"与之根本区别开，它代表道德的宗教侍奉的大传统，道德的侍奉就是通过存心、养性来侍奉"天"。孟子说："君子以仁存心，以礼存心。"此即康德所言"通过遵守自己的一般义务来侍奉上帝"（Rel 6:134）。

孟子言"事天"，于此，人与"天"就有了距离，就如同在人之外设定"天"，此即孔子说"畏天命"。但我们不会视此"天命"为真有一个外在的实体在下达命令，因为对谁也不可能知道的外在的实体做妄测，根本与我们所认识的理性的孔子不一致。孔子说："知之为知之，不知为不知，是知也。"理性承认有所不知，故"六合之外存而不论"。同样，孟子也不会妄作一个客观的潜存自存的外在的"天"作为崇拜侍奉的对象，而毋宁说，孔孟以及康德所言"天""上帝"都意指道德的宗教中的理性的理想。如康德指出："如果我们超出了这个东西之理念与我们在道德上的关联，关于它的本性之概念，就总是会陷入神人同形同性论的危险之中，从而常常是以直接危害我们的德性的原理的方式来进行设想。"（Rel 6:182）

也就是说，我们所关注的并不是"天"就其自身而言是什么，也并不是要知道离开人的本心天理，"天"之在其自身具有什么特性。"天"之理念只存在于与我们在道德上的关联中，它的起源甚至力量，都完全建立在与我们自身内在的本心良知之天理的联系上。[4]

如我们一再申论，道德建立在"仁者，人也"的根据上，每一个人依照本心天理而"由仁义行"，完全不需要有"另一种在人之上的东西的理念"来作为其行为之动力。[5] 那么，我们何以要谈论一个就像在我们之外的"天"呢？实在说来，若无人的本心天理，"天"无从取得其决定的意义，然而，若人心不是除超越的心体义之外，同时有着经验的性格，则完全无须另言"天"。如此，则可明白，人依其本心天理，并循天理而行，以显人自身之尊严，另一方面，又时时处处显露自身在遵守道德法则上的软弱性。"人能弘道"的理想显人自

295

身之崇高，然人的历史进程总是曲折坎坷。正为此，"天之尊"有其独立意义，尽管归根结底它无非是本心之道德创造性本有之尊严与崇高。同样，依康德所论，理性之所以产生上帝的概念，完全是由于实践主体本身是神圣的，理性的理想是神圣的，而现实的人却不那么神圣，总不可避免地带着感性生命的限制。由之，我们可以指出，孟子学所包含的实践智慧学，其根源智慧正是异质成素的先验综和之思维模式，此与康德批判哲学的创辟性洞见若合符节。

析疑与辩难

问： 既然人的知性没有能力认知任何超绝的东西，那么，凭什么确认孟子所言"天"是真实的呢？

答： 多有学者忽略"天"于孟子学中的意义，又或者把孟子所言"天"比附于基督教的上帝。劳思光先生就认为孔孟言心性只涉及"应然"，而不涉及"存在"，故不必言"天"，更无由论及形而上学（相关说法见氏著《新编中国哲学史》第一卷）。另一方面，中国学者以人格神来解说中国哲学中所言"天"，大多是受英语界汉学家的影响。这方面见解可见傅佩荣教授的《儒道天论发微》，劳先生及傅教授抱持的意见，本人于拙著中多有讨论，兹不赘言。

我们必须指出，孟子根本没有主张人之外潜存自存着名曰"天"的超离、超自然的东西，这一点是我们已一再申论的。随后，我们要说明为何及何以从尽心知性来对"天"做决定。概括地说，我们的本心作为道德创造本体而具有神圣性，因此堪称最高者，而名曰"天"；我们抽离人心的限制，而独举本心之神圣性而名之曰"天"，"天"

对于合神圣性与限制于一身的现实的人而言，就起到一种不可或缺的指导和督察作用。孔子言"畏天命"，无非是尊敬每一个人自身的人心之仁之不可移易的分定。同样，康德说："唤起尊敬的人格性之理念，把我们的本性（依照其分定）的庄严置于我们眼前。"（KpV 5:87）这一点也是我们已论明的。现在，我们还要说明，从人自身心灵机能的构造而论，这种"如同"的思维模式如理如实，是经得起严格的审查的。这就得借助康德批判哲学对人类心灵机能做出通贯考察而获得的成果来说明。

于批判工程之开始，即在《纯粹理性批判》，康德就提出一个思维模式之彻底革新。传统西方哲学假定："一切我们的知识必须依照对象而定。"（Bxvi）依此为前提条件来建立知识论，结果就是：要么把我们对于物的认识限于感官的范围内，因而否决任何关于超感触物的认识；要不然，就是任由我们的求知欲随意妄作，通过虚构超自然的东西而最终欺骗我们。如所周知，悠长的西方哲学史中，理性论哲学家，如柏拉图、莱布尼茨及其后各种追随者，主张主体与客体一致的根源在一种先天前定的知性，"唯有知性才认识真正的东西"。（A853/B881）感觉论哲学家（以伊壁鸠鲁为代表）却相反，主张："实在性只是在感取的对象里才有，其他的一切只是想象。"（A853/B881）就纯粹的理性认识的对象而言，以柏拉图为首的理性论者主张："纯粹的理性认识不依赖于经验而在理性中有其源泉。"（A854/B882）而以亚里士多德为首的经验论者主张："纯粹的理性认识自经验中派生。"（A854/B882）康德洞见到，这两种对立的学派，都执持着同一种错误的思维模式，那就是误以为一切知识由对象决定，此含着说，我们认识一个物就是意指认识该物之在其自身。直至康德出来，始揭发这种西方传统中根深蒂固的旧思维模式之错误，并提出新

的思维模式："对象必须依照我们的认识而定。"（Bxvi）

康德并没有独断地宣称新的思维模式，而是作为一种新思维模式的试验开始，通过《纯粹理性批判》"先验感性论"对空间、时间之表象之性状的阐述，说明空间、时间是感性的先验形式，而非外在物之在其自身之属性。此外，"先验分析论"对知性概念之推证，证明"范畴自身只是知性的纯然的思想形式"，"范畴只有在其使用于那能够在直观中被给予我们的对象时，它才得到其使用于对象的客观实在性"。（B150–151）康德为其洞识到的全新思维模式"提供必然性的证明"。（Bxxii）

范畴并不是从自然引生出，也不是模仿自然的模型，那么，自然为什么定须依照我们的时空及范畴而进行呢？诸范畴又如何能先验地决定自然的杂多之结合呢？（B163）这个似是谜的问题，康德通过显相与物自身之超越的区分恰切地解答了。假若我们对之有认识的自然是就物自身而言，那么，范畴当然无法去规定它，而且，对于物自身意义的自然，不但范畴不能规定它，要说我们能认识它，能有关于它的知识，也是根本不可能的。究其实，我们对之有认识的自然并非物自身意义的自然，而只不过是一切显相之综集，既然只是对我们而显的东西，那么，它只存在于与我们的感性和知性之契合与符顺中，那是毫无疑问的。因为如果它并不与我们的感性和知性相合，它就根本不会对我们显现，此理甚明。

依康德的批判考察，由客体诱发的认识活动既包含接受性（表象的杂多被给予感触的直观），也包含自发性（杂多一般的结合）。康德说："接受性唯有与自发性相结合才能使认识成为可能。"（A97）"认识是一整体，在此整体中，诸表象相互比较和相互联系。"（A97）因为显相并不在其自身而实存，就这主体具有感取性而言，显相只是关联于它们所附着之主体而实存，法则也是这样，亦不在显相中实存，而只是就这主体具有知性而言，法则关联于同一主体而实存。物自身必然在认识（erkennt）它们的任何知性之外，符合它们自己的法则。但是，显相只是物之表象，此物就其在其自身来说究竟是什么，则是不被认识的（unerkannt）。显相，由于是纯然的表象，是故它们除联系之联系机能所规定的"联系之法则"外，不服从任何其他"联系之法则"。现在，那联系感触的直观之杂多者就是想象力，而想象力在其理智的综和之统一面是依靠于知性的，而在其摄取之杂多面则是依靠于感性的。这样，一切可能的知觉皆是依靠于摄取之综和的，摄取之综和是经验的综和，而此经验的综和转而又是依靠超越的综和的，因而亦就是说，是依靠于范畴的。结果，一切可能的知觉，即那"能来到经验意识"的每一物，即自然界的一切显相，就它们的联系而论，皆必须是服从于范畴的。自然仅仅作为自然一般来考虑，是靠这些作为它对法则的必然符合性的起源的根据之范畴。（B165）以此，康德揭明，经验可能之根据并非来自经验，而是于我们的认识机能中有其先验的来源——感性的先验形式空间和时间及知性的先验概念范畴。他说："尽管对于外在客体的一切认识皆只能从经验开始，但是，不能因此说我们的认识尽皆发生自经验。"（B1）

这就是康德的新思维方法："我们关于事物只能先验地认识我们自己所置放于事物中者。"（Bxviii）也就是说，我们的认识之真实性在于我们的认识力与认识的关联。由这一点，康德可以进到哲学任务的根本扭转：我们所先验地采用的概念与原则，可被用来依两个不同的方面看待对象，即一方面看作对经验而言的感取和知性的对象，而另一方面，对那努力想超出一切经验之界限的孤立的理性而言，看作我们纯然地思维的对象。（Bxviii–xix）纯然地思维的对象之所以可

299

能，完全是由于知性纯然自身的活动，知性离开与感触的直观之关系而仅仅通过纯粹的知性概念（范畴）思维对象之在其自身，即智思物。据此，康德就把一切对象一般区分为现象与智思物。

尽管智思物并无决定的对象，但毕竟据之留下一个在感触界之外可以思维的智思物之场地。这个场地无疑正是康德要为非感触物（物自身及智思物）取得确定意义所必定要全力勘探的所在。第一步，借着揭明纯然知性所思之物在知性纯粹活动中的根源，说明理性何以能超出一切经验而产生自身的对象及拥有"超越的理性概念"。作为最高认识力的理性必然产生一种"来自概念的综和的认识"。（A301/B358）"这种认识绝不关涉经验或任何一个对象，而是关涉知性，为的是要赋予知性认识以先验的统一性。"（A302/B359）"超越的理性概念总是只指向于条件之综和中的绝对综体，而除非在那绝对无条件者中，即在一切联系上是无条件者中，它决不终止。"（A326/B382）"理性其自身则专有关于知性概念之使用中的绝对综体，并且它把在范畴中被思想到的这种绝对统一努力带至绝对无条件者。我们可以把这种统一称为显相之理性的统一，而那为范畴所表示的统一，我们称之为知性的统一。"（A326/B383）

通过理性的"绝对综体"之理念，康德探明了作为形而上学研究的本来目的所包括的三个理念"上帝、自由和不朽"在人类认识力中的根源。若非如此，我们根本无法理性地说明这三个理念，而只能任由人们去臆测妄作。尽管康德同时明确指出：形而上学的对象就其由纯粹的思辨理性产生而言，不过是一些智思物，一些悬而未决的概念，一些"不能够在某个可能的经验中被指出并变得可直观的概念"。（A338/B396）虽然我们不能认识这些智思物，可是至少能够思维它们之作为物自身，因而，它们得以成为思辨的形而上学中的理念。但如康德指明：思辨的形而上学中，理性的思辨使用只是轨约的，"上帝""不朽""自由"只是纯然智思物，并无任何真实的本体被涉及。作为轨约原则的理性之原则"绝不能告诉我们对象是什么，而只能告诉我们经验的后返如何贯彻下去以达到对象之完整的概念"。（A510/B537–538）

尽管思辨的形而上学在人类认识力中的根源之揭明，只能对于"上帝""不朽""自由"这三个"非感触者"作为纯然智思物做出说明，而并未能证明它们的实在性，但这一步说明并非可有可无。因为假若我们连对"非感触者"之可思维也不能做出如理如实的说明，那么，压根就无从论及它们的实在性了。思辨的形而上学的三个理念之为纯然智思物，可以说是探究"上帝""不朽""自由"这三个"非感触者"的第一步，此后必须转进到实践的领域去，通过对实践理性做出批判考察，探明理念何以及如何在纯粹实践理性的实践活动中获得客观实在性。在实践的领域，"自由"之理念因着其为意志因果性之特性，它就在道德法则中呈露，从而首先得到实在性的证明，而"上帝""不朽"之理念也因着意志自由之实在性而得到支持，并取得其实在性。关此，拙著《康德的自由学说》《物自身与智思物：康德的形而上学》《康德的批判哲学：理性启蒙与哲学重建》有周详研究。

以上综述，对于一般人说来，容或以为不必如此大费周章。诚然，如康德已表明"通常的人类理解力并不适宜于精微的思辨"（Bxxxii）。理性的批判作为"关于有益于公众而不为公众所知道的一门学问"，绝不能成为通俗的，"正如维护有用的真理中的精细论证任何时候都不能投合常情"。（Bxxxiv）孟子哲学的研究者有义务仿效康德，对每一个哲学命题做出其植根于人自身心灵能力的说明。"必不能让假借通俗化的名义纵容乱说一通的肤浅行为。"（Bxxxvi）

注释

1　傅佩荣先生认为孔子言"下学而上达，知我者其天乎"证明其"相信唯有'天'真正了解他"（《儒道天论发微》，页93）。傅教授甚至说："在此我想起耶稣说过的一句话：'除了父之外，没有人知道子是谁。'（《路加福音》，一〇：二二）"（同前揭书，页104）愚意以为，此真是推想得太过了。

2　如康德指出：道德哲学"应当证明自己的纯正性（Lauterkeit），它是它自己的法则的自我支撑者（Selbsthalterin）"，"无论在天上还是在地上均无所依傍或凭借"。（Gr 4:425）

3　康德指出："历史性的信仰（它建立在作为经验的启示上）只有局部的有效性，即对于作为这种信仰之基础的历史所能及至的那些人才有效。"（Rel 6:115）

4　康德说："我们感兴趣的并不是知道上帝就其自身而言（就其本性而言）是什么，而是知道他对于作为有理性者的我们而言是什么。"（Rel 6:139）"它在道德性之上还包含着一个超感触者之概念"，不过，"它的理念并不能自身存在于思辨的理性本身当中，而是把自己的起源，甚至还有自己的力量，都完全建立在与我们的以自身为根据的义务决定的联系上"。（Rel 6:183–184）

5　此如康德在《宗教》中说："道德既然建立在作为自由的，正因为自由而通过自己的理性把自己束缚在无条件的法则上的人之概念上，那么，就不需要为了认识人的义务而有另一种在人之上的东西的理念，也不需要为了遵循人的义务而有不同于法则自身的另一种动力。"（Rel 6:3）

第三节
论孟子言"心""性""天"包含之先验综和的思维模式

我们于上一节已论，孟子言"存其心，养其性，所以事天也"包含实践智慧学，并指出，其根源智慧正与康德批判哲学提出的异质成素的先验综和之思维模式若合符节。

宋明儒承续孟子道德的形上学之规模者，皆本"心、性、天一"之旨。自明道提出此说，象山、阳明更揭明"心即理"，以此标示出儒家之道德的形上学的义理核心。然明道言"心、性、天一"，采取圆融表示之说法，只是"即是即是"之平说方式（牟先生语），而象山、阳明揭明"心即理"义（此点正是象山、阳明的贡献所在），用牟先生的话说，"只是一心之朗现，一心之申展，一心之遍润"[1]，对于孟子自"尽心"言"性"并未措意。阳明立说之精彩在凸显本心良知之为创造实体，但"性""天"在"心"之笼罩下，缺乏独立的解析性说明。而蕺山承横渠、五峰言"成性"，正是要补此不足，论明"性"在"尽心"中成以及"天"在"尽心成性"之进程中的独立作用。

刘宗周不愧为宋明儒学之殿军，在其前辈大儒卓越贡献之盛誉的笼罩下，仍能以其过人的慧识与孔孟之学本来包含的先验综和的思维模式相契接。事实上，若我们不能以此思维模式来说明"尽心知性知天"表达的"心、性、天一"义，那么，难免要陷入"一之不可，二之不得，又展转和会之不得，无乃遁已乎"（《刘子全书》卷七《原旨·原性》）之困局。此岂是一般笼统言"合一"所能了事？

如牟先生提出："设客观方面综曰性体，主观方面综曰心体，此两真体如何能相契入而为一耶？"[2]并且，"天下不会有两真体"，若果如明道那样，"在融会的认识上说'一本'，只是直下圆顿地言之，人亦嫌笼统"。[3]先生明文表示："既有主客观言之之异，即应说明其如何能相契入而真为一。此非只是'即是即是'之平说方式所能尽，亦非只是直下圆顿地说之所能尽。"[4]无疑，先生见出明道乃至象山、阳明于说明"心、性、天一"都仍有不尽处。为解决这个难题，牟先生提出蕺山"以心著性"，先设"性天之尊"，然而，依先生所论，"以心著性"一说的前提是客观面与主观面之分立。若"心"是主观面，以形著客观面的"性"，则成了主客二分。又，于"心"之外设"性天之尊"，则客观而言之"性""天"与主观而言之"心"，该如何是一？事实上，蕺山并没有落入此种二分格局。我们清楚地见到蕺山表明："夫性因心而名者也。……性者，心之性也。……非性为心之理也。"（同前）"外心言性，非徒病在性，并病在心。心与性两病，而吾道始为天下裂。"（同前）"是孟子明以心言性也。而后之人必曰心自（一作'是'，下同）心，性自性，一之不可，二之不得，又展转和会之不得，无乃遁已乎！"（同前）

蕺山言"性者，心之性也"，此言得当。客观性以"心"之普遍立法的普遍必然性而言，并非只以"心"为主观，而别有一外在的"性体"以为客观性的标准。蕺山所论见出其自"心"之客观性言"性"，此既非分析命题，亦非二元论，而是先验综和命题。不能将先验综和之"一"混同于超离的一元论。⁵若无这一步超越分解之说明，则人容易生误解，以为"心"等同"性""天"；又假若这步分解不是以先验综和为前提，则又会落入"心自心，性自性，一之不可，二之不得"的田地。

蕺山有"即心离心，总见此心之妙"一说：

> 性情之德，有即心而见者，有离心而见者。即心而言，则寂然不动，感而遂通，当喜而喜，当怒而怒，当哀而哀，当乐而乐，由中导和，有前后际，而实非判然分为二时。离心而言，则维天於穆，一气流行，自喜而乐，自乐而怒，自怒而哀，自哀而复喜，由中导和，有显微际，而亦非截然分为两在。然即心离心，总见此心之妙，而心之与性，不可以分合言也。
>
> ——《刘子全书》卷十一《学言中》

蕺山言"即心""离心"，是就同一"心"而做超越分解之分言，不能视之为存有论地分设"心""性"，否则很难解明如何可说"即心离心，总见此心之妙，而心之与性，不可以分合言也"。"离心"之"离"是超越分解的"抽离"，即分隔开来考虑，纯然就"心"之超越义而言"则维天於穆，一气流行"，而非意谓"超离"于"心"之外另有一"天命流行之体"。此见蕺山合《中庸》于《孟子》而阐发孟子"以心言性"之义。

蕺山批评"尊心而贱性"，提出"性若踞于形骸之表，则已分有常尊矣"，（同前揭书，卷七《原旨·原性》）其意并非要离开心之尊而先设性之尊。他清楚提出"自良知之说倡，而人皆知此心此理之

305

可贵"，约言之曰"天下无心外之理"，而一朝恢复"举数千年以来晦昧之本心"，"心之体乃见其至尊而无以尚"。（同前揭书，卷七《原旨·原学中》）"性化而知之良乃致，心愈尊"（同前），"心得其职而主势当尊"（同前揭书，卷十《学言上》）。

无疑，蕺山十分重视对"性""天"之分解立义。他一再批评"性学晦矣"（同前揭书，卷十一《学言中》），是要指出王学"于性犹未辨"（同前揭书，卷七《原旨·原学中》）之蔽。他说："但恐《中庸》之教不明，将使学'慎独'者以把捉意见为工夫，而不亲性天之体。"（同前揭书，卷五《圣学宗要·阳明王子·拔本塞源论》）但我们无理由据之以为蕺山主张分设"心""性"，于"心"之外先设性之尊。[6]

我们可以指出，孟子言"事天"，即见"性天之尊"。其根源在人类心灵机能中，"性""天"之崇高和尊严与人的道德思维模式相关，亦即与人的本心良知之天理对感性的支配威力相关。假若"性""天"被设想为产生万有并为万有之主宰的先于本心的超绝者，那它对于人来说就只会是引发无能感与畏惧感的东西，而不会有崇高与尊严产生。

孟子义理固然奠基于"心即理"，"以心言性"是大头脑，然孟子哲学"十字打开"（牟先生语），"尽其心者，知其性也，知其性，则知天矣。存其心，养其性，所以事天也。夭寿不贰，修身以俟之，所以立命也"（《孟子·尽心章句上》）。可见孟子有分解的解析，既通过"尽心知性知天"超越地立创造实体，也经由"存心养性事天"见"心、性、天"于道德践履进程中的先验综和之义，最后以"夭寿不贰"指出现实之限制，而提出"立命"。

孟子学既不是"纯由主体直线地申展出去"，也不是先立"性""天"为形而上的超绝者，然后自上下贯于人而上提于"天"。孟子以本心之立普遍法则及依循法则创发行为的道德创造性说人的真性。本心是实体，以此实体之创造之能为"性"，以此创造之能的绝对普遍必然性为"天"。此"性""天"当然也是实体，三者相互说明，既是一，同时又因言说分际之不同而有各自的含义。

道德作为纯粹理性之事，提升人超越世界行程的一切偶然性而进至一个普遍法则之秩序中。人依循理性立道德法则，同时就呈现其意志自由的智性特性，并且，道德法则无条件地命令人实现自己的智性的真实自我，并参与创造人类的道德世界。人类恒常不变地向往并不断努力向之而趋的永久和平和福祉就是以这样的道德世界为原型的，它无疑是一个智性界，而却又是客观、实在地树立在我们眼前的模型，我们应当时时检查现实世界是在接近还是违离它。尽管我们对智性界无任何直观，但我们关涉智性界及其中客体的实践认识并不需要直观，而其有效性并不亚于那种通过理论认识做出的客观的决定。这就是康德说："我们自己的主体，一方面通过道德法则将自己决定为道德者（有自由能力），另一方面认识到自己是依照这种决定在感触界中如同当下亲眼所见的那样活动的。"（KpV 5:105）所谓智性界及其中客体就是人自身的道德主体的客观性。

依孟子学，人一方面通过本心立天理（道德法则），将自己决定为道德者（有自由能力），人以此身份自视，其意志也就具有越出自然因果性的无限创造力，"在这里，人依照与神明的模拟来思想自己"（KGS 8:280）。另一方面，人认识到自己是依照本心天理之决定在感触界中活动。人在现实限制中存心、养性，根据其道德主体及法则的神圣性来认识极大的对象，以此言"事天"。在这里，天理指示"天"是我们依从天理之命令而侍奉的客体，但不表示说它是一在直观中表象的外在客体。用康德的话说："自由概念在它的客体中表象物自身，但却不是在直观中表象的。"（KU 5:175）"天"属于自由概念，而

307

非自然概念。"天"不必等待直观的到来而取得认识，用康德的话说："我们能够完满地证明的东西，就确实性而言，对于我们来说如同由我们亲眼目睹一样。"（KpV 5:147）

孟子说："先立乎其大者，则其小者不能夺也。""大体"（本心）作为人的道德主体，并非可离"小体"而言的一个什么绝对的精神实体，本心是就人心的智性的本性而言，区别于同一人心的自然的经验的本性。就本心就是人心之能而言，它是自然能力，只是其智性的特性是超感触的。此即康德指出："意志作为意欲机能，也就是世界上种种自然原因之一。"（KU 5:172）自由作为意志的无条件因果性，其能力是超感触的，它作为一个非感触的原因在实践之事中起作用，"独立不依于一切经验的（感性的）条件而决定抉意，证明一种纯粹意志在我们中，德性概念和法则就在这纯粹意志中有其根源"。（MS 6:221）由之，我们认识到自由。

康德通过对人的理性在意欲机能中立法的事实揭明："意志并不纯然服从自然概念，也服从自由概念。"同理，我们可以指出，依孟子所论，人心并不纯然服从"耳目之官不思""物交物，则引之而已矣"，而也由"心之官则思"、"思曰睿"（《书·周书·洪范》）作主宰。

本心并不是什么超自然的特殊精神能力，而是人心的智性的本性，每一个人皆禀具之。"思"乃思"仁义礼智"之天理也，而本心无非是每一个人皆禀具的"人格性"。康德提出："人格性不过就是不依赖于整个自然的机械性之自由和独立性，而这种自由和独立性被看作是一个生物服从于特殊的，由他自己的理性所给出的纯粹实践法则的机能。"（KpV 5:87）孟子所言"从其大体为大人"，就是康德说："必定只以崇敬来察看自己的本质，以及以最高的尊敬来察看这分定的法则。"（KpV 5:87）

我们人的超感触的本性是通过我们的自由意志（本心）而为其现实性的根据的。（KpV 5:45）如康德说："人毕竟不是那种彻头彻尾的动物，以致对于理性向自身所说的一切也都漠不关心，而把理性仅仅当作满足他作为感取的生物的需要的工具。"（KpV 5:61）这种能力包含人的实践理性立法的特殊意志因果性——自由。唯独运用这种能力，人才能够使意欲之杂多协调一致，并指导自由与自然之统一。用孟子的话说，人唯赖"心之官则思"的机能作"耳目之官"的主宰，方能向"万物皆备于我"的仁者与万物为一体之宇宙全体而趋。

人依靠自由走出本能，也就有能力依靠自由越过一切障碍，向实现道德禀赋与自然禀赋的和谐一致前进。康德说："人所可能要停止在其上的最高程度是什么，而且在理念与其实现之间还可能有多大的距离要存留下来，这些都是没有人能够——或应该——解答的问题。因为其结果是依靠于自由，而自由正是有力量来越过一切特定的限度的。"（A317/B374）在天地万物中，人是唯一能通过其道德实践活动呈现其意志的自由因果性者，一个不以经验为条件的因果性概念虽然没有与自身相应的直观，但它仍然具有现实的使用，这种使用见于人的意志能自立道德法则中，并具体地表现在道德存心和格准中，也就是说，它在人的实践活动中具有能够指明的实践的实在性。（KpV 5:56）这就是康德说的自由唯独经由人的意志之自律才得到证成。并且，唯独这自由有力量越过一切特定的限度，其充极发展必达至主体性与客观性、绝对性合一的终极道德创造实体。

但是，这并不意谓意志自由、本心不必在限制中起作用，更不是主张意志自由、本心是一种离开人自身的主体能力而独断宣称的无限性的东西，或凭着什么独特的直观而显现的绝对实体。而毋宁说，同一个意志在被感性欲望所刺激而显现为经验的意志之外，其自身还具有意志自由之特性，它包含着经验的意志之至上的条件。[7]"自由这一特性事实上属于人的意志"，同一个意志，它一方面被感性欲望所刺激，但并不必然地为感性欲望所决定，它另一方面是可由其自由之理念所决定的，因此使一切道德认识所依据的先验综和命题成为可能。（Gr 4:454）康德说："只是为了把意欲的杂多纳入一个以道德法则颁发命令的实践理性的意识之统一，或者纳入一个先验的纯粹意志的统一，实践理性的决定才会发生。"（KpV 5:65）此即孟子所论，本心为着主宰"耳目之官"，将口、目、耳、鼻、四肢等的意欲的杂多纳入天理之无条件命令，本心的决定才会发生。孟子并不主张禁欲主义，他明文指出"形色，天性也"，并说"惟圣人然后可以践形"。（《孟子·尽心章句上》）"君子所性，仁义礼智根于心。其生色也，睟然见于面，盎于背，施于四体，四体不言而喻。"（同前）此即意谓"践形"乃道德实践臻至的最高境界，圣人、君子并非什么离"形色"的非凡人物。

此所以康德强调德性原则包含着"定言的应当"，"这个定言的应当表明一个先验综和命题"。（Gr 4:454）这个实践的先验综和命题是可能的，并且是必然的，对它的证明必须经由对理性机能本身做批判，以揭示纯粹理性有能力自己立法并决定意志以致生行动。明乎此，学者们就不会意图主张有一个离开人的意欲而独立自存的本心实体。诚然，人们可设想人能够如无欲无瑕的小天使，任何时候都自然而然地与天理相一致，根本不会有违离天理的可能性。但那样又如何？假若人超出一切依赖性而不再在限制中表现其本心之作用，也就是他的意志与道德法则"永远不可更移地一致"，（KpV 5:82）"在他心中就连诱惑他背离这些道德法则的一种欲望的可能性也不会有"（KpV 5:83），那他就根本不会有尊敬道德法则的意识了，因为道德法则对他来说根本不是命令。（KpV 5:82）道德法则连同人性也无所谓尊严了。

康德引用阿尔布雷希特·哈勒的话，说："人即使有其缺陷，也胜过一群无意志的天使。"（MS 6:397）唯独人保有的尊严，"使永不被诱惑犯罪的神明本身也黯然失色"。（MS 6:396–397）

明乎此，则能理解，道德学之正当宗旨不会是教人如何成为无欲无瑕的小天使，而在让人明了道德是行为依据的主观原则，与本心天理之普遍立法相一致。而恰当地说来，人所处的道德的状态，乃是操存本心，在现实的践履中扩充不已。

本心（人心之仁）不可避免地要在限制中起作用。孔子很重视这种限制，就此限制而言"畏天命"。同样，孟子也不忽略人事之有限，故言"事天"。孔孟立教，并非如一些宗教主张上帝无所不能、人完全无能，人只能信仰上帝，祈求恩宠和恩赐。然揭示本心扩充不已之创造无限，亦并非主张人不受自然限制，无所不能、无所不为。

人经由本心自立普遍法则（天理）而自我遵循，由之显我们人自身的超感触的本性之神圣性。但此并非意谓人只依本能而不必后天努力就自然是神圣的，我们本性之道德分定乃是"在一个向着进步的无限中才能达到与德性法则完全切合"。（KpV 5:122）这是"真正的理性命令的不懈追求"，并非理想，而是在人的能力中，尽管神圣性作为理性的理想，是一个人必须在一生中努力向之而趋的原型。"德性之神圣性"已经由本心天理指定为"人们此生的准绳"，（KpV 5:128）"在任何状况下都必须始终是人们的行为的原型"（KpV 5:129）。此即孟子曰："君子所性，虽大行不加焉，虽穷居不损焉，分定故也。君子所性，仁义礼智根于心。"（《孟子·尽心章句上》）明乎此，则可知，天理作为无条件的命令，表达的是一种道德的"应当"。道德所关涉的不是现实上的"已是"，而是我们应当致力于使"应当有者"成为"是"。

康德举例：对于一个我亲自见到的品格端正的卑微的平民，我自觉不如，我的内心向他鞠躬，这时"他的榜样将一条法则立在我的面前"，"通过这个在我面前证实了的事实，我看到这条法则是能够遵循和可实行的，纵然我可能同时意识到甚至我自己同样品格端正，而这敬重依然不变"。（KpV 5:77）"心灵看见神圣的道德法则高踞于自己及自己的脆弱本性之上。"（KpV 5:77）行为的道德判断之法规是在每个人心中的，我们实际上承认定言律令的有效性，尽管实情是性好时常抵抗这律令，但仍然带着对这律令的尊敬，只不过容许自己有若干例外而已。（Gr 4:424）

康德又举例：一个人即使面临处死的威胁，他也能拒绝做伪证诬告他人。尽管他不敢肯定他会如何做，但是必定会毫不犹豫地承认拒绝做伪证对于他终究是可能的。依此康德说："因此他就判定，他之所以能做某事，是由于他意识到他应当做这事，并且在自身中认识到自由，如无道德法则，自由原本是不会被认知的。"（KpV 5:30）

康德说："我们也为了道德而在感触的本性方面做出如此巨大牺牲的机能，以至于我们也能够做到轻而易举地和清楚地领会我们应当去做的事情。"（SF 7:58）凭着这种机能，我们能够做到"应当"所命令的事情，正是这种机能使我们能够做到"尊崇义务于一切之上，与生命中的邪恶，甚至其最具吸引力的诱惑斗争，而战胜它们（正如我们有理由认为人能够做到那样）。人意识到因为他应当这样做，他就能够做到，这在其身上开启了一种神性的禀赋的深度，使他就如对其真正分定之伟大与崇高感受到一种神圣的敬畏"（KGS 8:287–288）。我们能够做到我们应当去做的事情，这用孟子的话说，"非挟太山以超北海之类也"，"是折枝之类也"。（《孟子·梁惠王章句上》）

道德之事是每个人应当做，且能够做的事，这点是清楚明白的。

尽管人作为以经验为条件的法则下的实存，也就是无可避免地受其"小体"所限制，但人同时任何时候都能意识到自身的超感触的本性。

道德法则不仅作为定言律令命令什么应当做，而且是人的实存分定之原则；本心（意志自由）不仅是"应当"之根源，而且是使其成为"是"的能力。道德的"应当"必定涉及存在（人的真实存在以及万物在道德目的论下的存在）及如何实现存在之为存在自身。

有学者以人时常不遵照天理而行，就以为道德的"应当"只表达"应然"，他们固执于一种轻蔑"应当"的头脑，总是坚持那种只承认"实然"的观点。岂知，道德之事不能混同于经验中实然之事。我们根本无理由依据人现实中是否遵照天理而行，来为天理之有效性证真或证伪。如我们一再申论，本心颁布无条件命令，此并非经验的事实，不能要求经验的实证，但它是理性事实，其因果性之作用可以在经验中得到证实。

人应当向道德的完满接近，此乃孔子言"仁者，人也"之旨。"尽管人的本性中就其程度而言无法确定的种种障碍可能使我们远离这种完善"（A315/B372），但人没有理由以有种种障碍为借口，就放弃成就自己为一个真正的人的努力。此所以我们指出，孟子学包含实践的先验综和之智慧，其根源洞识与康德学说相契合。

析疑与辩难

问：孟子言"性"仅仅是分析地言"性善"吗？

答：关此，学界立论大多只以《孟子·告子章句上》言"性善"的一段文本为根据，仅仅从"四端之心"之为道德创造之能来说"性"，此"性"即人的道德实存之性。无疑,此乃人之"真我"("大体"),此义之揭明乃是孟子创辟性的根源洞见,亦正据之,孟子有进于《中庸》《易传》言"性"之本体宇宙论进路,而确立本心(人心之仁)为道德创造性之实体。然不能忽略孟子也有从本体宇宙论进路言"性"的一面,也就是从"气"之"所以然"论"性"。只不过,此依理气论而言的"性"充其量只能讲一种思辨的形而上学,而不能建立有真实创造作用的道德的形上学,故孟子不停于此。此正如康德不止步于西方传统的思辨的形而上学,必定要转至实践的领域寻求真实的形而上学。

宋明儒者中,朱熹具思辨的形而上学之旨趣,但未能契接孟子以人的道德创造性确立道德的形上学之慧识。唯独刘蕺山,既能把握孟子"先立乎其大者"之宗旨,并同时注意到奠基于本心之道德的形上学有进于《中庸》之本体宇宙论,二者并不相互排斥。

又,孟子言"浩然之气",说:"其为气也,至大至刚,以直养而无害,则塞于天地之间。其为气也,配义与道;无是,馁也。是集义所生者,非义袭而取之也。行有不慊于心,则馁矣。""夫志,气之帅也;气,体之充也。夫志至焉,气次焉。故曰:'持其志,无暴其气。'"(《孟子·公孙丑章句上》)

人类是天地万物中唯一可以不听从本能者,其活动能够不依从自然法则,其感触的本性可以索求无度,故其自然之质之"性"需要有"心之官则思"作统率。"心之官"既是人之官能,它就不能离"气"。此所以孟子曰:"我善养吾浩然之气。"(同前)如蕺山说:"浩然之气即天地生生之气,人得之为元气,而效灵于心,则清虚不滓,卷舒动静,惟时之适,不见其所为浩然者。及夫道义之用彰,而充塞之体见,浩然与天地同流矣。"(《刘子全书》卷八《说·养气说》)"元气种于先天，而流贯于脏腑四肢，终不得指脏腑四肢即是元气。"（同前揭书，卷九《问答·与王右仲问答》）蕺山洞识到"元气"乃"天地生生之气"，"而效灵于心"，本心也并非什么离"元气"的纯精神实体，其道德之用也是元气"充塞之体"，唯此，孟子可说"上下与天地同流""万物皆备于我"。亦唯依此，蕺山说："是孟子明以心言性也。而后之人必曰心自（一作'是'，下同）心，性自性，一之不可，二之不得，又展转和会之不得，无乃遁已乎！至《中庸》则直以喜、怒、哀、乐逗出中和之名，言天命之性即此而在也，此非有异指也。恻隐之心，喜之变也；羞恶之心，怒之变也；辞让之心，乐之变也；是非之心，哀之变也。是子思子又明以心之气言性也。子曰'性相近也'，此其所本也。而后之人必曰理自理，气自气，一之不可，二之不得，又展转和会之不得，无乃遁已乎！呜呼！此性学之所以晦也。"（同前揭书，卷七《原旨·原性》）

孔子哲学具圆融之智慧，即含着先验综和之思维模式而不着痕迹；孟子出来为孔子哲学做分解说明，其先验综和之思维模式已然显其分解立说之张力。至蕺山，紧握孔孟哲学先验综和之慧识，与其前辈之种种混漫不清之说辩难，为"为往圣继绝学"之盛德大业立下不可替代的功绩。详论可参阅拙著《孔子哲学传统——理性文明与基础哲学》之第三章《宋明儒承续孔孟道德的形上学之发展进程》。

注释

1　牟先生批评："象山与阳明既只是一心之朗现，一心之申展，一心之遍润，故对于客观地自'於穆不已'之体言道体性体者无甚兴趣，对于自客观面根据'於穆不已'之体而有本体宇宙论的展示者尤无多大兴趣。此方面之功力学力皆差。虽其一心之遍润，充其极，已申展至此境，此亦是一圆满，但却是纯从主观面申展之圆满，客观面究不甚能挺立，不免使人有虚歉之感。"（《心体与性体》第一册，页47—48）

2　牟宗三：《心体与性体》第二册，页509。

3　同前注。

4　同前揭书，页510。

5　概括而言，蕺山依超越义而言"性"，有三种不同的言说进路：一、统万物（人亦在内）而为言"天命之性"；二、依据《中庸》，直以喜、怒、哀、乐言"天命之性"，蕺山称之为"以心之气言性"；三、依据孟子"以心言性"。此三者"非有异指"，只是言说之进路不同而已。详论见拙著《孔子哲学传统——理性文明与基础哲学》之第三章《宋明儒承续孔孟道德的形上学之发展进程》。

6　详论见拙著《孔子哲学传统——理性文明与基础哲学》之第三章《宋明儒承续孔孟道德的形上学之发展进程》。蕺山有"先天之易"与"后天之易"之论。"先天之易"并不只是说性体，而是自心体而论"心、性、天一"之创造实体；"后天之易"并不只是说心体，而是言心体及心之所发。但此并非言先天、后天是"超离的"（超绝的）与"内在的"（内处的）之对反。关此，见牟宗三先生《从陆象山到刘蕺山》，页399—400。

7　此如康德所论，"对自然的一切认识所依据的先验综和命题"是"给感触界之直观加上本身只不过意指一般而言的法则形式的知性概念"。（Gr 4:454）

第四节

关于孟子言"夭寿不贰，修身以俟之，所以立命也"之哲学说明

学界对于孟子言"命"多强调"义命"，也就是重视"义"，而其中命限义及命运义并未得到应有的注意。

无疑，孟子学之为道德学，其首出的任务就是论明道德所以可能的超越根据，也就是首先要指出本心之没有任何经验动机的纯粹性，以及其立普遍法则（天理）之无条件命令的普遍有效性。此即孟子说："惟义所在"，"生亦我所欲也，义亦我所欲也；二者不可得兼，舍生而取义者也。……是故所欲有甚于生者，所恶有甚于死者，非独贤者有是心也，人皆有之，贤者能勿丧耳"。但必须指出，人们容易因为孟子突出道德心的纯粹性、扩充不已之无限作用，就误以为他主张人于现实的道德践履上也具有无所限制的能力。孟子说："仁之于父子也，义之于君臣也，礼之于宾主也，智之于贤者也，圣人之于天道也，命也，有性焉，君子不谓命也。"此表示，人于现实上表现"仁""义""礼""智""圣"，总免不了种种限制。于现实表现上言命限，并不相悖于同时肯定"仁""义""礼""智""圣"

乃人之分定，即人之实存之本性。如此，即能明白何以孔子一方面说"我欲仁，斯仁至矣"，另一方面说"若圣与仁，则吾岂敢？抑为之不厌，诲人不倦，则可谓云尔已矣"。不必如朱子那样，以为"若圣与仁，则吾岂敢"不过是"夫子之谦辞也"（《四书集注·论语集注》卷四）。同样，孟子也一方面"道性善，言必称尧舜"（《孟子·滕文公章句上》），论明"人皆有不忍人之心"，人皆有"四端之心"，另一方面指出人有"放其良心者"，"违禽兽不远矣"。

《孟子》言"命"数十余次，除一般意谓"教诲""旨意""盟约"，以及"令"之外，[1] 多表示命限义、命运义。此乃是孟子学作为实践智慧学所不能忽略的要素。如我们于上节已论，实践智慧学关涉到圆善（终极目的）如何通过作为道德者的人自身的不懈努力而实现于世界上。通过"人能弘道"，成就世界为大同世界，也就是涉及道德世界的具体实现，气、人欲、人心就必定是实践的先验综和命题中不可忽略的元素。尽管我们强调，在进入实践智慧学之先，必须独立地于自由概念之领域中探明人自身何以有能力使自己成为道德者，并必然要以实现德福一致的道德世界（大同世界）为己任。假若这个问题未得到解答，即未确立道德的形上学，那么，人们可以认为道德世界只是存在于圣贤脑中的空想。反过来，如果只停在形而上学之学理，仅仅将其作为一个学院研究的题目，人们可以轻蔑地说那只是一种哲学家的游戏。但如我们已一再论明，道德的形上学根本不同于西方传统上纯然思辨的形而上学，它基于人自身之作为道德创造实体，就必然包含着于世界上实现圆善的根据和动力。

并且，我们于前面相关章节亦已论明，考察人的本性须依两方面的观点：自然法则下的实存与自由法则下的实存。依孟子所论，就是依据"耳目之官"而论的"形色"之性与依据"心之官则思"而论的"仁义礼智"之性。两者皆天之所与，也同样有限制。不过，人作为道德者，于"耳目之官"方面强调限制，不以自然之性为借口做无度之索求；于"心之官则思"方面强调性分之不容易，以"尽心"不已。

人与天地万物的相同之处，就是作为大自然之物种，皆无一例外地有限制，皆是受生存条件限制的存在。我们在道德的形上学中论人的道德性之无限性，并非主张人具有另一种不受生存条件限制的超自然实存。人的道德实存之主体性的自由无限性必须于现实上不懈地克服生存条件限制而显，假若人不必克服任何限制，则其自由无限性亦无从而见。

孟子未忽略人受生存条件限制，尤为值得指出，孟子学中，关于命运问题之考论亦占有不容忽视的位置。《孟子·尽心章句上》记载孟子曰："夭寿不贰，修身以俟之，所以立命也。""莫非命也，顺受其正，是故知命者不立乎岩墙之下。尽其道而死者，正命也；桎梏死者，非正命也。""求之有道，得之有命，是求无益于得也，求在外者也。"以上所引，可说是孟子正式论命运的三段文字。

"贰"，有贰心也。"俟"，等待、待机也。无论短命或长寿，都无有贰心，修身以等待机遇，孟子以此为"立命"，即立于命运之穷通而不动摇。[2] 此即孟子言"俟命"，说："君子行法，以俟命而已矣。"（《孟子·尽心章句下》）又说："虽大行不加焉，虽穷居不损焉，分定故也。"

夭寿穷通皆命运，"顺受其正"就是"尽其道而死"。"尽其道而死"即"天下无道，以身殉道"（《孟子·尽心章句上》），此为"正命"。知命者不站立在危墙之下，犯险而自招身亡之灾，"非正命也"。犯罪而死之人，同样"非正命"。此即孟子引《书》，曰："《太甲》曰：'天作孽，犹可违；自作孽，不可活。'此之谓也。"（《孟子·公

孙丑章句上》）

"求之有道，得之有命"，朱注："有道，言不可妄求。有命，则不可必得。"（《四书集注·孟子集注》卷十三）此句言"命"也是命运的意思。凡是于外面有所追求的一切，得到与否，要看命运。[3]道在现实上之行与不行，圣贤追求道之实现的理想能否达至，也是"求之有道，得之有命"的事。

以命运言之"命"，依孟子本人的定义，即"莫之致而至者，命也"（《孟子·万章章句上》）。非人力引致而发生者，谓之命。此由天降，非人自招，此即孟子说"莫之为而为者，天也"（同前）。非人力能做到者，归因于天。

《孟子》一书言"天"逾八十次之多。除去自然之天[4]，含哲学意义者有以下几种。一、道德的形上学意义之最高者，如"尽其心者，知其性也，知其性，则知天矣"句所言"天"。二、思辨义之形而上的根源，如"此天之所与我者"[5]，又如孟子引《诗》曰"天生烝民，有物有则"。三、人出自道德敬畏而侍奉的最高者，如"事天"、"仰不愧于天"（《孟子·尽心章句上》）。四、凡表正当性、必然性者亦冠之以"天"，如"天爵""天吏""天位""天职""天禄"。[6]五、以命限、命运言"天"而具实践哲学之意义者，可以指出，此义于孟子学中占着十分显著的地位。

"天"与命运关联，即一般所谓"天意"，"天意难违"也。如孟子说："吾之不遇鲁侯，天也。臧氏之子焉能使予不遇哉？"[7]（《孟子·梁惠王章句下》）又说："天下有道，小德役大德，小贤役大贤；天下无道，小役大，弱役强。斯二者天也。顺天者存，逆天者亡。"（《孟子·离娄章句上》）此句论天下有道、无道归于"天"。此意一再见于孟子之言论中，如："苟为善，后世子孙必有王者矣。君子创业垂统，为可继也。若夫成功，则天也。君如彼何哉？强为善而已矣。"（《孟子·梁惠王章句下》）又引《诗·大雅·文王》言"天命靡常"，说："《诗》云：'商之孙子，其丽不亿。上帝既命，侯于周服。侯服于周，天命靡常。殷士肤敏，裸将于京。'"（《孟子·离娄章句上》）又云："舜、禹、益相去久远，其子之贤不肖，皆天也，非人之所能为也。"（《孟子·万章章句上》）

孔孟实践哲学中，以命运义而言之"天""命"占有不可忽略的位置。孔孟论命运根本不同于一般所谓命定论、宿命论。命定论、宿命论是消极的，否弃人自身的努力，主张人任由外在力量摆布。如我们前面已论，孔子、孟子论命运是以"人能弘道"为前提的。人一生致力于践仁，"造次必于是，颠沛必于是"。不以"命"为借口贰其心，此即"立命""正命"。孟子言命运义之"命""天"，甚至并非一般所谓盲目的偶然性，而毋宁说，其中包含了一种对于人类历史发展规律及其曲折性的深度认识。

天下有道、无道，"斯二者天也"。孟子此言意同孔子言："道之将行也与？命也。道之将废也与？命也。"（《论语·宪问第十四》）若不依孔孟实践智慧学之整体来了解，很容易误以为孔孟主张命运盲目无常；究其实，孔孟之命运说根于一种道德的预告人类史。一方面，"天"表征道德的绝对必然性、普遍有效性，代表根于本心（理性）的公正、正义原则以及圆善理想，而堪称最高者；另一方面，"天"又表示预告人类史中必然包含的一切正反力量角力的规律之总和，因此它代表人类一代一代几经挫折，然而必然向圆善（大同世界）之原型而趋的道德信念。

此所以孔子、孟子反复言"仁者无敌"（《孟子·梁惠王章句上》）。

孟子说："无敌于天下者，天吏也。然而不王者，未之有也。"（《孟子·公孙丑章句上》）又引孔子语，说："孔子曰：'仁不可为众也。夫国君好仁，天下无敌。'今也欲无敌于天下而不以仁，是犹执热而不以濯也。"（《孟子·离娄章句上》）现实上道行、道废，并非圣贤之力可以阻挡，道德原则与道德力量需要百折不挠地与社会上种种恶的、虚假的原则，以及历史中形形色色的恶势力做抗争。孟子就说：

> 圣王不作，诸侯放恣，处士横议，杨朱、墨翟之言盈天下，天下之言，不归杨则归墨。杨氏为我，是无君也；墨氏兼爱，是无父也。无父无君，是禽兽也。公明仪曰："庖有肥肉，厩有肥马，民有饥色，野有饿莩，此率兽而食人也。"杨墨之道不息，孔子之道不著，是邪说诬民，充塞仁义也。仁义充塞，则率兽食人，人将相食。吾为此惧，闲先圣之道，距杨墨，放淫辞，邪说者不得作。作于其心，害于其事；作于其事，害于其政。圣人复起，不易吾言矣。
>
> 昔者禹抑洪水而天下平，周公兼夷狄、驱猛兽而百姓宁，孔子成《春秋》而乱臣贼子惧。《诗》云："戎狄是膺，荆舒是惩，则莫我敢承。"无父无君，是周公所膺也。我亦欲正人心，息邪说，距诐行，放淫辞，以承三圣者，岂好辩哉？予不得已也。能言距杨墨者，圣人之徒也。
>
> ——《孟子·滕文公章句下》

就人自身"修身以道，修道以仁"（《中庸》第二十章）而言，是"求则得之，舍则失之"，是"求在我者也"。于此，本心的力量是足够的。但论及"人能弘道"，出自人的本心天理之无条件命令，人要致力于建立公正的、德福一致的大同世界，就无可避免要遭遇无数来自外部的困难和打击。即使圣贤如孔孟，周游列国，倡导"仁政王道"，亦未能竟王天下之大业。此如康德指出："要使尘世上可能的圆善成为你的终极目的"，这一先验综和命题"由道德法则自身引入"，但"人的能力并不足以造成幸福与配享幸福的一致"。（Rel 6:6）圆善之实现并不能靠一己之"修身"，而有赖人类全体皆以圆善为终极目的，并且还得有自然方面的配合。以此，康德于其圆善学说中提出人的能力不足够的问题。

我们可以指出，孟子论命运，其思路与康德所论人在实现圆善之现实过程中能力不足够的问题相通。德福一致作为一个先验综和命题，其表达的并非如一些学者从字词表面理解的，为幸福分配问题；而毋宁说，它表达一种"善有善报"的要求，依据的是公正原则，"它在人类理性能力最早萌动之前就已经植根于其中了"。（KU 5:458）人类从野蛮时期起就曾用各种粗糙的方式表达这个要求。孟子引《诗》，曰："《诗》云：'永言配命，自求多福。'"（《孟子·公孙丑章句上》）"配命"即含着德福一致之意。在人类早期，人看见有德的人遭遇不幸，恶人得不到应有惩罚，内心就有一个声音：这是不公义的！这就是人类理性能力的萌动。人依自身之理性，也就是依本心良知之天理，必定要追求德福一致的大同世界。这就是为什么孔孟与康德的道德哲学都必然包含圆善学说。

在现实世界致力于圆善之实现，用孔孟的话说，就是"志于道"（《论语·述而第七》）、"施仁政"（《孟子·梁惠王章句上》）、"行仁政而王"、"平治天下"（《孟子·公孙丑章句下》）。然孔孟未能成就王天下之大业，此即孟子说："匹夫而有天下者，德必若舜禹，而又有天子荐之者，故仲尼不有天下。"（《孟子·万章章句上》）

孔子之未能王天下，非其德不盛，亦非其不够尽力，用孟子的话说，"夫天，未欲平治天下也"（《孟子·公孙丑章句下》）。此即"天也""命也"，即孟子说："莫之为而为者，天也；莫之致而至者，命也。"

孔子自道："鸟兽不可与同群，吾非斯人之徒与而谁与？天下有道，丘不与易也。"（《论语·微子第十八》）阳明说"夫子汲汲遑遑，若求亡子于道路"（《传习录》中，《答聂文蔚》，第171条），可见孔子倡导"仁政王道"之不容已。[8]孔子言"知天命""畏天命"，既认识及敬畏自身不容已之道德分定，同时意识到致力于王道之实现的进程中必然要面对的命限。又，孔子说："道不行，乘桴浮于海。"（《论语·公冶长第五》）"凤鸟不至，河不出图，吾已矣夫！"（《论语·子罕第九》）

孟子自道："乃所愿，则学孔子也。""夫天，未欲平治天下也；如欲平治天下，当今之世，舍我其谁也？"（《孟子·公孙丑章句下》）如其赞伊尹语，"思天下之民匹夫匹妇有不被尧舜之泽者，若己推而内之沟中。其自任以天下之重如此"（《孟子·万章章句上》）。然孟子亦未能实现"平治天下"之宏愿，此亦"天也""命也"。

历史发展之轨迹有其为人所不能左右的规律，此所以说"莫之为而为者，天也"，然并不意谓孟子以为"天"是一种外在的、与人不相干的盲目的力量。而毋宁说，"莫之为而为者"的"天"表征一种统合人之品类繁多的诸种力量及自然力量之"综体"。人力包括善的力量与恶的势力，即孟子引孔子语，说："孔子曰：'道二，仁与不仁而已矣。'"（《孟子·离娄章句上》）自然力量也包括生生的力量与破坏力，其中此消彼长，不在任何人的掌握中。但孟子不因此以"天"为盲目的力量，否则，他就没有理由提出通过"尽其心""知其性"，以"知天"。事实上，只有"罔之生"（《论语·雍也第六》）

的人会以为天意是偶然的、盲目的，故不知"畏天命"，肆意妄为。此即《中庸》云："小人之中庸也，小人而无忌惮也"（第二章）、"小人行险以徼幸"（第十四章）。而孔孟坚信仁道之必然性，同时知弘道之艰难，依此言"畏天命""知命""立命""俟命"，显其"志于道"之信念的崇高与庄严。

现实上，世间可以无道，但人自身之本心天理不会泯灭，只要人作为有理性的物种这一点不会移易，无论本心如何被各种势力肆意摧残，以致隐而不彰，无论天理如何被各种世俗意见任意扭曲，本心天理仍然万古如一日。此所以，无论现实上道行、道不行，不改"天"之为最高公义的表征，"天"就代表道德之最高者，就堪称道德目的论下统天地万物而为言的至高无上者。这种于历史进程之曲折见"天"之为"天"的思路明显见于《孟子·万章章句上》。孟子说："昔者尧荐舜于天而天受之，暴之于民而民受之，故曰，天不言，以行与事示之而已矣。"万章问："尧以天下与舜，有诸？"孟子答曰："否。天子不能以天下与人。""天与之，人与之"。"天与之"，并非意谓有一外在的"天"来"谆谆然命之"，此即孟子引《书》，说："《太誓》曰：'天视自我民视，天听自我民听。'此之谓也。"万章又问："人有言：'至于禹而德衰，不传于贤而传于子。'有诸？"孟子答曰："否，不然也。天与贤，则与贤；天与子，则与子。"并引孔子语，说："孔子曰：'唐虞禅，夏后、殷、周继，其义一也。'""禅让"乃王道之理想，而"夏后、殷、周继"，也有其历史进程本身之规律，也可说是"天也""命也"，故孔子云"其义一也"。

无论现实上道行、道不行，不改"天"之为道德目的论下"仁者，以天地万物为一体"的形而上之最高者，它产生自人的本心天理之必然要求，代表人的最高的公义，以及由人的终极目的而有的宇宙创生的终极目的。援用康德的说法，它就是理性的理想，即原型，人类依其理性之要求，必然向此原型而趋，不管现实上人的所作所为是接近它或是远离它。即使"滔滔者，天下皆是也"（《论语·微子第十八》），"仁者，人也""人能弘道"的信念亦不可摇动。此即孟子说："得志，与民由之，不得志，独行其道。富贵不能淫，贫贱不能移，威武不能屈，此之谓大丈夫。"（《孟子·滕文公章句下》）

"世衰道微，邪说暴行有作"，"杨朱、墨翟之言盈天下，天下之言，不归杨则归墨"，"杨墨之道不息，孔子之道不著，是邪说诬民，充塞仁义也。仁义充塞，则率兽食人，人将相食"。孟子昔日所言，于今尤烈。今日世界弥漫着一种末世情调。难道孔子既没，孔子之文就消失了吗？孔子之文既在，至今仍有读后"则不知足之蹈之、手之舞之"（《孟子·离娄章句上》）者在，孔子所言"仁政王道"之理想就不会消灭。

有人以为大同理想是乌托邦，就像康德所论"圆善"，是从"应当"推论到"能够"。但我们可以指出，此类误解完全是由于这些学者以理论研究的头脑来评论实践哲学。如我们已申论，在实践哲学中，关联到人的道德实存的"应当"，人所"应当"就包含着人有能力将"应当"实现为"是"。人的本心天理命令人应当在世界上实现大同（圆善），他就能够致力于向此目标而趋，即便他今生不能见到目标的实现，甚或不能估计要经历多少世代人的努力，但这个目标并不会沦为虚幻。因为它产生自人自身的理性，并由理性在意欲机能中立法而成为人自身要求并努力实现于世界上的终极目的。只要人注意自身的理性要求，他就能听到发自自己内心的公义的声音，也就能不仅为自己盘算，并且也为子孙后代生活于美好社会而付出。他就不愿意让自己沦为纯然物欲的奴隶，就能认清由西方主导的现代物质文明将个人利益标举为至高原则，实在是粪里觅道，"充塞仁义"，"邪说诬民"。他也就能认识到自己能够为人类趋向大同世界（永久和平和福祉）而努力，他就有能力与所有归于善的原则之下的人们凝聚一起，与一切恶的原则下的势力做抗争。

让每一个人扪心自问，他是否愿意让其子孙后代生活在欺诈大行其道、法律为掠夺鸣锣开道、民主被权力集团偷梁换柱的社会。让每一位为人父母者自问，他是否愿意教导其子女"放于利"。答案不言而喻。

大同世界（圆善）作为理性之理想，根源自每一个人之本心，发自每一个人内心之天理无条件地命令人努力向之而趋，即便它在历史中从没有实现过。我们并非持一种完满主义的观点去评价原型在现世中的实现，如康德已经指出：即使理念总是不可能完满地实现，"但理念毕竟是完全正确的，这就将这种最大值提升为原型，以便根据它使人们的法律状态越来越接近最大可能的完善"。（A317/B374）孔孟哲学堪称道德世界之原型，无论在中国历史中是否完满实现过，它仍然是千秋万代、任何理性文明的根据与标尺。我们没有理由以其未能实现便将之贬斥为妄想的东西。

孔孟乃躬身力行者，故立说如理如实，无过不及，无丝毫虚夸失实之词。"庸德之行，庸言之谨"，"言顾行，行顾言"。9孔子说："先行其言，而后从之。"（《论语·为政第二》）"君子耻其言而过其行。"（《论语·宪问第十四》）孔孟之道，"夫妇之愚，可以与知焉"（《中庸》第十二章）。"君子遵道而行"（同前揭书，第十一章），"君子之道，造端乎夫妇，及其至也，察乎天地"（同前揭书，第十二章）。孔子说："素隐行怪，后世有述焉，吾弗为之矣。"（同前揭书，第十一章）又说："道不远人。人之为道而远人，不可以为道。《诗》云：'伐柯伐柯，其则不远。'执柯以伐柯，睨而视之，犹以为远。"（同前揭书，第十三章）孟子也说："夫道若大路然，岂难知哉？"又说"道在迩"（《孟子·离娄章句上》）。

孟子说："君子有终身之忧，无一朝之患也。乃若所忧则有之：舜人也，我亦人也。舜为法于天下，可传于后世，我由未免为乡人也，是则可忧也。忧之如何？如舜而已矣。"（《孟子·离娄章句下》）孟子自道"如舜而已矣"，有孔子"祖述尧舜，宪章文武"（《中庸》第三十章）之志，其身体力行，非徒口讲"古之人，古之人"那样的狂简之人。孟子周游列国，倡导"仁政王道"，至逾古稀之年，如孔子，未能竟"平治天下"之大业，也是"天也""命也"。

孟子曾说："以齐王，由反手也。"（《孟子·公孙丑章句上》）"地不改辟矣，民不改聚矣，行仁政而王，莫之能御也。"（同前）"孔子曰：'德之流行，速于置邮而传命。'当今之时，万乘之国行仁政，民之悦之，犹解倒悬也。故事半古之人，功必倍之，惟此时为然。"（同前）孔子、孟子皆未能竟"平治天下"之大业，此见历史行程之艰难曲折，然"人能弘道"之志不可撼动也。

析疑与辩难

问：从实践智慧学论孔孟哲学包含圆善学说，与通过天台圆教建立"圆善论"有何区别？

答：如我们上文申论，康德圆善学说属于实践智慧学，而牟先生通过天台圆教建立的"圆善论"属于精神哲学。用先生的话说，"圆善论"所依据的圆教宗旨在儒圣、真人、佛之圆境，亦即"指导人通过实践以纯洁化人之生命而至其极者为教"[10]。此属精神修养、修行、修炼的问题，故属精神哲学。尽管如牟先生本人指明："但圆教之观念即非易明者。此则西方哲学所无有也，儒、道两家亦不全备也。唯佛家天台宗彰显之，此是其最大的贡献。"[11]诚然，佛教属精神哲学，不必指其与黑格尔所构建的那种外在的，主观精神、客观精神、绝对精神三分而论的精神发展体系相近，但就其关于个人内在生命之纯洁化而言，它堪称一种精神哲学。我们不能说圆教及建立于其基础上的圆善乃是黑格尔所谓"绝对精神"，但可以说经由圆教而确立的圆善乃是精神的圆成。张晚林教授《"道德的形上学"的开显历程——牟宗三精神哲学研究》一书中提出"精神的圆成牟宗三称为圆善"[12]，此言得当。然愚意以为，牟先生所论"圆善"属精神哲学，不等同其道德哲学也属精神哲学。

康德圆善学说属于实践智慧学，而如我们上文所论，孔孟哲学也包含实践智慧，二者之根源智能相同。孔孟哲学含两大主干："仁者，人也"和"人能弘道"。前者奠定了整个系统之基石，而从人心之仁，必然产生圆善之理想，以及致力于弘道，通过施仁政、行王道以实现大同世界，亦即在世界上实现圆善。

作为实践智慧学的圆善学说，关涉德福一致作为根于意志自由之道德法则所产生的终极目的如何实现于世界。德福一致表示的是公义原则，以及人通过自身的道德理性创造幸福。康德说："圆善之理想作为纯粹理性最终的目的之决定根据。"（A804/B832）"按照普遍的和必然的德性法则的目的之系统的统一必然导致按照普遍的自然法则的一切物的有意图的统一，这造成一大的全体，从而把实践的理性和思辨的理性结合起来。"（A815/B843）此圆善学说倡导人凭自身的道德理性而不假手于任何外在力量而创造幸福世界、公义的社会。而依于圆教而建立之"圆善论"并不关涉人创造幸福之事，也不措意于社会之公义，其要旨在个人通过实践以纯洁化生命而至圆满境界，即"德福浑是一事"，"一切存在之状态随心转，事事如意而无所谓不如意，这便是福"。[13]

康德说："幸福只有在与依其德性而值得幸福的有理性者之德性有确切的比例时，才构成一个世界之圆善，这个世界就是我们在其中必定依照纯粹实践理性的箴言来置定我们自己的世界。"（A814/B842）此与论如何臻至"德福浑是一事"之精神圆境的学问，根本无理由混为一谈。

我们可以指出，在西方康德学界，流行着对康德圆善学说的各种曲解，而诸如此类说法总是以基督教信仰中人格化的造物主来解读康德，反复搬弄"上帝设准"保障德福一致之说辞，以辞害意，根本不周全了解康德言"上帝设准"于其圆善学说之真旨实义，就一口咬定康德主张以上帝保障德福一致，就是依赖一个外在的"神通的存在"。康德整全的圆善学说被解释成一个乞求神恩来分派幸福的戏论，汉学界依照外国康德专家"幸福分配论""神恩论"等说法来理解康德的圆善学说，难免令人大感困惑。因此，先生另辟思路以立"圆善论"，以期解答哲学上德福一致的问题。牟先生作为一位具有创造性的哲学家，其学说之洞识及其杰出贡献，并不因与康德有所不同而受损。此乃哲学之为创造性之思的应有之义。

注释

1　"命"，犹教也，如："夷子怃然为间曰：'命之矣。'"（《孟子·滕文公章句上》）又，"丈夫之冠也，父命之；女子之嫁也，母命之"（《孟子·滕文公章句下》）。"命"解作"旨意"，如："以君命将之"（《孟子·万章章句下》）。"命"解作"盟约"，如："初命曰……"（《孟子·告子章句下》）"命"，犹令也，如："是故诸侯虽有善其辞命而至者，不受也。"（《孟子·公孙丑章句上》）

2　依朱熹《四书集注·孟子集注》，"修身以俟之"解为"修身以俟死"。愚意以为，这恐怕不是孟子的原义。又，朱子说："立命，谓全其天之所付，不以人为害之。"此解看来无甚不妥，然未能真切相应原文的意思。朱子引程子语，亦略过"立命"一词，而未做解释。大体说来，宋明儒者对于孟子学中包含的命运义并不措意。

3　朱熹《四书集注·孟子集注》云："赵氏曰：'言为仁由己，富贵在天，如不可求，从吾所好。'"愚意以为，孟子不仅就"富贵"而论"命"，即使实现道之得与不得，亦有命。

4　如："天油然作云，沛然下雨，则苗浡然兴之矣。"（《孟子·梁惠王章句上》）

5　朱子提出："此"于旧本多作"比"。又，王引之《经传释词》以"皆"训"比"，依这种解释，"耳目心思皆天之所与我者"。有学者以为"天之所与我者"独指"心"言，故应从新本作"此"，不必依旧本作"比"。愚意以为，"天之所与我者"独指"心"言，固可，然合"耳目心思"而论亦无不妥。因"耳目之官"亦可说是"天之所与我者"，此所以孟子说"形色，天性也"。"天与"意谓"先天而固有"，不必专指"心之官"而言，"耳目之官"也是"先天而固有"。

6　如："有天爵者，有人爵者。"（《孟子·告子章句上》）"无敌于天下者，天吏也。"（《孟子·公孙丑章句上》）"为天吏，则可以伐之。"（《孟子·公孙丑章句下》）"弗与共天位也，弗与治天职也，弗与食天禄也，士之尊贤者也，非王公之尊贤也。"（《孟子·万章章句下》）

这些句子中的"天"字皆表示治权(官、位、官职、俸禄)之正当。

7 鲁平公准备去拜访孟子,他宠爱的小臣臧仓出言毁谤孟子,阻止了他与孟子相遇。孟子将此事归因于"天",说:"行或使之,止或尼之。行止,非人所能也。"(《孟子·梁惠王章句下》)既非人所能,故曰:"吾之不遇鲁侯,天也。"

8 孔子"修《诗》《书》《礼》《乐》,弟子弥众"(朱熹:《四书集注·论语集注》,《论语序说》),立平民教育之典范。他五十一岁时,"定公以孔子为中都宰,一年,四方则之,遂为司空,又为大司寇"。(同前)年五十六,"摄行相事","与闻国政。三月,鲁国大治"。(同前)后因"齐人归女乐以沮之,季桓子受之",孔子离开鲁国,周游列国,以期施展"仁政王道"之抱负。(同前)经十四年,历尽困厄。"适陈,过匡,匡人以为阳虎而拘之","适宋,司马桓魋欲杀之",又,卫灵公问陈,不对而行,复如陈。(同前)"在陈绝粮,从者病,莫能兴。子路愠见曰:'君子亦有穷乎?'子曰:'君子固穷,小人穷斯滥矣!'"(《论语·卫灵公第十五》)

9 孔子说:"中庸之为德也,其至矣乎!民鲜久矣。"(《论语·雍也第六》)又,在陈曰:"盍归乎来!吾党之士狂简,进取,不忘其初。"(语见《孟子·尽心章句下》)孟子:"孔子'不得中道而与之,必也狂狷乎!狂者进取,狷者有所不为也'。孔子岂不欲中道哉?不可必得,故思其次也。"(同前)万章问:"何以谓之狂也?"孟子答曰:"其志嘐嘐然,曰'古之人,古之人',夷考其行而不掩焉者也。"(同前)志大而狂放,满口"古之人,古之人",然考察其行为,却与其言语不相称。子曰:"不得中行而与之,必也狂狷乎!狂者进取,狷者有所不为也。"(《论语·子路第十三》)

10 牟宗三:《圆善论》,序言,页 ii。

11 同前揭书,序言,页 xii。

12 张晚林:《"道德的形上学"的开显历程——牟宗三精神哲学研究》,北京:中国社会科学出版社,2014,页 337。

13 牟宗三:《圆善论》,页 325。

第五节
关于孟子哲学包含的道德的宗教之哲学说明

　　我们于上两节已论，孟子言"存其心，养其性，所以事天也""修身以俟之，所以立命也""求之有道，得之有命"，包含着言"命"之命限义、命运义。此义通于康德所论实践智慧学中"德"与配称于德之"福"的先验综和如何可能的问题。如我们已申论，孟子言"命"并非习俗中所谓盲目的命运，而毋宁说，是人在尽心之不已进程中时刻警觉现实条件限制的戒慎恐惧，以及于弘道之历史曲折中面对道不行而坚守"俟命"之信念。

　　孟子躬身力行，周游各国，以倡导"仁政王道"为己任，像孔子一样，"汲汲遑遑，若求亡子于道路，而不暇于暖席"，"盖其天地万物一体之仁，疾痛迫切，虽欲已之而自有所不容已"，（《传习录》中，《答聂文蔚》，第171条）欲于天下施仁政、行王道。孟子践行"平治天下"的理想，此即孔子说"人能弘道"。弘道乃每一个人自身本心天理不容已的要求，每一个人都有能力致力之。依循本心天理之命令必然要求在世上实现德福一致的大同世界，无论这个圆善之理想在现实上什么时候可达至，它作为人的终极目的永远不可移易，每一个意识到自

333

身为道德的实存者的人都能认识到，致力于实现德福一致的道德世界乃是自身无条件承担的使命。

尽管从个人道德行为来说，就是行其所当行，决不被任何先行的目的决定，但是，本心天理本身必然包含圆善，否则就不会堪称为具有统天地万物而为言的普遍必然性的创造实体和法则。道德法则的内在的实践的必然性产生圆善（德行与配享幸福）。（A818/B846）就此而言，人依其本心颁布天理之命令，就有能力致力于圆善之实现，但此并不意谓人意欲圆善，就有足够力量在现实中达成之。事实上，自公义原则于人类理性中萌芽，人类从未停止为圆善而做出努力，然而圆善在世界中实现的理想看来仍遥遥无期。因为圆善乃是整个人类应当向之而趋的理性的理想，其实现不可避免要克服无数不可估量的困难和险阻。就此而言，康德提出人的能力不足够的问题。我们可以指出，从圆善之实现的历史进程之曲折艰难来论人的能力不足够，乃是康德圆善学说的一个根本论题。

康德说："如果应该把最严格地遵循道德法则设想为造成圆善（作为目的）的原因，那么由于人的能力并不足以造成幸福与配享幸福的一致，因此必须假定一个全能的道德者来作为世界的统治者，使上述状况在他的关怀下发生。这也就是说，道德必然导致宗教。"（Rel 6:6）我们也可以说，于孟子哲学中，人严格地遵循天理，即无论道行、道不行，皆"由仁义行"，此乃造成圆善的原因。道德法则源自意志自由，亦即天理根于本心。故康德指出圆善是"道德法则所决定的一个意志"（即自由意志）的"必然客体"。（KpV 5:4）我们也可以说，人实有本心，它经由天理呈露自身，圆善就是本心的必然客体。由此，则可明白，"通过意志自由产生圆善"亦即经由本心产生圆善，也就是说，意志自由（本心）连同其道德法则（天理）是"使圆善及其实现或促进成为客体的根据"。（KpV 5:109）那么，我们就不会误以为康德提出人的能力不足够，是要乞求神通之存在。而毋宁说，尽管人唯赖自身的努力始能有望实现大同的道德世界，但还希望有一种来自"一个道德的、最圣洁和全能的最高者"的助力，此助力作为补充，而并不意谓要取代人自身的能力。

此所以我们一再申论，孟子言"事天"，并非意谓要借侍奉"天"来祈求恩赐，而是通过尽心知性、存心养性之不已，然后"俟命"。这就从道德延伸到作为侍奉对象之"天"的理念。此所以说孟子并非持一种命定论、宿命论。用康德的理路来说明，"天"乃表征统合自由法则与自然规律的"综体"之理念，也就是说，"天"不仅被置定为一个依照源于人自身的道德法则发布命令的最高理性，"同时又作为自然的原因"。（A810/B838）"它一方面必然与自由的立法学相联系，另一方面必然与自然的立法学相联系。"（KU 5:448）它被视为"自然的至上原因"，但并非作为自然本身的创造者而真实起作用的原因，[1] 而毋宁说，它作为"道德的愿望"，"以便也在与道德的内在立法及其可能的实现的联系中把自然表象成合目的的"。（KU 5:448）依此，我们为自己确立一个作为世界创造之终极目的的原型。我们以此为目标，亦即朝向自由合目的性与自然合目的性的和谐一致而努力。如此，我们就能明白，何以孟子能正视现实上道行、道废，就人力不能达至者，说"莫之为而为者，天也"，同时保有弘道之坚定信念，"虽大行不加焉，虽穷居不损焉"，"君子行法，以俟命而已矣"。

圆善作为人类的共同的理性目的，经由意志自由（本心）产生，此乃称理而论；人于致力于实现圆善理想之历史进程中"能力不足够"，此乃如实说。我们并不因为孟子提出有道、无道，"斯二者天也"，就误以为实现"平治天下"之理想要依赖于神通的"天"，而人自身无能为力，只能归之于信仰。同样，我们也能理解，康德所论从道德伸展至宗教的真旨实义，并可以援用康德关于"人的能力并不足以造成幸福与配享幸福的一致"的论说理路，对孟子言"事天"包含的道德宗教做哲学说明。

圆善经由本心产生，人遵循道德法则（天理）乃是造成圆善（作为目的）的原因。人有意志自由，亦即人的理性在意欲机能中立法，并且人能遵循自立普遍法则而行，否则根本不会有圆善之理想产生。本心并非一个外在物，不能凭感触的直观认识它，也不是靠发明什么特种直观来认识它，而毋宁说，当我们意识到天理，本心就立刻呈露。如果人没有天理，则无论发明什么直观，也无法认识到本心。反过来也可以说，假若我们的"心"没有自由因果性之特性，那么，在我们心中根本不能找到天理。

假若人没有本心天理，则人不会有什么终极目的。个人固然可以放失本心，不认天理，也无所谓理性目的，但人类作为有理性者之全体，以圆善为终极目的，则是必然的。如此，那么当我们提出依孟子哲学，"平治天下"（圆善）的理想会引出"事天"，也就是延伸至宗教，则能明白此言"宗教"是"纯粹道德的东西"，亦即"理性宗教"（die Vernunftreligion），（Rel 6:13）与任何贬抑人自身的能力而依赖一个外在的超自然的最高权威的历史性宗教根本不同。"事天"是"自在的目的"，根本不同那种历史性信仰之"崇拜"，后者"仅仅作为手段才具有一种价值"。（Rel 6:13）

道德是理性在意欲机能中立法之事，普遍立法的意志就是纯粹的实践理性。"道德是通过纯粹的实践理性而自足的"，然则我们何以要提出道德必然延伸至宗教呢？也就是说，何以孟子学不仅仅是"心性学", 还伸展至"事天""俟命", 即包含一个道德的宗教呢? 康德提出: "道德不可避免地要导致宗教。"（Rel 6:6）"宗教"事关"幸福的期望", "幸福的期望只是首先开始于宗教"。（KpV 5:130）道德的宗教就是每一个人尽其所能践履道德, 才能够期望一个依照圆善理想（德福一致）造成的世界, 每一个人就是这社会中的一员。用康德的话说, "因为道德法则要求实现通过我们而可能的圆善"（Rel 6:5）。

圆善通过人自身之道德践履而成为可能, 道德的宗教源自人对圆善理想（德福一致）之实现的期望, 此绝非意谓要依赖外在的神力。毋宁说, 于道德践履的艰难进程中, 我们每一个人运用自己的能力, 但我们希望能有一个道德最高者, 它总是执持着公义原则, 以天理之不可移易的命令责成每一个人, 总有一天能将大同世界（圆善）的理想实现于现实界。宗教就是回答人可以希望什么。我们希望有一个公义的、道德的、德福一致的世界, 我们的子孙后代将生活于保有人的尊严的美好的世界, 此即宗教之为道德的宗教之宗旨。

康德于其宗教学说中, 关于"人的能力并不足以造成幸福与配享幸福的一致, 因此必须假定一个全能的道德者来作为世界的统治者", 有多种角度的讨论。概括而言, 可归结为两方面。一、就个人德性之完满而论, 就是指出人类本性的软弱和不纯正这一事实。据此, 康德提出: "这样一来, 道德也就延伸到了人之外的一个有权威的道德立法者的理念。"（Rel 6:6）信仰上帝作为"他自己的神圣法则的主管者, 即公正的法官"。（Rel 6:139）二、就圆善与一个道德的世界相关而论。我们需要一个"更高的道德者"之理念, "凭借它的普遍的活动, 单个的人的自身不足的力量才联合起来, 共同发挥作用"。（Rel 6:98）也就是一切有理性者结合成一个目的王国——人类伦理共同体。据此,康德提出："伦理共同体的一个共同的立法者也就是关于作为一个道德的世界统治者的上帝之概念。"（Rel 6:99）上帝被设定为目的王国的元首，它表征"一个依照道德法则发布命令的最高理性"，同时被视为"自然的至上原因"。

孟子学与孔子学一样，有对人的软弱和不纯正的一再警诫。孟子指出人"陷溺其心"之实情："富岁，子弟多赖；凶岁，子弟多暴。非天之降才尔殊也，其所以陷溺其心者然也。""其所以放其良心者，亦犹斧斤之于木也，旦旦而伐之，可以为美乎？""则其旦昼之所为，有梏亡之矣。梏之反覆，则其夜气不足以存；夜气不足以存，则其违禽兽不远矣。""万钟则不辨礼义而受之……此之谓失其本心。"

人之"陷溺其心"的情况，于今尤烈。此即孟子说："道在迩而求诸远，事在易而求之难。"（《孟子·离娄章句上》）"旷安宅而弗居，舍正路而不由，哀哉！"（同前）"夫道若大路然，岂难知哉？人病不求耳！"也就是康德所论：在实践方面，通常理解的"可喜的单纯性"，"无法被妥善维持，而且容易受到诱惑"（Gr 4:405）。"人在他自己内部的需要和性好——他将这些需要和性好之完全满足概括于幸福之名下——中感觉到有一种强大的抵制力量，反对义务的一切命令"，尽管他自己同时意识到他自身的"理性向他表示这些命令十分值得尊敬"。（Gr 4:405）

人能够选择背离天理而行，尽管天理是出自他自身的本心，他亦知对天理心存敬畏。这是人的实情，此即康德说"与理性的内在立法相联系的自由实际上是一种机能，背离这种立法的可能性只是一种无能"（MS 6:227）。明乎此，我们就不会以为康德指出"意志并非就自身而言完全合乎理性"，就等同意志自律是虚置的，从未实现过的，对我们的现实意志而言是他律的。[2] 人心并非完全合乎天理，但不能因此推说天理就是虚置在彼岸的，形同圆满原则或由一外在的"天"决定的原则。意志自由（本心）经由道德法则（天理）而呈露。"意志自律原则是唯一的道德原则"（Gr 4:440），现实中，人并非完全遵照意志自律而行，人的意志也可依他律，但我们没有理由据此以为意志自律只是对我们的现实意志之他律。无疑，"道德法则必然地约束着每一个有理性者"（KpV 5:144），但我们没有理由视此"约束"为意志自律对现实意志之他律，意志自律与他律是同一个人同一意志的两种不同特性。"在他律的情形中，就不是意志为自己立法，而是客体通过其与意志的关系为意志立法。"（Gr 4:441）依孟子而论，人心的本性并不必然服从天理，人会依从"小体"而订立行为原则，尽管另一方面他也能意识到天理及其无条件命令之权威。正是依据人类意志的这种本性，康德提出："按照客观的法则对这样一个意志的决定就是强制。"（Gr 4:413）并由之论"律令"："一个客观的原则之表象，就该原则对于一个意志是强制性的而言，就称为一个（理性的）命令，这个命令的程序就称为律令。"（Gr 4:413）

假若我们视道德法则对人的强制为他律，那么任何意义的强制都将被视为非道德的，则恐怕很难在人身上发现道德行为，也没有根据提出从道德延伸至宗教的理路了。因为道德的宗教的一个源起就在于将道德法则对人自身的强制视为每一个人受到的约束力的原因，以此设定一个道德的最高者，称之为"上帝"或"天"。我们设定"天"为"一个唯一的至上的意志"，以此言"畏天命""事天"。由此导致的宗教是道德的，因为"天"表征"一个唯一的至上的意志"的命令，无非就是本心自身的命令。在道德的宗教中，"我们把上帝看作对我们所有义务而言普遍备受崇敬的立法者"（Rel 6:103）。此意谓："经由我们自己的理性先验地无条件地约束我们的法则，也可以表达为出自最高的立法者之意志，即一个只有权利而无义务的意志（因而是上帝的意志）。它仅仅指表道德者之理念，它的意志对一切人是法则，但并不设想它是法则的创造者。"（MS 6:227）

人们或许会问，为何要及何以能设定人的本心自身的命令为"天"的命令以敬畏、侍奉之呢？我们可以援用康德的理路来说明。如我们于前文不厌其烦地说明，因为人类本性的软弱和不纯正，每一个人希望有"一个唯一的至上的意志"，随时执持着根于每个人本心之天理督促自己。用康德的话说，人为自己设想一个"他自己的神圣法则的主管者，即公正的法官"。纯粹实践理性（本心）要求信仰"天"为天理之"主管者"，之所以能够如此要求，因为天理无非是每个人本心之普遍立法。人能够设定"天"为"公正的法官"，此义可以说也包含于孟子言"事天"中。人在道德践履中对自己的行为做出裁判，他需要感到自己的判断是公允的，"如同由一个局外人做出，但同时又会感到理性强迫他承认这一判断是他自己的判断"（Rel 6:6）。"事天"中之"天"无非是这样一种"如同"的思维模式里的"一个局外人"，毋宁说，此乃"对越在天"的道德感，同时就延伸至一种宗教信念。

我们设定天理（道德法则）作为"天"的命令而敬畏、侍奉之，这是否与我们一直申论的道德之意志自律义相悖呢？假若我们把"天"理解为不以道德为前提的自身实存的东西，那么我们无疑是提出了两种冲突的主张。但如我们已反复论明，"天"本身以天理为前提，它不是道德的基础。此如康德指出：上帝单纯是理性的理想，"本身已经以道德原则为前提"，"而不是道德的基础"。（Rel 6:5）道德原则源自人的自由意志，而绝不出自上帝。意志自律乃是经由对实践理性做出批判考察而阐明的事实，而上帝是理性的理想，作为信念之事。"天"命令我们，是通过根于我们的本心之天理而命令。此如康德指出：

于道德的宗教中，上帝是"通过纯粹道德上的法则颁布命令的，就此而言，每一个人都能够从自身出发，凭借他自己的理性认识作为他的宗教的基础的上帝意志"。（Rel 6:104）如此即能明白，孟子哲学包含的宗教是理性的宗教，因而与其为理性本性之学的性质是一致的。

我们可以说，人之所以需要以"天"的至上权威来表征根于自身之本心的天理，一方面由于天理本身之神圣性，人对于此神圣性有敬畏，以"天"来表示这种至上权威，另一方面，也因着人希望对自身道德纯粹性和持存性能有一种辅助的动力。"天"表征每一个人本心之神圣性，对人起到一种不可或缺的督察作用。人尽管能够意识到自身本心之天理，但也会感觉到内心有一种强大的抵制力量反对依天理而行，怀疑其纯粹性、严格性和有效性。对于我们人的这样的特性而言，以"天"来表示本心立法的至上权威，从而对人自身产生一种激励和监督作用，这并非可有可无的。这就是孔子言"畏天命"，孟子言"事天"。《中庸》首章云："是故君子戒慎乎其所不睹，恐惧乎其所不闻。莫见乎隐，莫显乎微，故君子慎其独也。"《大学》第六章云："小人闲居为不善，无所不至，见君子而后厌然，掩其不善，而著其善。人之视己，如见其肺肝然，则何益矣。此谓诚于中，形于外，故君子必慎其独也。曾子曰：'十目所视，十手所指，其严乎！'"其义一也。

我们人有时会怀着虚伪的动机，康德说："我们从未能完全测透我们的行动的秘密动力"，然而"只有行动的那些不为人看到的内部原则"才构成行动的真正道德价值。（Gr 4:407）因此，人设定一位全知者（上帝），"他在一切可能的场合和在全部未来中认识我的行为，直至我最内在的存心"。（KpV 5:140）康德在这里引入"知人心者"（Rel 6:67）。用儒者的话说，此无非是一种"诚可鉴天"的需要，这种自我要求向"天"表示忠诚的宗教信念，其根据不过是人对自身道德纯粹性的要求。此即康德论"良心"："它是自己裁判自己的道德的判断力"，"良心在最复杂的道德裁决中作为指引"（Rel 6:185）。

有德者"诚可鉴天"，并不是希望有一外在的审判者，能够以不同于每一个人自身的本心天理来做出审判。毋宁如康德给出的说明："当行动已作成，在良心中的起诉人（Ankläger）首先到来，随同到来的是辩护人（Anwalt）"，这时，"良心做出有法权效力的判决，即宣布他无罪或者谴责他，就此结束诉讼"。（MS 6:440）这一切都是在同一个人的良心法庭内发生的，"自我，既是起诉人，但也是被告，是同一个人"（MS 6:439）。正因此，为了避免理性陷入自身矛盾，我们视自己的"立法的主体"为一个不同于作为感取者的我们的他者。

孟子说："有不虞之誉，有求全之毁。"（《孟子·离娄章句上》）又说："士憎兹多口。《诗》云：'忧心悄悄，愠于群小。'孔子也。"（《孟子·尽心章句下》）圣人如孔子，亦有"愠于群小"之忧心。阳明说："昔者孔子之在当时，有议其为谄者，有讥其为佞者，有毁其未贤，诋其为不知礼，而侮之以为东家丘者，有嫉而沮之者，有恶而欲杀之者。晨门、荷蒉之徒，皆当时之贤士，且曰：'是知其不可而为之者欤？''鄙哉，硁硁乎！莫己知也，斯己而已矣。'虽子路在升堂之列，尚不能无疑于其所见，不悦于其所欲往，而且以之为迂，则当时之不信夫子者，岂特十之二三而已乎？"（《传习录》中，《答聂文蔚》，第 171 条）故孔子说"知我者其天乎"。道德之事，不必求知于人，但求知于天，此中即含着道德信念之庄严。

就个人道德践履之艰难而论，人希望得到辅助而设定"天"，从而产生一种根于人的本心（道德心）而延伸至道德的宗教之信念。进而就"人能弘道"而论，道有行有不行，人在致力于实现大同世界的险阻历程中，需要结合成一个伦理共同体，以此设定"天"作为伦理共同体的元首。有理性者组成的目的王国的元首，无论我们称之为"天"或是"上帝"，它都绝不是在人之外的一个神秘客体，也不意谓"它是法则的创造者"。而毋宁说，在一个基于道德的宗教上的伦理共同体中，每一个人出自自身之意志自由而服从并崇敬一个共同的最高的世界的道德统治者。

孟子说："五百年必有王者兴，其间必有名世者。由周而来，七百有余岁矣。以其数则过矣，以其时考之则可矣。夫天，未欲平治天下也；如欲平治天下，当今之世，舍我其谁也？"（《孟子·公孙丑章句下》）孟子"平治天下"之志，也就是欲实现施仁政、行王道的大同世界，其所论将"平治天下"归于"夫天，未欲"或"欲"，表达出以"天"作为"天地的全能的创造者"（Rel 6:139）的信念。这种思维方式可说同于康德所论：道德为自己构成一个终极目的（圆善）之概念，要使圆善可能，"我们必须假定一个更高的、道德的、最神圣的和全能的东西，唯有它才能够把圆善的两种成素结合起来"。

孟子所言"平治天下"不仅关于人的德行，还要求一个德福一致的大同世界。我们将全能的特性归于"天"，是把"天"与"无限的道德的终极目的的结合在一起"（KU 5:481）。如此一来，"天"就作为一个大同世界的创造者的理念，它并非可有可无，而是在人致力弘道的进程中作为目的因发生作用。此如康德说，一个道德的世界创造者（上帝）之理念，这个理念作为目的因发生作用，因而就赋予道德法则以效力。（A818/B846）

孟子言"天"作为统天地万物而言的创生者，此乃道德信仰，表征根据本心实现道德世界的需求而信仰"天"：信仰它为统天地万物

343

而为言之"全能的创造者""道德的立法者""人类的维护者"。此如康德说:"根据实践理性的需求,普遍的真正的宗教信仰上帝,就是:一、信仰上帝作为天地的全能的创造者,即在道德上是神圣的立法者;二、信仰上帝作为人类的维护者,是人类的慈善的统治者和道德上的照料者;三、信仰上帝作为他自己的神圣法则的主管者,即公正的法官。"(Rel 6:139)并如康德指明:"这种信仰本来不包含任何奥秘,因为它仅仅表示了上帝与人类的道德关联。它也自发地显露在所有的人类理性面前,因而我们在大多数文明民族的宗教中,都可以发现这种信仰。"(Rel 6:140)

在儒家传统中,祭天就是这种道德宗教之信仰的表现形式。《中庸》第十六章记载孔子说:

> 鬼神之为德,其盛矣乎!视之而弗见,听之而弗闻,体物而不可遗。使天下之人齐明盛服,以承祭祀。洋洋乎!如在其上,如在其左右。
>
> 《诗》曰:"神之格思,不可度思!矧可射思!"夫微之显,诚之不可掩如此夫。

"鬼神"作为祭祀的对象,包括最高者"天"、祖先、自然神。华夏文明有悠久的祭祀传统,祭祀"天"、祖先乃至山川百神。鬼神无形与声,遍体一切物,而其功效那么盛大,使普天下人斋戒洁净,衣冠华美,以奉祭祀。鬼神到处充满,洋洋乎!如同就在头上,就在左右一般。此即常言"举头三尺有神明"。故孔子引《诗·大雅·抑》说,神之到来,不可揣度,何况厌怠不敬。赞叹曰:鬼神之事隐匿无形而彰显,不可掩如此!

此乃孔子盛赞华夏文明之祭祀传统，其辞真切。我们可以说，知祭祀传统之道德宗教的理性之庄严，莫过于孔子此赞辞。"洋洋乎！如在其上，如在其左右"，此即孔子言"祭神如神在"（《论语·八佾第三》）。于祭祀之诚敬中，人并不关注是否目睹鬼神，然就像眼见般真实。这种"如同"的思维模式是道德的，同时是宗教的。其包含一种象征的拟人观，但绝非独断的神人同形同性论，根本不意谓有一个人格神（及其在人间的代表）掌控着人的行为及人类社会活动。

孟子也有言及祭祀的传统。《孟子·滕文公章句上》记载孟子曰："不亦善乎！亲丧，固所自尽也。曾子曰：'生，事之以礼；死，葬之以礼，祭之以礼，可谓孝矣。'……三年之丧，齐疏之服，饘粥之食，自天子达于庶人，三代共之。"《孟子·万章章句上》记载孟子答"敢问荐之于天而天受之"，说"使之主祭而百神享之，是天受之"。《孟子·尽心章句下》言"祭祀以时"。

华夏文明之祭祀传统表达人对"天"、祖先、自然报本反始之心、感恩报恩之情怀之极致，不包含任何私人的利益和企图，此即"祭尽其诚"（《四书集注·论语集注》卷一）。于祭祀之庄严肃穆中，人以纯粹的道德存心"对越在天"，信仰"天"为"道德的立法者""人类的维护者""人类的慈善的统治者和道德上的照料者"，祈求"天"维护人类社会的和平与福祉，保护人自身之本心天理不受恶势力和恶的原则侵害。此即古人云"天命有德"、"皇天无亲，惟德是辅"（《书·周书·蔡仲之命》）。

援用康德的话说，我们至少可以想象一个"道德的睿智者"，"从纯粹的道德的、没有一切外来影响的（在此当然只是主观的）根据出发，丝毫不考虑理论的证明，更不考虑自私的利益，只考虑对一种独自立法的纯粹的实践理性的称颂，来假定世界之外的一个道德的立法者"。

345

（KU 5:446）这是"在道德的思维模式中也有其基础的"，它是一种"纯粹的道德的需要"，"在这种需要之下我们的德性或者获得更大的力气（Stärke）"。（KU 5:446）我们祭祀"天"，并不要求于直观中知道"天"何所是，我们并不是对"天"自身就其本性而言是什么感兴趣，甚至并不问及"天"是否于我们之外实存。于"戒慎乎其所不睹，恐惧乎其所不闻"中，人所关注的不外是"天"与人类的道德关联。绝非如种种历史"宗教事务上所有的诸如此类的人为自欺"那样，肯定有一实体存在于人的世界之外，甚或肯认一位人格神，避开"所有的道德方面的属性"来妄想一个神，以祈求做神的"一个宠儿"，随时受到宽恕，蒙恩，相信靠赖奇迹的救赎。（Rel 6:200）

华夏文明之传统中，祭祀祖先也并非如一些学者以为的那样，"相信祖先之灵不仅存在而且有力"[3]。孔子说："之死而致死之，不仁而不可为也；之死而致生之，不知而不可为也。"（《礼记·檀弓上》）又，孔子答子贡问"死人有知无知也"，曰："吾欲言死者有知也，恐孝子顺孙妨生以送死也；欲言无知，恐不孝子孙弃不葬也。赐欲知死人有知将无知也，死徐自知之，犹未晚也。"[4]

华夏文明的祭祀传统，并非小传统中民间习俗借祭祀求福的情识作用，而毋宁说，这个大传统体现中华民族生命体中报本报恩的道德情怀、慎终追远之诚敬之情，堪称这个民族的道德宗教中的一种最悠久、最肃穆、最具体的表现。

绝无所谓外在的"天""上帝"眷顾我们，给有德的人分配幸福。德性与配享幸福之结合，"在一个仅仅是感触的客体的自然中永远只是偶然地发生的，而且不能达到圆善"（KpV 5:115）。若仅仅就幸福而言，常识就能告诉我们，幸福之得失不在人自身的掌握中。有德者并非不追求幸福，而是不能为求福而违背天理天道。幸福之属于"命"，可见现实上，德行与幸福是远不一致的。子夏说："商闻之矣：死生有命，富贵在天。"（《论语·颜渊第十二》）朱子注曰："命禀于有生之初，非今所能移；天莫之为而为，非我所能必，但当顺受而已。"（《四书集注·论语集注》卷六）孔子说："富与贵，是人之所欲也，不以其道得之，不处也；贫与贱，是人之所恶也，不以其道得之，不去也。"又说："富而可求也，虽执鞭之士，吾亦为之。如不可求，从吾所好。"（《论语·述而第七》）圣者如孔子亦常有慨叹。"颜渊死。子曰：'噫！天丧予！天丧予！'"（《论语·先进第十一》）"伯牛有疾，子问之，自牖执其手，曰：'亡之，命矣夫！斯人也而有斯疾也！斯人也而有斯疾也！'"（《论语·雍也第六》）人生无常，而有德者竟早丧，患不治之疾而亡。孔子更有慨叹道之不行："道不行，乘桴浮于海。""凤鸟不至，河不出图，吾已矣夫！"

　　然则，我们在道德的宗教中信仰"天""上帝"，期待一个德福一致的道德世界，并非要肯断有一个外在的"天""上帝"存在，赐福于有德者，也不是期望在人之外有一个"天""上帝"现实地干扰自然，以使之符合于我们的终极目的。圆善之为理性的理想，其并非关涉现实上如何与"德"合比例地分配"福"的问题，而是关于终极目的（自然的合目的性与自由的合目的性结合）如何可能在世界上实现的问题。信仰"天""上帝"并不表示一个道德世界就必定来临，毋宁说，对于"天""上帝"的道德信仰，确保我们不已地努力向道德世界之原型而趋，不因任何艰难挫折而动摇，不致因无道德的信仰而对人类的终极目的（圆善）产生怀疑。人们容易因为"天""上帝""圆善"等理性理念缺乏直观的、经验的、理论的证明，就否认它们的一切有效性，康德称之为"无信仰"（KU 5:472）。他指出：

若无道德的信仰，那么当理论的理性不能满足对于道德的客体（圆善：终极目的）的可能性的证明的要求时，"道德的思维模式就不具有任何牢固的持久性，而摇摆于实践的命令与理论的怀疑之间"。（KU 5:472）"一种独断的无信仰是不能与一种在思维模式中起支配作用的道德格准共存的。"（KU 5:472）

康德提出，当我们感到"我们和全部自然没有能力达到"道德法则提交给我们的"一个普遍的最高的目的"，为了使我们不致把为达到终极目的而做的努力"视为完全无济于事"而松懈，"就有了实践理性的一个纯粹的道德的根据来假定这个原因（因为这样做不会有矛盾），即使没有更多的根据"。（KU 5:446）康德举例说："我们可以假定一个诚实的人（例如斯宾诺莎这样的人），他坚持相信不存在一个上帝……他只想无私地促成善，对此那神圣的法则给他的一切力量指明了方向，但是，他的努力是有局限的。"（KU 5:452）在这个世界上，"欺诈、暴行和嫉妒总是在他周围横行"，他遇到那些诚实的人，"无论他们怎样配享幸福"，"仍然遭受贫困、疾病和夭亡这一切不幸，而且就一直这样下去。直到一个辽阔的墓穴把他们全部吞噬掉（在这里，正直还是不正直都是一回事）"。（KU 5:452）这种事情的发生不可能不损害道德存心，于此，面对这种残酷的现实，这个善良的人会因此视终极目的为"不可能而放弃掉"，"或者他也想对他道德上的内在决定的召唤保持忠诚"吗？（KU 5:452）为了不让道德法则提交给我们的理想终极目的被怀疑无效而受到削弱，康德说："这样，他就必须在实践方面，亦即至少为了对在道德上给他决定的终极目的的可能性形成一个概念，而假定一个道德的创世主的存在，亦即假定上帝的存在。"并且解释说："他尽可以做出这种假定，因为这种假定至少自身是不自相矛盾的。"（KU 5:453）

《孟子·滕文公章句下》云"杨朱、墨翟之言盈天下，天下之言，不归杨则归墨"，"邪说诬民，充塞仁义也"，道德信念对于人来说，并不是可有可无。公义的、德福一致的世界作为理性的目标，不会因为其难于达至而失去实在性，尽管人类除了依靠自身的道德理性，遵循自身所立自由法则，努力创造第二自然，绝无什么外在的超自然力量可求助。如康德所提出的预告人类史，亦即德性的人类史："一方面是人类在努力追求其道德的分定，另一方面则是它始终不变地在遵循其本性中所具备的野蛮的与动物性状态的法则。"由之而产生的张力正是人类逐步摆脱野蛮的无法则的自由而实现道德法则下的自由之动力，是人类理性一步步成熟而趋向道德的终极目的之动力。自然与自由、实然与应然之间的张力根源于人自身，而追求及达至二者之协调一致的能量亦在人自身。人类要实现大同世界，归根结底就是要实现人类的道德的分定。

略观中国发展史，孔孟王道之理想遥不可及。援用康德的政治历史学说来说明，所谓上帝创造的乐园无非是"在理性觉醒之前，还没有诫命或者禁令，因而就没有逾越"。（KGS 8:115）而所谓失乐园无非是"从一种纯然动物性的造物的粗野过渡到人性（Menschheit），从本能的学步车过渡到理性的指导，一言以蔽之，从大自然的监护过渡到自由状态"。（KGS 8:115）当人第一次尝试做出了自由的选择，"他还根本不知道如何去选择那些对象，原来是本能为他指定了的各个对象，如今却展开了一种无限性"。（KGS 8:112）理性必定要走到最后一步，才能够"把人完全提高到不与动物为伍"。"这种机能是人的优势的最关键的标志，为的是按照他的分定为遥远的目的做准备。"（KGS 8:113）诚然，如康德同时指出，此亦正是"不确定的未来所激起的忧虑与苦恼的最无穷尽的源泉，而所有的动物都免于这些忧虑与苦恼"。（KGS 8:113）此即孟子提出"生于忧患而死于安乐"，说：

> 故天将降大任于是人也，必先苦其心志，劳其筋骨，饿其体肤，空乏其身，行拂乱其所为，所以动心忍性，曾益其所不能。人恒过，然后能改；困于心，衡于虑，而后作；征于色，发于声，而后喻。入则无法家拂士，出则无敌国外患者，国恒亡。然后知生于忧患而死于安乐也。
>
> ——《孟子·告子章句下》

"圆善""终极目的"，连同作为圆善之条件而设定的"上帝"与"不朽"等理念，对于我们的思辨认识而言是莫可究极的，若仅仅作为理性自身所创造的理念，它们难免是空洞的。但是，如康德所论，它们是"由立法的理性本身在实践的观点上所赋予我们手中的；……我们应该依照以一切事物的终极目的为方向的道德原则那样地进行思考（通过这种方式它们就获得了客观实践的现实性，否则它们就会是完全空洞的了）"。（KGS 8:332–333）他在《永久和平论》一文中说："我们为了（按照智慧的规律）保持在义务的轨道上所必须做的事，理性却已经为此处处都充分清楚地给我们照亮了通向终极目的的道路。"（KGS 8:370）在《论通常的说法：这在理论上可能是正确的，但在实践上是行不通的》中，他又说："有一种由纯粹理性所提出的，把一切目的全都置于一条原则之下的终极目的的这一需要（作为由于我们的协作而成为最可能的圆善的那样一个世界），则是无私的意志超出奉行形式的法则之外而扩大到产生出客体（圆善）来的一

种需要。……在这方面，人类可以自认为与神明相比拟。"（KGS 8:279）

无论人类历史看来如何与人类理性的共同目标背道而驰，人对于圆善（德福一致之终极目的）之追求都仍然清晰地见于人类为成熟地运用理性而建立理想社会的不懈奋斗中。此即孔子说："文王既没，文不在兹乎？"今日，我们也可以问：孔孟既没，"文不在兹乎"？无论西方主导的现代物质文明如何以各种方式力图从根柢上铲除"理性"和"人性"观念，否决人的理性本性之决定，"仁者，人也""人能弘道"既已作为基础哲学，借着人与人之间普遍传通的本性，深深地扎根在民族的生命体中，人类的大同（圆善）理想就一直作为理性之原型，不受时间、空间的限制，不可移易地在历史之艰难险阻中起着不可阻挡的作用。亦唯艰难险阻，为理性之原型奋斗者之生命方显崇高，理想与现实之间的张力越强烈，人的宗教感越庄严。

孔子、孟子与康德一方面洞察到人作为道德创造实体之唯一保有者，另一方面充分了解人在依其神圣立法而致力于道德世界（圆善）的实现之进程中的能力不足够。依此，我们见到孔孟与康德一样，其教人之要旨并不在圆满圣境之在今生什么时候达至，而在践仁不已、尽心不已。孔子说："若圣与仁，则吾岂敢？抑为之不厌，诲人不倦，则可谓云尔已矣！"用康德的话说：把"神圣的道德法则"持续而正确地置于眼前，其格准朝着这个法则前进不已，以及遵循道德法则之格准在不断进步中坚定不移，这就是德行。（KpV 5:32–33）故此，孔子、孟子教人，并不要求人"无过"，成一个"完人"。孔子说："庸德之行，庸言之谨，有所不足，不敢不勉，有余不敢尽。言顾行，行顾言，君子胡不慥慥尔！"孟子答"然则圣人且有过与"一问，说："且古之君子，过则改之；今之君子，过则顺之。古之君子，其过也，如日月之食，民皆见之；及其更也，民皆仰之。今之君子，岂徒顺之，

351

又从为之辞。"（《孟子·公孙丑章句下》）又说"人恒过，然后能改"。又，赞子路，曰："子路，人告之以有过，则喜。"（《孟子·公孙丑章句上》）孔孟致力弘道，怀实现大同世界（圆善）之志而躬身力行，然非"狂者"也。《孟子·尽心章句下》记载，孔子在陈曰："盍归乎来！吾党之士狂简，进取，不忘其初。"又，孟子曰："孔子，圣之时者也。"（《孟子·万章章句下》）

总括地说，本心（意志自由）作为基础哲学之根基，同时也是真正宗教的唯一根据。若无人的本心创造人自身为天理（道德法则）下之实存，以及依天理之指导与命令致力于实现大同世界（圆善），则无真正的宗教会产生，人也不会设定道德的最高者（"天"或"上帝"）作为道德侍奉的对象。据此，我们可以说，本心乃唯一真实的、经由人的道德实践而证明的创造实体，唯独因着本心产生圆善，而本心之持存（"心灵不朽"）和最高者能够作为道德宗教中的理性理想而借天理起到一种目的因之作用，依此，我们也可以将此作为目的因起作用之二者纳入到创造实体中。此最高的创造实体乃唯一可证实的、即哲学即宗教的常体。

析疑与辩难

问：康德学界流行一种讲法，认为康德在其实践哲学中主张上帝分配幸福，若这种讲法为真，则康德的宗教学说如何能通于儒家包含的道德的宗教？

答：无疑，康德身处一个漫长的被中世纪基督教哲学及神权统治的西方传统中。用美国政治哲学家罗尔斯的话说，中世纪基督教"是一种权威的宗教，具有教皇职位的这种权威是制度性的、中央集权的、近乎绝对的"，"它是一种救赎的宗教"，"一种教义的宗教"，需要如教会教导的信仰和教条。[5] 在这种传统中，道德哲学"确实屈从于教会权威"，"教会教义把我们的道德义务和责任看作是依赖于神圣法的东西。它们是上帝颁布之法律的结果"。[6] 假若我们以为康德所论"上帝"无非是追随这种传统的说法，那么，根本就没有与孔子哲学传统中所言"天"相通之可能可言，也就根本不能以康德的宗教学说来对孔孟哲学包含的道德的宗教做说明。

诚然，康德的同时代人中就不乏这一类声音，不少启蒙先驱者斥责康德在《实践理性批判》中把他在《纯粹理性批判》中所批判地否定的东西重新复活。著名诗人海涅抨击《实践理性批判》是批判精神的退化，嘲笑康德"用实践理性，就像用魔杖一样，使得那个被理论理性杀死了的自然神论的尸体重新复活"[7]学界流行一种说法，以为康德本人是要去掉人格神的上帝的，只不过为着安抚他的仆人的不安之心，才又肯定他。歌德甚至攻击康德"对基督教正统让步"[8]，他在致赫尔德的信中抨击康德把"哲学包装纯粹化"，"以便那些基督徒们或许也可以受到吸引，亲吻这幅包装的褶边"。[9]究其实，歌德、海涅等人严厉抨击康德的宗教学说，完全是因为他们仅仅处于摆脱神权的初步启蒙阶段，尚未能把握或无暇深入研究康德的彻底颠覆传统的批判哲学。

康德带着其理性启明所具有的前瞻性，已然超过他的同时代人而提出了彻底的启蒙，他创辟性地提出宗教的核心在人的道德自律自由，并且据此指明宗教的终极关切在于运用人自身一切力量，以善的原则战胜恶的原则，并依据善的原则（即自由之原则）在世上建立一个保障永久和平的人类伦理共同体，也就是提出圆善之理念及其在世界上实现。康德本人在第一批判就明文说："我现在断言：理性在神学方面的一种纯然思辨的使用的一切尝试都是完全没有结果的，就其内部性状而言是毫无意义的，而它的自然使用的原则根本不引致任何神学；因此，如果人们不把道德的原则作为根据或者用作导线，那么，在任何地方都不可能有理性之神学（Theologie der Vernunft）。"（A636/B664）他从根柢上扭转传统的神学道德学（theologische Moral），"神学道德学包含的德性的法则预设一个最高的世界统治者的存在为前提"（A632/B660）。他提出的"道德神学"恰恰相反，"道德神学是对一个最高者之存在的确信，而此确信是把其自己基于道德法则上的"（A632/B660）。

此后，于《实践理性批判》《判断力批判》以及《宗教》《学科之争》等一系列著作中，康德明确地将纯粹的理性宗教（即道德的宗教）与一切历史性（通过启示的信仰）的宗教严格区分开。他指出"只有一种（真正的）宗教"[10]。"纯粹道德的立法不仅仅一般地是所有真宗教的不可避免的条件，而且还是真正构成真宗教自身的东西。"（Rel 6:104）真宗教是"纯粹理性的信仰"（Rel 6:104），在理性的信仰中，上帝的立法意志无非是"通过纯粹道德上的法则颁布命令的"，也就是说，"每一个人都能够从自身出发，凭借他自己的理性认识作为他的宗教的基础的上帝意志"。康德指出："如果我们假定上帝的规章性法则，并且把宗教设定为我们对这些法则的遵循，那么，对这种宗教的认识就不是单纯凭借我们自己的理性，而是只有凭借启示才是可能的。无论启示为了通过传统习俗，还是《圣经》在人们中间传播，对于每一个单个的人来说，是秘密地还是公开地给予的，它都将是一种历史性的信仰，而不是纯粹的理性信仰。"（Rel 6:104）"假如对上帝的崇敬是首要的，人们因而把德行隶属于他，那么，这个对象就是一个偶像，亦即他被设想为一个我们不是凭借在世上德性的善行，而是凭借祈祷和阿谀奉承就可以希望使他喜悦的东西。但在这种情况下，宗教也就是偶像崇拜。"（Rel 6:185）康德说："教权制是这样一个教会制度，在它里面，占统治地位的是一种物神崇拜。凡在不是由道德的原则，而是由规章性的诫命、教规、戒律构成了教会的基础和本质的地方，都可以发现这种物神崇拜。"（Rel 6:179）"凡是人自以为为了让上帝喜悦，除了善的生活方式之外还能够做的事情，都是纯然的宗教妄想和对上帝的伪侍奉。"（Rel 6:170）康德严厉指责祈求神恩的（纯然崇拜的）宗教乃是"从本性上对道德的改进感到厌倦的理性借口自然的无能，提出了各种各样的不纯正的宗教观念（其中就有：把幸福原则附会在上帝身上，说成是他的命令的最高条件）"（Rel 6:51）。在其中，"人或者谄媚上帝，认为上帝能够（通过赦免他的罪责）使他永远幸福，而他自己却没有必要成为一个更善的人"。（Rel 6:51）"谁在这里信仰并且受洗就将有永福"，只是一种没有道德考虑的教会信仰，它与"只是道德的、通过理性来改善和升华心灵的信仰"相悖，"它就根本不是宗教的一个部分"。（SF 7:42）"说一种历史信仰是义务，并且属于永福，那就是一种迷信。"（SF 7:65）康德指出："我们也就始终不知道，基督教的学说对它的教徒的道德造成了什么样的影响，最初的基督徒是否确实是道德上改善了的人（moralischgebesserte Menschen），还是依然为普普通通的人。"（Rel 6:130）但是，自从基督教"进入广大有教养的公众之中以来，就人们有理由期待一种道德宗教可以发挥的行善的（wohltätige）作用而言，基督教的历史对公众来说绝没有什么好印象"。（Rel 6:130）

康德毫不讳忌地指出："隐士生活和僧侣生活的神秘主义狂热"，"对独身阶层的神圣性的歌功颂德"，以及"与此相联系的所谓奇迹"，

"如此用沉重的枷锁把人民压制在一种盲目的迷信之下"。（Rel 6:130）"借助一种压迫自由的人们的教阶制，正统信仰的可怕声音如此从自封的、唯一钦定的《圣经》诠释者的口中发出，以及基督教世界如此由于信仰的意见（如果人们不把纯粹的理性宣布为诠释者，就绝不能给信仰的意见带来任何普遍的一致）而分裂成激烈对抗的派别。"（Rel 6:130）康德公正地指出："只要我们把基督教的这一历史（就基督教本来想要建立在一种历史性的信仰的基础上而言，这一历史不会有别的结果）看作一幅全景画，它就会证明那一声惊呼是多么正确：宗教竟会诱发如此多的恶。"（Rel 6:131）他描述这一历史："在东方，国家以一种可笑的方式插手祭司和僧侣阶层的信仰规章"，"在西方，信仰获得了它自己的、不依赖于世俗权势而建立的宝座"，但是，"却如此被一个自封的上帝钦差（案：康德竟敢对教皇那么不敬）破坏和弄得衰弱不堪。……那个精神上的领袖如此凭借他那威胁要实行绝罚的魔杖，像对待小孩一样统治和惩罚各个国王，鼓动他们去进行灭绝另一地区人口的对外战争（十字军战争），去彼此攻杀，并激怒臣民们反抗自己的政府，去残忍地仇视自己那持有与一个所谓普遍的基督教的不同想法的同道"。（Rel 6:130–131）康德尖锐地指出：这种激烈的宗教冲突和战争，"如此隐秘地植根于一种专制地规定的教会信仰的基本原则中，并一直令人担忧还会发生类似的事件"。（Rel 6:131）

康德的上帝观根本上就是对基督教上帝观的彻底颠覆，他所论的纯粹的理性宗教根本不能混同于那种否决人的理性之立法能力而祈求外来给予的神的戒律的历史信仰。只要认真回到康德本人的著作，就会发现康德明确反对把幸福原则附会在上帝身上，我们并无理由以为康德依旧信奉基督教中幸福依赖神恩的教义。诚然，从西方康德学界来看，一些学派因着持守一种传统基督教立场，力图说明康德仍旧笃信上帝，只是于《纯粹理性批判》中论说不能对上帝存在做理论说明而已，这些学派因着其固有立场，无可避免就要忽略掉康德所论道德的宗教与他们维护的传统基督教的根本不同。另一方面，一些持激烈的无信仰立场的学派，根本否决任何宗教，他们不会认真对待康德于宗教学说之彻底革新的观点，毫不思索就将所有旧宗教的观点加诸康德。但如我们已反复申论，实情正相反。依康德所论："一种仅仅按照纯粹道德的法则来决定的上帝的意志的概念，使我们如同只能设想一个神一样，也只能设想一种宗教，这种宗教就是纯粹道德的。"（Rel 6:104）康德确立纯粹的理性宗教，亦即道德的宗教，从根柢上否决任何迷信妄想的宗教。康德理性的目光是独到的，它穿透全部教会历史分裂、损害人类的乌烟瘴气，从混沌里揭明："趋于道德的宗教的禀赋早就已经蕴藏在人的理性中了，虽然它的最初的粗糙的表现只不过是旨在侍奉神明上的运用。"（Rel 6:111）他说："狂热的宗教妄想是理性在道德上的死亡，而没有理性就根本不可能有宗教。"（Rel 6:175）他指出：纯粹的道德的宗教的实现必是一切"单纯崇拜和诫命的宗教之寿终正寝"。（Rel 6:84）

实在说来，只要依康德所论，把纯粹的理性信仰与历史性的信仰区分开，我们就不会误以为他主张一个虚构的人格神存在，并起到一种分配幸福的作用，而是情识地信仰上帝能够使自然与道德存心相谐和。归根结底，唯独通过康德的批判，去除上帝的概念中的神人同形同性论的东西，把宗教完全建立在"与我们在道德上的关联"，我们始可以依照康德确立的上帝的概念来考虑孔子哲学传统所言"天"之含义，以康德论明的道德的宗教为标准，阐明孔孟哲学所包含的真宗教。

问：有学者提出，康德视"上帝""不朽""自由"为"三个散列的本体"，那么，孟子哲学中所言"心""性""天"是否也是散列的本体呢？

答：我们可以指出，所谓"三个散列的本体"一说并无根据。在康德的体系中，智思物不能被理解为本体。前文已论明，在思辨的形而上学中，"上帝""不朽""自由"只是纯然智思物，因此，我们完全没有理由将形而上本体一义归于康德就理性思辨使用而言的智思物。

毋宁说，康德通过第一批判提出智思物，是为日后于实践领域（即道德领域）做预备，也就是首先说明"上帝""不朽""自由"在思辨理性中的根源甚至可追溯至知性的纯粹活动。若无这一步说明，此三个不在直观中的超感触东西就沦为胡思乱想的东西。没有范畴我们就不能思维任何东西，（KpV 5:10）因此第一步要说明此三者能够作为智思物而被思想。康德于《实践理性批判》的序中就说明："思辨理性只能悬而未决地提出（aufstellen）这自由之概念为对于思想并非不可能的，却并没有保证之以任何客观的实在性，而且思辨理性这样做，只是以此避免把那些它至少必须允许可以思维的东西设想为不可能，从而危及其本身，而且使它陷入怀疑主义之深渊。"（KpV 5:3）

于《实践理性批判》，康德首先在他的自由理念里找出因果性这个范畴。（KpV 5:104）通过阐明意志自律之事实，"实践理性通过一个事实证实了在思辨理性那里只能够被思维者"。（KpV 5:6）据此，证明了人作为唯一的睿智者之生物（Wesen als Intelligenzen）通过其理性颁布道德法则的事实，证实其自身为"智思物之因果性"。（KpV 5:56）视自身为睿智者的"人"乃是一切智思物（包括"上帝""心灵不朽"）中唯一禀具"智思物之因果性"者，也就是说，乃唯一具创造之能而堪称形上实体者。同样，本心于孟子哲学中是唯一的道德创造实体，这是经得住严格的哲学考察的，尽管在中国哲学传统中并没有如康德那样对人类心灵机能做出缜密的批判的人物。

注释

1 于此，"自然"既不是作为"显相之总集"的自然，也不是天造地设的自然本身，而是我们人按照自然与自由结合的最高原则而创造的道德目的秩序下的"自然"。

2 关此，详论见牟宗三译注《康德的道德哲学》，页284。

3 傅佩荣：《儒道天论发微》，页98。

4 孙星衍辑《孔子集语》卷二《孝本二》，《平津馆丛书》本。

5 John Rawls, *Lectures on The History of Moral Philosophy*, p. 6. 中译见约翰·罗尔斯《道德哲学史讲演录》，页60。

6 Ibid. 中译见页60—61。

7 见阿尔森·古留加《康德传》，贾泽林、侯鸿勋、王炳文译，北京：商务印书馆，1981，页131。

8 H. E. Allison, *Kant's Theory of Freedom*, p. 146. 中译见亨利·E. 阿利森《康德的自由理论》，页215。

9 引自 Emil Fackenheim, "Kant and Radical Evil", *University of Toronto Quarterly* 23(1954), p. 340。见 H. E. Allison, *Kant's Theory of Freedom*, p. 270，中译见亨利·E. 阿利森《康德的自由理论》，页424。

10 康德说："只有一种（真正的）宗教，但却可以有多种多样的信仰。"（Rel 6:107）又说："因此，说这个人具有这种或那种（犹太教的、穆罕默德教的、基督教的、天主教的、路德教的）信仰，要比说他属于这种或那种宗教更为恰当。……一般人在任何时候都把它理解为自己所明白的教会信仰，而并未把它理解为在里面隐藏着的宗教，它取决于道德存心。就大多数人而言，说他们认信这个或那个宗教，实在是太抬举他们了，因为他们根本不知道也不要求任何宗教。规章性的教会信仰就是他们对宗教这个词所理解的一切。"（Rel 6:108）

第五章

孟子的政治哲学

第一节
孟子的"政道说"

一、王道作为孟子"政道说"的根基

孟子承接孔子"祖述尧舜，宪章文武"之政治理念，倡导"仁政王道"。我们可以说，孟子确立了孔子传统之政治哲学的规模，其根基就是："祖述尧舜，宪章文武""仁者，人也""人能弘道"。

王道就是孔子传统所倡导的政道，依孔孟，先王（尧、舜、文、武）之道就是政治之大宪章，政道与治道必须遵从之根本大法。孟子说：

> 今有仁心仁闻而民不被其泽，不可法于后世者，不行先王之道也。故曰，徒善不足以为政，徒法不能以自行。《诗》云："不愆不忘，率由旧章。"遵先王之法而过者，未之有也。……既竭心思焉，继之以不忍人之政，而仁覆天下矣。故曰，为高必因丘陵，为下必因川泽。为政不因先王之道，可谓智乎？
>
> ——《孟子·离娄章句上》

尽管王道并不一定是历史中的事实。如朱熹在其撰《孟子序说》一开首说:"《史记·列传》曰:'孟轲,邹人也,受业子思之门人。道既通,游事齐宣王,宣王不能用。适梁,梁惠王不果所言,则见以为迂远而阔于事情。……'"又引韩子语,曰:"尧以是传之舜,舜以是传之禹,禹以是传之汤,汤以是传之文、武、周公,文、武、周公传之孔子,孔子传之孟轲,轲之死不得其传焉。"(《四书集注·孟子集注》)

王道之为孔子传统之政道,无论现实中道行或道不行,终究丝毫无损于其为华夏理性文明的一个原型。无论我们实际上已离开这个原型多远,向之而趋终究不失为华夏子孙应当承担的使命。此所以今天我们倡导复兴华夏理性文明,不能不重提王道。

王道作为孔子传统之政治哲学的核心,不同于西方传统中形形色色以权力与利益为基础的政治学说。依照王道之理念,政治之实质是社会治理和民众教化,政治之根据依于仁义。此即《书·周书·吕刑》云"恤功于民""惟殷于民""以教祗德",《诗·大雅·文王》云"仪刑文王,万邦作孚"。孟子面对梁惠王的问题"叟!不远千里而来,亦将有以利吾国乎",回答说:"王!何必曰利?亦有仁义而已矣。王曰:'何以利吾国?'大夫曰:'何以利吾家?'士庶人曰:'何以利吾身?'上下交征利而国危矣。万乘之国弑其君者,必千乘之家;千乘之国弑其君者,必百乘之家。万取千焉,千取百焉,不为不多矣。苟为后义而先利,不夺不餍。未有仁而遗其亲者也,未有义而后其君者也。王亦曰仁义而已矣,何必曰利?"(《孟子·梁惠王章句上》)又,孟子说:

　　为人臣者怀利以事其君,为人子者怀利以事其父,为人弟者

364

怀利以事其兄，是君臣、父子、兄弟终去仁义，怀利以相接，然而不亡者，未之有也。

为人臣者怀仁义以事其君，为人子者怀仁义以事其父，为人弟者怀仁义以事其兄，是君臣、父子、兄弟去利，怀仁义以相接也，然而不王者，未之有也。何必曰利？

——《孟子·告子章句下》

依王道，政治哲学的核心原则基于仁义。孟子曰："亲亲，仁也；敬长，义也。无他，达之天下也。""亲亲而仁民，仁民而爱物。"此即《论语·颜渊第十二》记载："齐景公问政于孔子。孔子对曰：'君君，臣臣，父父，子子。'""季康子问政于孔子。孔子对曰：'政者，正也。子帅以正，孰敢不正？'"

孟子上承孔子，"言必称尧舜"，说："我非尧舜之道，不敢以陈于王前，故齐人莫如我敬王也。"（《孟子·公孙丑章句下》）孔孟躬身力行，倡尧舜之道，虽于春秋战国群雄争霸的历史条件下，与当时诸国所行霸道不合，终未能实施王道大业于世，然不得视之为"空言"，"迂远而阔于事情"。它作为一个理性的原型，人类应当不止地向之而趋，随时检查现实的行程是否偏离正确的航向，以便努力纠正。

依王道，政道的最高原则就是"大道之行也，天下为公"，治道的最高原则就是"选贤与能，讲信修睦"。"天下为公"，天下乃天下人共有之天下也，故孟子说："民为贵，社稷次之，君为轻。是故得乎丘民而为天子……"（《孟子·尽心章句下》）又说："得其民有道：得其心，斯得民矣。"（《孟子·离娄章句上》）依孟子所论，政权的主体是民而非君，君绝非民的主宰者，依孟子的政道原则，君若成为政权之操控者，则必失去君之为君的合法性。毋宁说，君是为民众之生存权利、社会之太平、家国之安危而设的管理者、服务者，而民众是政体的主人，政体的合法性和正当性在"得民心"，"民心"于"民之归仁"（同前）而见。明乎此，则可知孟子绝非只主张以民为本而已。一些学者以为孟子言"民为贵"，只不过是"民本论"，差矣！

王道的世界里，"人不独亲其亲，不独子其子，使老有所终，壮有所用，幼有所长，矜寡孤独废疾者，皆有所养，男有分，女有归。货恶其弃于地也，不必藏于己；力恶其不出于身也，不必为己"。孔子称此世界为"大同"，用康德的话说，就是圆善（终极目的）实现于世界上。

依以上所论，我们可以指出，孔子哲学传统之政道包含政治的最高理念，它不分时间、空间，于一切人类伦理共同体皆有效。即使人类历史从未达到这种高度，甚至不可预计要经历多少个世代才能够实现之，但丝毫不损害其作为我们的理性之理想的真实性。因为每一个人作为有理性者，只要他成熟到能自由地使用自己的理性，就一定认识到这个理性之理想，并肯认它作为人类预告史的目标——终极目的（圆善）。

大同世界里，政道与治道是一，皆基于仁义。天下为公众的天下，每一个人成就自身为仁者，"由仁义行"，以其心之仁而佩称为天下之主人。王道之为王道，其政与治并不分割，政治之本在统筹群族之协和，领导社会之建设，实施社会之教化，运筹经济、生产活动，以保障天下众民之福祉。治道也就是依照王道行仁政的治理之道。孟子上承孔子而确立一个"祖述尧舜，宪章文武"的为政之道的型范，它根本不同于君主专制下的所谓"政治"，甚至区别于夏禹以后的部落式贵族政治，也根本不能以西方政治史的各种学说来较论。

"祖述尧舜，宪章文武"也就是"内圣外王"。孔子"祖述尧舜，宪章文武"，以三代"内圣外王"立下为政之道的规模：为君以德，为民以德，选贤与能及禅让，无为而治。此之谓王道。尽管王道不必定就是历史上有过的事实，然此不妨碍孔子立之为型范，以揭示道德的预告人类史。牟先生在《政道与治道》一书中就提出："儒家称尧舜是理想主义之言辞，亦即'立象'之义也，未必是历史之真实。……儒家以'立象'之义称之，是将政治形态之高远理想置于历史之开端。是将有待于历史之发展努力以实现之者置于开端以为准则。"[1]

我们以"内圣外王"标举王道，这就有必要与历来学者泛论的种种"内圣外王"之说法区别开。[2]"内圣外王"作为王道之核心，亦即孔子传统之政道的原型，不同于当代儒学中诸种"内圣外王"新论。新论作为现代政治学说的一种，大多分说"内圣"与"外王"："内圣"意指修身以成圣，"外王"指一般而言的制度建设、外在事功。但依孔子所立"内圣外王"之型范，"内圣"与"外王"合而同指圣王："内圣"指圣王之德，"外王"指圣王为政之道与事功。此即《中庸》云："虽有其位，苟无其德，不敢作礼乐焉；虽有其德，苟无其位，亦不敢作礼乐焉。"（第二十八章）孟子上承孔子，其言圣王也是依孔子，指尧、舜、文、武和周公。《孟子·离娄章句下》记载："孟子曰：'舜生于诸冯，迁于负夏，卒于鸣条，东夷之人也。文王生于岐周，卒于毕郢，西夷之人也。地之相去也，千有余里；世之相后也，千有余岁。得志行乎中国，若合符节。先圣后圣，其揆一也。'"

依以上所论，我们可指出，"内圣外王"乃孔孟"政道说"中政治元首的充分条件，以及元首的最高管治权之合法性根据。显而易见，此与近世引入的西方政治学从根柢上大不相同。孔孟所言政道是人类政治哲学史中一个具有最高政治理念的学说。依照康德提出的道德的预告人类史，"人类终极目的乃是要达到最完美的国家制度"[3]，孔孟标举"内圣外王"为最高政治理念，就是以实现大同的完美社会为人类终极目的，以提示每一代人为此应当做些什么。

二、政道包含的理性核心——"以德行仁者王"

从中国历史之表现来看，孔子依"祖述尧舜"而立的"内圣外王"原型并未有实现，甚至就两千多年的君主专制政体而论，可以说，中国从来就没有行理性的政道。但恐怕不能据此现象即断言孔子传统所言政道对中国历来的政权毫无影响，尽管政权更替方式往往是非理性的（依靠暴力），然而以政权之合法性根据而论，仍可见政道包含的理性核心——"以德行仁者王"。天命有德者，修德保民而王。此见孔孟言政道乃依理性而论。

王之为王在其"不忍人之心"。孟子说："人皆有不忍人之心。先王有不忍人之心，斯有不忍人之政矣。以不忍人之心，行不忍人之政，治天下可运之掌上。"（《孟子·公孙丑章句上》）王之为王，其政治权威并非在拥有不同于大众的特殊的权力和主宰权，而是体现于其担负安民、爱民、教化民众之政治任务，承担四方之罪过的政治责任。此即孟子引《书》，说："《书》曰：'天降下民，作之君，作之师。惟曰其助上帝宠之。四方有罪无罪惟我在，天下曷敢有越厥志？'"（《孟子·梁惠王章句下》）爱护百姓、教化民众乃"君""师"责无旁贷的政治任务，"四方有罪无罪"，也惟君王一力承担。

故孟子说："是以惟仁者宜在高位。不仁而在高位，是播其恶于众也。"（《孟子·离娄章句上》）又说：

> 三代之得天下也以仁，其失天下也以不仁。国之所以废兴存亡者亦然。天子不仁，不保四海；诸侯不仁，不保社稷；卿大夫不仁，不保宗庙；士庶人不仁，不保四体。今恶死亡而乐不仁，是犹恶醉而强酒。

> 桀纣之失天下也，失其民也；失其民者，失其心也。得天下有道：得其民，斯得天下矣；得其民有道：得其心，斯得民矣；得其心有道：所欲与之聚之，所恶勿施尔也。
>
> ——《孟子·离娄章句上》

王者"以德行仁"，此"德"并非一般美德伦理所言美好的品德修养，而是指人依道德法则（天理）而存在的真实存有性——道德。如我们已一再申论，道德即人的意志自律（"心即理"），道德行为由人心之仁（即"不忍人之心""本心"）而发，道德践履就是"由仁义行"。"国之所以废兴存亡"系于王者之"仁"，此明政权之合法性在"仁"。王者之为王，其正义性在其"由仁义行"，"以不忍人之心，行不忍人之政"，民之所欲，给予之积聚之，勿将民之所恶施于其身，则得民心，而民众归于"仁"也。

三、革命——政权更变之道

政权的合法性在政治领袖（元首）"以德行仁"。在位者失德，民众陷于水深火热之中，则政权失去合法性，有德且有力者以武力起革命，更换政权。《易传·革卦》有云："天地革而四时成，汤武革命，顺乎天而应乎人，革之时大矣哉！"

《易传·革卦》所言"革命"，可以说是言简意赅之定义式语句。其以"汤武革命"为范例，此中四句并非分立，不能割裂地去理解。[4]首句"天地革而四时成"，表示自然变革而成四时之序，意指"汤武革命"顺历史发展之自然规律，此即曰"顺乎天"；不仅"顺乎天"，且"应乎人"，故云"革之时大矣哉"。

"革命"之义在"顺乎天而应乎人"。孟子对此义有进一步本质性的明确申论。《孟子·梁惠王章句下》云：

> 齐宣王问曰："汤放桀，武王伐纣，有诸？"
> 孟子对曰："于传有之。"
> 曰："臣弑其君，可乎？"
> 曰："贼仁者谓之贼，贼义者谓之残，残贼之人谓之一夫。闻诛一夫纣矣，未闻弑君也。"
>
> 齐人伐燕，胜之。宣王问曰："或谓寡人勿取，或谓寡人取之。以万乘之国伐万乘之国，五旬而举之，人力不至于此。不取，必有天殃。取之，何如？"
> 孟子对曰："取之而燕民悦，则取之。古之人有行之者，武王是也。取之而燕民不悦，则勿取。古之人有行之者，文王是也。

以万乘之国伐万乘之国，箪食壶浆，以迎王师，岂有他哉？避水火也。如水益深，如火益热，亦运而已矣。"

又，《孟子·离娄章句上》云：

民之归仁也，犹水之就下、兽之走圹也。故为渊驱鱼者，獭也；为丛驱爵者，鹯也；为汤武驱民者，桀与纣也。今天下之君有好仁者，则诸侯皆为之驱矣。

依孟子，"应乎人"以"君之好仁"及"民之归仁"来判定。革命当不当行，依"民悦"或"民不悦"决定。"民之悦之，犹解倒悬也"，革命以使民"避水火"。若政权之更换致使民众愈益陷入水深火热之中，则只是统治者之转换，不能称之为"革命"。此即孟子说："如水益深，如火益热，亦运而已矣。"孟子确定了"革命"之大义，同时标明了君王之为元首的合法性在仁义。"贼仁者""贼义者"，虽处君位，而无为君之合法性和正义性，故"谓之一夫"。依此，我们可以指出，孟子的"革命说"达至"革命"一词最本质之意义，并且构成政治哲学中关于政权合法性和正义性的核心，亦即孔子传统之政道的根本原则。

依孟子，"应乎人"乃革命之必要条件，但革命之成败还得看是否"顺时"。《易传·革卦》所言"顺乎天"，有学者依据三代以"天命"来表示政权及其更换的合法性说明之。诚然，《书·周书·召诰》云："今天其命哲，命吉凶，命历年。知今我初服，宅新邑，肆惟王其疾敬德。王其德之用，祈天永命。"又，《书·周书·泰誓中》云："天视自我民视，天听自我民听。"《书·虞夏书·皋陶谟》云："天聪明，自我民聪明；天明畏，自我民明威。达于上下，敬哉有土！"据此而论，"顺乎天"可以理解为"与革命者的德性和人民的意愿相关"⁵。但有必要指出，"顺乎天"不仅包含"天命有德者"及"顺乎民意"，还表示"应时"。孟子就很重视"应时"，"应时"者，与历史进程之自然规律相符之谓也。历史流变中，道行或道不行，有德者"有天下"或"不有天下"，并不以其一己之德与力决定。历史的曲折有更为复杂的因素。德与智如孔子尚且不能王天下，而为后世称为"素王"。此即孟子说："莫之为而为者，天也；莫之致而至者，命也。匹夫而有天下者，德必若舜禹，而又有天子荐之者，故仲尼不有天下。继世以有天下，天之所废，必若桀纣者也，故益、伊尹、周公不有天下。"（《孟子·万章章句上》）又说："可以速而速，可以久而久，可以处而处，可以仕而仕，孔子也。……孔子，圣之时者也。"（《孟子·万章章句下》）

依孟子所言政道，无论禅让（尧、舜）、革命（汤、武）或是传子继体（夏禹、商汤），⁶皆以元首之仁义为政权的正义性和合法性根据。此所以孟子引孔子语，说："唐虞禅，夏后、殷、周继，其义一也。"何谓"义一"？依孟子言，"天与之，人与之"。何谓"天与之，人与之"？孟子说：

> 使之主祭而百神享之，是天受之；使之主事而事治，百姓安之，是民受之也。天与之，人与之，故曰，天子不能以天下与人。舜相尧二十有八载，非人之所能为也，天也。尧崩，三年之丧毕，舜避尧之子于南河之南。天下诸侯朝觐者，不之尧之子而之舜；讼狱者，不之尧之子而之舜；讴歌者，不讴歌尧之子而讴歌舜，故曰天也。夫然后之中国，践天子位焉。而居尧之宫，逼尧之子，

是篡也，非天与也。《太誓》曰："天视自我民视，天听自我民听。"此之谓也。

——《孟子·万章章句上》

孟子所言"天与之"，非如学界流行的一种讲法，以为真有一外在的"天"在给予。如我们所见，孟子明言："天不言，以行与事示之而已矣。""行与事"依人而言：天下人朝见天子、打官司，都到舜那里去，而不到尧之子那里；天下人歌颂舜，而不歌颂尧之子。据此而言"故曰天也"。民众之目所视、耳所听，就是"天"之目所视、耳所听，此即"天与之，人与之"。

依孟子的"政道说"，"王"（政治元首）之合法性以"天与之，人与之"来表示。"天与之"表征此合法性乃绝对地普遍必然，在任何时、任何地皆保有其有效性，故冠之以"天"；"人与之"表示一切人皆认可和赞同，这是一全称命题，表示此认可和赞同无条件地普遍有效，不同于一时一地现实地达成的共识。何以这种政权能具有绝对普遍的必然性，由之堪称"天与之"，并可谓"天命"？根据在其以仁义为根本性的政治原则，以"百姓安之"为政权运用的根本任务。因此，每一个人都能够依其自身立法的理性（人心之仁）来认同之。此即孟子说："王亦曰仁义而已矣，何必曰利？"又说："以德服人者，中心悦而诚服也。"（《孟子·公孙丑章句上》）并引《诗·大雅·文王有声》曰："《诗》云：'自西自东，自南自北，无思不服。'此之谓也。"（同前）

总括以上所论，我们可以指出，孟子的"政道说"基于孔子言"内圣外王"之王道，而确立了政治学说之规模，我们可称之为孔子传统之政治学的规范。这个规范确定了最高的政治理念及政权之合法性根据，通过申论"汤武革命"的正义性与合法性，阐明了政权更变的最高原则。学界多重视孟子的"心性学""性善说"，而对孟子的政治学则只是泛泛而论"王霸之辨"，甚至只贬视之为"民本论"。现在，我们通过深入研读，期可指明，半部《孟子》皆言"政道"与"治道"，孟子以孔子所立"内圣外王"之王道型范为奠基，于战国时周游诸国之间，倡导仁政，今集其所议，不难理出一个政治学说之系统，相信绝不逊色于西方种种政治学说。我们甚至有理由指出，除康德之外，西方哲学家中无人臻至孟子哲学之深度，除康德政治学说之外，西方政治哲学之各种流派都未达到最高的政治理念，因西方传统未达至理性之高度，其所谓"理性"只是"合理性"而已，并未能正视人类理性立法，亦即未见及人的意志自由及其自由法则（用孟子的话说，就是本心及其法则天理）。离开人的意志自由而论政治，只能看到作为现象身份的人于历史条件和社会环境限制下的政治活动，据此而论的一套套政治理论就只能是有限制的。唯独孟子和康德，依据人的创造主体（意志自由、本心）而论人类的政治活动，始能够确立一个包含人类共同的理性目标的创造的政治哲学系统。

析疑与辩难

问：有学者将孟子所言"革命"与现代人所谓"革命"混为一谈，我们何以能指出此等说法乃混漫之言？

答：刘小枫著《儒家革命精神源流考》，其书之旨趣就在将"汤武革命"解说成"圣人正义论"，[7]并拿近代以来形形色色的所谓"革命"与之相提并论。我们已论明，孟子以"汤武革命"为例阐明政权更变的最高原则——以仁政取代暴虐的政权，以申"革命"的正义性与合法性依据在仁义。但刘先生却撇掉孟子言"革命"的本质义，抛出所谓"圣人正义论"，巧妙地将孟子所言"革命"偷换为自称"圣人"者以正义自居而发动的"打天下"，美其名曰"替天行道"。

刘先生说，"儒教圣人比狂，或极狂方为儒圣"，"圣人的空位要通过辟'邪说'，'翼圣道'，体'民物之痛'，救万众于'陷溺之祸'来据为己有"。[8] 孟子言"革命"的本质义在以仁义取天下。而刘先生却曲解为"圣人当然正义"，他说："儒家革命精神的实质是圣人正义论。从孔（《易传》）、孟（《万章》）、荀（《王制》）经《春秋公羊传》《春秋纬》《孝经纬》到心学的内圣外王，圣人正义论乃一脉相承、一以贯之。圣人是当然正义的，他集聚了世人的不满，不仅'顺天'，而且'应人'。"[9] 刘先生所云"圣人是当然正义的"恐怕只是他个人的意见，根本不能于孔孟文本中找到支持。相反，如我们已一再申论，圣人之为圣人，绝非自许、自封，且圣人有德并非必定有位。王者有德有位，"以德行仁者"也。岂有自以为圣人，自称"替天行道"，则可自谓"革命"？我们可以指出，孟子以仁义申"革命"的正义性与合法性，乃孔子传统言"革命"的实质，此乃"革命"一词之最高理念；以此区别于种种政权更替的武力"打天下"，甚至也不同于西方政治史中就政治、经济或社会制度之变更而言之政治革命、经济革命或社会革命。

问：有学者认为孟子向"家天下"妥协，有诸？

答：袁保新教授于其大作《孟子三辨之学的历史省察与现代诠释》中说："夏启之后，传子不传贤，对于这种'家天下'的作为，孟子在全无民主法治的传统的依傍之下，也只有与历史妥协……"[10] 他批评说："孟子并未贯彻他'主权在民'的原则，而对庞大的历史传统采取了妥协的态度。……无异默许了'继世'的合理性。"[11]

愚意以为，袁教授以为孟子向传子不传贤的"家天下"的作为妥协，有粗率下判断之嫌，理由有二。首先，依孟子之"政道说"，政权非王者之囊中物。所谓"天子不能以天下与人"，故天子亦不能以天下与其子。禹之子启贤，"能敬承继禹之道"（《孟子·万章章句上》），民众都拥戴启。《孟子·万章章句上》记载："朝觐讼狱者不之益而之启，曰：'吾君之子也。'讴歌者不讴歌益而讴歌启，曰：'吾君之子也。'"可见，启之承继禹，乃因启之贤而"天与之，人与之"，不能混同于秦及后君主专制的世袭之"家天下"。此即孟子答万章问"人有言：'至于禹而德衰，不传于贤而传于子。'有诸"，说："否，不然也。天与贤，则与贤；天与子，则与子。"其次，申明政权及其更替的正义性和合法性在"以德行仁者王"，即见孟子"政道说"的本质义。至于现实上禅让或传子继体，非人能决定，其中有历史进程之规律在，圣贤亦不能以一己之力左右之，故孟子说"莫之为而为者，天也"。因此孟子立"政道说"，重在政权的正义性和合法性，而不在政权交替的形式（禅让或传子）上。明乎此，我们就不会指责孟子"默许了'继世'的合理性"，向传子不传贤的"家天下"妥协。事实上，政权之现实形态有其历史中构成之轨迹，现代民主制之国家元首之选举制在西方发展出来，有一定的经济、文化背景，要求两千多年前的孟子提出如现代民选总统那样选举"王"，恐怕只是书生之见，与我们对孟子"政道说"之评价并不相干。何况，西方式的民主只重视选举之程序民主，政权的正义性和合法性缺乏仁义作根据，就政治之道的最高理念而言，恐怕不及孟子。

注释

1 牟宗三：《政道与治道》，《牟宗三先生全集》卷 10，页 3。

2 有学者提出，"内圣外王"一词最先见于《庄子·杂篇·天下》。但道家所言"内圣""外王"与儒家所论不同，我们要注意两家立论之根本区别。庄子说："以天为宗，以德为本，以道为门，兆于变化，谓之圣人。"（同前揭书）个中言"天""德""道"，其意涵皆与孔子所言有别。荀子说："圣也者，尽伦者也；王也者，尽制者也。两尽者，足为天下极矣。"（《荀子·解蔽篇》）看来已有"内圣""外王"分拆开来说的意思，与孔子依于"仁"而立的"内圣外王"之王道的原型大不相同。

3 《哥达学报》（Gothaische Gelehrte Zeitungen）第 12 期（1784 年 2 月）中的一篇简讯说："康德教授先生所爱好的一个观念是：人类终极目的乃是要达到最完美的国家制度，并且他希望哲学的历史家能从这个观点着手为我们写出一部人类史，揭示人类在各个不同的时代里曾经接近这个终极目的或者是脱离这个终极目的各到什么地步，以及要达到这个终极目的的还应该做些什么事情。"（KGS 8:16，见康德《历史理性批判文集》，何兆武译，北京：商务印书馆，1990，页 1。）

4 刘小枫先生认为"第一句是对自然现象的描绘，第二句讲人世的革政"（《儒家革命精神源流考》，上海：三联书店，2000，页 36）。这是将第一句"天地革而四时成"之自然哲学的天序义误解为"对自然现象的描绘"，故而与第二句"汤武革命"分割开，如此一来，原来表示"汤武革命"顺历史发展之自然规律之义就失落了。刘小枫先生于其书中对"革命"一词释义周详，旁征博引。但愚意以为，若依据孔子传统而言，"革命"指应时而起，推翻暴虐政权而建立仁政，并非任何武力"打天下"、更换政权，都一概名为"革命"。

5 刘小枫：《儒家革命精神源流考》，页 35。刘先生注明，其论"参江晓原，《天学真原》，沈阳：辽宁教育版 1991，页 20—30；陈来，《古代宗教与伦理：儒家思想的根源》，北京：三联版 1996，页 161—243，尤其页 196 以下"。

6　如牟先生说："至乎夏禹传子，则已进于历史事实矣。……夏禹以氏族部落统治，传子继体，至桀而止。商汤伐桀，以氏族部落统治，传子继体，至纣而止。武王伐纣，以氏族部落统治，传子继体……"（《政道与治道》，页 3—4）

7　刘小枫：《儒家革命精神源流考》，页 97、103。

8　同前揭书，页 75。

9　同前揭书，页 103—104。

10　袁保新：《孟子三辨之学的历史省察与现代诠释》，台北：文津出版社，1992，页 168—169。

11　同前揭书，页 116。

378

第二节
孟子的"治道说"

一、王道之始——"养生丧死无憾"

孟子的"政道说"依循王道而奠基于"仁",其"治道说"亦依于"仁",要旨在施仁政、行王道。孟子说:"养生丧死无憾,王道之始也。"依孟子言治道,首出义在组织社会生产,保护人的生存权。孟子对梁惠王说:

> 不违农时,谷不可胜食也;数罟不入洿池,鱼鳖不可胜食也;斧斤以时入山林,材木不可胜用也。谷与鱼鳖不可胜食,材木不可胜用,是使民养生丧死无憾也。养生丧死无憾,王道之始也。
>
> 五亩之宅,树之以桑,五十者可以衣帛矣;鸡豚狗彘之畜,无失其时,七十者可以食肉矣;百亩之田,勿夺其时,数口之家可以无饥矣;谨庠序之教,申之以孝悌之义,颁白者不负戴于道路矣。七十者衣帛食肉,黎民不饥不寒,然而不王者,未之有也。

狗彘食人食而不知检，涂有饿莩而不知发，人死，则曰："非我也，岁也。"是何异于刺人而杀之，曰："非我也，兵也。"王无罪岁，斯天下之民至焉。

——《孟子·梁惠王章句上》

王者有职责教民众"不违农时"，善用自然资源。一般年成，保民众温饱："数口之家可以无饥""黎民不饥不寒"。凶年不能置"涂有饿莩"而不顾，而反以年成不好来推卸责任。保障人的生存，然后办地方学校，谆谆教导民众以"孝悌之义"。如此，即可说"然而不王者，未之有也"。

孟子答"滕文公问为国"，说："民事不可缓也。"（《孟子·滕文公章句上》）关乎民众的事是最急切的。又，答齐宣王问"德何如则可以王矣"，说："保民而王，莫之能御也。"（《孟子·梁惠王章句上》）其言"保民而王"，乃上承先王之道。

二、施仁政，维护各阶层之生计，使民众生活富裕

孟子见齐宣王不忍牛"若无罪而就死地"，指点他本有之不忍之心，并进言劝其"发政施仁"，说：

今王发政施仁，使天下仕者皆欲立于王之朝，耕者皆欲耕于王之野，商贾皆欲藏于王之市，行旅皆欲出于王之涂，天下之欲疾其君者皆欲赴诉于王。

——《孟子·梁惠王章句上》

孟子主张施仁政，泽及仕、耕、商、旅各阶层的生计。其言治道强调"省刑罚，薄税敛"，"使有菽粟如水火"，以使民众生活富裕。他说：

> 易其田畴，薄其税敛，民可使富也。食之以时，用之以礼，财不可胜用也。民非水火不生活，昏暮叩人之门户，求水火，无弗与者，至足矣。圣人治天下，使有菽粟如水火。菽粟如水火，而民焉有不仁者乎？
>
> ——《孟子·尽心章句上》

又，孟子答梁惠王问"如之何则可"，说：

> 地方百里而可以王。王如施仁政于民，省刑罚，薄税敛，深耕易耨，壮者以暇日修其孝悌忠信，入以事其父兄，出以事其长上，可使制梃以挞秦楚之坚甲利兵矣。
>
> 彼夺其民时，使不得耕耨以养其父母，父母冻饿，兄弟妻子离散。彼陷溺其民，王往而征之，夫谁与王敌？故曰："仁者无敌。"王请勿疑！
>
> ——《孟子·梁惠王章句上》

又，齐宣王问孟子："人皆谓我毁明堂，毁诸？已乎？"孟子对曰："夫明堂者，王者之堂也。王欲行王政，则勿毁之矣。"齐宣王问："王政可得闻与？"孟子以昔日"文王发政施仁"进言，说：

> 昔者文王之治岐也，耕者九一，仕者世禄，关市讥而不征，

泽梁无禁，罪人不孥。老而无妻曰鳏，老而无夫曰寡，老而无子曰独，幼而无父曰孤。此四者，天下之穷民而无告者。文王发政施仁，必先斯四者。

——《孟子·梁惠王章句下》

孟子提出施仁政，以"省刑罚，薄税敛，深耕易耨"为急务。更标举文王治岐"发政施仁"：明税率、定俸禄，关口和市场只稽查而不征税，不禁止人到湖泊捕鱼，刑罚不牵连犯事者的妻室儿女，尤其强调以照顾鳏、寡、独、孤等穷苦无告者为先。孟子以伯夷、姜太公之语赞文王为"善养老者"，说：

伯夷辟纣，居北海之滨，闻文王作，兴曰："盍归乎来！吾闻西伯善养老者。"太公辟纣，居东海之滨，闻文王作，兴曰："盍归乎来！吾闻西伯善养老者。"二老者，天下之大老也，而归之，是天下之父归之也。天下之父归之，其子焉往？诸侯有行文王之政者，七年之内，必为政于天下矣。

——《孟子·离娄章句上》

孟子言"推恩"，推扩其心之恩加诸他人，此即"仁者以其所爱及其所不爱"（《孟子·尽心章句下》）。仁者把他对待自己所爱之人的方式，推至他所不爱的人。此乃仁政所以行之根本，亦即"以不忍人之心，行不忍人之政，治天下可运之掌上"。

孟子主张施仁政，尤其重视税收制度，因为税收关联于民众的生存。他引用龙子的话："治地莫善于助，莫不善于贡。"（《孟子·滕文公章句上》）贡法不分丰年与灾年，一律征收规定的田税，灾年的收成不够第二年肥田的支出，还得借高利贷来交税，致使老人孩童饿死，尸体被弃于山沟中。孟子斥责这种行为"是上慢而残下"。《孟子·梁惠王章句下》记载：

　　邹与鲁哄。穆公问曰："吾有司死者三十三人，而民莫之死也。诛之，则不可胜诛；不诛，则疾视其长上之死而不救，如之何则可也？"

　　孟子对曰："凶年饥岁，君之民老弱转乎沟壑，壮者散而之四方者，几千人矣；而君之仓廪实，府库充，有司莫以告，是上慢而残下也。曾子曰：'戒之戒之！出乎尔者，反乎尔者也。'夫民今而后得反之也。君无尤焉！君行仁政，斯民亲其上，死其长矣。"

邹穆公告知孟子，邹与鲁国交战，民众视长上被杀而不救。孟子严辞指责穆公凶年而置民生死而不顾，并警诫之："夫民今而后得反之也。君无尤焉！"

孟子极力倡行"什一"税，"去关市之征"。《孟子·滕文公章句下》记载：

　　戴盈之曰："什一，去关市之征，今兹未能。请轻之，以待来年，然后已，何如？"

　　孟子曰："今有人日攘其邻之鸡者，或告之曰：'是非君子之道。'曰：'请损之，月攘一鸡，以待来年，然后已。'如知其非义，斯速已矣，何待来年？"

《孟子·尽心章句下》记载：

孟子曰："有布缕之征，粟米之征，力役之征。君子用其一，缓其二。用其二而民有殍，用其三而父子离。"

又，"滕文公问为国"，孟子回答得很详细，从主张"有恒产""取于民有制"，到提出合理的税收制度，正"经界"，钧"井地"，平"谷禄"，"分田制禄"，至"设为庠序学校以教之"。孟子说：

夏后氏五十而贡，殷人七十而助，周人百亩而彻，其实皆什一也。彻者，彻也；助者，藉也。……夫世禄，滕固行之矣。《诗》云："雨我公田，遂及我私。"惟助为有公田。由此观之，虽周亦助也。

设为庠序学校以教之：庠者，养也；校者，教也；序者，射也。……《诗》云："周虽旧邦，其命惟新。"文王之谓也。子力行之，亦以新子之国。

夫仁政，必自经界始。经界不正，井地不钧，谷禄不平，是故暴君污吏必慢其经界。经界既正，分田制禄可坐而定也。

夫滕壤地褊小，将为君子焉，将为野人焉。无君子莫治野人，无野人莫养君子。请野九一而助，国中什一使自赋。卿以下必有圭田，圭田五十亩，余夫二十五亩。死徙无出乡，乡田同井，出入相友，守望相助，疾病相扶持，则百姓亲睦。方里而井，井九百亩，其中为公田。八家皆私百亩，同养公田。公事毕，然后敢治私事，所以别野人也。此其大略也。

——《孟子·滕文公章句上》

孟子以"王政"言治道，治道之要在"发政施仁"。"王政"以先王之政为典范。"王"即"天子"，"王政"即为天下人管治天下之政。孟子说"君行仁政，斯民亲其上，死其长矣"，"尧舜之道，不以仁政，不能平治天下"（《孟子·离娄章句上》）。又说："不仁而得国者，有之矣；不仁而得天下，未之有也。"（《孟子·尽心章句下》）孟子所处战国时代，群雄争霸。依霸道，"国"以武力取得，政权为个人、集团所主宰，此即孟子说"以力假仁者霸，霸必有大国"（《孟子·公孙丑章句上》）、"五霸，假之也"（《孟子·尽心章句上》）。孟子固知诸侯无不恃力而假借仁来达至称霸的目的，他仍奔走于各国之间，极力倡导仁政，此见其坚守先王之道的信念；孟子岂不知五霸之假，然仍期待"久假而不归，恶知其非有也"（同前）。其施仁政、行王道之心之切溢于言表矣。

诚然，孟子终究未能竟王道之大业，但我们没有理由指责孟子"迂远而阔于事情"。如我们所论，孟子不失为杰出的政治家，从其处于乱世仍不失去最高的政治理念可见之，且于其游说各诸侯行仁政之躬身力行，亦可见其谋划治道、制定方略之才能。孟子的政道与治道本来就不是为诸侯争霸而立，不是为国之大、实力之强而论。他很明确，其政治哲学为天下而立，是为天子、天吏立论。现实上霸道行于世，用孟子的话说，"莫之为而为者，天也"。"夫天，未欲平治天下也；如欲平治天下，当今之世，舍我其谁也？"

我们必须指出，"仁政王道"之正义性与合法性根于人的共同理性，故其行于世与否，并不影响其可行性。事实上，在人类历史进程中，理性的力量时常显得很微弱，善的力量遭受各种势力之攻击。此如孟子曰："仁之胜不仁也，犹水胜火。今之为仁者，犹以一杯水，救一车薪之火也，不熄，则谓之水不胜火。此又与于不仁之甚者也，亦终必亡而已矣。"(《孟子·告子章句上》)用康德的话说:"理性需要有一系列也许是无法估计的世代,每一个世代都得把自己的启蒙留传给后一个世代,才能使它在我们人类身上的胚芽,最后发挥到充分与它的目标相称的那种发展阶段。"(KGS 8:19)如康德所预期,"人类的道德禀赋尽管总是踟蹰在后面,却总有一天会赶过那些在其急速的进程中自己绊倒自己的东西"(KGS 8:332)。只要我们信任人类自身的理性,采用一种预告人类史之目光,则不会因历史之曲折而怀疑"仁政王道"之可行性和真实性。

三、保障财产权

孟子提出,应使民"有恒产","取于民有制"。他说:

> 无恒产而有恒心者,惟士为能。若民,则无恒产,因无恒心。苟无恒心,放辟邪侈,无不为已。及陷于罪,然后从而刑之,是罔民也。焉有仁人在位,罔民而可为也?是故明君制民之产,必使仰足以事父母,俯足以畜妻子,乐岁终身饱,凶年免于死亡;然后驱而之善,故民之从之也轻。今也制民之产,仰不足以事父母,俯不足以畜妻子,乐岁终身苦,凶年不免于死亡。此惟救死而恐不赡,奚暇治礼义哉?
>
> ——《孟子·梁惠王章句上》

又说:

民之为道也，有恒产者有恒心，无恒产者无恒心。苟无恒心，放辟邪侈，无不为已。及陷乎罪，然后从而刑之，是罔民也。焉有仁人在位，罔民而可为也？是故贤君必恭俭礼下，取于民有制。

——《孟子·滕文公章句上》

孟子提出，明君为民众订立产业制度，必定要使其足以"事父母""畜妻子"，丰年得温饱，遇灾荒的年成也不致饿死。他从"民之为道"的高度立论，此见其言治道以保障人的财产权和生存权为重。比观西方，两千多年前仍是神权的君主专制，至近代工业革命始将保障人的权利提至宪法的高度。

孟子提出"有恒产者有恒心"乃"民之为道"，并直指当时为君者"制民之产"，不足以养父母妻儿，丰年终年劳苦，灾年不能免于饿死。为君者不能订立产业制度保障民"有恒产"，致使民"无恒心"。若人无恒心，胡作非为，及至犯罪，然后处以刑罚，无异于陷害民众。孟子此言即"万方有罪，罪在朕躬"（《论语·尧曰第二十》）之义。

依孟子所立治道，为君者的要务在保障民众的财产权和生存权，然后"治礼义"，"驱而之善"。近世流行反传统，连带着要打倒孔孟，有学者以为，儒家主张德治是维护君主专制。我们不知道他们所谓"儒家"指的是什么，但将这种责备加于孔孟，显然是污蔑失实的。如我们已申论，孟子提出"民为贵""君为轻"，其意义并非止于"民本论"，而是从政治地位上确立"民"作为政权主人，而"君"从属于"民"，"君"的设立根本上是为保障民众的权利，以及承担教化的职责。君主绝没有国家及其财产之主权，侵夺民众财产属非法。此可见，依孟子的政治哲学，政权的主宰在"民"而不在"君"。

四、倡导自由经济活动，反对原始野蛮及平均主义

孟子说：

> 尊贤使能，俊杰在位，则天下之士皆悦而愿立于其朝矣。市廛而不征，法而不廛，则天下之商皆悦而愿藏于其市矣。关讥而不征，则天下之旅皆悦而愿出于其路矣。耕者助而不税，则天下之农皆悦而愿耕于其野矣。廛无夫里之布，则天下之民皆悦而愿为之氓矣。信能行此五者，则邻国之民仰之若父母矣。率其子弟，攻其父母，自生民以来，未有能济者也。如此，则无敌于天下。无敌于天下者，天吏也。然而不王者，未之有也。
>
> ——《孟子·公孙丑章句上》

孟子用"天吏"一词将其治道学说中所言"吏"从根本上与一般所谓官、吏区别开。"天吏"乃为天下人管理天下者，故"民仰之若父母矣"。何以"仰之若父母"？以其"不忍人之心"推行仁政，"由仁义行"故也。

孟子之"治道说"以施仁政为根本，而施仁政以"膏泽下于民"（《孟子·离娄章句下》）为要旨。仕、商、旅、耕者，各适其适、各悦其职分。此可见孟子之治道倡导自由经济活动。孟子早在他那个年代就主张商品交易、市场经济，此从他批驳许行的平均主义理论即可见出。许行主张神农氏学说，提倡"贤者与民并耕而食，饔飧而治"。《孟子·滕文公章句上》详细记载了孟子对他的辩难：

> 孟子曰："许子必种粟而后食乎？"

曰："然。"

"许子必织布而后衣乎？"

曰："否。许子衣褐。"

"许子冠乎？"

曰："冠。"

曰："奚冠？"

曰："冠素。"

曰："自织之与？"

曰："否。以粟易之。"

曰："许子奚为不自织？"

曰："害于耕。"

曰："许子以釜甑爨，以铁耕乎？"

曰："然。"

"自为之与？"

曰："否。以粟易之。"

"以粟易械器者，不为厉陶冶；陶冶亦以其械器易粟者，岂为厉农夫哉？且许子何不为陶冶，舍皆取诸其宫中而用之？何为纷纷然与百工交易？何许子之不惮烦？"

曰："百工之事，固不可耕且为也。"

"然则治天下独可耕且为与？有大人之事，有小人之事。且一人之身，而百工之所为备。如必自为而后用之，是率天下而路也。故曰，或劳心，或劳力，劳心者治人，劳力者治于人，治于人者食人，治人者食于人，天下之通义也。"

孟子据理驳斥许行的平均主义理论，以申"百工交易"之自由经

389

济的道路，并为劳动分工提出根据："劳心者治人，劳力者治于人，治于人者食人，治人者食于人"。"劳心者"与"劳力者"分工之需要，正如"百工交易"之需要，孟子所言"有大人之事，有小人之事"，是作为分工而必要的划分。"大人"指管理众人之事的官；"小人"指受管理的民众。"劳心者"之职责是管理人，是由人提供给养的；"劳力者"是被托付给别人管理的，是为管理者提供给养的。他指出，这种"劳心者"与"劳力者"的关系乃是"天下之通义"。有学者以阶级及阶级斗争的意识形态解读孟子，将其所言"治"解释为"阶级统治"，"食于人"解释为"剥削"，如此一来，他们就把孟子丑化成统治和剥削人民的封建阶级的代表，真是厚诬古人！

我们已一再论明，孟子认为官（"劳心者""大人"）是"天吏"，为天下人办事，维护天下人的生存权利，保障天下人的生活安定，服务于天下人。依这种意义，其给养由"劳力者"提供。这种关系如同"百工交易"，故孟子指明，此乃"天下之通义"。孟子还举后稷、尧、舜、禹为例做说明：

当尧之时，天下犹未平，洪水横流，泛滥于天下。草木畅茂，禽兽繁殖，五谷不登，禽兽逼人。兽蹄鸟迹之道，交于中国。尧独忧之，举舜而敷治焉。舜使益掌火，益烈山泽而焚之，禽兽逃匿。禹疏九河，瀹济漯，而注诸海；决汝汉，排淮泗，而注之江，然后中国可得而食也。当是时也，禹八年于外，三过其门而不入，虽欲耕，得乎？

后稷教民稼穑。树艺五谷，五谷熟而民人育。人之有道也，饱食、暖衣、逸居而无教，则近于禽兽。圣人有忧之，使契为司徒，教以人伦：父子有亲，君臣有义，夫妇有别，长幼有序，朋友有信。

放勋曰："劳之来之，匡之直之，辅之翼之，使自得之，又从而振德之。"圣人之忧民如此，而暇耕乎？

尧以不得舜为己忧，舜以不得禹、皋陶为己忧。夫以百亩之不易为己忧者，农夫也。分人以财谓之惠，教人以善谓之忠，为天下得人者谓之仁。是故以天下与人易，为天下得人难。孔子曰："大哉尧之为君！惟天为大，惟尧则之，荡荡乎民无能名焉！君哉舜也！巍巍乎有天下而不与焉！"尧舜之治天下，岂无所用其心哉？亦不用于耕耳。

——《孟子·滕文公章句上》

孟子之义，同孔子答樊迟请学稼。《论语·子路第十三》记载：

樊迟请学稼。子曰："吾不如老农。"请学为圃。曰："吾不如老圃。"樊迟出。子曰："小人哉，樊须也！上好礼，则民莫敢不敬；上好义，则民莫敢不服；上好信，则民莫敢不用情。夫如是，则四方之民襁负其子而至矣，焉用稼？"

读圣贤书，须切记孟子告诫"不以文害辞，不以辞害志"（《孟子·万章章句上》）。孟子批驳许行之说，皆申劳动分工、各尽其职、"百工交易"之旨，力辟排斥劳动分工的粗陋见解。《孟子·滕文公章句上》记载了孟子与陈相（许行的追随者）的答辩，孟子严厉批评许行于市场物价上主张平均主义。陈相说："从许子之道，则市贾不贰，国中无伪。虽使五尺之童适市，莫之或欺。布帛长短同，则贾相若；麻缕丝絮轻重同，则贾相若；五谷多寡同，则贾相若；屦大小同，则贾相若。"孟子答："夫物之不齐，物之情也；或相倍蓰，或相什百，或相千万。子比而同之，是乱天下也。巨屦小屦同贾，人岂为之哉？从许子之道，相率而为伪者也，恶能治国家？"

依以上所论可见，孟子之治道学说，其要在施仁政。而施仁政，仁贤、礼义、政事，三者不可缺一。孟子说："不信仁贤，则国空虚；无礼义，则上下乱；无政事，则财用不足。"（《孟子·尽心章句下》）他承继孔子，遵先王之道，倡导为天下人之政治，四方游说，斥许行之道，"距杨墨"。此谓"知言"，孟子说："诐辞知其所蔽，淫辞知其所陷，邪辞知其所离，遁辞知其所穷。生于其心，害于其政；发于其政，害于其事。"（《孟子·公孙丑章句上》）有人以为孟子好辩，孟子答曰："予岂好辩哉？予不得已也。天下之生久矣，一治一乱。"（《孟子·滕文公章句下》）

五、责任与问责，以及谏君

孟子一再强调君主的责任，并明确提出对君主及官员的问责。《孟子·梁惠王章句下》记载：

孟子谓齐宣王曰："王之臣有托其妻子于其友，而之楚游者。比其反也，则冻馁其妻子，则如之何？"

王曰："弃之。"

曰："士师不能治士，则如之何？"

王曰："已之。"

曰："四境之内不治，则如之何？"

王顾左右而言他。

又，《孟子·公孙丑章句下》记载：

> 孟子之平陆，谓其大夫曰："子之持戟之士，一日而三失伍，
> 则去之否乎？"
> 曰："不待三。"
> "然则子之失伍也亦多矣。凶年饥岁，子之民，老羸转于沟壑，
> 壮者散而之四方者，几千人矣。"
> 曰："此非距心之所得为也。"
> 曰："今有受人之牛羊而为之牧之者，则必为之求牧与刍矣。
> 求牧与刍而不得，则反诸其人乎？抑亦立而视其死与？"
> 曰："此则距心之罪也。"
> 他日，见于王曰："王之为都者，臣知五人焉。知其罪者，
> 惟孔距心。"为王诵之。
> 王曰："此则寡人之罪也。"

将妻室儿女托朋友照顾，朋友疏于照料，让他们受冻挨饿，则与
之绝交。司法官不能管治其下属，则撤去其职务。孟子以此两例作
譬喻，责问齐宣王："四境之内不治，则如之何？"显然，孟子主张，
君王必须为国之不治负上政治责任。又，孟子问平陆的长官孔距心，
如果他的士兵一日三次不在班，他是否开除这位士兵。以此为喻，向
其问责：他管治的地方，灾荒年头，年老体弱者被弃尸于山沟中，壮
者四出逃荒。孔距心自辩，灾荒非其所为。孟子晓之以理：如一个人
接受了替人放牧牛羊的任务，就一定要负责寻找牧地和草料，不能推
诿责任，眼睁睁看着牛羊死去。孟子令孔距心知罪，并将此事告知齐
宣王，让其亦自知反省："此则寡人之罪也。"

孟子主张为臣者有向其君进言的职责，他说："有官守者，不得其职则去；有言责者，不得其言则去。"（《孟子·公孙丑章句下》）《公孙丑章句下》又记载：

孟子谓蚳鼃曰："子之辞灵丘而请士师，似也，为其可以言也。今既数月矣，未可以言与？"

蚳鼃谏于王而不用，致为臣而去。

孟子明确提出"谏君"，说："惟大人为能格君心之非。"（《孟子·离娄章句上》）又，《孟子·万章章句下》记载：

齐宣王问卿。孟子曰："王何卿之问也？"
王曰："卿不同乎？"
曰："不同。有贵戚之卿，有异姓之卿。"
王曰："请问贵戚之卿。"
曰："君有大过则谏，反覆之而不听，则易位。"
王勃然变乎色。
曰："王勿异也。王问臣，臣不敢不以正对。"
王色定，然后请问异姓之卿。
曰："君有过则谏，反覆之而不听，则去。"

孟子对齐宣王直言，君王有大过，贵戚的公卿谏之，若反复进谏而不听从，就废弃他而改立他人。此令齐宣王为之色变，由之可见孟子主张"弹劾"。另，君王有大过，异姓的公卿有职责谏之，若反复进谏而不听从，则自己辞职。

孟子本人就是"格君心之非"的最佳榜样。邹与鲁冲突。邹穆公问孟子："吾有司死者三十三人，而民莫之死也。诛之，则不可胜诛；不诛，则疾视其长上之死而不救，如之何则可也？"孟子直指穆公之非，告诫其反省自身所为，说："君无尤焉！"

可以说，孟子向君王进言，没有不是"谏君"的。孟子向齐宣王进言，提醒他不能专言独行，要善用人才治理国家，说：

> 为巨室，则必使工师求大木。工师得大木，则王喜，以为能胜其任也。匠人斫而小之，则王怒，以为不胜其任矣。夫人幼而学之，壮而欲行之。王曰"姑舍女所学而从我"，则何如？今有璞玉于此，虽万镒，必使玉人雕琢之。至于治国家，则曰"姑舍女所学而从我"，则何以异于教玉人雕琢玉哉？
>
> ——《孟子·梁惠王章句下》

又：

> 王曰："吾何以识其不才而舍之？"
>
> 曰："国君进贤，如不得已，将使卑逾尊，疏逾戚，可不慎与？左右皆曰贤，未可也；诸大夫皆曰贤，未可也；国人皆曰贤，然后察之；见贤焉，然后用之。左右皆曰不可，勿听；诸大夫皆曰不可，勿听；国人皆曰不可，然后察之；见不可焉，然后去之。左右皆曰可杀，勿听；诸大夫皆曰可杀，勿听；国人皆曰可杀，然后察之；见可杀焉，然后杀之。故曰，国人杀之也。如此，然后可以为民父母。"
>
> ——《孟子·梁惠王章句下》

依上引文可见孟子主张选贤罢不贤，以及做生死之裁决，均必须征得"国人"同意（即今之公众舆论），然后加以审察。

依孟子之主张，君臣是相互对待、各具独立份位的人格。故孟子一再指出，臣对君有"言责"，在《离娄章句下》中又说："无罪而杀士，则大夫可以去；无罪而戮民，则士可以徙。"此章记载孟子告齐宣王，曰：

> 君之视臣如手足，则臣视君如腹心；君之视臣如犬马，则臣视君如国人；君之视臣如土芥，则臣视君如寇仇。

齐宣王问："礼，为旧君有服，何如斯可为服矣？"孟子答：

> 谏行言听，膏泽下于民；有故而去，则君使人导之出疆，又先于其所往；去三年不反，然后收其田里。此之谓三有礼焉。如此，则为之服矣。今也为臣，谏则不行，言则不听，膏泽不下于民；有故而去，则君搏执之，又极之于其所往；去之日，遂收其田里。此之谓寇仇。寇仇，何服之有？

若君做不到"谏行言听，膏泽下于民"，臣不得不离开，则君捆绑他，他去到哪里都想方设法陷其于困穷，他一离开就收回其田地房屋。孟子说："此之谓寇仇。寇仇，何服之有？"

又，孟子提出君要"尊德乐道"，"尊德"故"必有所不召之臣"。《孟子·公孙丑章句下》记载，孟子谢绝齐王的召见，景丑指责孟子无礼，孟子答：

曾子曰："晋楚之富，不可及也。彼以其富，我以吾仁；彼以其爵，我以吾义，吾何慊乎哉？"夫岂不义而曾子言之？是或一道也。天下有达尊三：爵一，齿一，德一。朝廷莫如爵，乡党莫如齿，辅世长民莫如德。恶得有其一，以慢其二哉？故将大有为之君，必有所不召之臣。欲有谋焉，则就之。其尊德乐道，不如是不足与有为也。故汤之于伊尹，学焉而后臣之，故不劳而王；桓公之于管仲，学焉而后臣之，故不劳而霸。今天下地丑德齐，莫能相尚。无他，好臣其所教，而不好臣其所受教。汤之于伊尹，桓公之于管仲，则不敢召。管仲且犹不可召，而况不为管仲者乎？

孟子以其仁义之德而自谓"不可召"之臣，并提出"学焉而后臣之"，堪称臣之独立人格的最佳楷模。他说："事君无义，进退无礼，言则非先王之道者，犹沓沓也。故曰，责难于君谓之恭，陈善闭邪谓之敬，吾君不能谓之贼。"（《孟子·离娄章句上》）"君子之事君也，务引其君以当道，志于仁而已。"（《孟子·告子章句下》）孟子将侍奉君主的人视为取悦君主者，而与"安社稷臣者"区别开。他说："有事君人者，事是君则为容悦者也；有安社稷臣者，以安社稷为悦者也；有天民者，达可行于天下而后行之者也；有大人者，正己而物正者也。"（《孟子·尽心章句上》）又说：

今之事君者曰："我能为君辟土地，充府库。"今之所谓良臣，古之所谓民贼也。君不乡道，不志于仁，而求富之，是富桀也。"我能为君约与国，战必克。"今之所谓良臣，古之所谓民贼也。君不乡道，不志于仁，而求为之强战，是辅桀也。由今之道，无变今之俗，虽与之天下，不能一朝居也。

——《孟子·告子章句下》

诸侯争霸，事君者只取悦霸主，"为君辟土地，充府库"，"约与国，战必克"，孟子斥之为"民贼"，可谓义正词严。背道去仁义而求富国，"是富桀"；为诸侯争霸而强战，"是辅桀"。故孟子说：

> 五霸者，搂诸侯以伐诸侯者也，故曰，五霸者，三王之罪人也。五霸，桓公为盛。葵丘之会诸侯，束牲、载书而不歃血。初命曰，诛不孝，无易树子，无以妾为妻。再命曰，尊贤育才，以彰有德。三命曰，敬老慈幼，无忘宾旅。四命曰，士无世官，官事无摄，取士必得，无专杀大夫。五命曰，无曲防，无遏籴，无有封而不告。曰，凡我同盟之人，既盟之后，言归于好。今之诸侯，皆犯此五禁，故曰，今之诸侯，五霸之罪人也。长君之恶其罪小，逢君之恶其罪大。今之大夫皆逢君之恶，故曰，今之大夫，今之诸侯之罪人也。
>
> ——《孟子·告子章句下》

诸侯争霸，相互攻伐，故孟子指责："五霸者，三王之罪人也。""以力假仁者霸"，尚且"假仁"，孟子说："五霸，桓公为盛。"但孟子之时，诸侯并不遵守桓公的五条盟约，皆违反"五禁"，故孟子指责："今之诸侯，五霸之罪人也。"而大夫皆逢迎其君主之恶，为其辩护，故孟子直斥："今之大夫，今之诸侯之罪人也。"由以上所论可见，孟子之政道与治道拒斥霸道，而立于王道。霸道者，"君臣、父子、兄弟终去仁义，怀利以相接"，霸道政治依于利，乃为君主个人或权力集团之利益的政治。当今西方主导的现代文明以"放于利而行"为人生、社会之根本原则，其政治哲学之根据就是霸道。王道者，"君臣、父子、兄弟去利，怀仁义以相接也"，"王"（天子），天下人之王也，非一国之霸主也。故孟子说，天子到诸侯国巡行，其巡狩之责在视察春耕秋收，"土地辟，田野治，养老尊贤，俊杰在位"（《孟子·告子章句下》），则对诸侯有所奖赏；若"土地荒芜，遗老失贤，掊克在位"（同前），则加以处罚，三次不朝，则讨之。孟子之政治哲学依于仁义，乃为天下人福祉之政治也。

六、行王政，与民同乐

孟子说："尧舜，性之也；汤武，身之也；五霸，假之也。久假而不归，恶知其非有也。"（《孟子·尽心章句上》）孟子岂不知战国之时，一众诸侯皆行霸道？不知孟子者，以为其"迂远而阔于事情"也；知孟子者，叹其用心之良苦也。虽则，事实证明，"久假而不归"只是孟子本人之良好愿望而已，然孟子坚守其政治理念，不为时势之背向而转移，正显示出其政治哲学以"仁政王道"为最高根据，根本上区别于形形色色以特定历史条件为依归的政治理论。

孟子周游列国，就是要向当时的诸侯霸主进言，促其行王政而放弃霸道。如孟子游事齐宣王，促其"发政施仁"。又，《滕文公章句下》记载宋王偃要行仁政，害怕"齐楚恶而伐之"，孟子说："《太誓》曰：'我武惟扬，侵于之疆，则取于残，杀伐用张，于汤有光。'不行王政云尔，苟行王政，四海之内皆举首而望之，欲以为君。齐楚虽大，何畏焉？"《梁惠王章句上》记载孟子向梁惠王进言："故曰：'仁者无敌。'王请勿疑！"《梁惠王章句下》记载孟子对邹穆公说："君行仁政，斯民亲其上，死其长矣。"《滕文公章句上》记载滕文公"使毕战问井地"，孟子告诉毕战，说："子之君将行仁政，选择而使子，子必勉之！"

399

尤其值得一提，孟子进说"行王政"时一再言及"与民同乐"。《孟子·梁惠王章句上》记载：

> 孟子见梁惠王，王立于沼上，顾鸿雁麋鹿，曰："贤者亦乐此乎？"
> 孟子对曰："贤者而后乐此，不贤者虽有此，不乐也。《诗》云：'经始灵台，经之营之，庶民攻之，不日成之。经始勿亟，庶民子来。王在灵囿，麀鹿攸伏，麀鹿濯濯，白鸟鹤鹤。王在灵沼，於牣鱼跃。'文王以民力为台为沼。而民欢乐之，谓其台曰灵台，谓其沼曰灵沼，乐其有麋鹿鱼鳖。古之人与民偕乐，故能乐也。《汤誓》曰：'时日害丧？予及女偕亡。'民欲与之偕亡，虽有台池鸟兽，岂能独乐哉？"

又，《孟子·梁惠王章句下》记载孟子与齐宣王言"与百姓同乐"：

> 庄暴见孟子，曰："暴见于王，王语暴以好乐，暴未有以对也。"曰："好乐何如？"孟子曰："王之好乐甚，则齐国其庶几乎！"
> 他日，见于王曰："王尝语庄子以好乐，有诸？"王变乎色，曰："寡人非能好先王之乐也，直好世俗之乐耳。"
> 曰："王之好乐甚，则齐其庶几乎！今之乐由古之乐也。"
> 曰："可得闻与？"
> 曰："独乐乐，与人乐乐，孰乐？"
> 曰："不若与人。"
> 曰："与少乐乐，与众乐乐，孰乐？"
> 曰："不若与众。"

"臣请为王言乐。今王鼓乐于此，百姓闻王钟鼓之声，管籥之音，举疾首蹙頞而相告曰：'吾王之好鼓乐，夫何使我至于此极也？父子不相见，兄弟妻子离散。'今王田猎于此，百姓闻王车马之音，见羽旄之美，举疾首蹙頞而相告曰：'吾王之好田猎，夫何使我至于此极也？父子不相见，兄弟妻子离散。'此无他，不与民同乐也。

"今王鼓乐于此，百姓闻王钟鼓之声，管籥之音，举欣欣然有喜色而相告曰：'吾王庶几无疾病与？何以能鼓乐也？'今王田猎于此，百姓闻王车马之音，见羽旄之美，举欣欣然有喜色而相告曰：'吾王庶几无疾病与？何以能田猎也？'此无他，与民同乐也。今王与百姓同乐，则王矣。"

又，《孟子·梁惠王章句下》记载：

齐宣王见孟子于雪宫。王曰："贤者亦有此乐乎？"

孟子对曰："有。人不得，则非其上矣。不得而非其上者，非也；为民上而不与民同乐者，亦非也。乐民之乐者，民亦乐其乐；忧民之忧者，民亦忧其忧。乐以天下，忧以天下，然而不王者，未之有也。"

又，《孟子·梁惠王章句下》记载孟子答齐宣王言"寡人好货""寡人好色"：

王曰："寡人有疾，寡人好货。"

对曰："昔者公刘好货。《诗》云：'乃积乃仓，乃裹粮粮，于橐于囊。思戢用光。弓矢斯张，干戈戚扬，爰方启行。'故居者有积仓，行者有裹囊也，然后可以爰方启行。王如好货，与百姓同之，于王何有？"

王曰："寡人有疾，寡人好色。"

对曰："昔者太王好色，爱厥妃。《诗》云：'古公亶父，来朝走马，率西水浒，至于岐下。爰及姜女，聿来胥宇。'当是时也，内无怨女，外无旷夫。王如好色，与百姓同之，于王何有？"

我们可以指出，"与民同乐"乃是孟子言治道的一项重要主张。学者一般论孟子多因着其以道德哲学为首出、为根柢，又将"道德"误解为"去人欲"，循西方伦理学视"道德"为自我牺牲、禁欲主义、利他主义，故有意无意地把孟子政治哲学中幸福（"乐"）的元素忽略掉。我们于相关章节已论明，天理（道德法则）之根源就是本心排除一切感性条件而独自立普遍法则，于此，不容掺入材质条件；道德行为就是指依天理而行，即孟子言"由仁义行"，于此，不容混入幸福原则。但是值得注意，我们一方面揭明道德法则之根源、道德行为之根据的纯粹性，同时亦指出道德法则本身要求与德性相配称的幸福。我们不能从道德之纯粹性误推到道德法则要求排除幸福，理由是：道德法则既是普遍必然的法则，它本身就必定包含自由之合目的性与自然之合目的性，及二者的和谐一致之综和。依此，我们可以指出，违背自然因果性、抵触幸福原则的法则，根本不是道德法则。

上引文记载，孟子进说梁惠王、齐宣王"与民偕乐"，所言"乐"可归属于幸福原则之下。贤者立于台、沼上，"顾鸿雁麋鹿"为乐，因"与民偕乐，故能乐也"。不贤者虽有台、沼，仍"不乐"。暴君"虽有台池鸟兽"，"民欲与之偕亡"，更不能"独乐"。齐宣王在雪宫接见孟子，问："贤者亦有此乐乎？"孟子回答"有"，并进言"为民上而不与民同乐者，亦非也"。可见孟子主张：有德者（贤者）也追求幸福，但其追求幸福必定是以普天下人之共同幸福为前提条件，即"乐民之乐"，"乐以天下"。

又，臣子庄暴被齐宣王接见，王告之曰"好乐"，庄暴以此问孟子："好乐何如？"孟子告诉他：如果王很爱好音乐，齐国就很不错了。他日，孟子被齐宣王接见，借此事向王进言："与人乐乐"，"与众乐乐"。这里所言"乐"，与"鼓乐"同指一般世俗的音乐。它们与"田猎"皆属幸福方面的事。孟子说，如果王好鼓乐、田猎，而百姓生活困苦至极，百姓听到王奏乐的钟鼓声、打猎的车马声，看到打猎队伍的仪仗之华美，全都"疾首蹙頞"。反之，如果王能够"与民同乐"，百姓则"欣欣然有喜色"。

又，齐宣王对孟子说："寡人好货"，"寡人好色"。孟子以《诗·大雅·公刘》晓喻于齐宣王：粮食积满仓廪，包裹着干粮，装满橐、囊。众民安乐荣光。……公刘乃周代始祖，后稷的后代，其人好财，因此居家者仓廪有积谷，行军者有装满干粮的行囊。如果王能够与民众一道爱好财富，实行王道又有何困难呢？孟子又引《诗·大雅·绵》，云：古公亶父（即太王），早晨跑马，循西边河岸，到达岐山山脚下。带着他的爱妃太姜，来这里省视住所。这时候，没有找不到丈夫的"怨女"，也没有找不到妻子的"旷夫"。如果王能够与民众一道喜爱女人，实行王道又有何困难呢？

以上引《孟子》一书文本，所言"立于沼上，顾鸿雁麋鹿"之乐，居雪宫之乐，鼓乐、田猎之乐，以及"好货""好色"，均属于幸福方面的事，也皆包含于孟子的治道中。依孟子之政治主张，一切普天下人共同的幸福，都是王道中正当之事。此中所言"乐"指物质条件上之幸福之"乐"，与孟子别处所论君子之"乐"不同。《孟子·尽心章句上》云：

> 孟子曰："君子有三乐，而王天下不与存焉。父母俱存，兄弟无故，一乐也；仰不愧于天，俯不怍于人，二乐也；得天下英才而教育之，三乐也。君子有三乐，而王天下不与存焉。"

> 孟子曰："广土众民，君子欲之，所乐不存焉。中天下而立，定四海之民，君子乐之，所性不存焉。"

头一段引文中所言君子之"三乐"："父母俱存，兄弟无故"乃天伦之乐；"仰不愧于天，俯不怍于人"乃伴随着君子之德而有之愉悦之乐；"得天下英才而教育之"乃智慧生命得以延续而产生之快乐。还有第二段引文所言"中天下而立，定四海之民"乃是完成政治抱负而有的快乐之情。总言之，君子之"乐"乃有德者个人"尊德乐道"而生之悦乐，此即孟子说"伊尹耕于有莘之野，而乐尧舜之道焉"（《孟子·万章章句上》），"乐其道而忘人之势"（《孟子·尽心章句上》），"尊德乐义，则可以嚣嚣矣"（同前），"反身而诚，乐莫大焉"，"仁义忠信，乐善不倦，此天爵也"（《孟子·告子章句上》）。又说："仁之实，事亲是也；义之实，从兄是也；智之实，知斯二者弗去是也；礼之实，节文斯二者是也；乐之实，乐斯二者，乐则生矣；生则恶可已也，恶可已，则不知足之蹈之、手之舞之。"（《孟子·离娄章句上》）

就有德者个人"尊德乐道"而言，这种"乐"是先验之悦乐之情，也就是说，这种"乐"之生起不依赖外在物质条件，因此，区别于从治道上就共同幸福而言之"乐"。从治道上论天下人的共同幸福，如立于台、沼"顾鸿雁麋鹿"之乐，鼓乐、田猎之乐，安居广厦之乐，乃至"好货""好色"之乐，均不能离开物质条件，就此而言，君子、贤者亦不拒斥依于物质条件的共同幸福之乐，有德者依天理而行，不意谓要抛弃幸福。天理不依据幸福原则，但绝不与幸福原则对反，因天理必亦包含着共同幸福故也。

尽管就个人"尊德乐道"而言，并不以幸福原则为条件，不以任何物质条件为前提。此即孟子说："堂高数仞，榱题数尺，我得志弗为也；食前方丈，侍妾数百人，我得志弗为也；般乐饮酒，驱骋田猎，后车千乘，我得志弗为也。"（《孟子·尽心章句下》）又说：

> 古之贤王好善而忘势，古之贤士何独不然？乐其道而忘人之势，故王公不致敬尽礼，则不得亟见之。见且由不得亟，而况得而臣之乎？

> 尊德乐义，则可以嚣嚣矣。故士穷不失义，达不离道。穷不失义，故士得己焉；达不离道，故民不失望焉。古之人，得志，泽加于民；不得志，修身见于世。穷则独善其身，达则兼善天下。
>
> ——《孟子·尽心章句上》

"尊德乐义"无待而自得，此所谓"嚣嚣"也。孟子游事诸侯霸主，力倡"尊德乐道""尊德乐义"，岂是无知于其所处之争霸时代？但孟子引孔子为楷模，坚持向诸侯霸主倡导"仁政王道"。

"孟子道性善，言必称尧舜。"他上承孔子之旨，确立了孔子传统的道德的形上学之宏规，其言"心性"多为学者注意，然吾人实在不应忽略，孟子由本心（仁）而建立的政治哲学，乃统自由（道德）

与自然（幸福）而奠定的一门实践智慧学。

七、"道揆"与"法守"

自"五四运动"以来，一种几可说成为主流的意见，将中国没有出现西方式的民主政治归咎于孔孟创始的"心性之学"，认为其只是主观地彰显了道德主体，对于客观的政治制度的建立全无办法。无疑，中国至今没有走上西方式的民主道路，但粗率地归因于儒家的"心性之学""德治学说"，恐怕有将历史极度简单化之嫌。姑且不论西方从神权主宰和君主专制转进至民主政制有其独特的历史背景和条件，也暂且不讨论西方式的民主政治是否就如一般公认那样是人类社会必定要亦步亦趋之楷模，但我们仍然可指明，孔孟之政治哲学堪称理性文明的社会政治（包括政道与治道）之根基。我们不必以西方民主政制为唯一的标准来审视孔孟之政治哲学是否符合"民主"的规定，倒是反过来，我们有理由要求，必须首先以"民主之理念"为最高依据来检查何种政治制度始配称为真正的民主制度。如我们已一再申论，孔孟之政治哲学为人类理性文明奠基，以其包含人类社会之大宪章（"大道之行也，天下为公，选贤与能，讲信修睦"）而言，它已标举出最高的民主理念。且从孟子所立"治道说"来看，其民主之要素并不见得就比西方式的民主制逊色。

依孔孟之政治哲学，天下人作为政体的主人，政体的合法性和正当性在其依于仁义原则，服务于天下人，此谓"道揆"。社会之治理亦依于仁义原则而循法，此谓"法守"。"道揆"与"法守"通贯一体，"道揆"作为"法守"确立的根据，也就是"法守"之正当性和合理性的前提；"法守"作为"道揆"于现实社会之运用，就是"道揆"之真实性的证明。孟子说：

> 离娄之明，公输子之巧，不以规矩，不能成方员；师旷之聪，不以六律，不能正五音；尧舜之道，不以仁政，不能平治天下。

> 徒善不足以为政，徒法不能以自行。

> 上无道揆也，下无法守也，朝不信道，工不信度，君子犯义，小人犯刑，国之所存者幸也。

> 上无礼，下无学，贼民兴，丧无日矣。
>
> ——《孟子·离娄章句上》

孟子所言"仁政"，并非一般以为只是主观的德治。学界流行一种成见，认为讲德治就是主观的，无法可依，亦无法可寻，任由个人修养来主观定夺。如此一来，人们就将孟子言治道所强调的"法守"义抹掉了。孔子曰："道之以政，齐之以刑，民免而无耻；道之以德，齐之以礼，有耻且格。"（《论语·为政第二》）有学者据此以为孔子主张取消刑政，其实是一种误解。刑政是一种阻止人犯罪的手段，在人类的社会史中行之久远，然而，孔子以其深刻之道德洞识，见及单靠刑政只能以压制手段阻止人犯罪，但不能使人自觉其内在本有之羞耻心，因而也就无法产生由每个人自身本有的道德心而发的正当行为，据此提出"道之以德，齐之以礼"，即揭明正当的道德行为之根源在人本有的羞耻心，此即孟子所言"本心""良贵"。

人类社会秩序之有效维持固然不能离开外在强制，不必怀疑，于每一个民族的社会发展史中，刑政制度之建构都占据着极其重要的位置，以致人们执持一种成见，以为治道就等同刑政。援用康德的话说，这种流行的政治观是建立于他律道德的基础上的。孔子独具慧识，提出扎根于自律道德的政治观，为孟子确立道德的政治哲学宏规奠定基础。孔子说："政者，正也。"又，孔子答齐景公问政，说："君君，臣臣，父父，子子。"孟子言"为人臣者怀仁义以事其君，为人子者怀仁义以事其父，为人弟者怀仁义以事其兄"，乃承继孔子之政治理念。

依孔孟之政治理念，政治的根本在教化。通过教化，启发每一个人自觉依自心之仁而成就自身为仁者，以建立一个和谐的人类伦理社会，向着实现一个保障全人类永久和平与福祉的伦理共同体，及臻至统天地万物而言的道德世界之共同的理性目标而前进。此堪称真正的政治理念、人类政治社会的原型，任何背离此原型而宣称"民主"者，实质上只能称之为历史性的民主制。形形色色的历史性的民主制，若缺乏最高的民主理念作为其根据，必定流于"假民主"：以程序的民主，掩盖其绑架民意以实现利益集团对国家权力之掌控之实。

我们可以指出，孔孟所论"道揆"与"法守"乃真正的民主社会的共同原理。"道揆"意指，一个真正由全体人民做主的社会（即真正称得上"天下为公""天下人之天下"的社会）必定是全体人民自觉自愿遵循"大道"而行的社会。依此，我们可指出：一个民主社会必须以启发大众自身禀具之人心之仁为教化之务，此之谓"道揆"。"法守"就是说，一个民主社会必须依法保障每一个人的自由，同时使之与他人自由共存。此即意谓：一个真正的民主社会，其立法的最高依据必须依于"道"，也就是说，依于共同的理性目标，而不能由特定群体或个人利益决定。

不难看出，一种依据个人或特定群体的利益来制定法的所谓"民主制"，其立法之根据不依于民主理念，其倡导的"公民教育"亦只是培养大众守法意识的手段，并不及于培养人民的整全人格之社会教化。我们可以指出，孟子政治哲学重视人的教化，乃将"法守"视为"道揆"的唯一正当途径。唯赖社会教化使每一个人自觉自身为自由（即依于天理）的实存，人始能够摆脱其特定的社会地位之个人利益的拘限，而真正作为社会、国家之主人。此所以孟子说："善政不如善教之得民也。善政民畏之，善教民爱之；善政得民财，善教得民心。"（《孟子·尽心章句上》）"善政不如善教"即孔子说的"道之以政，齐之以刑，民免而无耻；道之以德，齐之以礼，有耻且格"。孟子答"滕文公问为国"，其中说"学则三代共之，皆所以明人伦也"（《孟子·滕文公章句上》），此乃民众和睦、社会太平之根基也。刑政固然是人类社会无可避免的一种规范人的行为的手段，但真正体现人民做主的社会绝不是一个只以刑政手段整治人的社会。相反，一个真正的民主社会必定要致力于向最低限度地使用刑政手段而趋，即通过社会教化，让每一个人保住自身之尊严而自觉遵天理而行。也就是说，组成真正的民主社会者乃"天民"，并非一般所谓"公民"即足矣。

　　孟子说"有天民者，达可行于天下而后行之者也"，又说"无敌于天下者，天吏也"。一个真正的民主社会之实现，从根本上说，唯赖"善教"以培养"天民""天吏"，亦只有"天民""天吏"始能够组成有着同一个理性目标而共同做主的社会。任何以个人或集团利益为依归的政治制度，尽管也被宣称为"民主制"，却忽视人的教化，只视人为仅关心个人利益者。以如此狭隘的思维模式而求实现民主，不啻登木求鱼矣。

析疑与辩难

问：学界流行一种讲法，认为孟子只是主张"民本论"，仍不及西方民主政制的"民治"之高度。

答：这种讲法值得商榷。如我们已申论，孟子说"民为贵，社稷次之，君为轻。是故得乎丘民而为天子"，绝非仅仅在主张"以民为本"。个中大义在标明"民"为政治之主体，故云"民为贵"；"君"处于服务于"民"的位置，故云"君为轻"。"得民心"乃是政权的合法性和正当性之根本，而"得民心"以"民之归仁"为据。也就是说，"归仁"之"民"为政治实体之基石。政权并非指"君"垄断政治实体的统治和主宰的权力，而是意指其具有"民"所认许的服务于公众、社会的权限。此即孟子言"使之主事而事治，百姓安之，是民受之也"，并引《书》，说："《太誓》曰：'天视自我民视，天听自我民听。'此之谓也。"

有学者提出，孟子毕竟没有言及民治之原则与制度。袁保新教授在其大作《孟子三辨之学的历史省察与现代诠释》中就引用萧公权先生的话，说："孟子贵民，不过由民享以达于民有。民治之原则与制度，皆为其所未闻。"[1] 又引徐复观先生之见解，指出依据《孟子·梁惠王章句下》，"我们就不能说孟子的民主思想中不含有'民治的原则'"，但承认孟子并没有想到"民治制度"。[2]

孟子说："国人皆曰贤，然后察之；见贤焉，然后用之。……国人皆曰不可，然后察之；见不可焉，然后去之。……国人皆曰可杀，然后察之；见可杀焉，然后杀之。故曰，国人杀之也。"此中所论选贤罢不贤，以及做生死之裁决，均为政治权利，孟子明确主张这些政治权利归于"国人"。徐复观据此指出孟子民主思想中有"民治的原则"，确实独具慧眼。至于说孟子没有想到"民治制度",则必须做进一步之说明。简单地说,我们论及孟子的政治哲学,只说其中包含民主之理念与民治的原则便足矣。至于民治制度之建构,那是于历史中的表现,因而受历史条件限制。要求两千多年前的孟子想到西方现代才提出的种种具体的民治制度,显然是不合理的。并且,我们没有理由以民治制度之有无作为民主政治思想之有无的唯一标准,必须指出,只依西方中心主义的观点,以全民参与政治为民治制度之标准,那也是值得商榷的。

我们注意到,依孔孟,政治实体是否民主,关键不在于是否全民参与政治。事实上,如果"君"与"民",人与人"怀利以相接",而非"怀仁义以相接",那么,全民参与政治难免沦为全民争权夺利,根本有违真正的民主政治之宗旨——保障全体人民之福祉与永久和平。明乎此,则可明白,何以孔子说:"天下有道,则政不在大夫;天下有道,则庶人不议。"(《论语·季氏第十六》)

问:有学者将中国实现现代民主制之困难归咎于儒家之德治。

答:不必讳言,孟子所言"治道",依于仁义原则,堪称德治之道。但我们没有理由将德治与民主政治对立起来,相反,可以指出,一个不依于人的道德性的所谓政治主体,充其量只能说是政治上的独立个体,而不是自我主宰的主体。因为若一个人放失其道德心性,就不会有具普遍必然性的法则意识,其行为就只由其个人特殊的欲望和利益所决定,也就是受外在条件左右,因而无法体现真正的自主性。据此,我们可以指出,真正的本质上的民主制不能离开德治。并且,如我们已论明,孟子德治之道与"法守"并行不悖,分属不同的领域,前者为根本,后者为辅助,二者皆不可废。

牟先生在《政道与治道》一书中引黄梨洲语，说："三代以上，藏天下于天下；三代以下，藏天下于箧筐。""三代以上有法，三代以下无法。"[3] 三代之治乃王道，法度不离德治，"藏天下于天下"也，乃质上的民主制之原型。诚然，中国历史中出现过种种官儒所谓的"德治"，其不能与孟子德治之道相提并论。

注释

1　萧公权：《中国政治思想史》，台北：联经出版公司，1980。见袁保新《孟子三辨之学的历史省察与现代诠释》，页112。

2　徐复观：《儒家政治思想与民主自由人权》，台北：台湾学生书局，1988。见袁保新《孟子三辨之学的历史省察与现代诠释》，页112。

3　牟宗三：《政道与治道》，新版序，页23。

第三节
孟子论政权更易之道与"义战"

孟子支持正义的战争，其所言"义战"于《孟子》一书可分两类考论。一是以"汤武革命"为例，揭明正义的战争乃除暴安民，推翻暴君的战争就是"义战"，必定受民众欢迎。二是就春秋战国时诸侯国之间的战争而论，"义战"指"解民于倒悬"而受民众欢迎的战争。"汤武革命"一说，见于《易传·革卦》："天地革而四时成，汤武革命，顺乎天而应乎人，革之时大矣哉！"其所言"革命"乃指有德者顺应历史发展之规律（此谓"顺乎天"，故以"天地革而四时成"譬喻之）推翻暴政，"解民于倒悬"（此谓"应乎人"）。孟子对《革卦》所言"革命"之义（"顺乎天而应乎人"）有更深刻的申论。《孟子·梁惠王章句下》明文指出"汤武革命"的对象乃"贼仁者""贼义者"。齐宣王以"汤放桀，武王伐纣"，问孟子："臣弑其君，可乎？"孟子答："贼仁者谓之贼，贼义者谓之残，残贼之人谓之一夫。闻诛一夫纣矣，未闻弑君也。"另，孟子明确表示，"汤武革命"的目的在行"尧舜之道"。《孟子·万章章句上》记载孟子述说"伊尹相汤以王于天下"，"以尧舜之道"，"就汤而说之以伐夏救民"：

万章问曰："人有言'伊尹以割烹要汤'，有诸？"

孟子曰："否，不然。伊尹耕于有莘之野，而乐尧舜之道焉。非其义也，非其道也，禄之以天下，弗顾也；系马千驷，弗视也。非其义也，非其道也，一介不以与人，一介不以取诸人。汤使人以币聘之，嚣嚣然曰：'我何以汤之聘币为哉？我岂若处畎亩之中，由是以乐尧舜之道哉？'汤三使往聘之，既而幡然改曰：'与我处畎亩之中，由是以乐尧舜之道，吾岂若使是君为尧舜之君哉？吾岂若使是民为尧舜之民哉？吾岂若于吾身亲见之哉？天之生此民也，使先知觉后知，使先觉觉后觉也。予，天民之先觉者也；予将以斯道觉斯民也。非予觉之，而谁也？'思天下之民匹夫匹妇有不被尧舜之泽者，若己推而内之沟中。其自任以天下之重如此，故就汤而说之以伐夏救民。……吾闻其以尧舜之道要汤，未闻以割烹也。《伊训》曰：'天诛造攻自牧宫，朕载自亳。'"

又，孟子述说武王伐殷：

尧舜既没，圣人之道衰。暴君代作，坏宫室以为污池，民无所安息；弃田以为园囿，使民不得衣食。邪说暴行又作，园囿、污池、沛泽多而禽兽至。及纣之身，天下又大乱。周公相武王，诛纣伐奄，三年讨其君，驱飞廉于海隅而戮之，灭国者五十，驱虎、豹、犀、象而远之，天下大悦。《书》曰："丕显哉，文王谟！丕承哉，武王烈！佑启我后人，咸以正无缺。"

——《孟子·滕文公章句下》

依以上所引，孟子述说汤"伐夏救民"、武王"诛纣伐奄"，"天下大悦"。孟子虽未有用"汤武革命"一词，然我们仍可据之申论孟子政治哲学中表明的政权更易之道。依孟子所论，"汤放桀，武王伐纣"所显示之"革命"，包含了政权更易之道的根本要素：革命之合法性和正义性在其"依仁义而行"，而革命之对象是"贼仁者""贼义者"。通过暴力推翻旧政权，而建立新政权，使"君为尧舜之君"，"民为尧舜之民"。不必讳言，除"汤武革命"之外，中国历史上未有过这种严格意义上的革命，甚至可以说，世界史上也未出现过这种革命。据此，我们可以说，孟子依汤武而论"革命"之为政权更易之道，乃是政道之最高原型。我们必须将孟子此言"革命"与近世以来依西方种种"革命"理论而立之"革命主张"区别开来。

俗语有云"打天下"，牟先生说："此种打散腐败势力之胶固之战争，在中国以前即曰'革命'，或曰'马上得天下'。此亦即俗语所谓'打天下'也。"[1]此所云"打天下"可说是在君主专制时代以暴力夺取政权的唯一形态，这种行为一般被称为"革命"，其实根本与孟子依"汤武革命"所言之"革命"不同。又，如牟先生说："革命者，变更其所受于天之命也。"[2]不过，必须注意，并非一切"打天下"，夺取政权，都能称之为"革命"，[3]一般所谓"打天下"，虽然大多都自称"替天行道"，但实质上只不过是政权之易手。依孟子所论，唯独仁者通过暴力夺取政权以建立施仁政、行王道的新政权，始得谓之"受于天之命"，而堪称"革命"。依此义，孟子所言"革命"甚至不能与人类历史上种种经济形态的革命（如工业革命）、社会与思想的革命（如法国大革命）、政治制度的革命（如英国光荣革命）混为一谈。

孟子说："春秋无义战。"（《孟子·尽心章句下》）何谓"义战"？孟子言"义战"，可见于其述说汤之征葛。《孟子·梁惠王章

415

句下》记载：

> 《书》曰："汤一征，自葛始。"天下信之。东面而征，西夷怨；南面而征，北狄怨。曰："奚为后我？"民望之，若大旱之望云霓也。归市者不止，耕者不变，诛其君而吊其民，若时雨降，民大悦。《书》曰："徯我后，后来其苏。"

又，《孟子·滕文公章句下》记载：

> 孟子曰："汤居亳，与葛为邻，葛伯放而不祀。汤使人问之曰：'何为不祀？曰：'无以供牺牲也。'汤使遗之牛羊。葛伯食之，又不以祀。汤又使人问之曰：'何为不祀？'曰：'无以供粢盛也。'汤使亳众往为之耕，老弱馈食。葛伯率其民，要其有酒食黍稻者夺之，不授者杀之。有童子以黍肉饷，杀而夺之。《书》曰：'葛伯仇饷。'此之谓也。为其杀是童子而征之，四海之内皆曰：'非富天下也，为匹夫匹妇复仇也。''汤始征，自葛载'，十一征而无敌于天下。东面而征，西夷怨；南面而征，北狄怨。曰：'奚为后我？'民之望之，若大旱之望雨也。归市者弗止，芸者不变，诛其君，吊其民，如时雨降，民大悦。《书》曰：'徯我后，后来其无罚。''有攸不惟臣，东征，绥厥士女，匪厥玄黄，绍我周王见休，惟臣附于大邑周。'其君子实玄黄于匪以迎其君子，其小人箪食壶浆以迎其小人，救民于水火之中，取其残而已矣。《太誓》曰：'我武惟扬，侵于之疆，则取于残，杀伐用张，于汤有光。'……"

葛伯"放纵无道，不祀先祖"，"与饷者为仇"，(《四书集注·孟子集注》卷六)武王征葛，"救民于水火之中，取其残而已矣"。孟子说："征者上伐下也，敌国不相征也。"(《孟子·尽心章句下》)朱子注："征，所以正人也。诸侯有罪，则天子讨而正之。"(《四书集注·孟子集注》卷十四)汤征葛，"义战"也。"义战"之根本义是以仁义之师征讨残暴者，"救民于水火之中"也。以上所记述天子征讨无道之诸侯，属于"义战"。

春秋战国群雄争霸，孟子周游列国，游说诸侯霸主施仁政、行王道，并有主张行仁政之诸侯攻打施暴政者，以实现统一天下而行王道之理想。孟子说："域民不以封疆之界，固国不以山溪之险，威天下不以兵革之利。得道者多助，失道者寡助。寡助之至，亲戚畔之；多助之至，天下顺之。以天下之所顺，攻亲戚之所畔；故君子有不战，战必胜矣。"(《孟子·公孙丑章句下》)

又，《孟子·梁惠王章句下》记载，孟子对齐宣王说："今燕虐其民，王往而征之。民以为将拯己于水火之中也，箪食壶浆，以迎王师。"但齐宣王不行仁政，令燕民失望，孟子进言："若杀其父兄，系累其子弟，毁其宗庙，迁其重器，如之何其可也？天下固畏齐之强也，今又倍地而不行仁政，是动天下之兵也。王速出令，反其旄倪，止其重器，谋于燕众，置君而后去之，则犹可及止也。"齐宣王不听。齐宣王之攻打燕，只为争城掠地，致使生灵涂炭，此即孟子说的"搂诸侯以伐诸侯者也"，并说争霸者是"三王之罪人也"。

孟子主张"义战"，但反对诸侯之间相互攻伐，用朱子的话说，"论征伐则必称汤武"，"行师不法汤武，则是为乱"。(《四书集注·孟子集注》卷二)孟子明确反对任何"敌百姓"的战争，严斥诸侯争城掠地之战，夺民财、为争地而杀人是谓"率土地而食人肉"(《孟子·离娄章句上》），其罪之大，虽死亦不足以容之。

孟子重视人的生存权利，一再强调"民"之生命高于"君"之利益。孟子说："行一不义、杀一不辜而得天下，皆不为也。"（《孟子·公孙丑章句上》）他严词警告诸侯杀人盈野、盈城之暴行，说："吾今而后知杀人亲之重也：杀人之父，人亦杀其父；杀人之兄，人亦杀其兄。然则非自杀之也，一间耳。"（《孟子·尽心章句下》）又说："无罪而杀士，则大夫可以去；无罪而戮民，则士可以徙。"《孟子·尽心章句下》记载孟子严斥梁惠王"不仁"：

> 孟子曰："不仁哉，梁惠王也！仁者以其所爱及其所不爱，不仁者以其所不爱及其所爱。"
> 公孙丑曰："何谓也？"
> "梁惠王以土地之故，糜烂其民而战之，大败，将复之，恐不能胜，故驱其所爱子弟以殉之，是之谓以其所不爱及其所爱也。"

又，《孟子·告子章句下》记载："鲁欲使慎子为将军。孟子曰：'不教民而用之，谓之殃民。殃民者，不容于尧舜之世。一战胜齐，遂有南阳，然且不可。'"孟子正告慎子：

> 吾明告子。天子之地方千里；不千里，不足以待诸侯。诸侯之地方百里；不百里，不足以守宗庙之典籍。周公之封于鲁，为方百里也；地非不足，而俭于百里。太公之封于齐也，亦为方百里也；地非不足也，而俭于百里。今鲁方百里者五，子以为有王者作，则鲁在所损乎，在所益乎？徒取诸彼以与此，然且仁者不为，况于杀人以求之乎？君子之事君也，务引其君以当道，志于仁而已。

孟子指出，鲁国吞并小国，乃仁者所不为，何况以战争强夺？故责备慎子应"务引其君以当道，志于仁"。并说："君不乡道，不志于仁，而求为之强战，是辅桀也。"

依孟子所论，唯独仁者之师推翻暴政以施仁政、行王道，始谓之"革命"。若就诸侯国之间的战争而论，只有"解民于倒悬"，民心所归向者始谓之"义战"。此即孟子说："以万乘之国伐万乘之国，箪食壶浆，以迎王师，岂有他哉？避水火也。如水益深，如火益热，亦运而已矣。"一般所谓"打天下"，只不过是政权之易手，即孟子所言"亦运而已矣"。就中国历史上君主专制时期只通过"打天下"改朝换代之事实而言，我们固然可以说，这是非理性的，中国历来并无政道，但并不能据此断言中国政治思想中无关于政道之学说。如我们已论明，孟子所言"王道"就标明了理性的、包含着政道的政治原型。

析疑与辩难

问：《论语·八佾第三》记载："子谓《韶》：'尽美矣，又尽善也。'谓《武》：'尽美矣，未尽善也。'"有学者据之以为孟子对于战争的态度不同于孔子。

答：孟子赞"汤放桀，武王伐纣"，在于其除暴君以行王道。而孔子慨叹周武王的乐舞"尽美矣，未尽善也"，非不赞同"汤武革命"，而在于表示战争毕竟未能尽善。征于孟子之言论，也能见出他慎言"战"，对于战争的态度与孔子并无不同。孟子说："有人曰：'我善为陈，我善为战。'大罪也。"（《孟子·尽心章句下》）《书·周书·武成》叙周武王伐纣，有云"血流漂杵"。孟子质疑，说："尽信《书》，则不如无《书》。吾于《武成》，取二三策而已矣。仁人无敌于天下，以至仁伐至不仁，而何其血之流杵也？"（同前）又说："武王之伐殷也，革车三百两，虎贲三千人。王曰：'无畏！宁尔也，非敌百姓也。'若崩厥角稽首。征之为言正也，各欲正己也，焉用战？"（同前）孟子对齐宣王说："取之而燕民悦，则取之。古之人有行之者，武王是也。取之而燕民不悦，则勿取。古之人有行之者，文王是也。"战争之发动与否，依据于"民悦"或"民不悦"。依以上所述可见，孟子所主张的战争乃"以至仁伐至不仁"，所以说"宁尔也，非敌百姓也"。若无不仁者陷民于水火中，则不必有战争。

注释

1 牟宗三：《政道与治道》，页 2。

2 同前揭书，页 4。

3 牟先生说："无论个人方式之打天下，或是氏族部落式之取政权，皆得曰革命。革命者，变更其所受于天之命也。"（《政道与治道》，页 4）

第四节
孟子政治哲学与现代化之前途

一、何谓政治？何谓政治哲学？何种政治？何种政治哲学？

本人同意，政治乃是人类社会的"强制性制度"，而政治哲学则是对于人类社会的"强制性制度的性质与理据的研究"[1]。依此，我们可以说，人与人结合（家庭、族群、国家、世界性组织）就表现出其社会性，政治无非就是伴随着人与人的结合而必然产生的强制性制度。个人固然可以选择离群索居而远离政治（如中国某些道家人物），也可以主张个人不需要强制性制度（如西方的无政府主义），但人类作为社会性物种，根本不能放弃强制性制度，因而也就产生一门学问，研究人类社会的强制性制度的性质及根据，以便探究人类如何能够依于其实践理性而建立具正当性与合法性的政治制度。

人结合成社会，无可避免地需要依仗强制性制度。"强制"包括自我约束（如孔子言"克己复礼"）和不能避免的外在的强迫（如中国传统所言"法"、西方所论"法治"、康德所论"外在义务"）。在人的一切社会关系中，家庭以自我约束为主，而宗族、国家、世界性联盟就突出外在强制的作用。这种强制作用就是政治义务。人们可以说，一个政治实体握有政治权力（制裁力及武力），要求其成员服从，其成员就有服从政治权威的义务。无疑，这是描述性的，亦即仅仅将人类史中表现的政治视为现象。我们还要进一步探问，人类社会的强制性制度产生的根源，以及其如何获得正当性与合法性。

我们得承认"人类的非社会的社会性"，康德认为它是指"人类进入社会的倾向，而这一倾向又是和一种经常威胁着要分裂社会的贯穿终始的阻力结合在一起的"。（KGS 8:20）事实上，假若人类没有"进入社会的倾向"，也就根本不需要强制性制度，甚至没有任何政治、制度会出现。卢梭就设想，野蛮人处于自然状态中，也就是"散处在森林里并杂居于群兽之中的人类"[2]，有着自然所安排的"简朴、单纯、孤独的生活方式"[3]，"一切事物都按照单调的方式进行着，而且大地上还轻易不会发生由于聚居人民的情欲和任意行动而引起的那种突然的、继续不断的变化"[4]。卢梭说："最初，好像在自然状态中的人类，彼此间没有任何道德上的关系，也没有人所公认的义务……"[5]依他的见解，"由于自然状态是每一个人对于自我保存的关心最不妨害他人自我保存的一种状态，所以这种状态最能保持和平，对于人类也是最为适宜的"[6]。人类"最幸福而最持久的一个时期"是"介乎原始状态中的悠闲自在和我们今天自尊心的急剧活动之间的一个时期"。[7]"人类生来就是为了永远停留在这样的状态。这种状态是人世的真正青春，后来的一切进步只是个人完美化方向上的表面的进步，而实际上它们引向人类的没落。"[8]卢梭指出，只有在自然状态中的人类具有"天然的自由"[9]，他说："在禽兽的动作中，自然支配一切，而人则以自由主动者的资格参与其本身的动作。禽兽根据本能决定取舍，而人则通过自由行为决定取舍。"[10]而"天然的自由"仅仅"受到个人力量大小的限制，但是却由于社会契约的签订而丧失了"。[11]

依卢梭的见解，政治是富人控制穷人的骗局，罗尔斯说："对于卢梭来说，政治权威在某种程度上是富人的一种诡计。"[12]"最早的社会契约实际上都是具有欺骗性的，是富人为了控制和欺骗穷人而设的骗局"，"富人拥有不可剥夺的财产"，而穷人一无所有，穷人之所以"默许这种由社会契约所确立的法律和政治权威"，是由于"把它们当做是疗治农业社会由于没有政治管理所造成的冲突和缺乏保障的良方（SD, 158ff）"。[13]罗尔斯在一个注释中指出，卢梭排除了其他模式的政府起源，他说："关于政府起源的其他模式——征服，对一个具有绝对权威的主人的服从（洛克把它看成是皇权专制主义），家长制的权威，以及对于一个君主的服从——卢梭认为都是不可能的，并加以拒斥（SD, 161–168）。"[14]

卢梭本人就明确指出："我知道关于政治社会的起源，有许多作者还持有其他主张，例如认为起源于强者的征服，或弱者的联合；对于这些原因的选择，是与我所要证明的东西无关的。"[15]他提出三个理由。一、"所谓征服权并不是一种权利"，"除非被征服民族完全恢复了自由，自愿选择它的征服者作自己的首领，否则，他们二者便永远处于战争状态"，在这种状态下，"既不可能有真正的社会，也不可能有政治组织，除强者的权力外，也不可能有其他的法律"。[16]二、"强和弱这两个字的意义是暧昧不明的"，"倒不如用贫和富两个字来表达更为恰当"。[17]三、"穷人除了他们的自由而外，没有什么可以失掉的东西"，只有富人为保护和扩大自己的财富，才发明一种对其有利的政治社会和法律。[18]

依卢梭所论，现实上已经形成的政府，无论是君主政体、贵族政体或是民主政体，"决不是人类的原始状态，使我们一切天然倾向改变并败坏到这种程度的乃是社会的精神和由社会而产生的不平等"[19]。
"在自然状态中，不平等几乎是不存在的。由于人类能力的发展和人类智慧的进步，不平等才获得了它的力量并成长起来；由于私有制和法律的建立，不平等终于变得根深蒂固而成为合法的了。"[20]"在每一种政体形式当中，政治权威都会把政治的不平等强加于已经存在的各种不平等之上（SD, 171f）。"[21]

卢梭说："社会和法律就是这样或者应当是这样起源的。它们给弱者以新的桎梏，给富者以新的力量；它们永远消灭了天赋的自由，使自由再也不能恢复；它们把保障私有财产和承认不平等的法律永远确定下来，把巧取豪夺变成不可取消的权利；从此以后，便为少数野心家的利益，驱使整个人类忍受劳苦、奴役和贫困。"[22]毫无疑问，按卢梭的分析，任何政治权威，亦即一切形式的强制性的制度都起源于人类的政治的不平等，而政治的不平等又是其他各种不平等的根源。但此并非说，卢梭就反对一切社会契约，主张人类要倒退到野蛮人的状态。"难道必须毁灭社会，取消'你的'和'我的'这种区别，再返回森林去和熊一起生活吗？"[23]卢梭自己给出否定的回答，他说："像我这样的人们，种种情欲已永远毁灭了原始的质朴，再不能以野草和橡子充饥，既不能没有法律，也不能没有首领；……"[24]

实在说来，我们可以视《论人类不平等的起源和基础》为《社会契约论》的前奏。后一部著作旨在"为一个正义、可行且稳定的社会提供关于政治权利的原则"[25]，而前一部著作表达，"人生来是善的，正是社会制度使我们变坏了"[26]。罗尔斯指出，"卢梭相信，人类的本性是善良的，正是由于社会制度我们才变坏了"[27]，正是这一信念，使卢梭坚信："描述出一种合法的政体形式以及它的制度体系，以便在好运的伴随下它能够成为合理的正义、幸福而稳定的政府，至少是可能的。……我们变得越来越坏这种情况并非是不可避免的；我们是有可能变得越来越好的。"[28]

"社会契约论"一词见于霍布斯、[29]洛克，但卢梭的《社会契约论》与其两位前人的理论有着根本不同，他是关注于人类的未来的，也就是要提供关于政治权利的原则，社会契约建立在这些原则上，而据之安排政治和社会制度（SC, I. 6）。如罗尔斯指出："这些原则是自由而道德的人们能够接受的，而且这些原则排除了人身依赖。"[30]唯有依据这些原则而建立的社会契约，可确保我们的政治和社会制度"能够保护我们的道德自由、政治和社会平等以及人格的独立性。它们也能够使得我们的公民自由成为可能，并且阻止那些将我们陷入痛苦的敌视和邪恶"。[31]

霍布斯的社会契约论关心的是当时欧洲的战争乱局如何得以结束，如罗尔斯指出，"霍布斯的思想关注的是他那个时代的动乱和国内冲突"[32]。霍布斯将战乱归咎于"人的自然状态"，也就是人性的脆弱和不稳定因素，关此，我们可以参看罗尔斯条列出的主要的几点。一、就人"在面对他人的敌意、在产生恐惧和不安全感方面"来看，"人类也是足够脆弱的。《利维坦》第13章第60—62页"。二、就人满足自身的欲望和需求的手段来看，从总体上说是稀缺的，因而必然会产生取得这些手段的彼此竞争。"《利维坦》第13章第60—62页。"三、"所有的人都会把自我的保存和安全、把对舒适生活之手段的获取置于优先的地位"。四、人们似乎并没有"相互结盟"的"原始的或自然的愿望"，"他们拥有骄傲和虚荣的倾向"，"在与他人联合时这种倾向就会产生"。五、人"缺乏恰当的哲学"，"即使在知道了恰当的哲学的情况下，也可能因我们的骄傲和虚荣的趋向而被扭曲和破坏。《利维坦》第17章第86—87页"。且当"涉及人们在集体和恰当社会机构中的行为时”，实践理性会表现出脆弱性。[33] 依霍布斯的见解，正是人性的这些本质特性，让我们能够理解：“人性竟然会使人们如此地彼此相互离异、倾向于相互侵害并摧毁对方”，“自然状态竟然会如此容易地转变为战争状态”！（《利维坦》第 62 页）[34] 也正据此，霍布斯认为人类的一般生存境况是：要么是战争状态（自然状态），要么是“利维坦状态”，即：“存在着一个专制的主权者，它强制实施自然法，并确保每一个人都遵循自然法。”[35]

霍布斯明确主张主权者必须拥有所有的权力，主权者要能发挥功能，就必须拥有十分强大的、不受限制的权力。每一个人订立盟约让主权者成为法律的制定者、制定什么是公正或不公正的仲裁者或法官，“臣民还放弃了质疑主权者之自主裁断的权利”。[36] 但他所谓“专制的主权者”之所以不同于“暴君”，那是在于：“它强制实施自然法，并确保每一个人都遵循自然法。”并且，它是我们需要的、判定什么属于“公共的善”（《利维坦》第 86—87 页）的仲裁者或法官。[37] 或许可以说，霍布斯的政治学说偏向开明的君主专制政体。

但是，对于已摆脱了无休止战争之乱局而走上宪政民主道路的欧洲人来说，霍布斯的政治学说显得失去针对性。此所以罗尔斯说：“总之，我认为，我们知道，霍布斯的实质性的理论一般来说是不正确的；因为，违背他关于主权者之前提条件的宪政民主制度实际上已经存在着，而且，与霍布斯所青睐的专制主义政体相比，并不明显地更加不稳定或更缺少秩序。”[38] 尽管，若据守霍布斯的立场，人们仍可以说，今日西方的宪政民主制度在“确保每一个人都遵循自然法”方面是没有足够保障的，是否能够确保不从文明的状态倒退回不稳定的、失序的，甚至受战争威胁的状态，从目前的种种迹象看来，均是未知之数。

再来，让我们看看另一位社会契约论者洛克的学说，洛克关于社会契约的理念与霍布斯的有根本不同。霍布斯所论"契约"意指人民鉴于"基本利益",每一个人都订立"盟约",将一切权力交给一个不受限制的主权者;而依据洛克,"合法的政治权威只能建立在同意的基础之上"[39]。他提出:"所有的人天生都是自由、平等与独立的;如果不征得本人的同意,不能把任何人置于这种状态之外,使他臣服于另一个人的政治权力。任何人放弃其自然的自由并受制于公民社会之种种限制的唯一方式,是与其他人达成协议,联合成一个共同体,以便谋取他们彼此的舒适、安全与和平的生活,安稳地享受他们的财产,并有更大的保障来防止来自共同体之外的任何侵犯。"(《政府论》第 95 段)[40]

洛克著《政府论》第 3 段对"政治权力"给出定义:"制定包括死刑惩罚和其他较轻惩罚在内的法律的权利,调节并保护财产的权利,使用共同体之军队的权利,执行这些法律的权利,保护共同体免受其他国家伤害的权利,而所有这些权利的行使都只能服务于公共的利益。"[41] 如罗尔斯恰切地指出,依洛克所论,"政治权力不是力量或武力,而是政府机构享有的一组权利"[42]。因为一个文明的社会必须有强制性的制度,也就是要有一个"拥有强制性的或制裁的权力"的合法政府,政体的合法性在于"政治权力是一种委托的权力",人民彼此之间达成建立政府的"契约",将立法权委托给政府,但是,"人民始终享有宪法权"。[43] 因此,人民保有反抗国王或议会的权利。

如所周知,现今流行的政治文化主张人们只需要关心日常的民主政治,而政治哲学被认为有损日常的民主政治于公共生活中的主宰地位。但是,如罗尔斯指出:"在最高法院的争论和关于基本政治问题的公共讨论中经常被引用的那些著作,则应被视为公共政治文化的一部分或与后者有关。事实上,有少数哲学著作——如洛克的《政府论》

和密尔的《论自由》——确实是政治文化的一部分，至少在美国是如此。"[44] 毫无疑问，洛克的社会契约学说已经被认为并不适合现代民主的目标，尤其是他将等级制国家（拥有财产者才能拥有政治权威）与民主国家同样列为宪政国家。甚至可以指出，在遭到休谟的功利主义的猛力抨击之后，社会契约论就在欧洲的政治舞台上失去了影响力，时至今日，功利主义乃至美国倡导的实用主义已然成为主导世界的潮流。

休谟反对社会契约论，他根本不同意人们是通过"协议"的方式接受统治的，无论是霍布斯所论所有具有充分理性的人签订一份契约，将一切权力交给一个专制的主权者，还是洛克提出通过全体一致同意的协议产生合法的政体，以"服务于公共的利益"。依休谟看来，无论什么样的社会契约论都与事实不相符。从历史事实来说，政权是靠武力和暴力，通过篡权或征服建立的。罗尔斯分析休谟《论原初契约》（"Of the Original Contract"）一文，中肯地概括出其反驳社会契约论的理由。首先，"一致同意几乎不能作为政府成立的根据和公民履行义务的基础"[45]。罗尔斯援引休谟之文说："我们发现，到处都有这样的君主，声称他们的臣民是他们的财产（在那个时代这是一种惯例），他们还断言，他们独立的统治权来自于征服或者继承。（第7段）"[46] 接着，休谟说古代的"原初的同意"，"太过于古老而不能为当前的人们所理解（第8段）"。[47] 还有一个反对理由是几乎所有政府"都是通过武力和暴力建立起来的"，罗尔斯援引休谟之文说，"没有公正契约或者人民自愿服从的任何矫饰（第9段）"。[48] 此外，"选举并无多大意义，因为选举常常被少数几个大人物联手控制着"[49]。在《论原初契约》第二部分（即第20—31段），休谟提出，尽管他并不否认，如果"一致同意"能够成为政府成立的基础，它"肯定就是最好和最神圣的基础（第 20 段）"，但问题是，此要求全体社会成员都尊重正义，而这对人性来说是过高的要求，远离了人"所处的实际状态"。[50] 况且，"君主拥有其臣民之忠诚的资格是独立于其臣民的选择或意愿的（第 22 段）"[51]。总之，依休谟所论，社会契约的观念与常识相抵触，不符合一般人的政治见解。

功利主义者不问政治权威及政体的合法性根据何在的问题，而只问人们当前支持某一个政府或政体的理由：它是否能够增进普遍的福利，比起可能取而代之的其他政府或政体都有利于产生更大的福利。[52] 尽管不同的功利主义者对功利原则有不同的解释，但他们都主张政府为整体的社会利益服务。[53] 无疑，早在休谟那个时代，功利主义在欧美已经极具影响力，并持续发展成一个流派。如罗尔斯说："功利主义在它的总体成就上也许可以称得上是独具特色。它的历史至少从 18 世纪早期延续到现在；它的这段历史打上了一连串薪火相传、成绩卓著的思想家的烙印。这些思想家包括弗朗西斯·哈奇森、休谟、亚当·斯密，作为古典功利主义主要代表人物的杰罗米·边沁、弗朗西斯·博福特·埃奇沃思（案：F. Y. Edgeworth，弗朗西斯·伊西德罗·埃奇沃思）和亨利·西季威克，以及约翰·斯图亚特·密尔（他的观念中包含了许多非功利主义的特征）。因此，在经历了接近三个多世纪的不间断的发展和演化后，功利主义或许已经成为道德哲学中令人印象最为深刻的传统。"[54]

我们一直借助罗尔斯的《政治哲学史讲义》，对西方的政治和政治哲学做出粗略的鸟瞰。原因是我们这里并不是要撰写一部研究西方政治制度的书，而是旨在将孟子政治哲学与西方的政治哲学做比较，以说明其独特而深刻的含义及其于人类政治学说史中应有的位置。而《政治哲学史讲义》对政治权威之合法性根据、政治权力之定义、人类根本利益之概念，均做了深入研究，它被学界肯定为经典之作，我们可以信赖之。尽管该书并非提供整全的西方政治哲学史，而是以社会契约论为主导，转进至功利主义的传统，直至罗尔斯本人的正义理念的自由主义。我们可指出，《政治哲学史讲义》之脉络及核心观念与主题构成近代以来西方政治制度之合理性的说明的基础，可以说，如果西方主导的现代民主政治要成为一种建基于民主理念上的、因而能在现实上号召人向之而趋的原型的、人类理想的政治制度，而并非停在今日西方后现代主义倡导的遗弃民主理念、只问日常政治的民主操作的状态，那么，西方民主世界的人们必定要重新认识到建基于民主理念的政治哲学对于指导日常政治生活的重要性。那么，回到《政治哲学史讲义》所提供的线索，就是最低限度的起点。

罗尔斯本人在《正义论》一书的序言中指出："在现代道德哲学的许多理论中，占优势的一直是某种形式的功利主义。出现这种现象的一个原因是：功利主义一直得到一系列创立过某些确实富有影响和魅力的思想流派的杰出作家们的支持。"[55] 不过，他同时有见及功利主义学派一直遭到各种批评，尽管他看出来，那些批评者"常常站在一种狭窄得多的立场上"，因此，即便"他们指出了功利原则的模糊性，注意到它的许多推断与我们的道德情感之间的明显的不一致"，但却未能与之抗衡。[56] 罗尔斯表明，他写《正义论》就是要转到传统的社会契约的理论去，他说："我一直试图做的就是要进一步概括洛克、卢梭和康德所代表的传统的社会契约的理论，使之上升到一种更高的抽象水平。"[57] 他意图以这种理论为一种"正义的系统"提供解释，以之替换功利主义解释，他提出，"正义的系统"的解释"或许还优于占支配地位的传统的功利主义解释。作为这种解释之结果的正义论在性质上是高度康德式的"。[58] 罗尔斯明确地将其主张的自由主义建基于正义观之上，而这种正义观"隐含在契约论传统中"，他说："如果本书能使人们更清楚地看到那隐含在契约论传统中的这一可作替换的正义观的主要结构性特点，并指出进一步努力的途径，那么我写这本书的意图也就完全实现了。我相信，在各种传统的观点中，正是这种契约论的观点最接近于我们所考虑的正义判断，并构成一个民主社会的最恰当的道德基础。"[59]

值得我们注意的是，罗尔斯提出了民主社会需要有一个恰当的道德基础的问题，并且以一种正义观作为民主社会的基础，而这种正义观是"隐含在契约论传统中"的，"在性质上是高度康德式的"。这就意味着说，罗尔斯理解民主制不能离开道德之"理念"，尽管他也十分重视日常政治，但他毕竟提出，现行的民主制是不完美的，需要趋向理性的目标日益改善。其中就包藏有康德所论德性的预告人类史之观点。这就表示他与"多数民主"的立场分道扬镳。今日西方民主制中，显然是奉行"多数决原则"的"多数民主"占主流和领导地位。这种民主倾向于选票之操作，而不顾民主之理念，其结果就如罗尔斯所说，"他们只不过是这样来理解政治，即人们仅仅是通过投票来实现其经济的和阶级的利益，反对其宗教上或民族方面的对手，并受这样一种社会等级制理念（即根据其本性，某些比另一些人更低劣）的支配"[60]。

无疑，作为从欧洲历史发展出来的政治体制，现实上，世界各国施行的民主政制都因着各种历史限制而带有原始性和粗糙性的烙印。西方民主制发源于欧洲工业革命，可以说是工商业主阶级向贵族和专制君主争取统治权的结果，用罗尔斯的话说就是："随着中产阶级的兴起和有限君主体制下宪政制度的建立，皇权逐渐势弱"，劳动阶级在争取民主并实现多数决原则方面取得胜利，"这些进展于不同的时间出现在欧洲和北美的不同国家中。不过，就英国而言，我们大致可以说，良心自由在 17 世纪末变成了现实，宪政政府在 18 世纪出现，民主、多数决原则以及普遍的选举权在 19 世纪取得了胜利"。[61]

罗尔斯作为一个政治哲学家，他当然不会甘于现实上的日常民主政治，而力图为日常民主政治找到其应当建基其上之民主理念——"政治正义和公共善"[62]。他说，"作为公民之代表的各方所达成的协议所表达的是正义的政治理念（political conception of justice）的内容（原则和理想）；这些原则和理想规定了社会合作的公平条款"[63]。并且，他反对那种认为"对公共正义原则和公共善的这种诉求完全是以自利为基础的"的讲法，他说："在一种合理且成功的政治制度中，公民们在适当的时候会变得依恋这些正义原则和公共的善，而且，就像对待宗教宽容原则那样，他们对这些正义原则和公共善的忠诚也不是完全以（即使是部分的）自利为基础的。"[64]他强调政治哲学的作用："它能够更为深刻、更为全面地阐释政治理念的某些基本概念，这些概念有助于我们澄清我们关于民主政体的制度与政策的判断。"[65]一方面，他指出政治哲学作为"公共政治文化的一部分"，"在最高法院的争论和关于基本政治问题的公共讨论中"被引用为依据。他说："只要民主制还存在，政治哲学能够恰到好处地做到的就是，影响某些通过合法的宪法程序建立起来的机构，然后，通过说服这些机构来否决多数民主的意志。"[66]同时他更强调政治哲学作为"民主社会之一般文化背景的一部分"[67]，他说："总之，作为一般性的背景文化的一个部分，政治哲学在为根本性的政治原则和政治思想提供源头活水方面发挥着不可替代的作用。……它更多的是通过给公民（在他们介入政治之前）传授关于个人和政治社会的某些理想观念来发挥这种作用，在公民的一生中某个重要的反思阶段发挥影响。"[68]公民在民主社会中可"通过投票对所有的政治问题行使最终的宪法权威"[69]，以及拥有修宪权。为此，政治哲学可发挥的作用就是"使他们熟悉民主政治的理念并引导他们反思民主政治理念的含义"[70]，使介入政治的公民能够以公共正义原则和公共善约束自己，尽量避免以自利原则来行使投票权。我们可以指出，为克服日常立法的多数决原则对基本权利和自由的侵犯，此乃可行的途径。

罗尔斯反对将政治"等同于对权力和影响的争夺"[71]，他批评哈罗德·拉斯韦尔所论"政治学研究的就是：谁得到什么并如何得到"[72]，指出这种说法是不正确的。[73]尽管他也注意到现实中的严重的不正义，正如《正义论》的译者前言指出，罗尔斯在20世纪五六十年代酝酿和写作《正义论》，那段时期，美国外有朝鲜战争、古巴导弹危机、越南战争，国内有争取民权运动、黑人抗暴斗争、校园学生运动、贫富悬殊现象，社会陷入危机中。[74]在《政治哲学史讲义》中，罗尔斯就指出"人们仅仅是通过投票来实现其经济的和阶级的利益"，政治家只是"去讨好特定的团体"[75]；他提出美国的民主制度需要通过改革"极大地弱化（即使不能消除）歧视与种族主义"，克服"金钱制度对权力的购买"。[76]他指出政党民主制的弊病："那些能够筹集最多竞选资金的政党没有多少愿望来改革目前的竞选资金筹资法"，"在两党轮流执政的制度下，如果两个政党都腐败"，就不可能有改革的希望。[77]

为了对近代西方政治和政治哲学史能有概略的了解，借以讨论民主制的问题，我们参考了罗尔斯的著作。之所以选择罗尔斯，不仅因为其研究成果可靠而具公信力，更主要的理由是他代表了西方政治和政治哲学（包括民主政治学说）的理性、理想的路线。正如我们在前文已指出过，他本人表明，他追随"洛克、卢梭和康德所代表的传统的社会契约的理论"之脉络，意图以这种理论为一种"正义的系统"提供解释，"并构成一个民主社会的最恰当的道德基础"。这条理性、理想的路线明显地与政治和政治哲学的功利主义乃至美国本土的实用主义的路线区分开。今日世界盛行的是后两者，其要旨在清除政治中的任何道德和理想的因素，如果依照功利主义和实用主义的路线，实在说来就无须什么政治哲学，也根本不能找到孟子政治哲学与现代政治之可相通处。

事实上，唯独卢梭和康德的社会契约学说真正是道德的和理想的，因此是与孟子政治哲学之大旨相一致的。依卢梭，社会契约建立在"自由而道德的人们能够接受的"原则上，据之安排"一种合法的政体形式以及它的制度体系"，以保护一切人的"道德自由、政治和社会平等以及人格的独立性"。而康德之有进于卢梭，乃在其经由批判考虑人的理性，证实了"自由而道德的人"就是意志自由的人，而理性在意欲机能中所立普遍法则就是每个人都能够接受的自由原则。他在《永久和平论》中提出："每个国家的公民体制都应该是共和制"，"这首先是根据一个社会的成员（作为人）的自由原则"。（KGS 8:349）关于公民状态，他在《论通常的说法：这在理论上可能是正确的，但在实践上是行不通的》中说："一切权利都仅只在于以别人的自由和自己的自由按照一种普遍的法则而能共同存在为条件来限制别人的自由"，"也就是人们按照普遍的自由法则而互相限制的意愿在作用和反作用方面的平等"，这就叫做"公民状态"。（KGS 8:292）在《德性形而上学》一书中，他提出"公民自由"就是："每一个公民除了必须服从他表示同意或认可的法律外，不服从任何其他法律。"（MS 6:314）

依康德所论，政治作为人类社会的一种合法的政体形式及制度体系，就是"人类伦理共同体"。他指出："由于德行义务关涉人的整个族类，所以，一个伦理共同体的概念总是关涉到一个所有人的整体的理想。"（Rel 6:96）他提出："伦理的自然状态是对德性法则的一种公共的、相互的损害，是一种内在的无道德的状态；自然的人应该勉励自己尽可能快地走出这种状态。"（Rel 6:97）他说："最高的德性的善并不能仅仅通过单个的人追求他自己的道德的圆满来实现，而是要求单个的人，为了这同一个目的联合成为一个整体，成为一个善的人们的系统（einem System wohlgesinnter Menschen）。"（Rel 6:97–98）并且，"既然自然把理性和以理性为基础的意志自由赋予了人类"（KGS 8:19），人类就要由自己本身来创造一个保障永久和平与福祉的人类伦理共同体。

依以上所论，我们可以指出，关于政治之理解，历来大分两路。一路用洛克的话说，政治作为权利，所有政治权利的行使"都只能服务于公共的利益"，而绝不是力量或武力。这一路依卢梭，而进展至康德，可称之为理性的、道德的路线。另一路，政治作为个人、集团、阶级或政党争夺利益和武力掌控权的实质力量，这是功利主义和实用主义的路线。可以说，前者通于孟子的政治哲学，亦即通孔子以"祖述尧舜，宪章文武"立下的"内圣外王"之政道。后者与孟子所斥责的"后义而先利，不夺不餍"的霸道同类。

古今中外，所谓"政治"无非两类：仁与不仁。此即孟子引孔子语，说："不以尧之所以治民治民，贼其民者也。孔子曰：'道二：仁与不仁而已矣。'暴其民甚，则身弑国亡；不甚，则身危国削。"（《孟子·离娄章句上》）用孟子自己的话说就是"怀仁义以相接"与"怀利以相接"。

今日言民主政治，岂能只顾当今流行于西方而主导世界的"民主政制"，而不问政治、民主理念为何？若能正视民主理念必定要作为真正民主制之核心，及其于一切民主政制中的指导作用，则我们岂能对流行的所谓"民主政治"只知一味吹捧，而对其流弊不闻不问，对其实质不知反省呢？

二、民主理念与民主操作——质的民主与量的民主

自 20 世纪 30 年代以来，中国学人一直都在追问："中国何以未能发展出西方式的民主制？"然很少有人认识到不能将现今流行的西方民主政制与作为人类政治历史发展之第三阶段的民主政治混为一谈。关于后者，牟先生提出："从人类历史的发展中，我们可以知道，政治的进步过程可分三个阶段：初是贵族政治，再是君主专制，终是民主政治。只有这三个型态，再没有其他别的了。就政治型态来说，民主政治是最后的（final）型态。"[78] 有学者以为"这种说法颇有点福山历史终结论的味道"[79]。但我们可以指出，福山"历史终结论"的说法见于其 1992 年出版的著作《历史的终结及最后之人》，此论其实是出于以苏联为首的共产主义阵营解体而产生"西方民主制最后征服世界"的错觉。他所论"历史的终结"是指现实上的西方主导的"自由民主制度"是"人类意识形态的发展的终点"和"人类最后一种统治形式"。[80] 之所以得出此结论，在他自己看来是依据这样的事实：西方自由民主制已然"战胜其他与之相竞争的各种意识形态，如世袭的君主制、法西斯主义以及近代的共产主义"。[81] 但如所周知，福山于 2011 年出版大作《政治秩序的起源：从前人类时代到法国大革命》，不仅推翻他自己的"历史终结论"，还指出："21 世纪第一个十年则

出现'民主衰退'。参与第三波民主化的国家中，约有五分之一，不是回复到威权主义，就是看到其民主制度遭受严重侵蚀。"[82] 又说："21世纪第二个十年伊始，民主世界出现若干形式的病状。"[83]

牟先生提出"民主政治是最后的型态"，其立论是基于民主政治体制之本质而言，其说明是哲学的，而忽略现实上的民主制之表现。尽管就其立论的时代背景观之，当时世界正划分为资本主义的民主国家与以苏联为首的共产主义阵营两大对立势力，先生的说法确实有为民主制辩护的作用。我们可以指出，依据先生所论的要点，这一说法不能是就现实上西方式的民主制而论，而必须是指理性的、道德的民主政治（即质的民主政治）始能成立，无论先生本人立论时是否有注意到这点。

现实上西方式的民主制呈现出诸种病状，并早已引起学界的关注，美国享负盛名的政治学家塞缪尔·亨廷顿（Samuel Huntington）就提出："民主对政治稳定而言，不一定是好事。"[84] 福山本着一个历史学家重视事实的立场，表明他对民主制前景的担忧，他说，"左右两派憧憬政府消亡，发展中国家却在身受其害；我们视各式制度为理所当然，但对其来龙去脉却一无所知"[85]。他谈及四种"政治焦虑"。第一种焦虑："取得民主进展的某些国家出现彻底逆转，如俄罗斯、委内瑞拉、伊朗。其民选领袖忙于拆除各式民主机构、操纵选举、关闭或鲸吞独立的电视和报纸、取缔反对派的活动。"[86] 民主制本来有一套复杂的制度，"通过法律和制衡制度来限制和规范权力的行使"，但在许多接受了民主合法性的国家，"却在系统性地取消对行政权力的制衡，并对法律发起系统性的侵蚀"[87]。第二种焦虑是一些似乎摆脱了威权政府的国家，却变成"既非完全威权，也非货真价实的民主"。[88] "1989年柏林墙倒塌之后有个普遍假设：几乎所有国家将过渡成民主制，而民主实践中的种种挫折会随着时间的推移而获得逐一克服。"[89]但如托马斯·卡罗瑟斯（Thomas Carothers）指出："该'过渡模式'的假设是靠不住的，很多威权精英阶层无意建立削弱自身权力的民主制度。"[90]第三种焦虑是民主制度"能否向民众提供所需的基本服务"，"未克履行民主所允诺的好处，可能是民主制度所面临的最大挑战"，"很多人觉得，名义上是公民，但在现实中却横遭排挤。持久的贫穷经常滋生其他社会功能的失调，如帮会、毒品交易、普通百姓的不安全感"，"不能有效处理这些难题，民主制合法性便会受到破坏"。[91]第四种焦虑是"全球性资本主义仍未找到避免大幅波动的良方，尤其是金融业"，"自由的市场很有必要，但它不善于自动调节"，"制度的不稳定最终仍属政治上的失败，即未能在国家和国际层次上提供恰当的管制"，"显而易见，开发恰当的管制以驯服资本主义的大幅波动，这一政治工作尚未完成"。[92]

总之，福山力图让人们正视："民主的失败，与其说是在概念上，倒不如说是在执行中。"[93]他相信阿马蒂亚·森（Amartya Sen）所言"在世界舆论的大气候中，民主制已获得被视作基本正确的地位"[94]，时至今日仍是事实。并说："没有重要的国际机构将民主制以外的任何东西认作是公平合理的统治形式。……现代自由民主制享有如此威望，以致今日的威权政客，为了合法也必须上演选举，宁可躲在幕后操纵媒体。事实上，不但极权主义从地球上消失，连威权政客也往往假扮成民主人士来称颂民主制。"[95]但正是现行西方式的民主制的这种理所当然正确的权威，加剧了福山的政治焦虑，因为他看到发展中国家里的民主之乱象，看到一直移植民主制颇为成功的印度，其民主明显"混乱和腐败"[96]。"几乎三分之一的印度立法委员，现正遭受各式的犯罪起诉，有些甚至是重罪，如谋杀和强奸。印度政治家经常从事公开的政治交易，以政治恩惠来交换选票。……印度众多的城市里，在漂亮耀眼的高科技中心旁，往往可见非洲式的贫穷。"[97]甚至在美国，政治制度也"可能正面临其适应能力的重大挑战"："美国宪法设有广泛的相互制衡，使政府的某些部门得以防范其他部门的暴政"，"很不幸，没有机制上的保障能够确保美国制度既防范暴政，又在必要时按照初衷来顺利行使国家权威"，"长期的财政亏空和对外负债，威胁美国在世人眼中的国力根基"，"国会两极分化，令法案的通过变得异常困难。……两大政党在意识形态上变得更加物以类聚，审慎的辩论日益退化减少"[98]。在社会势力方面，"既得利益团体的成长和力量"日益侵蚀民主制度，公民保护自己利益的合理要求"化作索求特权，大家的利益都变得神圣不可侵犯，社会为此而陷入困境"，民粹主义愤怒的高涨"推动两极化"，"更反映出社会现实与国家原则的不协调"[99]。尽管富人按规则取得成功是合法的，但"收入和财富的不均在与日俱增"，"美国人抱怨美国受制于精英和利益团体。……精英们得以钻政治制度的空子，以保护自己的地位"，"工会、农产企业、制药公司、银行、大批有组织的游说团，经常对可能损害其经济利益的法案行使有效的否决权"，美国金融寡头能动用相当大的政治力量"废除有关的管制和监督"，而"金融服务业的报酬与其对经济的实际贡献没有直接关联"[100]。

福山指出"美国的道德和财政危机"都"将会继续恶化"，[101]其所指出的种种民主政治衰败的现象早已众所周知，绝非什么反民主分子的恶意攻击。正因为这个理由，我们才不厌其详地摘引其论说，以作为我们反省西方民主制时的一个参考材料。如此，我们可以有理有据地提出：当我们论及"民主政治是最后的型态"时，必须首先区分开质的民主与量的民主。

福山在其《政治秩序的起源：从前人类时代到法国大革命》一书的序言中，谈及其师亨廷顿在《变化社会中的政治秩序》中"将人类历史晚期的政治世界视作理所当然"，他批评说："它所面对的是发展中国家如何推动政治制度的现代化，但没有解释这些现代化制度在其发源地是如何成形的。"[102] 并恰当地指出："数百年乃至数千年前发生的事，仍对政治的性质发挥着重大的影响。如想弄懂当代制度的运作，很有必要查看它们的起源以及帮助它们成形的意外和偶然。"[103]

中国何以未能发展出民主制？此问自 20 世纪 30 年代以来一直是学界关心的热门话题。无论是全盘西化派，还是中体西用派，大抵不离西方中心主义的立场来寻求问题的答案，学者们大多持西方民主制乃人类政治制度的最后形态的观点。因此，他们并没有想及要清楚把握西方民主制形成的历史，也无意识到有必要究问西方民主制的本质，就草率地主张或相信西方式的民主制乃"历史的终结"的说法。换言之，西方式的民主制被捧高到民主政体乃至一切合法政体的唯一标准的地位。中国学者无论主张全盘西化，或是维护传统，大都将中国至今未能发展出民主制归咎于传统儒家德治。这种流于表面的通俗见解长期占据学术界，究其实是既对西方式的民主制的"起源以及帮助它们成形的意外和偶然"缺乏了解，同时对中国历史悠久的中央集权制缺乏从根源上的周全研究，大多只停留于意见。

现在，我们可借助西方政治学家研究的成果，对西方及中国的政治制度发展史做一整体的简略说明和对照，借此为寻找中国何以至今未能发展出民主制的根本所在提出依据。我们还是参看福山的研究成果，他在《政治秩序的起源：从前人类时代到法国大革命》一书中提出基本的政治制度分为国家、法治和负责制政府。他说："成功的现代自由民主制，把这三种制度结合在稳定的平衡中。"[104] 我们就此三方面察看中国政治制度的发展，如福山指出，"中国是开发国家制度的先行者"[105]。"东周时期（公元前770—前256年），真正的国家开始在中国成形。"[106]"战争和战争的需求，在一千八百年内，把成千上万的弱小政治体凝聚成大一统的国家。它创立了永久且训练有素的官僚和行政阶层，使政治组织脱离亲戚关系成为可行。"[107]这就是牟先生所论"贵族政治"向"君主专制"的转进。牟先生说："从中国历史文化的发展来看，三代政轨与道揆合一的原始综合，只是一个初期。这一发展，到周公制礼算是完成。"[108]"自周公制礼经过西周三百多年到东周春秋时代，这个原始综合便要破裂：政轨、道揆要分头发展，政治、经济、社会都要转型。这转型的过渡，就是春秋、战国这四百年历史。"[109]这就是周文罢弊、诸侯僭窃的乱局，周天子一统天下的局面无以为继了。孔孟周游列国，欲力挽狂澜于既倒，岂能责之无现实感？实乃圣贤之仁心之不容已。当是时，"杨墨行，正道废"，孔孟倡导施仁政、行王道，言虽切而于事无补。这是历史的发展趋势要从原始部落的"天下"转至君主专制的"国家"，孟子所倡"行一不义、杀一不辜而得天下，皆不为也"、"不嗜杀人者能一之"（《孟子·梁惠王章句上》）行不通，建立统一的国家之时代任务需要法家人物来带动、完成。此乃天也，即孟子说："莫之为而为者，天也；莫之致而至者，命也。"[110]

如牟先生所论，春秋战国期间，"法家只在现实中现实地成就现实，乃形成了秦汉大一统的那种君主专制"[111]。"首先，是在政治上从三代累积一千五六百年而形成的贵族政治中，把贵族压下去……把国君解放出来，就是使国君成为一个面对国家、面对国民真正的一'国'之'君'，得到他应有的客观地位。"[112]与此同时，"一批自基层社会中崛起的'士'"，"取代了在春秋时期仍是政治上主要人物的'贵族'地位，成为国家政治的实际负责人"。[113] 另外，"商鞅在秦，李克在魏"，打破井田制，"使土地正式而合法地归农民所有，使耕者有其田，并可自由买卖"。[114] 土地私有使农民"直接面对国家，成为国民；在社会上，则成为自由民"，牟先生称之为"具有客观化意义的'民'"。[115] 这就是秦始皇开创的统一的大帝国。

如福山指出，"欧洲从没见过像秦朝那样的强大专制国家"[116]。"最重要的是，依马克斯·韦伯的标准，中国出现的国家比其他任何一个更为现代。"[117] 韦伯说："公元前3世纪建立了统一帝国——从这以后仅有过短期的分裂——至少从原则上和理论上给国内带来了安宁。从此，'合法'的战争在国内不可能再出现了（春秋无义战）。抵御与征服蛮夷则是政府的纯粹的公安任务。"[118] 又说："老百姓不过是变换他们的君主而已，或是篡权上台的，或是成功入侵的，两种情形都仅仅意味着征税人的变换，而不是社会制度的变迁。"[119]

集权官僚制的中国国家的巩固，有效阻止任何社会力量建制化地组织起来以形成社会抵抗力量，"中国军队一直处于国家的严密控制之下，从没有对政治权力构成独立威胁"[120]。欧洲没有最后建立如此"单一的庞大帝国"，以致福山问"中国发展路径为何异于欧洲"。[121] 我们可以指出，这个地方正是欧洲何以走上民主制的道路之谜底所在，同时也可说是中国何以至今未能开出西方式的民主制的答案所在。如福山指出："潜在的专制君主开始其国家建设大业时，就会遇上组织良好团体的阻挠。例如，既得利益的世袭贵族、天主教会、组织起来的农民、独立自治的城市。所有这一切，都可在国境内外灵活运作。"[122] 韦伯在《儒教与道教》中尤为详细地就此做出较论。

在城市组织方面，在中央集权的君主专制下，"作为皇帝城堡的城市所拥有的受到法律保障的'自治'远比农村要少"，城市"根本不可能以法人的身份出现"。[123] 如韦伯指出，中国的城市组织"没有城市的政治特点"，"它不是所谓的古希腊'城邦'，没有中世纪那样的'城市法'。因为它不是拥有固有的政治特权的'共同体'，没有西方古代那所谓住在城里的自我武装的军人等级意义上的市民阶层"。[124] 其"根本没有武装起来的城里人的政治盟会"，"如执政官、市议会、商团式的政治行会与同业的工会联合会"。[125] 总而言之，城市的法人地位，受到法律保障的城市自治，是西方君主专制史中抵制皇权无限扩张的重要因素，因而也是制衡皇权的政治力量合法产生与存在的重要因素，从而为从君主专制转向现代民主制的政治现代化奠基。

韦伯说，"与其他一切城市都不同的西方城市和仅仅在世界上这个地方出现的市民阶级是基督教的主要舞台"[126]。更为重要的是，独立于国家、先于国家存在的宗教法律，在西方为民主制之法治做好铺垫。福山说："西方、印度、伊斯兰世界有一套受宗教庇荫的既存法律，并获得教士等级制度的捍卫。它独立于国家，其历史比国家更长。与当前统治者相比，这套法律更古老、更高级、更合法，因此对统治者也具有约束力。法治的含义就在：甚至国王或皇帝也是受法律束缚的，不可随心所欲。"[127] 并指出："这种法治从没存在于中国，对法家来说，简直是匪夷所思。他们认为，法律只是记录国王或君主口述的典章。"[128] 不过，我们并不因此认同黑格尔所谓"中国只有大皇帝有自由"的说法，稍具一点政治常识则能明白，任何无法无天的政权都不可能长久。显然，将几千年的中国君主专制想象成皇帝不受任何约束，任意妄为，那是对中国政治史缺乏了解的想当然之谈。如福山已有见及儒家对皇帝权力的制衡，他指出："儒家试图教育君主"，"使他深感对人民的责任。让君主获得良好教育，以建良好政府"。[129] 尽管这并不是"任何制度上的制衡"[130]，但不可因此忽略这种在中国历史上悠久而重要的影响国家政权施政的作用。"皇帝身处儒家官僚机构之中"，也就受到限制，"对皇帝权力的唯一制衡是道德；也就是说，给予皇帝正确的道德教育，敦促他仁民爱物，并时常劝诫他不可辜负这些理想"。[131]"武装起义是对坏皇帝的最后制裁，根据儒家天命流转的原则，又是正当合法的。"[132]

尤为重要的是，如福山指出："君以民为贵的儒家思想，把负责制的原则带进了中国政府。"[133]尽管，"这个负责制不是正式或程序上的，而是基于皇帝自己的道德观念，而这观念又是官僚机构所塑造的"，但"它至少在原则上坚持君主应对人民负责，并执意保护抗衡集权的现存社会制度"。[134]

儒家作为基于人之道德心的哲学、政治、伦理的整体，它溯源于三代华夏古文明，而由孔孟奠定其统绪，于全民族中取得了大宪章的地位。韦伯就指出，儒家是"决定国家大政和统治阶层精神等级的正统伦理"，他说："'立宪'是儒家的理论，从'立宪'的角度来说，皇帝只能任用有学位的儒士为官来进行统治，而从'古典'的角度来说，则只能通过正统儒教的官员来进行统治。任何偏差都会招致灾变，如果一意孤行，会导致皇帝倒台、王朝没落。"[135]

孔子奠基而孟子承之而建立的儒家哲学宏规成就中华民族理性文明的传统，它不是思想史上的一家一派，而是对中华民族每一分子（上至君主下至平民）皆有效的，甚至规定了皇权的合法性（通过天命有德者、天罚贼仁贼义者的政权更易的最高原则）。有谓孔子乃"素王"，其作《春秋》是为后世王者立法。儒家传统是通过社会教化启发每一个人依自身本心天理而行，过"仁义礼智"的生活，以达到"天下平"之社会秩序。并且，通过实行科举制建立行政管理系统，接受儒家教育的"士"成为管治阶层。关此，韦伯著《儒教与道教》有一专章《士等级》讨论，他指出："在中国，12个世纪以来，由教育，特别是考试规定的出仕资格，远比财产重要，决定着人的社会等第。"[136]"尽管中国的文字体系很复杂，但平民百姓也能学会，于是就能分享文字学者阶层的尊严了：早在封建时代，士阶层就已经不是一个世袭的等级，也不是排他的等级了"[137]。"从7世纪末起，科举制全面推行，成为世袭君主的一种手腕，用来阻止一个孤立他的等级的形成"[138]。

韦伯指出了接受儒家教育的士阶层"广泛的实践政治的理性主义"[139]，既是在礼仪上和政治上维护了"正确的国内行政秩序和国君的正确的卡里斯马生活方式"[140]，又是指导人的理性生活的核心力量。韦伯说"儒教的'理性'是一种秩序的理性主义"，他还引用乾隆皇帝在明史中写下的话："唯使生灵免遭涂炭者可治天下。"[141]道德的合法性深入民心，"儒家教育本身的威信，在被近代受到西方教育的本阶层的成员破坏之前，在民众中一直坚如磐石"[142]。福山也注意到："事实上，文人和官僚的作用合二为一，在其他文明中是找不到的。"[143]他溯源至春秋末期和战国时代，战乱"促使了对政治和道德的深刻反思，并为天才的老师、学者、谋士提供了出人头地的良机"。[144]这种智慧传统"创建了宛如意识形态的东西，即政府如何施政的思想"，其次，中国文人的流动性又孕育了"伟大经典著作"，"变成精英教育的基石和中国文化的基础。有关经典著作的知识，成为国民身份的坐标"。[145]

依以上所论，我们可以看到，中国几千年君主专制的基本政治制度：高度中央集权的国家、德治、负责任的政府，此三者"结合在稳定的平衡中"。这就是我们借助两位西方政治学家研究之成果，对一个内具强大自我修复力的统一的大帝国之所以历史悠久所做出的说明。假若不是近代西方向全世界扩张的资本主义带着现代的科学与民主席卷这片古老的大地，恐怕这块辽阔疆土上的居民仍会按着自身的模式生活。没有工业革命产生的环境污染与生态破坏，远离利益纷争的群族撕裂，没有在急剧城市化中被抛进现代化工厂的一无所有的劳工，以及无助的留守儿童和老人。诚然，历史没有"如果"，中国人被迫着要问"何以中国至今未能发展出民主制"，却不会想到如福山那样问一问"其他文明为何不复制中国道路"[146]。

韦伯指出："中国几乎根本没有奴隶"，"有远为博大的宗教宽容"，"还有广泛的物资交换自由、和平、迁徙自由、职业选择自由、生产方式自由以及丝毫没有对商人习气的厌恶"。[147]"孔子本人并不鄙视对财富的追求"，"对于儒家来说，财富是能够高尚地，亦即合乎尊严地生活，并致力于自身的完善的重要手段"。[148]"在儒家经典学说中，同样在伦理方面，人与人原则上平等"，"起决定作用的不是出身，而是教育，这种教育原则上是有教无类"，"国家观和社会伦理所要求的东西，至少是每个人都能做到的。以良好的国家行政管理为前提，每个人就要从自身来寻找自己外在与内在的成功或失败的原因。人之初，性本善；苟不教，性乃迁；性相近，习相远。这是一种缺少超凡的伦理神的独特结构"。[149]韦伯指出，"儒教关心的只是世间的东西"[150]，"儒教伦理对待地上事物"采取"不偏不倚的立场"，并不像那些向往来世目标的救世信仰的宗教那样"贬低世俗价值"，依儒教，"现世是一切可能的世界中最好的世界，人性本善，人与人之间在一切事情上只有程度的差异，原则上则都是平等的，无论如何都能遵循道德规则，而且有能力做到尽善尽美"，"哲学—文学教育是自我完善的普遍手段"。[151]韦伯称儒教伦理为"绝对地肯定世界与适应世界的伦理"，"禁欲与冥想，苦行与遁世，在儒教里不仅是闻所未闻的，而且还受到鄙视，被看成是寄生虫般的懒惰"，"没有超凡的神的戒命"，"没有任何原恶概念。谁遵循为人的平均能力设置的戒命，他就无罪了"。[152]"根本没有一位提出伦理要求的超凡的神的伦理预言"[153]，"儒教中也就必然没有人们的不平等的（宗教）资格的经验"[154]。

韦伯指出，清教是一种与儒教根本对立的模型，这种模型的特点是："在上帝面前，被造物的堕落并无区别可言"，"人从天性上说都一样有罪"。[155]就此而言，人人平等，但是，"他们的宗教机会并不一样"，"直接依据毫无理由的预定论"，上帝的"自由"恩宠是预定的，不能由人自己决定，"一位超凡的神的天命和毫无道理的、并非应得的'自由'恩宠总是支配着一切"。[156]"为了上帝的荣誉"[157]，上帝"要看到自己的荣誉"在堕落的被造物身上的实现。[158]儒家正相反，"希望完全通过个人自身的伦理力量和有秩序的行政力量实现纯粹个人间的完美"[159]，"儒家只求从社会的粗俗不堪、丧失尊严的野蛮状态下解脱出来"，没有从"灵魂轮回、彼岸的惩罚"解脱的非理性欲求。[160]儒家关心的是"自身和谐的自然与社会秩序的宇宙"，每一个人"争取达到他可能达到的完美阶段，为此，他要修炼社会道德：仁、义、信、礼、知"，"如果尽到了该尽的责任，社会制度还是不能使全体人民感到幸福、满意，那就是卡里斯马不足的统治者个人的过失了"。[161]儒家关注"如何尽快地实现人类改良"，"由于贫穷和愚昧是唯一的两种所谓的'原罪'性质，教育与经济对于塑造人是全能的，所以，儒教绝不会在一种纯真无邪的原始自然状态中，而宁肯在一种乐观的文化状态中看到黄金时代的机会"。[162]

依据韦伯本人对中国历史和文化的理解，他有理由发出疑问，说："从一切迹象看，中国人有能力，甚至比日本人更有能力吸收在技术和经济方面都在近代文化领域中获得全面发展的资本主义。显然不能设想，中国人天生'达不到'资本主义的要求。"[163] 他甚至说："同西方相比，中国有大量十分有利于资本主义产生的条件"[164]，"在那些可能或只能阻碍资本主义在中国出现的条件中，有许多也同样存在于西方，而且恰恰是在近代资本主义最后形成的时期，例如统治阶级和官僚制的世袭特征，货币经济混乱、不发达等"，"在那些我们喜欢称之为西方资本主义发展的障碍的因素中，有些几千年来在中国就不复存在，例如封建制、大地主制（还有部分行会制）的束缚，此外，在西方典型阻碍物资流通的形形色色的垄断，似乎也有相当一部分是中国所没有的"。[165]

韦伯指出，"中国人营利欲的异乎寻常的强烈和发展早就是不容置疑的事了"，"中国人的勤奋与劳动能力一直被认为无与伦比"，"中国的商业获利者在其行会中的组织之强大，是地球上任何一个其他国家所没有的"，加上"巨大的人口增长"，"贵金属储量持续增加"，这些都是"资本主义发展的绝好机会"。[166] 但是，资本主义还是没有在传统中国发展，理由何在？如我们前面已申论，可概括为三点。一、中国君主专制的强大中央集权有效地遏止了任何有组织的对抗力量的合法存在，中央集权政府"厌恶自由交换引起的纯粹经济上急剧的两极分化"[167]，不愿意扶持任何自身难以控制的经济力量，而且，并不存在"英国那种足以驱使政府为其效劳的十分强大的资本主义扩张的利益"[168]。二、中国的城市没有受到法律保障的城市自治，缺乏像西方那样，先于国家之形成就存在的、武装起来的、作为基督教主要舞台的市民阶层。这个阶层是致力于发展资本主义经济的力量，同时是要求政治资本主义的力量。三、传统中国的城市并不存在得不到任何人身保护的、一无所有而只能靠出卖劳力维持生计的庞大劳工群体。传统中国的民众受宗族保护，即使城市居民，也仍然保持着与家乡宗族的联系。一个人若非除出卖劳力之外无法生存，他怎么肯让自己成为工业劳动大军中的一员？莫要说西方工业革命时期劳工群体的非人生活环境，以及不受尊重、全无尊严的状况，即便在今日科技高度发展的条件下，这一群人的生活条件仍然是不人道的。我们有理由指出，依照儒家"求财有道"和"以民为贵"的仁政原则，不会支持制造贫富悬殊，使人过没有尊严的、不人道的生活的资本主义。

值得注意，韦伯提出：中国没有"政治资本主义，但并非没有纯粹经济的资本主义"[169]。所谓"政治资本主义"，就是指由民主政制保护的资本主义。也就是说，作为资本主义伴随物的西方式的民主制没有在中国出现。这点提示很重要，有助于我们思考中国如何走上自己的民主政制之道路，克服在这个问题上一直流行的西方中心主义。

我们不嫌辞费，引用两位西方学者的论说，并非意谓他们有什么过人的高论，而实在说来，这只是为了让那些只对来自西方的学说心悦诚服的人易于接纳。究其实，我们是要提醒国人反思，在追求自己民族、国家现代化之道路中，有必要研究为何要学习西方民主制，以及要查看清楚这种当代制度的起源，以了解它的局限性和滋生的弊端。我们不能再像许多人一直所做的那样，只拿西方民主的发展当作唯一标准，而追问中国为何偏离西方的道路。我们亦有必要思考：如何植根于华夏理性文明（即孔子哲学传统）而开出中国的民主，它必须是质的民主而有别于当今世界现行的量的民主。唯独孔子所立大同世界堪称质的民主的理型，亦唯独质的民主才称得上是人类最后的政治制度。

三、关于"中国如何开出民主政治"的讨论与牟先生的"坎陷说"

　　近世欧洲工业革命以来，中国落后于西方而处于挨打的地位，新文化运动倡导学习西方，发展科学与民主。至今，中国科学发展之长足进步已为世人所见，我们就不必再议论中国传统德治是否要为中国没有发展出科学负责这个问题了。唯独讨论到"中国如何开出民主政治"的问题，时至今日，学者们仍习惯于将批评的矛头指向"仁政德治"，令人产生错觉，以为孔孟所言"仁政德治"与民主政治对立，不可并存。即使对儒家思想有向往的学者中亦不乏抱着"道德无力论"来谈"民主之开出"之人。最通常的做法就是搬出牟先生"良知坎陷"的说法来做论据，制造出一套他们自己的"通过坎陷，开出民主"的理论。

　　"通过坎陷，开出民主"一说见杨泽波教授《民主视野下的梁漱溟与牟宗三》一文。杨教授将牟先生所用"坎陷"一词解作"让开一步"[170]，他说："所谓'让开一步'是说道德要来一个自我否定，暂时退让一下，不再发展自己，而是发展自己之外的内容。"[171] 我们有必要指出，牟先生言"良知之天心即决定坎陷其自己而为了别心"[172]，学者们称之为"良知坎陷说"，实大多望文生义，而完全不顾牟先生立此说的诸方面深刻意涵，根本不理会牟先生立此说的哲学和文化问题意识为何，其中最有损牟先生本怀者莫过于所谓道德要"暂时退让一下，不再发展自己"之说。现在，我们要想消除这些有害的说法，不能不周全地理出牟先生本人立说的原委，将从哲学之思考理路、文化分析上的原因、政治架构建立的方法论意义三方面入手。

　　第一，从人心之能来探究道德心与认识心的关系，此表现出牟先生哲学思考的问题与理路。《王阳明致良知教》第三章《致知疑难》[173]乃是牟先生最早一篇论"良知自己决定坎陷自己",且所论周详的文献。兹详引其中论说如次。[174]

要致良知,此"致"字迫使吾人吸收知识。一切活动皆行为。依是,致良知乃是超越之一套,乃是笼罩者。在此笼罩而超越之一套中,知识是其中之一分。就此全套言,皆系于良知之天理,犹网之系于纲。从此言之,心外无物,心外无理。然而此全套中单单那一分却是全套之出气筒,却是一个通孔。由此而可以通于外。在此而有内外之别、心理之二。此个通孔是不可少的。没有它,吾人不能完成吾人之行为,不能达致良知天理于阳明所说之事事物物上而正之。是以此知识之一外乃所以成就行为宇宙之统于内。由孔而出之,始能自外而至之。(自外至者无主不止。)[175]

吾心之良知决定此行为之当否,在实现此行为中,固须一面致此良知,但即在致字上,吾心之良知亦须决定自己转而为了别。此种转化是良知自己决定坎陷其自己:此亦是其天理中之一环。坎陷其自己而为了别以从物。从物始能知物,知物始能宰物。及其可以宰也,它复自坎陷中涌出其自己而复会物以归己,成为自己之所统与所摄。如是它无不自足,它自足而欣悦其自己。此入虎穴得虎子之本领也。此方是融摄知识之真实义。在行为宇宙中成就了知识宇宙,而复统摄了知识宇宙。[176]

在良知天理决定去成就"知亲"这件行为中,良知天心即须同时决定坎陷其自己而为了别心以从事去了别"亲"这个"知识

451

物"。就在此副套之致良知行为中，天心即转化为了别心。……
然在"知亲"这件行为中，要去实实了解"亲"这个知识物，则
天心转化为了别心，了别心即与"亲"这个知识物为二为内外。
了别心是天心之坎陷，而二与内外即因此坎陷而置定。[177]

　　是以每一致良知行为中不但有一副套之致良知行为而去了别
知识物，且每一致良知行为自身即可转化为一知识物因而发出一
致良知之行为而去知道这个知识物。是以每一致良知行为自身有
一双重性：一是天心天理所决定断制之行为系统，一是天心自己
决定坎陷其自己所转化之了别心所成之知识系统。此两者在每一
致良知之行为中是凝一的。譬如"事亲"既为一行为系统，而其
自身亦复为一知识系统。盖既要从事"事亲"这件事，则必须知
道什么是事亲、如何去事亲。这一个知道，便表示一个知识系统。
在知识系统中，"事亲"便是一客物，而与了别心为内外。此时
良知之天心即则决定坎陷其自己而为了别心。此种坎陷亦是良知天
理之不容已，是良知天理发而为决定去知什么是事亲如何去事亲
这个知识行为中必然有的坎陷。[178]

　　一成行为系统，便须主体化动态化，动态化而提之属于主属
于能。既属于能矣，自不能与心为对也，而此时之心即为一天心。
原来天心与了别心只是一心。只为要成就这件事，天心不能一于
天心，而必须坎陷其自己而为一了别心。而若此坎陷亦为良知天
理之不容已，则了别心亦天心矣。[179]

　　知识是良知之贯彻中逼出来的。否则，无通气处，便要窒死。

452

良知天理自然要贯彻。不贯彻，只是物欲之间隔。若自其本性言，或吾人良知天理真实涌发时，它必然要贯彻，不待致而自致。致良知原为有物欲间隔者说。去其间隔而一旦发现出本性之真实无妄，则良知天理之真诚恻怛，或良知天理之善，自能不容已其涌发而贯彻于事事物物。其涌发不容已，则其坎陷其自己而为了别心亦不容已，盖此即其涌发贯彻历程中之一回环。若缺少此一回环，它还是贯彻不下来。一有回环，便成知识。[180]

又，《王阳明致良知教》第二章《知行合一》言及"知识实是在一曲中而成"，亦与"良知坎陷其自己"之说相关：

甚至就在知识上说，识心与物理为二为内外，亦是大道大本之不直，而经过了一曲折。因为一曲折，所以才有识心之用，才有物理可说，才有知识可成。知识实是在一曲中而成的，此虽不碍于为人为圣，或甚至此个曲折的缺陷是不可少的，然而却亦必须会归于大道之直。又须知此一曲，我的生命已经是物化了。知识必在物化中行。[181]

分析牟先生所论，我们可以指出，先生一再言良知之天心之"坎陷其自己"，实在是面对着一个关于物的认识如何能进入致良知教中的哲学问题。于《致知疑难》章开首一段中，他反复问："惟是生活行为固物也。除此即无物可言乎？"[182]"凡桌子椅子等等岂即非物耶？若亦是物，此将如何亦可云心外无物耶？此物岂非与吾心为对而为二乎？"[183]"良知之天理流于生活行为中而贯之，亦流于桌子椅子中而成其为桌子椅子耶？"[184]牟先生深知"关于桌子椅子之一套与阳明子致良知之一套完全两会事"，但这种知识之问题乃"为先哲所不措意者"。[185] 为此，他提出，"而在眼前致良知中，总有桌子椅子一种物间隔而度不过，因而总有此遗漏而不能尽。吾人须有以说明之。看它如何能进入致良知之教义中"[186]。并指明："此知识之一套，非良知天理所可给，须知之于外物而待学。因此，每一行为实是行为宇宙与知识宇宙两者之融一。"[187]

依牟先生分析，王阳明所言致良知"是超越的工夫，只是个直道而行"[188]。但是，"在知识上说，识心与物理为二为内外，亦是大道大本之不直"，尽管牟先生解释说"知识实是在一曲中而成的，此虽不碍于为人为圣，或甚至此个曲折的缺陷是不可少的"，并且"必须会归于大道之直"。据此说明"只是个直道而行"之致良知与"亦是大道大本之不直"的识知"两者之融一"的可能性，个中关键在于此"一曲"乃是良知之天心"决定坎陷其自己而为了别心"。"致良知"之"致"字就"迫使吾人吸收知识"。"知识是良知之贯彻中逼出来的。"就在致良知之行为中，"天心即转化为了别心"。"此种转化是良知自己决定坎陷其自己：此亦是其天理中之一环。"每一致良知行为既是"天心天理所决定断制之行为系统"，又是"天心自己决定坎陷其自己所转化之了别心所成之知识系统"，"此两者在每一致良知之行为中是凝一的"。

显而易见，牟先生所论"良知坎陷"并非如杨教授理解的那样，主张道德要"暂时退让一下，不再发展自己"[189]，相反，我们见到牟先生一再提醒："原来天心与了别心只是一心"，"此坎陷亦为良知天理之不容已，则了别心亦天心矣"。良知"自坎陷中涌出其自己而复会物以归己"，"如是它无不自足，它自足而欣悦其自己"。实在说来，依牟先生所论，若没有良知，则亦无以转出知识。我们暂且不讨论这种讲法是否无问题，但牟先生主张知识系统乃是由"良知天心"坎陷自己所转化出的了别心所成，这一点是明确的。因此，我们没有理由认为牟先生所论是要主张取消良知的作用，哪怕是暂时的，甚或是一瞬间的。良知天理不可须臾离也。恰切地理解，"良知坎陷其自己"，只是意谓良知于"内在地自作断制，自立准则"[190]之本质作用之外，又自己决定"让开一步"，通过自身不容已之坎陷转出了别心的作用而成知识系统。我们没有理由抓住"良知坎陷"一词来猜想牟先生主张人们要使良知"让开一步"，才可开出民主。[191]我们见到，《王阳明致良知教》第三章《致知疑难》反复论"良知自己决定坎陷其自己"，同时亦一再提醒良知"内在地自作断制，自立准则"，乃价值主体不可动摇者。[192]

总括地说，牟先生提出"良知坎陷"，旨在说明"良知天心"本身通过坎陷其自己而成知识系统。必须注意，我们在前文已指出，牟先生于此是要给出一个特殊的、关于物的认识如何能进入致良知教中的哲学思考方法，而并非要提供一个一般而言的知识论。并且，牟先生采用的方法来自黑格尔的辩证法，亦即绝对精神的辩证开显即其自我否定之过程，但牟先生的关注在人的道德主体，其学问的本质是道德形上学的。黑格尔根本否认人的道德主体，其辩证法是套在精神现象学上讲的。[193]

我们不必如有些学者那样否认牟先生的"良知坎陷说"，以为是多此一举之论，没有人能抹杀其作为一种创辟性见解而对哲学界做出的独到贡献。不过，我们亦不必讳言，"良知坎陷说"采用从上而下的精神哲学的讲法并不合一般人之通途。[194]若依照康德的理路，知识不必通过"良知坎陷"而成。我们遵从康德批判哲学的讲法，从人的心灵机能的两种立法来揭明知识与实践（即道德）两个不同领域的根源、原理及范围。

概要地说，康德经由《纯粹理性批判》证明了显相与物自身之超越区分，以及一切对象可被区分为现象与智思物。[195] 因着这项成果，康德得以划分开知性立法的自然概念之领域与理性立法的自由概念之领域。我们一般所谓"知识"属于前者范围内，而道德属后者，二者并行不悖。康德一再说明，每一领域都有自己独特的立法。"知性先验地为那作为一感取之客体的自然规立法则，以在一可能经验中达到对于自然的知解的知识。理性先验地为作为在主体中的超感触者的自由以及自由之特种因果性规立法则，以达到无条件地实践的认识。"（KU 5:195）康德在《判断力批判》中明确指出：知性与理性以各自不同的法权管辖的是"同一的经验领土"，并且这两种法权之所专属的机能是"共存于同一主体内而无矛盾的"。（KU 5:175）这就向我们指明：自然科学的知识和道德哲学关涉的是同一主体活动的两种不同能力，其结果终究是发生于同一经验领土之事。[196] 在分别的考论中，两个领域完全隔离开来。但康德揭明自由之因果性因着通过自由并与自由的诸形式法则相一致而在世界中产生结果，也就是由超感触者产生一种带有感性的后果，这就表明自由与自然的一种相关。事实上，自由概念试图把其法则所提荐的终极目的（圆善）实现于感触界。也就是说，人因着其意志自由实现自身为道德主体，同时就要求自己致力于将一个目的王国实现为自然王国。因此，依康德，问题是如何在实践中致力于自由与自然之和谐一致，而不是视二者为对立物而要克服二者的矛盾。凭着人自立并自我遵循道德法则，人"就决定地和确然地"认识到既属于感触界同时又属于智性界者的我自身。[197]（KpV 5:105）人依其智性界者的身份，自立并遵循道德法则而行，而且依其感触界者的身份，依照自然法则而行。人的道德践履就是遵循道德法则而在世界中产生结果，实现自由与自然之综和于经验界。

我们知道，牟先生对于康德哲学之根源洞见（自律道德、道德形上学，以及现象与物自身之超越区分）有极真切的把握，然亦不必讳言，先生采取的说明方法与康德不同。牟先生采用"自上而下"之方法，亦因之而有"坎陷说"，此方法直至其写《现象与物自身》一书时未有改变。[198] 尽管用词方面有变，自《王阳明致良知教》第三章《致知疑难》之后，牟先生著作中鲜见有明就良知而言"坎陷"的说法。[199] 于《认识心之批判》言"天心之自己坎陷"[200]，于《政道与治道》言"道德理性之自我坎陷（自我否定）"[201]，于《现象与物自身》言"自由无限心之自我坎陷"[202]、"知体明觉"之"自我坎陷"[203]，这些讲法都包含最早就良知而言"坎陷"之义，只是"自由无限心之自我坎陷"扩展至合儒、释、道而论。

第二，从中国文化之性格分析而带出的"坎陷说"。

我们已指出，牟先生于《王阳明致良知教》第三章《致知疑难》详论"良知自己决定坎陷自己"，该文发表于 1947 年，其时先生思考的哲学问题是物的认识如何能进入致良知教中。然若追溯先生产生"坎陷说"的问题意识，应该有另一入路，那就是如何对中国文化中"智"之性格做出哲学说明，以疏通其与现代知识之扞格。此见于牟先生所著《认识心之批判》。先生 1940 年开始酝酿此书，历时十余载。[204] 于重印志言中又表明："此书要为吾四十以前纯哲学学思之重要结集。"[205] 即 1950 年之前，先生的学思主要是纯哲学的。[206]

牟先生酝酿《认识心之批判》，有一个哲学问题意识，那就是中国文化传统未能发展出科学，如何对此做哲学根源上的说明。这在先生 1942 年发表的一篇题为《阴阳家与科学》的论文中表现得尤为明显。

文中说："治史者，彰往察来，推原湮没之迹而恢宏之。恢宏之者，使其与现代科学文化相衔接也。视吾今日之治科学，原来即为吾名、墨、阴阳精神之继续光大而渐至于科学也。"[207] 因之，先生发出大哉问："吾原本儒、道可以恢宏吾之形上文化之传统，吾岂不可原本名、墨、阴阳之精神与其所考究之对象而恢宏吾之科学文化乎？"[208] 先生说："今之问题已为哲学与科学之融摄，端在如何恢宏科学学术以充实吾之形上文化之传统，与夫如何恢宏吾之形上文化之传统以融摄科学学术而使其滋长与光大。是则名、墨、阴阳之疏导为不容已也。"[209]

牟先生有见及"阴阳家考究自然，是外以了物也。外以了物，始有知识"[210]，然而，"无奈中国文化传统，其高度之工夫，又全在从事于内心"[211]。先生一连数问："然则外以了物又岂可忽乎哉？知识者，生命之门户也，呼吸之孔道，血肉之源泉。"[212] "与天为徒，岂必畸于人乎？吾内之重也，所以主乎外也。外以来者，岂必伤吾内乎？不有乎外，安见乎内？不有乎人，何有于天？"[213] 先生说："曲高和寡，与天为徒，俾于天而畸于人，则所以报汝者，即为生命之死绝。此吾民族所以颠连困苦而有今日者也。"[214] 痛切之情溢于言表。

牟先生深知"滋养之物曰知识，一切科学在厚生（滋养生命）"[215]，而要进至科学，"即不能停于直觉之泛观。直觉之泛观乃欣赏之观照"[216]。先生论及《晋书》所谓"极数"，说："《晋书》'极数而谈'，其义特深。"[217] "前日之极数实为灵光之一闪，此固不可缺。然徒有此，而无条理以济之，其道必穷。吾人外观外物，灵光起处，目击而道存，其大体之所见时或全谬，亦时或全真。"[218] 据此，先生指出其不足，说："吾人今日所须之极数，则应为中间之分解，概念之系统。"[219] 先生亦论及阴阳家只是"初期之泛观"，说："阴阳家学即为初期之泛观，其解析自然之图象，自本原处言之，或已冥符真理，然如其外以了物而进入科学,则必不能止于此。亦必须坎陷其自己,而进入死板之分解。死里逃生,方是真生。"[220]

《阴阳家与科学》一文就阴阳家"初期之泛观"言及"坎陷",我们可以指出,该处言"坎陷"是其开始酝酿《认识心之批判》的头两年的结果。[221] 然该文言"坎陷"只是就阴阳家"初期之泛观"而稍有提及,[222] 该处所言"泛观"并非指一种认识力,而只指表一种笼统广泛而言之直觉方式。我们研究先生所论"理解(知性)之坎陷说",仍以正式成书为最后依据。《认识心之批判》一开始,牟先生就预定形上的心乃实现、主宰贯彻万有者,而认识心根源于其之坎陷。这是对认识心进行分解考虑的前提。先生说:

> 认识心之静处而与物对,因而具有外在关系,吾人将溯其根源于形上的心之坎陷。吾在此预定:形上的心乃实现万有者,主宰贯彻万有者……然形上的心坎陷其自己转化而为识心,则即退处而与物对,只以觉照了别为性,不复如形上的心之为实现原则。[223]

> 本体之彰著于人性,由之而开为天心与识心,天心直继本体,识心则天心之自己坎陷而摄取命题。由此自上而下之一串可以彰著人性。[224]

《认识心之批判》一书有言及"形上的心"、"道体的心"[225]、"道德的天心(即良知)"[226],先生明确提出:"主体有二:一曰知性主体,一曰道德主体。"[227] 但同时指明:"至于明德之学,即道德主体之全体大用,则将别见他书,此不能及。"[228] 该书专门就认识心做分解考虑，以探究知识之可能。先生对"认识心之坎陷"的说明亦包含其中。依先生之分解考虑，认识心"以觉照了别为性"，即其性包含"觉照"与"了别"，"了别"是"坎陷之辨解"，"觉照"是"跃起之寂照"。[229] 我们必须指出，依牟先生所论，认识心之"坎陷"只就理解（知性）而言，并不就"寂静之照心"[230] 而论。牟先生说：

> 理解之根源实有其自发之创造性。惟因其限于经验而发出格度，遂由创造性而陷落于辨解性。盖无辨解，则不能成知识也。此理解之自发之创造性实是推动理解使其不安于辨解之陷落之根源。吾人又顺上章末由直觉之涌现以摄无穷而知此创发之根源实是发出直觉照射之根源。直觉之照射随普遍命题之要求成为满类而实现或证实此满类。是以吾人由理解之陷于辨解性而引导出一直觉之创发性。此直觉之创发性发为直觉之照射而证实一满类，而照射至无穷，是以知此直觉之照射必在要跳出理解之辨解而破除其辨解性所成之限制或封域，将陷于辨解历程之理解而提起之而且推动之。[231]

> 吾人但见认识之心之坎陷，而在此坎陷中，一切活动皆是曲。吾人即赖此坎陷中曲而能达之活动以得知识之完成。是以在此曲之活动中，吾人全不见认识之心之直相。而知识之成立单靠曲，是以认识之心之直相似于此而全无所用。此吾人所以名此时为坎陷也。以在坎陷，故认识之心之直觉相遂泯灭而不见。[232]

依以上引文可见，理解陷落于辨解性以成知识，吾人由之见"认识之心之坎陷"，因在坎陷中，"故认识之心之直觉相遂泯灭而不见"。

460

实质上，理解有其自发之创造性，"此创发之根源实是发出直觉照射之根源"。先生对"直觉照射"多有所论，概要言之，其"所函之满证之绝对性以及认识之心之绝对满足皆在条件之解除上。此条件之解除名曰对于坎陷中种种条件之否定。条件之否定而显出之认识之心名曰寂静之照心。此即直觉之照射。此寂照之心因条件之解除而显示，故其照射必是通透宇宙全体之照射，亦就是通观宇宙之全之照射"[233]。"直觉照射"是要提起、推动处在坎陷中的知性。"曲是认识之心之坎陷，则'非曲即直'必是认识之心由坎陷而跃出。坎陷与跃出是认识之心之二相，亦即是其全相。"[234]"从坎陷中跃出而成非坎陷相"，关键在"依'直觉'之涌现而建立"。[235]

"坎陷是认识之心（即理解活动）之一相"，理解活动之必须坎陷带出的结果就是理解知识之不圆满性。[236]"知识只有相对性，而无绝对性。在坎陷中，无论如何努力奋发，亦不能至此绝对性"，"直觉之照射即是由坎陷中跃出而担当此绝对性之获得"。[237]"如是，若欲求得圆满性或绝对性，则必须自坎陷中跳出来，而从认识之心之非坎陷相方面以求之。此非坎陷相乃直接对坎陷相之否定而显示。"[238]

"寂静之照心"乃是"认识之心之跃出"，是认识心"自身之满足。即其获得知识之绝对性时之满足"。[239]"曲屈相破除，则认识之心即转而为直觉之寂照心"[240]，"内破曲屈相，外破时空相。两相破除，则认识之心即从坎陷中而解脱，故得清静而寂照"[241]。也就是自坎陷中跳出来，而显认识之心之非坎陷相。"实则曲心活动之中，直心即在背后闪烁而蠕动"，"由蠕动而涌现，由闪烁而明朗。此即吾人所谓由坎陷而跃出"。[242]据此可知，照心无所谓"坎陷"，其活动是"跃起"，不会要求自己坎陷。因此，我们不能说"理解"产生于"照心之坎陷"。[243]

461

牟先生表示他"深深了解此智的具体体性学之限制"[244]。他说:"吾人不可轻视此种跃进所成之寂照心及实境。有许多宗派大抵是就此或类乎此之方向线索而发挥其玄谈。如庄子及佛家便是。"[245] 又说:"寂照心之由流转苦海之否定而转出","所谓转识成智也。识即是生死流转,智即是寂照心。所谓般若智,无论说之如何甚深微妙,亦不出乎寂照心之分限","这一面纯是识,否定识便是智。再无其他之问题。吾人所企求之归宿以期统驭主宰此世界以及吾之生者,彼皆不曾措意及。故若顺吾所说之知识言,则至乎寂照心之一照便了事。若顺庄子所说之是非言,则至乎逍遥乘化之一齐便了事。若顺佛之生死流转言,则至乎真如涅槃之一空便了事"。[246]

牟先生说:"是以道家与佛家,所言之心,虽是超成知识的认识心,而仍为认识心(般若智只是认识心)。此可曰超理智的认识心,而此只是一觉照。不可曰道体的心也。……必极成道体的心,而不能一任超然的冷观无归宿,亦不能只止于超理智的认识心之觉照。……必须将事象既归于具体物理事,又归于生物理的实践生活及道德天心的实践生活而证实之。"[247] 在20世纪50年代初发表的论文中,先生也指出,道家"要作'致虚极,守静笃'的工夫","但仍只是'认识的心',智的直觉之认识的心",[248]"只知自然之几势,不知人文化成"[249]。

牟先生于后期之定论中改变了他的看法,在《现象与物自身》一书中[250],道家之玄智、佛家之空智与儒家之性智同属于"智的直觉",而为"自由无限心"。可以指出,先生的根本转变在从《认识心之批判》将"智的直觉"归于认识力,至《现象与物自身》改为归于形上实体。《认识心之批判》中,先生论道家之玄智、佛家之般若智、[251] 儒家之神智[252],皆只是超理智的认识心,"只是一觉照","不可曰道体的心也"。[253] 但先生在《现象与物自身》中说，"若在我们人身上能开出自由无限心，由此无限心即可开出智的直觉"[254]。在这部书中，"自由无限心""智的直觉"皆统儒、释、道三家而言。[255] 不过，关于"无限心"之为形而上的实体之证明，是采取道德的进路，如他说："我今从上面说起，意即先由吾人的道德意识显露一自由的无限心，由此说智的直觉。自由的无限心既是道德的实体，由此开道德界，又是形而上的实体，由此开存在界。"[256] "无限心即函其是一存有论的实体，是一创生之原则，实现之原则，故由之可开存在界也。"[257] 依此道德的进路而论，"智的直觉"是"德性之知"，[258] 是"知体明觉所发之光"[259]。可以说，《现象与物自身》全书中重要的关键就在论"智的直觉"之为"自由无限心"，智心（无限心）与识心（认识心）对反，凭"智的直觉"建立唯一的"本体界的实体"。[260]

在《现象与物自身》一书中，牟先生同样以"坎陷说"来说明认识心与形上心的关系。先生说："自由无限心既朗现，我们进而即由自由无限心开'知性'。这一步开显名曰知性之辩证的开显。知性，认知主体，是由自由无限心之自我坎陷而成，它本身本质上就是一种'执'。""知体明觉之自觉地自我坎陷即是其自觉地从无执转为执。自我坎陷就是执。坎陷者下落而陷于执也。"[261] 不过，在《认识心之批判》的用语是"天心之自己坎陷""形上的心之坎陷"，所言"天心""形上的心"，并不包括释、道二家所言"心"在内。《现象与物自身》所言"自由无限心之自我坎陷"是统儒、释、道三家而言的。

第三，"坎陷说"与民主政治架构之建立。

我们可以指出，牟先生的"坎陷说"是一个贯穿于其学思之全过程的思维方法。先生的学思分三阶段。"四十以前，致力于西方哲学"[262]，"五十以前"写成"外王三书"，[263]"五十而后"潜心于"心性之学"。[264]

第二阶段十年，牟先生之学思贯注于"本中国内圣之学解决外王问题"[265]。在《道德的理想主义》之修订版序中，先生自道："此书与《历史哲学》及《政道与治道》合为一组，大抵皆是自民国三十八年至四十八年[266]十年间所写成者。此十年间乃是吾之文化意识及时代悲感最为昂扬之时。……溯自抗战军兴即渐有此蕴蓄。"[267]20世纪初期兴起的新文化运动日益扫除中国传统文化，此促使先生关切于传统内圣之学之维护，同时关注立足中国文化传统开出现代化之科学民主的问题。1949年先生往台湾，至1960年赴香港。此逾十年间，台湾实施戒严令，国民党一党专政，先生力倡"本中国内圣之学"而开出民主政治，可证牟先生等新儒家学者文化意识之强烈，时代担当之气魄。

学者们大多感兴趣于牟先生"坎陷说"于政治理论方面之用，并片面地引之为据而大谈所谓"通过良知坎陷开出民主"。我们长篇大论讲明先生"坎陷说"之哲学与文化方面的意义，为的是要提醒人们在讨论新儒家的"民主开出说"时避免随意滥用"坎陷说"。我们首先要讲清楚，牟先生在考察"中国如何开出民主政治"这样一个时代之课题时，采用了中西哲学与文化特质相比较的方法。依先生所论，科学与民主之开出属"理性之架构表现"，而"中国文化只有理性之运用表现"。[268]先生说："中国为什么不能出现科学与民主政治呢？我们的答复是理性之架构表现不够。中国文化只有理性之运用表现。"[269]就文化生命之特性而论，中国人的民族性格在某一方面缺乏"英美民族的事功精神"，"中国人的文化生命正视于圣贤、英雄，在此状态下，事功的精神是开不出来的。事功的精神即是商人的精神，这种精神卑之无甚高论，境界平庸不高，但是敬业乐群，做事仔细精密，步步扎实"。[270]

牟先生关联着中国传统文化问题，分三方面论"理性之运用表现"。"一、从人格方面说，圣贤人格之感召是理性之运用表现。"[271]"二、从政治方面说，则理性之运用表现便是儒家德化的治道。"[272]"三、从知识方面说，则理性之作用表现便要道德心灵之'智'一面收摄于仁而成为道心之观照或寂照，此则为智的直觉形态，而非知性形态。……此为超知性之智，此可曰'神智'（圆而神之神），或曰'圆智'。凡圆智皆是作用表现，而非架构表现。"[273]

中国哲学与文化之传统既未能显"理性之架构表现"，而"今天这个时代所要求的新外王，即是科学与民主政治"[274]。据此，牟先生提出要从"理性之运用表现"转出"理性之架构表现"的问题，并因应此问题之解答而使用其著名的"坎陷说"，见于1955年发表之《理性之运用表现与架构表现》，文中说：

> 当然人之成德与知识的多少并无关系，可是"诚心求知"这一行为却必然为道德理性所要求所意欲。既要求此行为，而若落下来真地去作此行为，则从"主体活动之能"方面说，却必须转为"观解理性"（理论理性），即由动态的成德之道德理性转为静态的成知识之观解理性。这一步转，我们可以说是道德理性之自我坎陷（自我否定）。经此坎陷，从动态转为静态，从无对转为有对，从践履上的直贯转为理解上的横列。在此一转中，观解理性之自性是与道德不相干的，它的架构表现以及其成果（即知识）亦是与道德不相干的。[275]

465

我们可以指出，这段话是牟先生正式就如何能在中国建立民主架构之问题提出其"坎陷说"。[276] 值得注意，于此，先生并不是就"良知""天心"等形上心与成知识的知性主体对举而言"坎陷"，而是就同一理性的两种不同使用（运用表现与架构表现）之间的关系而言。[277] 必须指出，这种关于"理性作用"的见解属于牟先生本人。若依照康德经批判考察而做出之论断，唯独知性具有在自然概念之领域立法之管辖权，因而唯独知性作用于理论认识中是构造的。依此，我们说西方文明重知性之构造运用，而因其忽略理性立法而言，则是理性之眼未张开。也就是说，西方以其工业革命及以与之相关联的阶级斗争史为背景的民主制仍然只停于知性计量之运用，而缺乏与理性立法相关的民主理念。尤其西方民主制发展到今时今日，已彻底去理念化，以致流为纯然的架构和操作手段。

依照康德的理路，我们可以说民主架构属于自然概念之领域，由知性立法管辖，而民主理念属于自由概念之领域，由理性立法管辖。民主架构和民主理念构成民主政治之整体。民主架构和操作手段是经由知性（牟先生说为"观解理性"）立法进行的，就其具体运作而言，不必与道德相关，但不能说民主政治根本上与道德不相干。道德根本上意谓每一个人的理性立法。理性立法（道德）作为制定民主架构和操作手段之根据，以及检查其正当性和合法性的最高原则，在真正的质的民主制中不可或缺。并且，民主政治不仅就架构、形式程序而言，还包含民主理念，前者归于知性主体，后者归于道德主体。分别而言，可以说知性之架构表现与道德不相干，但是，既然民主政治是架构、形式程序与理念的结合，那么，它本质上就是知性主体与道德主体之作用先验地综和一体。究其实，政治既与人（人与人、人与社会）相关，而人既是自然的存在，同时是道德的存在，那么就没有理由以为政治

466

与道德不相干。

依以上所论，我们可以说，真正的民主政治根源上是道德的。道德（理性立法）与架构（知性立法）是先验综和的关系，而并非对立矛盾的，[278] 因而我们并无理由视德行与知识为对反。[279]

中国传统社会没有建立民主架构，可以说，此与我们的传统之未能重视知性立法之领域的拓展有一定关系，但历史因素实在错综复杂，先生注目于此一端，因此乃先生之本务，我们不必责备求全。牟先生"坎陷说"之学思始发于 20 世纪 40 年代，此后成论立说，其宗旨皆在探究中国传统文化如何改进自身以适合现代化之时代的问题，其时代感之强烈、文化意识之浓厚、忧患意识之迫切、弘道之心之真诚，皆不可掩。及后，于《现象与物自身》一书统儒、释、道三家而言"自由无限心之自我坎陷"，旨在建立一套两层存有论，以完成一个中国式的道德的形上学（或曰"超绝的形上学"）体系。[280] 据此可以说，此时期牟先生的学思重心已从前期（20 世纪 40、50 年代）之关注中国文化、政治的现代化问题转向哲学体系之建立，此实在乃因着时代之转变而有的转向。我们颇费周章讲清牟先生"坎陷说"的来龙去脉，其意也在提醒：我们在采用"坎陷说"来谈论"民主之开出"时，要注意其时代背景。

不必讳言，时至今日，时代的问题相较于牟先生提出"坎陷说"的时期实已大为不同，我们如何承继先生之志业，思考中国如何走出自己的现代化道路，需要有牟先生那样的时代感和历史担当之气魄，而不是固守成说而自满自足。

四、就现时代之问题看牟宗三先生的"外王三书"

今日我们探究中国如何走上民主的现代化道路，面对的时代问题相较于牟先生出版"外王三书"的时候有了根本变化，举其大端有三。

第一，"外王三书"自 1949 年至 1959 年间写成，其时中国文化之状况不同于今。先生本人于《道德的理想主义》之序（撰于 1959 年）中，曾慨叹："当三十八、九之年，人皆有忧惕迫切之感，亦有思哀思危之意。吾言之而人可听。十年后之今日，此种哀危之思，已成明日黄花"，"机不至，感不切"，"虽然，慧命不可断，人道不可息"。[281] 今日我们所处的时代，当务之急乃在倡导孔孟哲学，以滋润国人的生命，复苏中华民族文化生命之主体。

学者们讨论牟先生的"民主开出说"，一般只着眼于先生批评中国文化缺乏西方"分解的尽理之精神"，"架构之表现"不够，却完全忽略先生同时论孔孟之教乃文化意识之根源。在《道德的理想主义》一书的修订版序中，先生表白，"外王三书"乃一种蕴蓄之全部发出的果实。先生自道："此种蕴蓄不能求之于西方纯逻辑思考之哲学，乃必求之于能开辟价值之源之孔孟之教。深入于孔孟之成德之教，始可畅通吾人之文化意识。有正面正大之文化意识，始能发理想以对治邪僻……"[282] 先生指出："从夏商周开始，至孔子开启孔孟传统，一直发展到宋明儒，这其中是有一条线索的"，"这是一个民族的方向，一个指南针，好比数学上所说的常数（constant）"。[283] 无疑，"外王三书"重在"批抉中国文化之症结"[284]，但我们实不能将牟先生所论"中国文化之症结"与孔孟哲学混淆，而以为二者有同样的弊端。[285]

如所周知，牟先生一再论儒家乃大中至正之圆教，则可见先生并无将孔孟哲学混入中国文化之弊病中一并而论。我们也已经再三申论，孔孟哲学乃是人性之根、社会之本。孔子仁智双彰，既言"仁者，人也"，亦言"下学而上达"、"学而时习之"（《论语·学而第一》）。孔孟既彰显人心之仁，同时重视下学[286]；既言先立"大体"，同时言养"小体"；既讲"圆而神"，亦讲"方以智"。牟先生在《政道与治道》之新版序中驳斥所谓儒家无事功精神的说法，说："我们可以看出，儒家这条主流，旁边有条暗流，这条暗流一直批评儒家无用而正面要求事功。这个传统从墨子说起，一直说到胡适之所倡的新考据的学风，可谓源远流长。但是这里面有个根本的错解。吾人须知若是真想要求事功，要求外王，唯有根据内圣之学往前进，才有可能；……"[287]

我们于前面章节已论，孟子倡"内圣外王"为最高政治理念，"外王"就是"王道"。牟先生说："王道有其具体的内容，而不只是笼统地说仁义道德。"[288]尽管牟先生指出中国传统文化之症结，说："中国人的文化生命正视于圣贤、英雄，在此状态下，事功的精神是开不出来的。"但我们没有理由以为孔孟规立的"内圣外王"之宏规也是缺乏事功精神的。孔子说"人能弘道，非道弘人"，"弘道"就是《中庸》首章曰"修道之谓教"。修道是"教"，同时就是社会建设。孔子以六艺（礼、乐、射、御、书、数）施教育人，以人为徒[289]，开启了以家言开王制之典范。孔子传统并不忽视知识，更无"侔于天而畸于人"的弊病。孔子所言"文质彬彬"[290]，就是通过教化，使人的自由与自然禀赋适均而不相害。我们没有理由认为孔子传统只讲道德，不顾人的自然禀赋。在历史的流变中，中国文化之生命体难免遭遇种种外来文化之冲击与侵蚀，儒家文化也不可避免地经历曲折与磨难，[291]但我们没有理由将中国文化之弊病归咎于孔孟哲学。明乎此，则我们今日提倡弘扬孔孟之教，不必视为与牟先生对中国传统文化症结之针砭相左。

第二，今日中国已全面实施经济改革，与世界接轨。所谓政治中立、贬抑德治、排斥社会教化等西方流行之民主制中的一些观念显然并不适合今日之中国。中国的当务之急是以孔孟哲学施行社会教化，培育生命健旺的有社会与时代担当的公民群体，以凝聚一个积极向上的社会。

有学者以西方民主制中政教分离的原则来反对社会教化，以为提倡教化就是道德、宗教干扰政治。此种论点其实只是混漫浮浅之言。西方宗教是历史性的神统神治神律的宗教，以之管辖人的行为；西方现代化及民主制之核心精神之一就是结束神权而以人权取代之。依此可说，在西方，宗教是与民主相左的，因此之故，于现代民主制中，宗教被严格限制于个人信仰，不容许其干涉、混入政治领域。但我们提出以孔孟哲学施行社会教化，根本不能将它和西方传统的"政教合一"相提并论。孔孟哲学之为即道德即宗教的基础哲学，是理性本性之学，是人性之根、社会之本。明乎此，我们则可理解，质的民主政制有别于量的民主政制，端赖其扎根于理性本性，它就不可能与人性和社会之根本毫不相干。相反，我们可以指出，真正的民主制必须以每一个人能够自由地运用自己的理性为前提条件，而我们提出：孔孟哲学乃是每一个公民自我教化以及社会教化的源头活水。自我教化就是每一个人自觉自身本有的理性本性（人心之仁）；社会教化无非是启发每一个人成熟地运用自己的理性，培育真正独立自主、能承担社会责任的公民，而不仅是只顾个人私利或只以自身所属集团利益为依归的政治个体。

必须指出，西方思想界流行的所谓"泛道德主义"实质上是似是而非的观念。因"道德"并非"主义"亦无所谓"泛"也。自20世纪初期新文化运动以来，国人急欲从传统社会转进至现代，故求进步、学西方之心迫切，社会上流行凡事以西方为标准的风气，势所难免。以"泛道德主义"为名抨击儒家德治就是这种风气下的产物之一。依西方传统，所论"道德"实质只意谓去除人欲，把人心打扫干净，以合乎外在规范（习俗的、社会的或神的）。而康德已通过批判揭明：此所谓"道德"依据意志他律的原则，根本称不上"道德"之名。[292]如牟先生说："儒家的道德决不是这种格律化教条化'立理以限事'的道德。"[293] 真正的道德只能是每个人自身禀具的立普遍法则并遵之而行的能力，它必然是意志自律的，通过每一个人自身的意志的自由因果性而显。如我们已申论，用孔孟的话说，道德就是每一个人的本心（人心之仁）立天理，由天理行。依天理而实存乃人的真实本性，此即人的道德主体，而区别于依自然法则而实存的自然本性。明乎此，我们则能明白，在西方他律道德之背景下，所谓"泛道德主义""政治非道德论"，以及"人为何要道德"等流行话语和问题，于孔子哲学传统中，都是无意义的。因为西方传统中所谓"道德"，其含义与我们孔子传统中所意谓者根本不同。依孔子传统，人既作为自然的实存，同时作为道德的实存，证之于每一个人自身禀具的本心天理，也就是说，道德实存乃人之为人的事实。人之道德性协调感性意欲之杂多，人的生命始能够达至内在之和谐与平安。并且，端赖每一个人自觉自身本有的道德性以成就自己为道德者，全人类才得以避免因无休止的纷争而陷入末日的毁灭之绝望深渊，从而有望实现一个永久和平与共享普遍福祉之人类伦理共同体。明乎此，则可明白，道德于人乃不可须臾离者，可离者非道德也。

道德之不可须臾离，并不等同于否认人类活动之区分为各种不同领域。人类活动既与自然法则相关，则必然有依经验规则之不同而划分的各门类，但不能以此为口实，忽略人类活动归根结底必定要隶属于道德法则，无论人们是否意识到这一点。

政治与人的社会活动相关，也就是说，它既与人在自然法则下的本性相关，同时与人在道德法则下的本性相关。此二者乃超越地综和一体。那么，我们恐怕不能说："政治是非道德的"，"与道德不相干"。尽管分别而言，政治的制度形式和现实的操作程序必须服从自然法则，而政治之理念出自道德法则，但二者并非毫不相干，而是超越地综和的。更不能因为其分别为两种不同性质的立法，就说二者是对反的。

我们彰显人的道德实存性，并非要否决经济、政治有独立意义，而是希望纠正现代文明日趋物质化、政治化的倾向。如牟先生恰切地指出："经济有经济内在的独立法则，而政治亦有政治内在的独立法则。光从修身、齐家这个道德法则（moral law），推不出经济和政治的法则。"[294] 然此并非意谓道德法则就只限于"修身、齐家"，道德法则既意谓人的行为之格准的普遍必然性，[295] 那它就必然也关涉人的经济行为和政治行为。并且，道德法则以其作为行为格准的普遍必然性之依据，而产生人类理性的共同目的（圆善）。圆善不仅关乎人的德行，还关涉到人的幸福，它必定是自由合目的性与自然合目的性之综和。故此，只要人承认全人类有一个依道德法则而产生的共同的理性目的，人的任何社会活动就必定要隶属于道德法则及道德目的。如康德指出：唯独"在道德原则引导下"，人始"会成为他们自己的，以及同时也是别人的持久福祉的创造者"。（A809/B837）要避免那些为科学（包括政治、经济在内）勇敢而有效地劳作的人忽视人类的首要目的（永久和平与普遍的幸福），以及"保证科学共同制度的普遍秩序与和谐，乃至它的安宁"（A851/B879），就必须任何时候都注意以道德原则指导科学。

不必讳言，我们提出弘扬孔孟哲学，彰显人作为道德实存的理性本性，此举完全抵触以西方为唯一标准的现代潮流。但如我们一再申论，自欧洲启蒙运动以来，道德与宗教日益边缘化，其由来有自，究其根由，可以说在于西方传统之道德建基于意志他律（神律），历史性的教会宗教根本上与人权和人的自然本性相对立。孔子传统则不然，这个传统自始便是即道德即宗教，根于人的理性本性，与人的自然本性并行不悖。依此，我们没有理由跟随西方潮流贬抑道德和宗教。[296]我们亦不敢说，贬抑道德和宗教之风不会在西方引发严重的社会问题，毕竟西方现代化不过走了数百年，长远来说，人类社会是否真能离弃道德与道德信念而长治久安，恐怕没有人能做出担保。

今日之学界，"非道德的"一说随处可见："非道德的政治""非道德的民主政体"等说法成为流行术语。愚意以为，这种以否定方式（"非"）立论的方法并不应为严格的学术讨论所采用。人们所谓"非道德的"，其实是要表示"自然领域的"，我们何不就说"自然领域的""经验的""现象意义的"，或曰"理论认识的"，而要使用"非道德的"这样一种语义模糊、易生误解的表达呢？正如我们要表达"道德的"之确切义，也不能用"非自然的"。也就是说，严格的学术应该做"道德的领域"与"自然的领域"之区分，而不是主张"道德的"与"非道德的"的划分。此理甚明。

第三，今日西方世界实行了几百年的民主制已面临无法克服的困局，呈露出种种弊病与危机，与牟先生撰写"外王三书"时正处于全盛期的西方民主制相比较，不可同日而语。现今探究中国如何走上民主现代化之道路，不仅要提倡学习西方的民主架构，同时要认真对待现行西方民主制只讲程序正义、不顾民主理念而造成的祸害。我们不但要借鉴西方民主制中适合于中国国情，因而行之有效的政治架构，同时要以孔孟政治哲学中王道之理想为真正的质的民主之原型。

牟先生明确地指出，"自由必通着道德理性与人的自觉"[297]。先生对学界流行的贬斥道德理性的风气提出恳切的批评，说"囿于政治学教授的立场，遂只割截地把自由下散而为诸权利，并以为一上通着讲，便是抽象的玄虚，形而上学的无谓的争论"，"并以为一通着道德理性人的自觉讲，便成为泛道德主义，有助于极权，这都是在割截下只知此面不知彼面为何事的偏面联想，遂有此一往笼统抹杀之论"。[298] 可见，有学者以为牟先生批评儒家"泛道德主义"，[299] 恐怕是断章取义，甚至将主观推想加诸牟先生，实为不实之词。

牟先生说："吾人自人性的全部活动与文化理想上主张道德理性贯通观解理性，其贯是曲贯，非直贯，故不是泛道德主义，亦不是泛政治主义，故既能明科学与民主的独立性，又能明其与道德理性的关联性。若必停滞在观解理性的架构表现上而不能上通，则虽讲民主政治，而其为弊与蔽与科学一层论同。此为囿于实然境域而窒息文化生命、文化理想的泛政治主义。"[300]

牟先生撰写"外王三书"的时期，政治现代化于中国（无论大陆，抑或台湾、香港）并未提到议事日程，倡导民主实乃时代进步之潮流。其时，牟先生提出"民主政治是最后的体制"[301]。愚意以为，今日我们重读牟先生的相关论说，不必以为先生视现行西方式的民主制为"最后的政治型态"，而毋宁说，他所设想的应该是质的民主政治。

牟先生从政治哲学的角度设想一种"最后的政治型态"，它当该是作为一种理性的理想，亦即是人类社会政体之原型。明乎此，则可知先生所论应该是质的民主政治，它必定是理性的、道德的，而不是徒具民主程序和选举形式而忽视民主理念和不以理型为目标的。依此，我们可以指出，发源于欧洲工业革命和阶级斗争之历史的民主政治，只是民主的初级阶段，要从现时的民主政治转进至质的民主，需要经历一场根本的革新，它是人的心灵的革新，使人从"文明人"上升至"道德人"。[302]

关此，康德在《世界公民观点下的普遍历史理念》一文中就揭明：人类是具有理性的物种，正是理性的力量使人类从原始野蛮发展至文明化，也正是理性的力量，必定要使人类进展至道德化。这条必然的道路表明的是人类整体的趋势，是有理性的世界公民根据一种预定的计划而行进。（KGS 8:17）

今日我们批评西方民主制陷入危机及困局，在某些凡事以西方为标准的学者眼中，是可笑而缺乏自知之明的。诚然，依照西方主流的意识形态，"利"乃人和社会行为的唯一动力。

自由主义者、新老实用主义者，结集一切反传统哲学的势力，于欧洲启蒙运动否决神权专制而伸张人的权利之正当要求之外，将个人权利推向极端化，把人类"共同理性"视为人权的对立物，把倡导理性与道德（人的尊严）视为损害个人自由，将教化斥为民主的障碍物。罗蒂甚至认为对西方现行制度做批判是毫无道理的，他完全不关心西方社会现存的危机。

"偶然"，实在说来，不过是将短期思维推至极端；用于现实，无非是主张维持现状，取消对社会的批判。罗蒂坦然承认其维护"现代自由主义社会"的立场，我们也能够明白，"富裕的民主社会中"的"实利群体"从其个人的立场来说，并不需要理性，只凭"偶然"就能够过着富贵而有满足感的生活。但我们宁愿接纳康德的见识，他在《重提这个问题：人类是在不断朝着改善前进吗？》一文中说："真

正的热忱总是关乎理想的东西以及朝着纯粹的道德的事物前进，而不能嫁接于自利之上。"（SF 7:86）

事实上，当我们问及"什么是最后的政治型态"，亦即问及人类政治体制的原型，就不能采用依据任何个人的或特定群体的特殊观点。并且，可以说，我们是问及"人类是否在不断朝着改善前进"这样一个归于预告人类史的问题。如康德说："我们渴望有一部人类史，但确实并非一部有关以往的，而是一部有关未来的时代的历史，因而是一部预告性的历史……如果要问：人类（整体）是否不断地朝着改善前进，那么它这里所涉及的就不是人类的自然史（未来是否会出现什么新的人种），而是道德史了，而且还确乎并非根据种属概念，而是根据在大地上以社会相结合并划分为各个民族的人类的全体。"（SF 7:79）唯独人自身显露出自由意志之因果作用，用孔孟哲学的话说，就是唯赖人固有的本心（人心之仁），"人就能确切地预告他的种属是朝着改善前进的，因为在这里涉及的事件是他自己所能造成的"（SF 7:84）。并且，康德如理如实地指出：人类史已经揭示了"人的本性中朝着改善前进的一种禀赋和机能"。（SF 7:88）由于表现在思维模式的普遍性，"证明了人类全体的一种性格"，"同时（由于无私性）证明了人类至少在禀赋中的一种道德性格"，正是这种道德性格"使人可以期望朝着改善前进"，"而且就他们的能力目前所能及而言，其本身已经就是一种朝着改善的前进了"。（SF 7:85）

今日，人类社会之文明化可以说已获得高度发展，但如康德早已提醒，文明化仍然停在"伦理的自然状态"。他说："就像律法的自然状态是一种每个人对每个人的战争状态一样，伦理的自然状态也是一种存在于每个人心中的善的原则不断受到恶的侵袭的状态。"（Rel 6:96-97）"共同生活的人们之间的和平状态不是自然状态，自然状态毋宁是一种战争状态，也就是说，尽管并非总是爆发敌对行为，但毕竟一直受到敌对行为的威胁。"（KGS 8:348–349）他提出："伦理的自然状态是对德性法则的一种公共的、相互的损害，是一种内在的无道德的状态；自然的人应该勉励自己尽可能快地走出这种状态。"事实上，若人类社会缺乏理性的共同目标，不思考朝道德化转进，那么，没有人敢担保人类不会重又倒退回野蛮状态，以致跌入对前景无穷忧虑的偶然性的深渊。

我们可以指出，国人中有盲目追奉西方观点者，究其实只是固执一种个人的、偏颇的立场。[303] 他们仅依据经济现状，或现行政治制度的状况，就断言中国任何方面都还没有达到西方的程度，并没有深入研究中国文明与西方文明各自于历史中的表现与成果，乃至在关于民主政治的讨论中，将孔孟政治哲学一笔抹杀。甚至一些关注新儒家政治哲学的学者，也大多以西方为标准讨论民主制，在他们征引牟先生的观点时，仅仅采纳其批评中国文化的一些说法，而忽略其对孔孟政治哲学之彰显；另一方面，当他们引用牟先生肯定西方政治架构表现的见解时，却略去其对西方民主制之局限的评论。

现在，我们重读牟先生的"外王三书"，并不打算重复学界早已多有讨论的主题（包括"良知坎陷开出民主"以及"儒家德治开不出民主"等），而是要研究，牟先生如何早就提出孔孟政治哲学中包含民主理念与原型，以及德治与教化的核心内容，我们从中可发掘出有助寻求中国未来现代化路途的宝贵资源。

先就治道而论。学者们耳熟能详，牟先生批评中国文化欠缺"理性（案：用康德的词语准确地说是'知性'）之架构表现"，不能开出民主制度。其实，这不能等同说中国没有政治制度。牟先生本人就提出："中国以往对于治道之讲论，已达极端微妙之境界。"[304] 对于儒家所言治道，尤为彰显，先生说：

> 儒家言治道，所以主德化，是由于孔子继承夏商周三代所累积而成之礼乐而然。礼乐，简名曰周文。礼乐本于人之性情，其于人与人间方面之根据，则在亲亲之杀，尊尊之等。亲亲尊尊，亦本于性情。由亲亲尊尊之厘定，则人与人间不徒是泛然地个体之间的一段关系，而且进而举出其特殊的内容，此即是伦常。由伦常、性情，进而点出道德的心性，曰仁与义，至孟子则曰仁义礼智，而由恻隐、羞恶、辞让、是非之心以言之，则"道德的心性"尤显，而"德"之一观念遂完成。[305]

礼乐就是儒家治道的架构表现。[306]儒家的制度架构与伦常关联，扎根于人的真实的道德的心性（仁与义）。礼乐若作为外在的架构表现，不过是"虚文"，然孔子传统德治言礼乐扎根于"伦常、性情，而至道德的心性之'德'"，就是"真实心"之流露。[307]礼乐表现为文制，即作为外在的架构，"可随时斟酌损益"，但礼乐之所本"是千古之常道，定然之大经"。[308]今人不必跟随传统上形形色色的文具，然"常道""大经"不可弃。我们今日寻求民主，固然要学习西方的形式架构，取其所长，更为重要的是要认清"儒家德化的治道"于现代化建设的有效性和不可或缺性。

依牟先生所论，儒家治道方面，概之三目，就是"亲亲、尊尊与尚贤"[309]。"由此三目为体，再转就是'正德、利用、厚生'之三目"，"亲亲、尊尊与尚贤皆正德中事；正德、利用、厚生即是王道"，"从王道方面讲，正德必函厚生"，"所以内圣必函外王，外王就须正德以开幸福"，[310]"故厚生必以正德为本。此是儒家言德治之大端"[311]。

试问，今日我们寻求质的民主，岂可离弃"正德、利用、厚生"之总原则，而只提倡忽略民主理念的量的民主？

"儒家德化的治道，其最高最后之境界即是'各正性命'"，在"各正性命的境界中，视每一个人为一圆满具足之个体人格"，"即视人人自身皆为一目的，由其德性的觉醒即可向上愤发，完成其自己"。[312] 为君以德，为民以德。此乃华夏文明自古以来的理性核心，同时是政治之原则与原型之所系。试问：若总统候选人都无"德"，那么，全民投票选总统的民主程序意义何在呢？[313] 由此可见，"正德"为本，实乃任何合乎理性之原型的政治体制之根柢。

为民以德，无非是每个人自觉其本心（人心之仁），以显自身之"良贵"。此即牟先生言"尊人尊生"："尊生不是尊其生物的生，而是尊其德性人格的生，尊其有成为德性人格的可能的生。"[314] 用孔子的话说，就是"仁者，人也"，孟子也说："仁也者，人也，合而言之，道也。"此所以孔子说"道之以德，齐之以礼，有耻且格"。也就是以"仁者，人也"教人育人，启发人之自尊，非徒以刑政阻止人的犯罪行为。[315]

为君以德，就是以"德"规定君之为君的合法性和正当性。"君德"无非是君心之仁的不容已，"思天下之民匹夫匹妇有不被尧舜之泽者，若己推而内之沟中"也。《论语·泰伯第八》云："子曰：'大哉尧之为君也！巍巍乎！唯天为大，唯尧则之。荡荡乎！民无能名焉。'"为君者，"法天"也。牟先生说："而法天的结果，则是物物各得其所，乾道变化，各正性命。这便是孔子的天地气象。这是慎独上的大洒脱、大自在，全体放下的澈底推开。皇帝如此，方是尽君道。"[316] 我们可以说，以"法天"规范君王，乃是儒家制衡皇权的核心原理。此所以孔子说："为政以德，譬如北辰，居其所而众星共之。"（《论语·为政第二》）又说："政者，正也。子帅以正，孰敢不正？"[317]

牟先生指出"民之所好好之，民之所恶恶之"（《大学》第十章）一语，乃"以德治天下之最高原则"。[318]用孟子的话说，"乐民之乐""忧民之忧"，此即"尊重存在的生命个体之情感"。[319]"王如好货，与百姓同之"，此即"与民同富""富藏于民"，"尊重存在的生命个体而富有之，非取之而集于政府"。[320]"王如好色，与百姓同之"，此即"与民同成其家室，使人民得有康乐安定之生活"。[321]"国人皆曰贤，然后察之；见贤焉，然后用之"，"国人皆曰不可，然后察之；见不可焉，然后去之"，此表示"尊重民意，服从客观的是非"。[322]儒家德治就是要"个体落实地还其为个体"，"即以其为一'存在的生命'而须肯定之、尊重之"。[323]这种尊重"单是发之于'仁心'"[324]，源于理性。牟先生称之为"全幅让开（不是把持牵率）、散开（散落实地如其为个体而还之）之精神""仁者之精神"，[325]并指出："儒家德治，由孔子定其型范。"[326]"孔子说：'老者安之，少者怀之，朋友信之。'亦是此精神之极致。"[327]此见儒家德治"重个体，不是唯是个体"[328]。牟先生指出："以仁德治天下"，就是"让开散开""物各付物"的精神，"政治的最高理性从这里发，社会世界的最高律则从这里开"。[329]

牟先生论儒家的"德化的治道"，总括来说是两面之结合：从治者方面说，"说让开散开"，"表示仁者的精神"；从每一个人来说，"说'就个体而顺成'"。[330]先生说："以上是儒家根据仁德所建立的政治上的最高律则。"[331]依此提出儒家政治的"理性之内容的表现、民主之内容的意义"[332]，并且指出："故以德治天下……在生活之全上，内容表现之振动幅，是必然要振至教化的意味的。"[333]只是在现代政治中，限于"外延的表现"，始有所谓对于教化之限定，牟先生明确地说："在'理性之内容的表现'上，则不能有这种限定。"[334]就理性之内容表现而言，每一个人的道德理性（仁、本心）自身就要求完善自己的人格，此即自我教化；而全社会亦自发要求一个健旺向上的、和睦的、合适于人之尊严的人类伦理共同体（即道德的社会），此即是说社会将自发推动"弘文兴教"。此所以说，孔子传统之教化乃成全每一个人自身即是目的的"成人之教"，绝非所谓"洗脑"、思想钳制。教化乃是肯定、尊重每一个体，以其本有之本心之仁成就其为真实、丰厚的"实存的生命"。社会教化就是促进一个伦理共同体的形成，其中成员之关系既是"对列"的，又是"隶属"的。"对列"并非对立，而是意指每一个人乃是禀有"良贵"的独立主体；"隶属"则表示天序之秩、人伦之常，即人与人在"亲亲、尊尊"的伦常中实在。人作为独立的主体，即是自由自主的"人格"；人作为隶属关系中的存在，就是实存于伦常中。此即梁漱溟先生所言"伦理本位，职业分途"，殊途而同归也。

梁漱溟先生所云"伦理本位"根于孔孟，《论语·颜渊第十二》记载："齐景公问政于孔子。孔子对曰：'君君，臣臣，父父，子子。'"又，孟子说："圣人有忧之，使契为司徒，教以人伦：父子有亲，君臣有义，夫妇有别，长幼有序，朋友有信。""伦理本位"就是每一个人在伦常中是独立的一元，同时依天理而处于隶属关系中，以结合为共同体。"职业分途"而殊途同归，职业乃社会分工，并不因分工不同而形成对立的阶级。

牟先生提出"对列格局"是"现代化最本质的意义"，并以"絜矩之道"（《大学》第十章）说明之："絜者合也，矩即指方形，絜矩之道即是要求合成一个方形，这样才能平天下。"[335]可见，依于天理伦常之"伦理本位"，并非只是隶属关系，同时是"絜矩之道"。

君之为君以其"贤"为本性而成一元，而臣之为臣即以其"忠"为本性而成与之相对之一元。此即隶属之双方，同时各自成独立的一元。父慈、子孝，兄友、弟恭，夫义、妇顺，亦如是。这种隶属关系绝不是征服、宰制，而是尊重。"尊重对方，即是成两端，两两相对，此即是个'对列的格局'。"[336] 由此见出，孔子传统的"絜矩之道"与西方的"对列格局"不同。

孔子传统的"絜矩之道"是"保合太和"，尊重个体生命，启发人的道德主体性，依循自身本心天理而行，即以道德（为君以德，为民以德）成就"九族既睦"（《书·虞夏书·尧典》）、"天下平"的伦理共同体。西方"对列格局"的基础则在阶级、阶级斗争。如牟先生指出："现代化主要即是要求对列之局。西方要求现代化是通过阶级斗争而出现的"[337]，"西方历史有固定之阶级，因而有阶级间之自觉与抗争"[338]。我们从现代民主政治的发源及进展，追溯至欧洲近代新兴资产阶级与王权斗争的历史，以及察视日益壮大的无产阶级与资产阶级以结党形式展开的政治斗争，据之可见出，在西方的经济及文化的独特历史中，阶级与阶级斗争起到一种推动传统社会革命而转进至政治现代化的关键作用。这是其他传统所没有的社会政治力量。西方之阶级有着"固定性"与"内在的集团性"，自觉地结成政党，为整个阶级的利益而斗争："争取权利"，"订定契约"，以至取得政权的掌控权。[339] 明乎此，我们则能理解牟先生何以说："我在这里看出中国的文化生命在根源上是比较讲理；而民族生命在根源上亦比较清净，不像西方那样势利。"[340] 但另一方面又说："就'现实的存在'言，人要维持并改进其生物的存在，自亦不能无其私利的本能。而这种私利，因以阶级集团的方式去争取，所以也就是公利……可是就是这争取公利就函着争取正义、公道、人权与自由。"[341]

我们致力于讲明中华文明之理性本性，并彰显儒家由孔子而定之型范，实在是要揭示，中国现代化的道路恐怕无法跟随西方亦步亦趋，而是要认真正视自己的文明传统。《中庸》云："仲尼祖述尧舜，宪章文武。"孔子立王道为德治之型范，远宗其道于尧舜，恪守文武之法度。此即牟先生指出，"王道则以夏、商、周三代的王道为标准"[342]。牟先生说："就三代的王道政治来说，是通过'王者'的道德自觉与礼、乐、刑、政的运用，使社会中的每一成员人人'各得其所''各遂其生''各正性命'而达到'保合太和'的理想。'太和'，用今天的话来说，就是极佳的和谐。"[343]

三代王道的政治最高原则，用黄宗羲《明夷待访录·原法》中的话说，就是"三代之法，藏天下于天下者也"。"藏天下于天下"用《礼记·礼运》所记孔子语来说，就是"大道之行也，天下为公"。"天下为公"，也就是"天下"绝不是任何个人或集团的私物。可以指出，"天下为公"是儒家之政道的最高观念——根于理性之原型，亦可说是质的民主的理性核心。此所以后世称孔子为"素王"——他不仅以《春秋》为万世王者立法，并且也以"天下为公"为政权的合法性立下唯一标准。

牟先生说："中国儒家在政治方面有一个很高的理想，从孔子称美尧、舜禅让便建立起来了，具体说明则在《礼记·礼运》篇中'大道之行也，天下为公'说'大同'的那一大段文字中。"[344]又说："中国的政治与经济，从唐、虞、夏、商至西周，是一个原始综合型态的形成期。所谓原始综合，简单地讲，就是在这发展的过程中，代表民族集体生活的'政轨'与代表为此政轨最高指导原则的道德实践之'道揆'是在一体中表现出来的，二者是合一的。"[345]本此，孔孟言政权受命于天，"受命于天，并非是获得统治他人的权利。这不是权利。这是天命令他负某种职责，因而授之以位"[346]。据之，我们可以指出，牟先生批评儒者"始终未想出一个办法使政权为公有。是即相应政权无政道"[347]，乃针对三代以下而论。三代以上"藏天下于天下"，"政轨"与"道揆"一体表现，政权之本义只是服务天下人的职责，而绝不能为皇帝个人或统治集团据为私有。故政权并非统治之权柄，则无所谓政权与治权之分。近代政治要求政权与治权分立，实质上是由于政权即各集团争夺利益和权势的结果，故需要政权与治权分立以制衡权力。[348]

"藏天下于天下"之政道以"天下为公"为政权的本性。凡违反此本性之政权皆为非法，得以革命推翻之而重新回到政权之合法性轨道，依此保障政权本性为"共同地有"。依此言"政权"，始真正堪称"为集团所共同地有或总持地有"[349]。依此言"民主"，始为质的民主。牟先生说："政道者，政治上相应政权之为形式的实有、定常的实有，而使其真成为一集团所共同地有之或总持地有之之'道'也。"[350]并指出："依是，惟民主政治中有政道可言。人类为民主政治奋斗，即是欲实现政道而恢复政权之本性也。"[351]然若依照先生所论政权之本性"是一形式的实有"，"其本身自为定常不变"，[352]则我们必须指明，此"民主"必定是质的民主，而不能是现行的量的民主政治。[353]

牟先生提出其著名的"民主政治是最后的型态"的见解，为此一再从政权之本性立论，此外更再三就政权之取得和更替的方式做出论说。先生很动感情地说："我们不愿再见扬州十日、嘉定三屠和文字狱的杀戮，不愿再见隋炀帝、唐太宗、明燕王、清雍正那样的争攘，不愿再见王莽、曹丕、司马炎、朱温那样的篡夺，也不愿在今后的历史中常常闹'革命'；我们愿见中华民族各宗族都能和平而有秩序地共同生活在一个具有高度理性化制度化的政治体系中，我们愿见在国家政治中，政权的转移，各级政府负责人的继承，都有一个和平而理性的法律制度来安排。"[354] 现代民主政治以选举程序实施政权的转移，结束君主专制时代暴力取天下与世袭继体之方式，无疑是人类文明之进步。但我们仍要指出，只要这种民主制一日未进至道德化的质的民主，那么，政权转移方面的文明进步仍只是一小步，并不能说是"最后的政治型态"。今日，我们不愿见在民主政治中，政客、利益团体与党派相互攻讦、钩心斗角，民众纷争、群族撕裂，社会永无宁日，不愿见各路野心家操弄民意以荣一己、一派、一党之私。我们愿见从只重形式民主的政治转进至人类伦理共同体的质的民主政治，以实现"保合太和"的社会。现代民主政治只能做到"敞开的社会"[355]，但它缺乏"保合太和"的民主理想。

牟先生批评中国文化欠缺"理性之架构表现"，不能开出民主制度，我们不能以此推论到孔孟论政治之内容也不是民主的。儒家政治是不是民主，牟先生给出如理如实的回答："在政体上说，不是民主的"，理由是民主政体本身之成立是"理性之外延的表现"；"在内容上说，是民主的"。[356] 并且，牟先生也指明：儒家政治"所具备之'民主之内容的意义'不即是今日之民主政治也"[357]。我们今日讨论民主政治，言说之分际要分明：中国传统君主专制不能如欧洲那样转进至民主政治，这是一个历史事实的问题，不能据之抹杀孔孟政治哲学之内容是民主的。孔孟政治哲学之内容是民主的，也不等同说，其民主即是现代民主政治。

如我们已申论，孔孟以三代王道为政治型范，关于政权之本性、政权之延续更替都有明确的观念，并且体现出质的民主之核心内容，故不能说孔孟之学未及政道。孔子传统的政道就是以德治为政治之本，以"施仁政""法天"为君主之位的合法性的准则，而继体、革命则为政权之延续与转移定下合理的依据。此可谓孔孟已本三代之王道为型范，为后世政道立下完备的矩矱。从本质上说，孔子传统之政道体现政权共有之恒常实有的本性，因其依道德为本，以"施仁政""法天"为政权之合法性做出绝对的不可移易的规定；而现代民主政治根本不关心政权之本性是否共有及恒常，只注重政权转移的程序之合法性。而从形式上说，则孔子传统之政道并未如现代民主政制那样具备制度的基础和法律的保证。

孔子传统的政治学说于孟子最为完备。我们于前面相关章节已论孟子之政道与治道，由之可见孔子传统的政治学说的民主核心。孟子力倡王道，以仁义为政治之核心原则，确立儒家政道之宗旨，政权之天下人共有的恒常本性亦由之确定。[358] 于政权之取得、转移及制衡，孟子所论都有深刻而具本质义的民主内容，此见于其言"革命""推举""继体"，以及"从众议""格君心之非"等论说。

孟子言"革命"以"汤武革命"为据，乃是结束暴虐政权，使政权回复其恒常本性的正义手段。依此，可以说，"革命"论是孟子言"政道"之一义，[359] 即规定政权取得之合法性；另一义是以"德""法天"规限、制衡在位者，[360] 继体[361] 亦以"德""法天"为准，即规定政权之延续的合法性。

如以上所述，我们可指出，孔子传统的政治学说中有着丰富的民主内容，尽管不必讳言，三代以下，中国一直就是君主专制（中央集权），孔孟本三代之王道而确立的型范，从没有实现过，但并不等同说这个型范就徒托空言。

注释

1 见《剑桥哲学辞典》（译自 *The Cambridge Dictionary of Philosophy*，英文版主编：罗伯特·奥迪），王思迅主编，台北：猫头鹰出版社，2002，页961。

2 卢梭：《论人类不平等的起源和基础》，李常山译，北京：商务印书馆，1997，页88。

3 同前揭书，页79。

4 同前揭书，页76—77。

5 同前揭书，页97。

6 同前揭书，页98。

7 同前揭书，页120。

8 同前注。

9 罗尔斯指出："在《社会契约论》第一卷第八章第2段当中，卢梭提到了三种形式的自由：依次是天然的自由，社会的自由和道德的自由。"（John Rawls, *Lectures on the History of Political Philosophy*, Cambridge, MA: Harvard University Press, 2007, p. 220. 中译见约翰·罗尔斯《政治哲学史讲义》，杨通进、李丽丽、林航译，北京：中国社会科学出版社，2011，页225。）

10 卢梭：《论人类不平等的起源和基础》，页82。

11 John Rawls, *Lectures on the History of Political Philosophy*, p. 220. 中译见约翰·罗尔斯《政治哲学史讲义》，页225。

12 Ibid., p. 202. 中译见页206。

13 Ibid., p. 203. 中译见页206。本章讨论西方政治哲学，参考罗尔斯的《政治哲学史讲义》，因罗尔斯为获得广泛肯定的可靠的西方政治思想史专家。在其著作中所引用的卢梭文本采用缩写的形式：SD 表示《第二论文》（即《论人类不平等的起源和基础》），数字表示页码；SC 表示《社会契约论》，数字依次表示卷、章、段。（此说明见该书 p. 191；中译见页 193。）

14　Ibid., p. 203. 中译见页 206。

15　卢梭：《论人类不平等的起源和基础》，页 130。

16　同前注。

17　同前揭书，页 130—131。

18　同前揭书，页 131。

19　同前揭书，页 148。

20　同前揭书，页 149。

21　John Rawls, *Lectures on the History of Political Philosophy*, p. 203. 中译见约翰·罗尔斯《政治哲学史讲义》，页 206。

22　卢梭：《论人类不平等的起源和基础》，页 128—129。

23　同前揭书，页 166。

24　同前揭书，页 167。

25　John Rawls, *Lectures on the History of Political Philosophy*, p. 206. 中译见约翰·罗尔斯《政治哲学史讲义》，页 210。

26　Ibid., p. 204. 中译见页 208。

27　Ibid., p. 206. 中译见页 210。

28　同前注。

29　如罗尔斯指出，社会契约学说"可以追溯到古希腊以及 16 世纪；在 16 世纪，苏亚雷斯、维多利亚、莫林纳等经院神学家极大地发展了该学说"。但罗尔斯亦指出："霍布斯的《利维坦》是英语国家最伟大的政治思想专著。"（见 John Rawls, *Lectures on the History of Political Philosophy*, p. 23。中译见约翰·罗尔斯《政治哲学史讲义》，页 23。）

30　John Rawls, *Lectures on the History of Political Philosophy*, p. 211. 中译见约翰·罗尔斯《政治哲学史讲义》，页 215。

31　Ibid., p. 208. 中译见页 212。

32　Ibid., p. 34. 中译见页 34。

33　Ibid., pp. 35–36. 中译见页 35—36。

34 Ibid., p. 41. 中译见页 41。

35 Ibid., p. 75. 中译见页 75。

36 Ibid., p. 84. 中译见页 84。

37 Ibid., p. 84. 中译见页 83。

38 Ibid., p. 85. 中译见页 84。

39 Ibid., p. 124. 中译见页 125。

40 转引自 John Rawls, *Lectures on the History of Political Philosophy*, p. 124。
中译见约翰·罗尔斯《政治哲学史讲义》，页 125。

41 转引自 John Rawls, *Lectures on the History of Political Philosophy*, p. 125。
中译见约翰·罗尔斯《政治哲学史讲义》，页 126。

42 John Rawls, *Lectures on the History of Political Philosophy*, p. 125. 中译见约
翰·罗尔斯《政治哲学史讲义》，页 126。

43 Ibid., pp. 125–126. 中译见页 125—126。

44 Ibid., p. 6. 中译见页 6。

45 Ibid., p. 166. 中译见页 168。

46 同前注。

47 Ibid., p. 167. 中译见页 168。

48 Ibid., p. 167. 中译见页 169。

49 同前注。

50 同前注。

51 Ibid., p. 168. 中译见页 169。

52 Ibid., p. 161. 中译见页 163。

53 同前注。

54 Ibid., p. 162. 中译见页 164。

55 约翰·罗尔斯：《正义论》，何怀宏、何包钢、廖申白译，北京：中国
社会科学出版社，1988，序言，页 1。

56 同前揭书，序言，页 2。

57 同前注。

58 同前注。

59 同前注。

60 John Rawls, *Lectures on the History of Political Philosophy*, p. 5. 中译见约翰·罗尔斯《政治哲学史讲义》，页 5。

61 Ibid., p. 11. 中译见页 11。

62 Ibid., p. 5. 中译见页 5。

63 Ibid., p. 20. 中译见页 20。

64 Ibid., p. 8. 中译见页 7—8。

65 Ibid., p. 1. 中译见页 1。

66 Ibid., p. 4. 中译见页 4。

67 Ibid., p. 3. 中译见页 3。

68 Ibid., pp. 6–7. 中译见页 6。

69 Ibid., p. 1. 中译见页 1。

70 Ibid., p. 7. 中译见页 7。

71 Ibid., p. 7. 中译见页 6。

72 Harold Lasswell, *Politics: Who Gets What, When, How*, New York: McGraw-Hill, 1936. 转引自 John Rawls, *Lectures on the History of Political Philosophy*, p. 7。中译见约翰·罗尔斯《政治哲学史讲义》，页 7。

73 John Rawls, *Lectures on the History of Political Philosophy*, p. 7. 中译见约翰·罗尔斯《政治哲学史讲义》，页 7。

74 约翰·罗尔斯：《正义论》，译者前言，页 2—3。

75 John Rawls, *Lectures on the History of Political Philosophy*, p. 9. 中译见约翰·罗尔斯《政治哲学史讲义》，页 9。

76 Ibid., p. 12. 中译见页 11。

77 Ibid., p. 18. 中译见页 18。

78 牟宗三：《中国文化大动脉中的现实关心问题》，1983 年 5 月 17 日讲，陈涛记录，载于《鹅湖月刊》第 9 卷第 6 期，1983 年 12 月。收入《时代与感受》，《牟宗三先生全集》卷 23，页 408。

79 杨泽波：《民主视野下的梁漱溟与牟宗三》，载于《第十一届当代新儒学国际学术会议论文集》，2015 年 10 月。

80 福山：《历史的终结及最后之人》，代序，页 1。

81 同前注。

82 福山：《政治秩序的起源：从前人类时代到法国大革命》，毛俊杰译，桂林：广西师范大学出版社，2014，页 10。

83 同前注。

84 同前揭书，页 415。

85 同前揭书，页 9。

86 同前揭书，页 10。

87 同前注。

88 同前注。

89 同前注。

90 同前注。

91 同前揭书，页 11。

92 同前揭书，页 12。

93 同前揭书，页 16。

94 同前注。

95 同前注。

96 同前揭书，页 12。

97 同前揭书，页 11—12。

98 同前揭书，页 13。

99 同前揭书，页 14。

100 同前注。

101 同前揭书，页 15。

102 同前揭书，序言，页 2。

103 同前注。

104 同前揭书，页 21。

105　同前揭书，页24。

106　同前揭书，页104。

107　同前揭书，页89—90。

108　牟宗三：《时代与感受》，页396。

109　同前揭书，页397。

110　孔子、孟子都怀有严肃的使命感，同时亦有强烈的命运感。孔子说："道
　　　之将行也与? 命也。道之将废也与? 命也。"孟子说："夫天，未欲
　　　平治天下也；如欲平治天下，当今之世，舍我其谁也?"

111　牟宗三：《时代与感受》，页409。

112　同前揭书，页397。

113　同前注。

114　同前揭书，页398。

115　同前揭书，页399。

116　福山：《政治秩序的起源：从前人类时代到法国大革命》，页116。

117　同前揭书，页88。

118　韦伯：《世界宗教的经济伦理·儒教与道教》，王容芬译，桂林：广西
　　　师范大学出版社，2008，页66。

119　同前注。

120　福山：《政治秩序的起源：从前人类时代到法国大革命》，页89。

121　同前揭书，页115。

122　同前揭书，页116。

123　韦伯：《世界宗教的经济伦理·儒教与道教》，页56。

124　同前揭书，页54。

125　同前揭书，页54—55。

126　同前揭书，页5。

127　福山：《政治秩序的起源：从前人类时代到法国大革命》，页113。

128　同前注。

129　同前注。

130 同前注。

131 同前揭书，页 122。

132 同前揭书，页 123。从历史事实来看，道德制衡对坏皇帝并不起作用，坏皇帝最终是自招灭亡。而儒家思想影响皇帝决定国家大政，以民众之福祉为依归，成就了不少明君，这也是历史事实。汉武帝刘彻，开拓疆土，创立制度。唐太宗李世民，文武全才，开创大唐盛世。宋仁宗赵祯十二岁即位，二十三岁亲政，有仁君之称誉，在位四十二年，国家安定，经济繁荣。平民出身的明太祖朱元璋，推翻元朝统治，制定典章制度，保障国家长治久安。明朝亡国之君崇祯帝于煤山殉国，身穿的是一补再补的龙袍，其生活简朴、勤政爱民，为后人嘉许。依照孔子传统的政治思想，皇帝之"有天下"，意指其有保卫国家疆土、造福天下人的重任，绝非意谓天下乃皇帝一人之私物。此政治思想乃是为万世君主立法，每一位贤明的君主无不以此自许。若无儒家圣君为国为民之理型为指引，何来这些明君？此外，如福山指出："历史记载中，丞相和尚书批评皇帝的案例很多，有时还得以扭转有争议的决定。"（同前）

133 同前揭书，页 123。

134 同前注。

135 韦伯：《世界宗教的经济伦理·儒教与道教》，页 181。

136 同前揭书，页 150。

137 同前揭书，页 151。

138 同前揭书，页 160。

139 同前揭书，页 153。

140 同前注。

141 同前揭书，页 208。

142 同前揭书，页 176。

143 福山：《政治秩序的起源：从前人类时代到法国大革命》，页 109。

144 同前揭书，页 108。

145　同前揭书，页 109。

146　同前揭书，页 24。

147　韦伯：《世界宗教的经济伦理·儒教与道教》，页 278。

148　同前揭书，页 280。

149　同前揭书，页 186。

150　同前揭书，页 194。

151　同前揭书，页 264。

152　同前揭书，页 265。

153　同前揭书，页 266。

154　同前揭书，页 186。

155　同前揭书，页 274。

156　同前注。

157　同前揭书，页 273。

158　同前揭书，页 275。

159　同前揭书，页 248。

160　同前揭书，页 195。

161　同前揭书，页 246—247。

162　同前揭书，页 247。

163　同前揭书，页 282。

164　同前注。

165　同前揭书，页 283。

166　同前揭书，页 108。

167　同前揭书，页 178。

168　同前注。

169　同前揭书，页 283。

170　杨教授说："根据我的分析，坎陷概念有三个最基本的含义，即'让开一步''下降凝聚''摄智归仁'。"（《民主视野下的梁漱溟与牟宗三》）他曲解牟先生"坎陷说"，要害在其言"让开一步"。

171 杨泽波：《民主视野下的梁漱溟与牟宗三》。本人在一次学术会议上听到一位有名望的台湾教授说："良知坎陷就是要让开一步，不要以为自己都对，要包容。"究其实，这些学者原来就对儒家言"良知"心怀偏见，抱持着所谓"良知主观独断""良知傲慢"等成见，自觉不自觉地就拿牟先生所说"坎陷"作自己的成见之说辞，以致在学界造成广泛的影响。

172 牟宗三：《王阳明致良知教（上）》（第三章《致知疑难》），载于《历史与文化》第 3 期，1947 年 8 月。收入《从陆象山到刘蕺山》，页 208—209。

173 同前揭书，页 201—218。牟先生在该文后有一说明："此文为吾前作《王阳明致良知教》一小册中之一章，今摘取以为附录，该书可作废。"（页 218）

174 不知何时开始，学术界以为大段引用作者原文为不可取的论文作法。然愚意以为，引用作者片言只语，以发挥个人己见，实属不严谨的作风。尤其像对待牟先生这样的哲学家，非详引原文，细致析论，恐怕无法窥其堂奥。

175 牟宗三：《王阳明致良知教（上）》（第三章《致知疑难》）。收入《从陆象山到刘蕺山》，页 206。

176 同前揭书，页 206—207。

177 同前揭书，页 208。

178 同前揭书，页 208—209。

179 同前揭书，页 209。

180 同前揭书，页 212。

181 牟宗三：《王阳明致良知教（上）》（第二章《知行合一》）。收入《王阳明致良知教》，《牟宗三先生全集》卷 8，页 36。

182 牟宗三：《王阳明致良知教（上）》（第三章《致知疑难》）。收入《从陆象山到刘蕺山》，页 202。

183 同前注。

184 同前注。

185 同前揭书，页 202—203。

186 同前揭书，页 203。

187 同前揭书，页 206。

188 牟宗三：《王阳明致良知教（下）》（第五章《工夫指点》），载于《理想历史文化》第 1 期，1948 年 3 月。收入《王阳明致良知教》，页 67。

189 我们必须指出，杨教授将牟先生就"良知天心""道德理性"所言"自我坎陷"，说成是就"道德"而言"坎陷"，那是不恰当的。牟先生论"自我坎陷"，是对着道德主体机能而言。"道德"无所谓"坎陷"。

190 牟宗三：《王阳明致良知教（上）》（第三章《致知疑难》）。收入《从陆象山到刘蕺山》，页 216。

191 牟先生于其时（1947）并未有论及民主问题。

192 牟宗三：《王阳明致良知教（上）》（第三章《致知疑难》）。收入《从陆象山到刘蕺山》，页 216。

193 牟先生在《认识心之批判》一书中论及"通观之辩证"，就指出这是黑格尔所表现之辩证。先生说："自理解之背后而观推动此理解者所成之辩证历程之何所是与何所至。吾人名此辩证历程曰破除理解之限制与固执而起之'通观之辩证'。"（《认识心之批判（下）》，《牟宗三先生全集》卷 19，页 610）牟先生论及"知性之辩证的开显"，说："此步开显是辩证的（黑格尔意义的辩证，非康德意义的辩证）。"（《现象与物自身》，页 126）不过，牟先生晚年一再说："黑格尔是祸根。"在《超越的分解与辩证的综和》一文中，先生说，"唯有在工夫中才能引起黑格尔所说的'理性底诡谲''辩证的综和'。存在本身无所谓诡谲，亦无所谓辩证。黑格尔最大的错误是在这里有所混漫！西方哲学家对此早有不满，如罗素即批评黑格尔把 thinking process 和 existent process 等同化……黑格尔的《大逻辑》从空洞的绝对存有，即上帝，开始起辩证"。并指出："辩证的过程即是存在的过程，这就造成了最坏最危险的思想，足以扰乱天下。……则世界无不在斗争之纷扰中，这种思想便成大乱之源，此即孟子所谓'生于其心，发于其事，害于其政'。"（载于《鹅湖月刊》第 19 卷第 4 期，1993 年 10 月。收入《牟宗三先生晚期文集》，《牟宗三先生全集》卷 27，页 463。）

194　牟先生本人就说："我现在这部书不是从下面说上去，乃是从上面说下来。"（《现象与物自身》，序言，页 6）并自道："吾可倒转康德表达之程序，宽说，甚至倒转一般人之通途"，"先说德行，后说知识"。（同前揭书，页 23）其实，牟先生之倒转康德及一般人之通途，并不在先说或后说德行，而在先从上面讲"自由无限心"（圣人、真人、佛之圆境），然后讲"自由无限心"经由"自我坎陷"转为知性。牟先生以菩萨"留惑润生"来讲菩萨"自由无限心"之"自我坎陷"。（《中国哲学十九讲》［讲于 1978 年］，《牟宗三先生全集》卷 29，页 299—300）那么，就道家之真人又该如何说"自由无限心"之"自我坎陷"呢？真人恐怕无"留惑润生"的问题。再者，先生又以"圣人若要作总统，也必须离开圣人的身份而遵守作总统办政事的轨则法度"，来讲圣人的"自我坎陷"。（同前揭书，页 279）依孔孟义理，圣人与一般人皆是人，都有"大体"与"小体"，都要服从自由法则与自然法则。孟子说"圣人，与我同类者"，孔子说"下学而上达"。圣人与一般人一样，既有感性之身份，同时禀具超感触的（道德的）身份，二者并存不悖。故知识与道德，自然与自由并非对立的关系。自由法则并非与自然法则对反，而是主宰自然之杂多，以达至自由与自然之和谐一致。康德就如理如实地指出"理性在思辨的意图上，见出自然必然性之路比自由之路更为平坦和适用得多"（Gr 4:455），因为自然必然性总是能够在经验中得到证明的，假若自由真的如一些学者以为的那样对反于自然，则自由只能被放弃。但康德已指出，异质（逻辑上相反）的东西，现实上不一定是对反的，而可以是先验地综和的。

195　《纯粹理性批判》对西方传统哲学的旧思维模式做出根本扭转。关于这个观点上的改变，康德在第二版序言中有清晰的说明：首先，从"一切我们的认识必须以对象为准"的旧观点转变为"对象必须以我们的认识为准"的新观点。（Bxvi）这个观点转变由两步证成：从"直观必须以对象之性状（Beschaffenheit）为准"，转变为"作为感取客体的对象必须以我们的直观模式为准"；从"概念以对象为准"转变为"对象以概念为准"。（Bxvii）如此，我们就能够预设感性的先验形式（时间和空间），并且能够预设知性有一些规律（范畴）是先于"对象之被给予"而存在于我心中者。基于对感取的综摄、想象力的超越的综和以及知性的综和统一所从事的批判考察，康德建立了一个重大的命题：我们不能以别的方式认识感触的对象，只能按照它们之为显相而认识它们，而不能认识它们之在其自身。这是表象被限制在主体的表象模式和表象能力的条件下所必然有的结果。也就是说，康德通过对时间和空间的形上的解释及超越的解释，为其所做出的显相与物自身之超越区分提供了证明。并且，通过对范畴的形上的推证及超越的推证，一方面揭明范畴只有与感性结合才能成功决定一对象，但这些对象就只是现象；同时指出知性的纯粹自身活动产生智思物，尽管我们对智思物决不能有决定的对象。智思物之概念是一个"只通过纯粹知性而被思为一物自身的物的概念"（B310）。据此，康德提出将一切对象区分为现象与智思物。因着超越的区分之证成，康德提出他的双重观点说，也就是对于同一心灵机能或同一行为不仅以经验的现象的观点来考虑，而且以超越的智思的观点来考虑，此乃康德批判哲学的全新的思维模式。依据这个思维模式的革命，康德确立了知性立法的自然概念之领域并证明了其经验的实在性，并且因着将感性与知性之对象限制在现象界，从而为理性立法的自由概念之领域扫清了场地，也就是为道德及道德的宗教开拓出物自身之领域。

196　康德一再强调两个领域的区分，绝非要主张对立的二元世界，而是要一方面抵制那些只以自然、实然为唯一实在的浅薄主张，另一方面反对将自然、实然贬为幻化不实而耽于超感触世界之虚构。

197 康德说："在整个理性机能里面唯独实践理性机能能够使我们越过感触界而谋得关于超感触秩序和联结的认识。"（KpV 5:106）"人作为一个有理性者，必须视自己作为一睿智者（因而并非从他的较低的力量一面来看），不只是视自己作为属于感触界的，因此，他有两观点（zwei Standpunkte），由之以考虑其自己，并由之以认知其力量运用之法则，从而能认识一切他的行为。一方面，就他属于感触界而言，他服从自然法则（他律）；另一方面，就他属于智性界而言，他又服从这样一些法则，这些法则独立不依于自然，并非经验的，而只是建基于理性。"（Gr 4:452）

198 牟先生于1972年着手写《现象与物自身》，初稿完成于1973年夏。其中说："本书是吾所学知者之综消化，消化至此始得一比较妥帖之综述。"（序言，页3）又说："我现在这部书不是从下面说上去，乃是从上面说下来。"先生给出理由："因为如果对于我们的感性知性之认知机能，我们不能在主体方面引出一个对照，由此对照，来把这些认知机能予以价值上的决定，即把它们一封封住，单凭与上帝对照，则我们不能显明豁然地知这些认知机能只能知现象，而不能知物之在其自己……"（序言，页6—7）不过，依我们前面已论，先生给出的理由似乎有可商榷处。

199 《人文讲习录》（牟先生于1954年至1956年间在台北"人文友会"中讲习之记录）中记载："陈问梅问：'先生所著之《致良知教》一书中谓"从良知即道心落下来成为认识的心"，是什么意思？'先生曰：'讲良知是向上走的。要求知识须将良知落下，即是使良知坎陷，作自觉的自我否定，变而为'识心'……"（牟宗三主讲，蔡仁厚辑录《人文讲习录》，《牟宗三先生全集》卷28，页23）该处言及"良知坎陷"是因同学问而答者，并非牟先生主动论及。

200 牟宗三：《认识心之批判（下）》，页702。

201 "由动态的成德之道德理性转为静态的成知识之观解理性。这一步转，我们可以说是道德理性之自我坎陷（自我否定）。"（牟宗三：《理

499

性之运用表现与架构表现》，载于《民主评论》第 6 卷第 19 期，1955 年 10 月。收入《政道与治道》，页 64。）

202 "自由无限心既朗现，我们进而即自由无限心开'知性'。这一步开显名曰知性之辩证的开显。知性，认知主体，是由自由无限心之自我坎陷而成，它本身本质上就是一种'执'。"（牟宗三：《现象与物自身》，序言，页 8—9）

203 "知体明觉不能永停在明觉之感应中，它必须自觉地自我否定（亦曰自我坎陷），转而为'知性'；此知性与物为对，始能使物成为'对象'，从而究知其曲折之相。它必须经由这一步自我坎陷，它始能充分实现其自己，此即所谓辩证的开显。它经由自我坎陷转为知性，它始能解决那属于人的一切特殊问题，而其道德的心愿亦始能畅达无阻。"（牟宗三：《现象与物自身》，页 126）

204 牟先生于《认识心之批判（上）》之序言（1955 年 5 月）中说："当吾《逻辑典范》出版之时，吾即开始酝酿此书。至今已十余载……"（《牟宗三先生全集》卷 18，页 9）

205 同前揭书，重印志言，页 5。

206 可以说，若不考虑《逻辑典范》及《理则学》，这段时期牟先生的主要成果就表现于《认识心之批判》。《王阳明致良知教》于这段时期写成，可见先生此时亦有思考道德哲学问题，但他自认为仍未自觉、有计划、系统地在这方面做学问，著书立说。牟先生于《认识心之批判（上）》之序言中说："吾正朝夕过从于熊师十力先生处"，"时友人唐君毅先生正抒发其《道德自我之建立》以及《人生之体验》。……吾由此对于道德主体之认识乃渐确定，不可摇动"，"至于明德之学，即道德主体之全体大用，则将别见他书，此不能及"。（页 12—13）

207 牟宗三：《阴阳家与科学》，载于《理想与文化》第 1 期，1942 年 12 月。收入《牟宗三先生早期文集（上）》，《牟宗三先生全集》卷 25，页 352。

208 同前注。

209 同前注。

210 同前揭书，页364。牟先生提出，阴阳家相传之学与术分四方面言："一、律历与数，乃至天文等可以为'学'者……二、医、卜、星象之术数家仍承日者之风而为'术'。三、阴阳消息，五德转移，引生谶纬以观政治与历史……四、合一与三而有卦气之配合以成象数之易学……"（同前揭书，页357）

211 同前揭书，页364—365。牟先生说："佛学输入，轩然波起。宋明诸子起而与之对抗，本为儒、道之相摩，复增一释而为儒、释、道之相摩。其相摩相荡也，遂将全幅精神集中于心性，而以往学术之精英亦皆提练之集于此而为哲人才士发挥心思之场所。……百练金刚，而为万流砥柱。此吾中华民族所贡献于人类者也。然主强而宾弱，内重而外轻，一棒一喝，解粘去缚。凡有事于外者，如秋风扫落叶，遂皆回向而内注。利之所在，弊亦随之。"（同前揭书，页365）

212 同前揭书，页365。

213 同前注。

214 同前注。

215 同前注。牟先生说："吾于是肯定生命。既有生命，必有滋养。滋养之物曰知识，一切科学在厚生（滋养生命），一切哲学在润生（调节生命）。润生之学，圣哲已为我垂教矣。吾今暂舍而不论。厚生之学，隐微而不彰，吾不能不为之疏导焉。"（同前）

216 同前揭书，页367。牟先生说："直觉之泛观乃欣赏之观照。《易经》穷神知化，宋儒诸子观物明理，皆非自然之科学解析也。"（同前）

217 同前揭书，页366。

218 同前揭书，页367。

219 同前注。

220 同前注。学者肖雄提到《阴阳家与科学》这篇文章，他指出文中言及"坎陷"，依之可以说："《认识心之批判》中的认识心之坎陷说极有可能实导源于1942年的坎陷说。即便不能找到更多的证据，至少也可以

501

冲击这样一种印象，即《认识心之批判》中的认识心之坎陷说可能源自良知坎陷说，或受后者的启发而有。"（《牟宗三良知坎陷论的诸种涵义辨析》，载于《第十一届当代新儒学国际学术会议论文集》，2015 年 10 月。）

221 《阴阳家与科学》一文于 1942 年发表于《理想与文化》，此间正是牟先生酝酿《认识心之批判》的头两年，先生之诸巨著皆酝酿多年，其间多有将其中学思写成论文发表于杂志期刊上。我们有理由提出，1942 年的"坎陷说"是牟先生酝酿《认识心之批判》的头两年的结果，而 1947 年的"良知坎陷说"是继后的学思成果。

222 阴阳家"初期之泛观"不能列入认识力，故《认识心之批判》并没有对"泛观"做考察。然《阴阳家与科学》一文就"泛观"而言及"坎陷"，至少可以表明，牟先生酝酿《认识心之批判》的头两年就开始使用"坎陷"之辩证方法进行哲学运思。

223 牟宗三：《认识心之批判（上）》，页 13。

224 牟宗三：《认识心之批判（下）》，页 702—703。

225 牟宗三：《认识心之批判（上）》，页 26。

226 同前揭书，页 95。值得注意，牟先生于《认识心之批判》中并没有就"良知"使用"坎陷"一词，尽管可以说，"天心自己坎陷"与"良知坎陷"等同。然毕竟"天心坎陷""形上的心之坎陷"更为突出形上学之意涵。

227 同前揭书，序言，页 12。

228 事实上，"明德之学"要到起草于 1961 年，1968 年、1969 年出版的《心体与性体》始完成，尽管 20 世纪 40 年代发表的《王阳明致良知教》亦属"明德之学"。

229 牟宗三：《认识心之批判（下）》，页 612。

230 同前揭书，页 647。

231 同前揭书，页 610。

232 同前揭书，页 643。

233 同前揭书，页 647。

234 同前揭书，页 642。牟先生于该处有一说明："直觉的统觉与理解俱是认识之心之坎陷。直觉的统觉虽直而无曲，却亦是坎陷中之直而无曲。与此跃出之非坎陷相之直而无曲异。"（同前）

235 同前注。

236 同前注。

237 同前揭书，页 644。

238 同前揭书，页 642。

239 同前揭书，页 644。

240 同前揭书，页 648。

241 同前揭书，页 649。

242 同前揭书，页 643。

243 学者肖雄认为："我们可以进一步将认识心之坎陷明确为'照心之坎陷'"，因为"从理解之辨解性到直觉之照射是跃起"，那么，"反过来"则可以说"理解之辨解性"是"直觉之照射"的"坎陷"。（《牟宗三良知坎陷论的诸种涵义辨析》）必须指出，这个"反过来"只能算是肖先生本人的主观猜测，实不能归之于牟先生。

244 牟宗三：《认识心之批判（下）》，页 654。

245 同前揭书，页 653。

246 同前揭书，页 654—655。

247 牟宗三：《认识心之批判（上）》，页 28。

248 见牟宗三论文，载于《民主评论》第 3 卷第 12 期，1952 年 6 月。收入《道德的理想主义》，《牟宗三先生全集》卷 9，页 112。

249 同前揭书，页 114。于此，先生批评说："致虚极，守静笃，把心打扫得干干净净，空空荡荡"，"此处把心扫得干净，不是道德的意义，而只是纯智的"，"它只是冷观、静观。冷得人情味都没得，静得一点意志理想都没有。故老子云：'天地不仁，以万物为刍狗，圣人不仁，以百姓为刍狗。'"。（同前）

250 该书序云："本书是吾所学知者之综消化，消化至此始得一比较妥贴之

503

综述。"又云："系统而完整通透的陈述是现在这部书：《现象与物之在其自己》。至于《智的直觉与中国哲学》一书则是它的前奏。步步学思，步步纠正……"（《现象与物自身》，序言，页6）

251 就玄智与般若智而言，是指对治"有为"（道家）、"识执"（佛家），超脱感性欲念及自然因果之束缚，破除感性与知性的限制而显的一种非推理的直接的纯思活动。

252 《政道与治道》言及"道心之观照或寂照"，云："从知识方面说，则理性之作用表现便要道德心灵之'智'一面收摄于仁而成为道心之观照或寂照，此则为智的直觉形态，而非知性形态。……此为超知性之智，此可曰'神智'（圆而神之神），或曰'圆智'。"（页55—56）

253 牟先生不仅在《认识心之批判》一书提出这个观点，在1952年发表的论文中，也论及"人心之了解外物"之三级："第一级是要通过'感觉'的"，"第二级是'知性层'。人心之表现为'知性'即表示其转为'思想主体'"，"第三级是'超知性层'，亦曰'智的直觉层'。此中所谓'智'不是逻辑数学的，不是使用概念的；所谓'直觉'，不是感触的，而是理智的"。（《道德的理想主义》，页110—111）并指出："你层层转进，而知'智的直觉层'如何不是最后的，必再向'道德实践的主体'（仁智合一之心）转进。"（同前揭书，页117）

254 牟宗三：《现象与物自身》，序言，页18。

255 在《认识心之批判》一书，牟先生中肯而恰切地指出儒家言"心"之"天心之仁"，与释、道言"心"不能有此道德本体义义根本区别开。先生说："儒家于变易中见不易，而不易之理发于天心之仁，则自然因果即得其超越之理性的根据。而此天心之仁，则道家不言也。佛家亦不能有此一义。佛家趋寂，自亦不能维持因果关系于不坠。佛家作空观，雅不欲建立本体上之'理'字（天心之仁）。其空观之所观只是事，而以因缘生以拆散之。彼不欲亦不能于此中见理也。遁空山，作禅堂，舍弃一切生活，而以静引静，遂觉山河大地，连同自心，无有不静，无有不寂。且亦无有山河大地可言，无有自心可言，只有此寂。……

所谓'无有一法可得'也。"（《认识心之批判（上）》，页28）至
《现象与物自身》，虽儒、释、道三家言"心"皆为"自由无限心"，
但该书中论道家，说："玄智者虚一而静，无为无执，洒脱自在之自
由无限心所发之明照也（知常曰明）。此所谓'自由无限心'之自由
不是由道德意识所显露者，乃是由道家的超脱意识，致虚守静之工夫
所显露者……"（《现象与物自身》，序言，页12）论及佛家，说："空
理是根据'缘起性空'而说，空智则是根据般若智之不舍不着而说。"
（同前揭书，序言，页15）"相应般若智而言，定须是以空如无相为
实相。纵使言到真常心，亦仍是如此。然而在此却并透不出道德意识来，
故佛家至此而极。"（同前揭书，页463）"儒是正盈，佛老是偏盈。
正盈者能独显道德意识以成己成物也。偏盈者只遮显空无以求灭度或
求自得也。"（同前揭书，页471）可见牟先生之定论，并未改前论对
释、道二家做出之析论，不过，他改而将二家所言"心"判为与儒家
所言"心"同样是"自由无限心"。但我们难免有疑问：既以"无限心"
为"唯一的'本体界的实体'"，（同前揭书，页47）而释、道二家
所言"心"是"自由无限心"，岂不也是"本体界的实体"？此言"实
体"与儒家言"道德实体"岂能一之？

256　牟宗三：《现象与物自身》，序言，页8。人们会问："自由的无限心
　　　既是道德的实体"，"又是形而上的实体"，此义能用于先生依释、
　　　道二家所言"自由的无限心"吗？牟先生说："儒、释、道三家同显
　　　无限心，无限心不能有冲突。"（同前揭书，序言，页10）"然其为'自
　　　由'则一也"（同前揭书，序言，页12）。但我们仍可说，唯独儒家
　　　所言本心为理性立法的道德的形上实体，其为"无限"是意志自由之
　　　创造的无限，其为"自由"是本心立法的积极的自由，故属自由概念
　　　之领域。释、道二家所言"照心"，依据先生于《认识心之批判》所
　　　论，其所显"无限"是"非限即无限"，是自认识之心（即理解活动）
　　　之有限之坎陷相之否定，跳出来而言无限，（《认识心之批判（下）》，
　　　页642）仍属认识心之活动。其"自由"只是就破除理解之限制与固执

而显的消极义的自由。"因直觉之照射，而可透至无穷无尽，因而可以引出一圆满无限义，然此无限系属于主观之照射"，"则此无限即不得客观之证实，吾人对之并无一客观而确定之概念，是则只有主观的直觉意义，而无客观的理性意义"。（同前揭书，页662）可见释、道二家所言"照心"属自然概念之领域，即见不可与儒家所言本心之为"自由无限心"混淆。但牟先生的理由是："不管是佛家的般若智心，抑或是道家的道心，抑或是儒家的知体明觉，它们皆是无限心。同一无限心而有不同的说法，这不同的说法不能形成不相容；它们只是同一无限心底不同意义。"（《现象与物自身》，页465）这是不同通孔看同一真理的观点，即"月印万川"，是先从上立形上本体所产生的思路。

257　牟宗三：《现象与物自身》，页102。

258　同前揭书，页125。

259　同前揭书，页107。

260　在《现象与物自身》一书中，"智的直觉"成为形上本体论证之关键，不再是像《认识心之批判》那样，归于认识心之活动的阶段。在《认识心之批判》的《本体论的构造》那一章里，先生论及必须"于经验统觉，理解及智的直觉三阶段"向后翻，"翻至一绝对真实之本体概念"。（《认识心之批判（下）》，页666—667）"智的直觉"阶段是"在满类之要求满证上而引出直觉照射所示之无穷"（同前揭书，页603）。直觉之照射无非是"理解之根源实有"之"自发之创造性"，"是推动理解使其不安于辨解之陷落之根源"。直觉之照射"由坎陷中跃出"而担当"知识之绝对性"。但先生同时指出：假若吾人肯定其真达到一绝对不变者，绝对真实者，以为其把握圆满无漏之根据，"则认识心即落于空幻性中而以假为真"。（同前揭书，页663）总而言之，在《认识心之批判》，牟先生视直觉之照射为"理解"本身的自发之创造性，在《现象与物自身》，则将"理解"的这种创造性剥除，只视"理解"为"执"，变成可有亦可无。我们相信，这种以佛教立场视知识为可有亦可无的观点，看来不可能是孔孟之学的观点。

261 牟宗三：《现象与物自身》，页127。

262 牟宗三：《历史哲学》，《牟宗三先生全集》卷9，增订版自序，页15。

263 同前揭书，增订版自序，页16。学界称《历史哲学》（1955年6月由高雄强生出版社出版）、《道德的理想主义》（1959年11月由台中私立东海大学出版）、《政道与治道》（1961年2月由台北广文书局出版）为"外王三书"。

264 同前注。

265 同前注。

266 即1949—1959年。

267 牟宗三：《道德的理想主义》，修订版序，页3。

268 牟宗三：《政道与治道》，页57。牟先生说："在我的《历史哲学》中，我曾以'综和的尽理之精神'说中国文化，以'分解的尽理之精神'说西方文化，现在可说'理性之运用表现'是'综和的尽理之精神'下的方式，'理性之架构表现'是'分解的尽理之精神'下的方式。"（同前揭书，页51）

269 同前注。值得注意的是，牟先生所言"理性之运用表现"及"理性之架构表现"是依先生本人的意思使用，并非依康德通过批判考察而论的理性的使用区分为理论的使用与实践的使用。依康德，理性的理论使用是轨约的，而不能是架构的。

270 同前揭书，新版序，页17。

271 同前揭书，页52。

272 同前揭书，页53。牟先生说："吾常言中国传统政治只有治道而无政道。"（同前）"政权在皇帝，这根本不合理。……儒家于此亦始终未能有一妥善之办法。"（同前）"其唯一把握不放者即在想德化此代表政权之皇帝。……因此君主专制之形态实即圣君贤相之形态。"（同前揭书，页54）

273 同前揭书，页 55—56。

274 同前揭书，新版序，页 17。

275 同前揭书，页 64。

276 之前所论诸种"坎陷"皆并非直接针对"民主之开出"问题。

277 牟先生所言成知识之"观解理性"，即"理论理性"，据之论"理性之架构表现"，若依康德之批判考察，属理性之误用。依康德，仅仅考察认识机能活动，亦即仅就理论的认识而论，唯独知性是立法的。（KU 5:178）尽管理性是最高的认识力，但它在这个知性立法的领域只能有轨约的作用，假若它胆敢宣称它拥有这个领域的立法权，它就是僭越的、非法的。故此，理论理性之架构运用根本是非法妄作。

278 非但不必视知性与理性为对立矛盾的，牟先生所言观解理性与道德理性也不必视为对立矛盾的。如康德批判地揭明：理论理性与实践理性不过是同一理性之不同使用而已。

279 本人在"第十一届当代新儒学国际学术会议"上听到有学者特别提到牟先生在《政道与治道》中论及道德理性"要求一个与其本性相违反的东西。这显然是一种矛盾"（页63）。那位学者以这个讲法为支持"坎陷说"的理据。牟先生说："'理性之架构表现'其本性却又与德性之道德意义与作用表现相违反，即观解理性与实践理性相违反。即在此违反上遂显出一个'逆'的意义，它要求一个与其本性相违反的东西。"（同前）看来先生是使用了黑格尔"否定之否定"之辩证法思路。不过，本人以为，如康德所论，自由与自然是两个根本不同的领域，二者同时成立，故无所谓矛盾不矛盾。究其实，若自由（亦即道德）与自然对立、相违反，则自由并不成立。

280 牟先生借助佛教的"一心开二门"构思一套两层存有论，他说："我们知道《大乘起信论》的'一心开二门'是属于道德的形上学或超绝的形上学的层次。因此，此一架构亦唯有在道德的形上学或超绝的形上学中才有意义，才有贡献。"（《中国哲学十九讲》，页 302）

281 牟宗三：《道德的理想主义》，序言，页 12。

282 同前揭书，修订版序，页 3。牟先生说："此种蕴蓄至三十八年抵台乃全部发出，直发至十年之久。"（同前）

283 牟宗三：《文化建设的道路——历史的回顾》，1981 年 7 月讲，尤惠贞记录，载于《联合报》，1981 年 7 月 16 日。收入《时代与感受》，页 368。先生说："变是相对于常而言的，如果没有一个常数，那么变数也不成其为变数了。……从民国以来，许多人专门想把这个民族的常数拉掉。这一代的子孙实在太不肖，太堕落了。"（同前揭书，页 368—369）

284 牟宗三：《道德的理想主义》，修订版序，页 4。

285 牟先生关联着文化问题而论"理性之运用表现"，言及"圣贤人格之感召"，也论及孔孟。先生说，"《论语》记载子贡之赞孔子曰：'夫子之得邦家者，所谓立之斯立，道之斯行，绥之斯来，动之斯和。'这几句话最能表现圣贤人格之感召力"，又引孟子言"夫君子所过者化，所存者神"（《孟子·尽心章句上》）来说明。（《政道与治道》，页 52—53）牟先生以为这由于"所存者神"而有的"化"的作用，就是宗教上所谓"神通（佛教）或奇迹（耶教）"。（同前揭书，页 53）但必须指出，《论语》《孟子》不仅有圆而神之境界，更为核心的原理是道德主体之内在的构造性。事实上，孔子随机指点、入太庙每事问，不可混同于宗教上所谓"神通"及"奇迹"。孟子不仅讲"所过者化，所存者神"之境界，更重要是说："充实之谓美，充实而有光辉之谓大"，先讲充实与光辉，然后言"大而化之之谓圣，圣而不可知之之谓神"。（《孟子·尽心章句下》）再者，牟先生说"从政治方面说，则理性之运用表现便是儒家德化的治道"，并认为这种治道"实则是超政治的"，"有类于'神治'的形态"。（《政道与治道》，页 54）其实，如此治道并不能证之于孔孟。孟子论治道讲"道揆"与"法守"。我们知道孔子曾任鲁国宰相，并非无制度。圣王有德且有位，制礼作乐，就是负担着建构制度之责。孔孟倡导王道，岂是一任"神治"，而对社会制度完全无所用心？又，牟先生说："从知识方面说，则理性之作用表现便要道德心灵之'智'一面收摄于仁而成为道心之观照或寂照，此则为智的直觉形态，而非知性形态。……此为超知性之智，此可曰'神智'（圆而神之神），或曰'圆智'。"诚然，这种神智或可见于宋明儒者，但恐怕不能找到文献的证据说孔孟于知识方面有神智（"智的直觉"）形态的观照或寂照。

286　孔子言"学"不会是以"智的直觉"的神智的方式而生的观照或寂照。孔子说："好仁不好学，其蔽也愚；好知不好学，其蔽也荡；好信不好学，其蔽也贼；好直不好学，其蔽也绞；好勇不好学，其蔽也乱；好刚不好学，其蔽也狂。"（《论语·阳货第十七》）

287　牟宗三：《政道与治道》，新版序，页16。

288　同前揭书，新版序，页23。

289　孔子说："鸟兽不可与同群，吾非斯人之徒与而谁与？天下有道，丘不与易也。"

290　孔子说："质胜文则野，文胜质则史。文质彬彬，然后君子。"（《论语·雍也第六》）

291　值得提醒，牟先生所言"凡有事于外者，如秋风扫落叶""与天为徒，侔于天而畸于人"，因释、道之混入而时有表现于某些儒学流派中，但完全没有理由将此等斫丧文化生命的弊害归于孔子传统。

292　西方传统的伦理学并不涉及人作为道德主体立普遍法则的问题，因为此传统不承认人自身有此种能力。其伦理学并无"道德"作超越根据，要么是经验论的，依据案例，要么是超绝的，根据外在的最高权力（神、国家、社会习俗权威等）。西方传统伦理学讨论的问题只着眼于行为规范、社会习俗、宗教戒律，而未及于"道德"。其所谓"道德"总是与利他主义、禁欲主义、自我牺牲、教规主义挂钩。

293　牟宗三：《政道与治道》，页68。

294　牟宗三：《文化建设的道路——现时代文化建设的意义》，1981年7月讲，邝锦伦记录，载于《联合报》，1981年7月20日。收入《时代与感受》，页381—382。

295 道德法则（天理）并无什么奥妙，它无须被教成，不必来自哲学家或权威人士，也不必由神的代言人来宣谕。用百姓日常的语言来说，无非是"过得自己过得人"。用孟子的话说，就是"推恩"的思维模式：以你本心之仁示范于你的妻子，以同样的准则对待你的兄弟及他人。亦即以你对待你所爱的人的所作所为为标准，对待那些并非你所爱的人。用康德的话说，就是行为的格准不要只以自己个人的条件为依据，不仅要自己独立地思考，且要从别人的角度，乃至以全宇宙之理性视域来思考。

296 在西方，康德早在二百多年前就提出从传统的意志他律转变为以意志自律论真正的道德，并提出从历史性的宗教转进至纯粹的理性宗教（即道德的宗教）。关此，本人的著作及论文多有讨论。至于西方世界何时及如何实现康德所期望的革新，恐怕得等待历史发展来回答。

297 牟宗三：《政道与治道》，页 66。

298 同前揭书，页 67。

299 尽管牟先生云"以前儒家的泛道德主义却并不奴役人民"（《政道与治道》，页 67），但只要细读原文，回到上文下理中理解，则能明白，牟先生所言"儒家的泛道德主义"根本不能与西方学界传过来的所谓"泛道德主义"混为一谈。牟先生明文说："中国以前政治上的教化意义，亦不能说成'泛道德主义'……"（同前揭书，页 140）

300 牟宗三：《政道与治道》，页 68。

301 牟宗三：《中国哲学十九讲》，页 174。牟先生说："君主专制固然不好，但也维持了二千多年，可见它也总有相当的适应性，不满意它而想转变还很不容易。现代是民主政治，那么将来是否还会出现其他的型态呢？据我的判断，只要人间不是天国（上帝王国），只要人间需要政治，则民主政治就是最后一种型态；民主政治一旦出现，成一政治体制，就有永恒性。将来的进步不再是政治体制的改变，而是社会内容的合理化。……将来的进步是朝向社会内容的合理化、充实化而趋向理想。……人间世不能没有政治体制，办客观的事情也需要法，因此

民主政治是最后的体制，将来的问题是社会内容、文化、教养的问题，而不是民主政治体制的问题。"（同前）

302 唯独这样的质的民主，始能够如牟先生指出，"最高的理想就是康德所说的'目的王国'"（《中国哲学十九讲》，页 174）。

303 他们的西方中心主义显然是有选择的。他们不会去理解康德对西方传统哲学与文化的批判，现代西方思想家对西方现行制度的反思，他们亦置若罔闻。

304 牟宗三：《政道与治道》，页 30。

305 同前注。

306 牟先生论中国以往的治道，不仅论"儒家德化的治道"，还论"道家道化的治道"及"法家物化的治道"。道家的治道贡献不在架构表现方面，而法家治道的架构表现实际上贯穿中国两千多年的君主专制史，有所谓"百代都行秦政法"。（见毛泽东《七律·读〈封建论〉呈郭老》。）因此，可以说，中国政制有其架构表现，其知性使用亦并非缺无，只是与西方民主之表现不同而已。而西方民主制之出现亦不过近三百年之事。正如牟先生指出，我们今天面对的现代化问题，"在以前那种社会并不成个问题；依着它那种形态，在当时是够了，也有相当的合理性"，更为重要的是，先生提出"以往两千多年是以道德宗教方面的表现为胜场，它所树立的固是永恒的价值"。（《政道与治道》，新版序，页 31）

307 牟宗三：《政道与治道》，页 30。

308 同前注。

309 同前揭书，页 31。"亲亲、尊尊、长长，男女之有别，人道之大者也。"（《礼记·丧服小记》）

310 同前注。

311 同前揭书，页 32。

312 同前揭书，页 32—33。若国人明白"德"之本义，则不会视"正德""德治""教化"为"极权"，妨碍民主、自由。

313 美国人说，总统选举是从两个烂苹果中选一个没有那么烂的。固然，有人说，有选总比没选好，但政治哲学就停在这种流俗见识的水平吗？或者就如一些西方政治学家所言，民主政治根本就不需要政治哲学。对于现行民主制之反思与批评，在西方已经不鲜见，只不过国人中追随西方者，其步伐总是远远滞后而已。

314 牟宗三：《政道与治道》，页 31—32。

315 现代政治排除人的道德教化，用孔子的话说，就是"道之以政，齐之以刑，民免而无耻"。刑政能阻止人犯法，但不能启发人自觉自己的羞耻心。刑政，也就是法治，属于经验界，用康德的话说，属于知性立法范围；德与礼属于自由领域，亦即每一个人依于本心之仁的天理而"由仁义行"的领域，用康德的话说，就是人自身的立法理性之使用管辖的领域。唯有"道之以德，齐之以礼"，人始能保有尊严，显其自身之"良贵"。于现实社会中，我们不反对法治制度的建立与完善，但不能据之摒弃"道之以德，齐之以礼"。而毋宁说，二者并行，后者立本，然前者亦是人类社会不可或缺的治标的手段。

316 牟宗三：《政道与治道》，页 33—34。

317 又，《论语·颜渊第十二》云："季康子问政于孔子曰：'如杀无道，以就有道，何如？'孔子对曰：'子为政，焉用杀？子欲善，而民善矣！君子之德风，小人之德草。草上之风，必偃。'"孔子强调"君德"于政道中的主导作用，岂可视之为主观的"人治"？今日我们思考个中包含的极深之政治智慧，或可补救现代政治徒重视外在形式的程序上的所谓"客观"，完全不问当权者之道德性，而致当权者威信扫地之怪现象。关于孔子的政治哲学，可参阅拙著《常道：回到孔子》第三十至第三十二课。

318 牟宗三：《政道与治道》，页 131。

319 同前揭书，页 130。

320 同前注。

321 同前揭书，页 131。

322 同前注。

323 同前揭书，页 132。

324 同前注。

325 同前揭书，页 133。

326 同前揭书，页 33。

327 同前揭书，页 133。

328 同前揭书，页 132。

329 同前揭书，页 133。

330 同前揭书，页 134。

331 同前注。

332 同前揭书，页 135。牟先生提出儒家政治之"民主之内容的意义"，以此与西方所表现的"民主之外延的意义"区别开来。据此反驳学界及社会上流行所谓儒家"非民主"之失实之词，更严斥所谓儒家"与今日之民主相违反"之诟诋敌视的言论。

333 同前揭书，页 137。

334 同前注。牟先生说："经过外延的表现、形式概念之限定，则政治是政治，教化是教化，政治自成一独立领域，自不可涉教化。此是第一步限定。复次，在就个体而顺成上，只须说自由、平等、人权、权利诸外延的形式概念，即已足，不必就'生活之全'上，说及'教化的意义'，此是第二步限定。"（同前）显而易见，牟先生所言两步"限定"是从"外延的表现、形式概念之限定"而产生的，而非针对儒家教化而论。

335 同前揭书，新版序，页 25—26。

336 同前揭书，新版序，页 26。牟先生说："中国传统政治在现实上的表现，大体是个'隶属'的方式，不能表现出絜矩之道。"（同前揭书，新版序，页 30）此说当指中国君主专制之政治而言，并非指孔子传统而论。

337 同前注。牟先生指出欧洲历史中原来就有四阶级：僧侣阶级、贵族阶级、资产阶级、无产阶级。（同前）

338 牟宗三：《历史哲学》，页 33。

339 同前揭书，页 29。

340 牟宗三：《政道与治道》，页 145。

341 同前揭书，页 160。

342 同前揭书，新版序，页 14。

343 牟宗三：《中国文化大动脉中的现实关心问题》。收入《时代与感受》，页 395。

344 同前揭书，页 411。

345 同前揭书，页 394。牟先生指出："最高的境界乃是尧、舜二帝禅让，不家天下的大同政治。儒家的政治理想乃以帝、王、霸为次序。帝指尧、舜，尧、舜是否真如儒家所言，吾人不必论之，但此代表了儒家的理想则无疑，以尧、舜表现或寄托大同理想。三代则属小康之王道。"（《政道与治道》，新版序，页 14—15）

346 此语乃牟先生引自姚汉源《士流与政治》一文。（《历史哲学》，页 63）

347 牟宗三：《政道与治道》，页 33。

348 明末大儒黄宗羲说："后世之法，藏天下于筐箧者也。……用一人焉则疑其自私，而又用一人以制其私；行一人事焉则虑其可欺，而又设一事以防其欺。"（《明夷待访录·原法》，北京：中华书局，2011）此用以说明现代民主制中三权分立的用意，极为恰切。

349 牟宗三：《政道与治道》，页 24。

350 同前揭书，页 23。又，牟先生说："此道即政权与治权分开之民主政治也。"（同前）不过，如我们已指出，一个现实的政权是否合乎政权之本性，并非以政权与治权是否分开来分判。事实上，不少推行选举制，实施政权与治权分立等民主措施的国家和地区，政权总是落在坏的，甚至恶的政客手上。不难见出，只赖形式的民主程序，根本不能达至政权本性之为"共同地有"，更遑论要使政权成为"定常的实有"。

351 同前注。

352 同前揭书，页 22。

353 我们必须注意，牟先生言"惟民主政治中有政道可言"，"民主政治是
最后的型态"，不是就现行的民主政治立论，而毋宁说，是"经由概
念之思辨以撑开"的一套见解。先生本人说："思想上若能顺每一概
念之本性，如革命、受命、政权、定常等概念之本性，一一考核其所
函蕴之归结，而思辨出应然之理路，则至少先在观念上可开出一模型。
然此种概念之思辨，以往儒者却甚欠缺。"又说："吾于此常感中国
学人之思考方式常是直觉而具体的，常是不能转弯的，不能经由概念
之思辨以撑开。"（《政道与治道》，页10）

354 牟宗三：《中国文化大动脉中的现实关心问题》。收入《时代与感受》，
页410—411。

355 牟宗三：《政道与治道》，页129。

356 同前揭书，页134。

357 同前揭书，页135。

358 孟子所论政道中，政权之"共有的""恒常的"本性体现于"藏天下
于天下"，是以三代以上为言者。就三代以上而论，政权本身并不意
指在位者个人的利益与权力，政权就是治理权，故政权与治权是一。
牟先生在《政道与治道》一书中提出这样一个观点：唯独政权与治权
分开，政权始能合乎其共有的恒常本性，并指出"此道即政权与治权
分开之民主政治也"。究其实，先生所论应是就其思辨中未来真正的
民主政治而言，其所论并不适合于就三代以上而言，也与现代民主制
之实情并不相合。现代民主制中所谓三权分立，其根本用意是限制政
权，阻止权力的滥用，因政权代表着种种利益、权力故也，并非如牟
先生所言"共同地有""形式的实有""定常的实有"。牟先生所言"形
式的实有"，明白地说，就是指政权只是虚的，只象征国家（或民族
集团之全体）的主权，即国体，故根本不代表握有政权的个人、集团、
政党的特殊利益和权力。此显见非现行民主政治所能及也。

359 我们必须指出，孟子所论"革命"根本不同三代以下春秋战国争霸及君
主专制时期的"打天下"。以"替天行道"为名而夺政权为个人囊中

物的所谓"打天下"是非理性的,其置民于战争灾难中。"革命",依孟子所论,"民之悦之,犹解倒悬也",非以民为敌也。

360 我们必须指出,孟子所论以"德""法天"规限、制衡君主,其旨不仅在德化皇帝,皇帝不遵从则听之任之,并无办法,亦即只是并无客观效力的主观希望;更为重要的是,以"德""法天"作为君主的合理性依据,即为君王立法。有君主失德,即失去合理性,则不能为"君",而只是"一夫"。如我们已于前面相关章节所论,孟子不止一次论及君王若失职,可令其退位。

361 牟先生说:"'天与贤,则与贤;天与子,则与子',是表示推荐与普选,而'与子'则近乎连选连任,不表示世袭家天下也。"(《政道与治道》,页 128)但先生接着说"'夏后、殷、周继',究竟是世袭家天下"(同前),因此以为孟子"对于政权政道之反省终不及"(同前揭书,页 14)。愚意以为,现实政权并不是"思考"的问题。如牟先生本人说:"大皇帝根本不许谈这问题。"(《中国文化大动脉中的现实关心问题》,收入《时代与感受》,页 411。)

第五节
儒者当今时代之使命

今日我们问，儒者当该如何尽其时代之使命，也就是要思考，如何于中国现代化之任务中尽一个孔子之徒应有的本分。本书申论孟子哲学之旨，本意在此；一再论述牟先生政治哲学，其意亦在此。

我们儒者，确切地说，就是孔子之徒，最根本的使命就是坚持孔子传统的最高的政治理想："天下为公""世界大同"。现实上，我们容或需要审时度势，要善于把握现实条件以实现理想，就得在经验中采纳一切行之有效的方式。与此同时，我们必须切记孔子传统德治的常道，时常标举于眼前，作为向之而趋的型范，亦即以理想来指导我们于现实中实践的方向。

中国要开出现代化的民主政治，并没有现成的道路可循。尽管我们可以在外在形式的程序方面借鉴西方经验，亦应该认真了解什么是西方，但不必妄自菲薄，自认为中国任何方面都远不如西方。我们不必反对民众自发地学习西方争取自由、民主、人权的方式，但不要认为孔子传统就不包含相应的内容。如牟先生说："在西方，有阶级、有特权，人民须从阶级限制中解放，须争取，争取一点是一点，故须列举，故有权利观念。其权利是在争取中逐步订定出现的。"[1] 我们固然不反对这种争取，但同时能欣赏传统儒家政治思想，乃至一般中国人的观念："凡'适其性''遂其生'上所应有的、所需要的，皆须予以肯定与尊重。这里没有禁忌、没有戒律。这是全幅敞开的承认，不需要列举订定，亦无法检择选取。"[2] 我们认同西方阶级及其政党在民主政治中不可或缺的作用，以及人民通过议政要求自身利益并体现其为政治主体的可行性，但我们也同时认识到孔子言"群而不党"（《论语·卫灵公第十五》）、"天下有道，则庶人不议"[3] 所包含之政治智慧。

落实说，就儒者于今新时代中之任务，我们可提出几点。

首先，每一自视为"儒者"之人要有思想上的自觉，要意识到中国现代化是总结人类中西古今之历史而创造新型态的前所未有的事业。为此，我们对人类中西文明及其政治经济史都要有深入研究，逐步凝聚一股学术研究的核心力量。这个研究，牟先生已为我们开了一个头。我们要自觉接续先生的志业。[4] 孟子曰："贤者以其昭昭，使人昭昭；今以其昏昏，使人昭昭。"（《孟子·尽心章句下》）

其次，儒者以自我教化为根本，以推动社会教化为本务。"教"者，以道德教人育人，保育、启发每一个人内在的普遍的人性。于此，所谓"泛道德主义"是诬枉失实之词，[5] 所谓要求民主，道德要"让开一步""下降凝聚"，[6] 皆属浅陋之见。"道德"乃每一个人本心之自律，是孔子哲学传统之拱心石。令道德让开，还谈什么孔子传统？儒者处于贬视道德（即忽视人的普遍人性）的现代社会，理直气壮地彰显人的道德性，正是当务之急。若儒者忽视自身之自我教化，放失其以孔子传统推动社会教化之责，何以区别于一般政客？又如何能自称以儒者身份行政治事功？[7]

教化乃是"以德治天下"于治道方面的核心，"教亦是顺人性人情中所固有之达道而完成之，而不是以'远乎人''外在于人'之概念设计，私意立理，硬压在人民身上而教之"[8]。故无理由诋毁儒家教化为意识形态之强行灌输，抵触自由之核心价值，[9]亦不能曲解为以宗教干扰政治。[10]儒者推动的教化，是德治下"全幅敞开的社会"[11]中，通过启发社会而自发实现的。"德"就是孔子言"仁者，人也"之"仁"，亦即每一个人自身禀具的本心天理之创造能力——创造自身为道德的存在，并依着天理相互感通而创造道德世界。每一个人都愿意自己及自己的后代生活在这样一个世界中。[12]

依孔孟之教施行教化，用康德的话说，就是"把整个人类导向其分定的教育"。儒家教化无非就是康德所论"启蒙"，"亦即在一切事物中公开地使用自己的理性的自由"。

所以，如牟先生说："知识分子思想上的自觉是很重要的，依此而发动文化的力量、教育的力量来创造这个东西；这就是我们现代化的道路。"[13]今日，儒者谈时代使命，重中之重的工作就是要发动文化、教育的力量，抗衡社会上流行的贬视教化、宣扬无法则之自由的风气，理直气壮地倡导以孔孟之教推动社会教化，依照人的完整分定培育人。

再者，儒者应自觉于社会上凝聚起一种担当弘道之时代使命的核心力量。不必仿效西方的历史性教会或政治性社团，孔子哲学传统本身包含以"弘文兴教"凝聚起社会核心力量的历史，亦即"士"（读书人）以儒家思想开社会之风气，及以孔孟政治思想和理念为皇权之正当性立法。用孙国栋先生的话说，就是"以平民的家言领导政府开一代王制"[14]。孔子传统中以"士"的力量上撼社会制度，影响习俗民风，有着悠久的历史。尽管在君主专制的时代，这种力量经常遭受到暴君的武力摧残，但我们仍然要强调：中国要开出自己的政治现代化之路，必定要接续儒家传统，以"士"为中坚力量，以孔孟之教为主导思想，聚合一切社会力量，致力寻求适合国情的真正民主的道路。诚然，中国社会要培育出一批堪称孔子之徒的"士"，必定要经历一段漫长的过程，要靠有识者的自觉，从"依赖政权，苟且偷生"的存在状态中超拔出来，此外，还有赖一个开放社会的滋养。

最后，关于政权。于悠长的君主专制时代，儒家历来以"德治""法天"的正义性和合法性制衡皇权。我们可以提出，这种儒家传统的制衡方式在今日可以说仍然有其可行性和有效性。

牟先生说："儒者于此亦始终未想出一个办法使政权为公有。是即相应政权无政道。……在无政道以客观化皇帝之情形下，儒者惟思自治道方面拿'德性'以客观化之。……儒者自觉地根据儒家的德治首先要德化皇帝与宰相。皇帝在权与位上是超越无限体，儒者即顺其为无限体而由德性以纯化之，以实之。由德性以纯化而实之，这在古人便说是'法天'。"[15]愚意以为，这"法天"就表示孔孟政治哲学的政道，此作为政道的最高原则，就通着"公天下"（大同世界）的民主政治之原型。

如牟先生说："政治的进步是最难的，不是一个人想怎样进步便可怎样进步的，但这种观念性的启发与突破实是根本而必要的。"[16]我们的前圣先贤并未为我们想出一个"公天下"的现实可行的办法，这是历史未走到这一步，前圣先贤如孔孟也只得慨叹："道之将行也与？命也。道之将废也与？命也。""夫天，未欲平治天下也；如欲平治天下，当今之世，舍我其谁也？"但观念的启发与突破确实已经由孔孟做出了，尽管时至今日，包含于孔孟政治哲学中，通过三代王道立下的"公天下"的政治之原型完全未见实现。

人类历史已证明，政治的进步艰难，关涉到政权的问题就更难。

如牟先生说："以前的儒者一接触到这个问题，便一点办法也没有。因为：一、大皇帝根本不许谈这问题。……那是与他的君主专制绝对不相容的。二、凭空想出来一套政治架构并不是很容易的，且是很困难的。"[17] 不必讳言，这个问题仍然是今日儒者没有办法解答的问题。即便实行了西方式的民主制，也不见得就解决了政权问题，事实上，民主选举只解决程序上的合理性问题，而根本未解决政权性质上的"共同地有"及政权之正义性和恒常性问题。

今日，我们不能停留在 20 世纪 30 年代的水平来看西方的民主政治。不少西方的公共知识分子早已对自己身处的政治环境进行了反省。长期生活在美国，而近十余年在中国大陆弘扬儒学的杜维明先生，在一次访谈中曾发出一连串追问："民主是不是就是现在西方的民主？是不是只有选举和多党坐庄算民主？有没有没有选举、没有多党的民主？另外，如果没有选举，是不是可能发展民主？公共理性的扩大算不算民主？"[18]

总而言之，今日世界处于一个全球性的无方向甚至无出路的困局中。政治、经济、社会学各路专家都承认看不清前景，对于全面失序的现状找不到根治的办法。儒者身处这样一个时代能做什么？首先，要切实认识我们自己的传统，亦即孔子哲学传统。如我们已申论，这个传统是建基于理性本性，承接夏、商、周三代古文明之智慧，而经过世代历史之考验，被证明为中华民族之坚韧而悠久之生命体的本根。

华夏文明从原始时期（夏、商）至文明化（周），再进至道德化（肇始于由孔子奠基的理性文明），奠定了炎黄子孙群族生命体之本根。华夏理性文明世代相续，为每一个个体生命立本，为社会生命体扎根。此即孔子说："夫仁者，己欲立而立人，己欲达而达人。""立"，立仁也；"达"，达道也。"弘道"，致力于实现大同世界，即实现万世太平之人类伦理共同体。

我们可通过《书》《诗》理解华夏古文明凸显之三特性。一、敬德：为君以德，为民以德。二、凸显法则性意识及永恒性意识。三、为政之楷模：王道。

三代古文明之重"德"，其所言"德"与社群福祉相关联，并非只就人的品行修养而言。君之德"光被四表，格于上下"，以达至"九族既睦""协和万邦"。（《书·虞夏书·尧典》）民之德见于"五教"，《尧典》记载舜曰："契，百姓不亲，五品不逊。汝作司徒，敬敷五教，在宽。""五教"：父义，母慈，兄友，弟恭，子孝。"在宽"：宽大、不胁迫。儒家重视民德教化，溯源于此，此见德之为德、教之为教非压迫扭曲人性，而是顺人性之伦常教人育人。

三代古文明之言"德"，不仅关联着社群福祉，并且经由"以德配天"凸显"德"的普遍有效性，亦即含法则感与共通感。《尧典》言"历象日月星辰，敬授人时"，显示出自然法则之感。而《诗·大雅·烝民》言"天生烝民，有物有则"，含蕴着一种统人与物而言之法则性；更言"民之秉彝，好是懿德"，人秉持彝常，则喜好美德，此即显示美德乃源自人秉持一种具恒常性、必然性、普遍有效性之道。法则感之萌发就包含对于永续、恒常之追求，即皋陶所言"思永"（《书·虞夏书·皋陶谟》）。并且，法则感就蕴涵着法则之下人与人、人与万物之和谐一体的共通感。

三代王道之型范就是"藏天下于天下"。其政权并非如君主专制之一家一姓的私物，也不是像现代政治中可以由政党、势力团体争来争去的特权。君王之有其位，代表其负有服务天下人的职责。君王之位由"天"命，表示此"位"之正义性、合法性，而根据在君王之"德"，[19] 及其"法天"[20]，亦即担负起保卫国家、造福天下人的重任，

而绝非意谓"天"给予君王一人以占有国家的权力。此即成王说："予造天役，遗大投艰于朕身。"（《书·周书·大诰》）

依《书·虞夏书·尧典》记载，尧通过"禅让"将帝位传给舜，舜由四岳（四位诸侯长）推举，随后又经"询事考言"三载，此即是"天下为公，选贤与能"。诚然，如孟子引孔子语，说："唐虞禅，夏后、殷、周继，其义一也。"事实上，自禹传子起，政权交替都是以传子继体的方式。"传子"或"传贤"，有历史条件的限制在，圣人也没办法，此所以孟子说"莫之为而为者，天也"。故此，圣人不着重继位之方式，而强调继位者的"德"与"法天"。此见出孔孟的高深之政治智慧。故孟子说："孔子，圣之时者也。"

"禅让"，"天下为公，选贤与能"，固然是政治制度之原型，人类社会应当努力向之而趋，以此为每一个政权之合法性的检验标准。但现实上，政权交替总是由历史条件决定，儒者能够做到的就是任何时候都以"德治""法天"为最高政治律则高悬于一切政权之上，亦即是为一切政权（最高统治者）立法。此并非西方政治学中所论集团力量之间的制衡，也不是社会上诸利益之间的调解。而毋宁说，它是一切合法的、堪称"公天下"的政治制度的大宪章，它本身不依赖任何物质和军事力量，而对一切统治者发挥其震慑力和监察作用。

"唯天为大，唯尧则之。"王者（国家的统治者）"法天"，就是依循天理治国，亦即以德治天下，实现开放的社会。于这样一个社会中，"民为贵"，也就是每一个人保有自身不可剥夺的"良贵"，同时尊重别人为目的自身，而不被利用为工具。每一个体生命都是可贵的，自身保有尊严而受到尊重，[21] 此即孔孟政治哲学之堪称质的民主之核心所在。

今日儒者思考中国政治现代化之前路及自身如何于现实中施展孔

子传统的抱负，首要的任务是认识到孔子传统的恒常性，认识到它是华夏民族理性文明之核心，是千秋万代努力向之而趋的型范。同时也需要了解西方，以作为我们开拓自己的道路之过程中的借鉴。当务之急是复兴孔子哲学传统，养育社会中坚力量，以确立全民族共同的目标，让华夏文明朝向"天下为公"的大同世界之型范发展。不管现实政治中，我们的政权因着历史条件而有什么样的形态，儒者应一如既往，以"德治""法天"为政治之最高律则，使之高悬于统治者眼前。

注释

1 牟宗三：《政道与治道》，页144。此所以牟先生就西方政治发展史而论，说："阶级并不一定就是坏的东西，照黑格尔的历史哲学讲，阶级是从民族的生命中发出，在文化中有其作用的。"（同前揭书，新版序，页28）

2 同前注。牟先生说："所以没有权利义务的观念，也无所谓自由平等的争取，更无所谓人权列举的清单。……凡适其性，遂其生上所应有，所需要的东西，如财产、信仰、居处、思想、言论、出版、结社等等，怎么还须一条一条列举呢？列举，就是有举到与举不到。"（同前）

3 "天下有道"就是说全社会是一个充分敞开的伦理共同体，政府的责任是服务大众。孔子政治哲学之传统重在德治下的政府管好众人之事的责任，而不是如一些现代民主制政府那样，政府无主见，官员无责任心，让群众盲目发议论，形成民粹之乱局，名为"民主"，实为卸责。

4 台湾作家、学者薛仁明应北京大学教育知行社邀请，于2014年4月27日做了题为《以书院取代大学文科》的演讲（整理演讲摘录见澎湃新闻）。他针砭现行大学体制的知识化办学方向，并指出："西方学问要把情感给抽离出来，用一种理性的、客观的态度来分析。中国学问的第一个特色是要问你的感觉在哪里……"有其深刻识见。但他说，"大家都知道港台的新儒家，他们最大的贡献就是把中国儒、释、道三家纳入西方的哲学体系，取得了西方的认可，开始跟西方进行所谓的对话，从此他们在学院占得一席之地"，"最后中国学问儒、释、道三家的力量从此消失掉了"，"这种做法简单地讲就是'西体中用'"，云云，却是流于情绪化，而有偏颇之失。我们不必否认，容或有他所谓的"新儒家的徒子徒孙"借"西体中用"而在学院谋取职位的情况，但绝无理由将这种指责用到牟先生身上。若薛先生真有读牟先生的书，他应能了解，牟先生通过康德会通中西哲学，绝非拿儒、释、道三家套入西方的哲学体系。恰好相反，康德哲学是从根本上扭转西方传统的：它通过三大批判对人类心灵做出整体的、缜密的考察，而推翻西方传统的唯知识论、主客二元对立的独断思维模式，清除理智主义、科学一元论，以及唯感觉论、经验主义的温床。康德哲学扭转了西方传统的错误思维，而回到人类理性本性（知、情、意合一）之学的正途，此即与中国哲学传统相通。薛先生错误地以西方传统排除感觉的"理性"来想康德所言"理性"，拿西方传统的知识体系来想康德哲学；另一方面又只视中国学问为纯感觉论的，完全忽略中国哲学作为理性本性之学的特质。今日，儒者有责任将中国哲学提到世界哲学（作为人类理性本性之学）的维度，为实现人类共同的理性目标而努力。要有决心和勇气，抵抗所谓"知识化"的指责，担负起与人类前途相关的诸领域之学术研究的重任。

5　如牟先生指出：中国以前政治上的教化，"其所过问的只是'起码而普遍的人道'方面之教"，并不"精微地苛求"。（《政道与治道》，页140）"此只是维持一般的人道生活上的规律"（同前揭书，页139），"不能说成'泛道德主义'"（同前揭书，页140）。

6　杨泽波教授说："第一，必须坚持'让开一步'，不再固守'仁者德治'的政治模式，从道德层面退出身来，对过去的传统进行一个大的变革。第二，必须'下降凝聚'……不再将政治的希望完全寄托在道德上……"（《民主视野下的梁漱溟与牟宗三》）尽管杨教授最后补一条"摄智归仁"，但其言"仁"只是"伦理心境"，与就道德心之自律而言的"道德"毫不相干。

7　近些年，中国大陆上兴起政治儒学，注重儒家对社会政治事务的参与。蒋庆先生的"三院制"方案、贝淡宁的"贤士院"、姚中秋的"得君行道"，学术领域方面兴起梁启超研究、康有为研究，都表现出一种要求儒家政治事功的方向。我们乐观其成。但我们愿意提出忠告，儒者首先作为孔子之徒，务必把握孔孟之学的理性本性之核心，以"仁者，人也""人能弘道""大同世界"为型范。若只以历史上的官儒为效法对象，则恐怕很难担当起儒者于新时代应负起之使命。杨泽波教授介绍蒋庆先生的"三院制"："以通儒院代表超越神圣的正当性，庶民院代表人心民意的正当性，国体院代表历史延续的正当性。"（《民主视野下的梁漱溟与牟宗三》）又介绍贝淡宁先生的"两院制"："即包括一个通过民主选举出来的下议院，以及一个由竞争性考试为基础选出的代表所组成的上议院"，上议院又称为"贤士院"。（同前）我们且不论这一类离开对现实政权性质之认识而设想国家政制的做法是否属空谈，仅就"通儒院""贤士院"之说来看，实在是无根之谈，"儒者""贤士"非自称即可。

8　牟宗三：《政道与治道》，页138。牟先生说："在这里说教化，亦有其内容表现上的最高原则以限制之。此即是'先富后教'……"（同前）"若落在政治上，此对人要宽，第一是'先富后教'。……第二是教以起码普遍的人道。过此以往，非所应问，非所能问。即不能在政治上责望人民作圣人。"（同前揭书，页139）

9　如牟先生指出："教化"之谓"教"，即孟子说"父子有亲，君臣有义，夫妇有别，长幼有序，朋友有信"。"此皆起码而普遍的人道，非外在的概念与理论而加于人民者，乃是根于人性人情之实事与实道，故曰'达道'。教者不过教此。难说人如其一人，不应有此也。……不得谓为妨碍自由也。"（《政道与治道》，页139）

10　打破"政教合一"乃是西方近代政治现代化的重大成就，有学者以此为理由反对儒家教化，将之混同于西方之"政教合一"。牟先生指出二者之不同：西方之"政教合一"，其所谓"教"是"'宗教'之教"，"牵涉信仰问题，故后来有'信仰自由'之争取。而在中国，信仰自由根本不生问题。政治上的教化之教根本不甚过问及此，亦不甚干涉及此。其所过问的只是'起码而普遍的人道'方面之教"。（《政道与治道》，页140）

11 用牟先生的话说："全幅让开，如其为一存在的生命个体而还之，此真所谓全幅敞开的社会，而不是封闭的社会……"（《政道与治道》，页129）

12 如康德在《实践理性批判》中论明："理性的实践使用的兴趣在于就最后的和完整的目的而言决定意志。"（KpV 5:120）在《基础》一书中，道德律令的三程序之一就是"通过我们的所作所为"将目的王国之理念实现为自然王国。在其中，"有理性者就其本性而言作为目的，从而作为目的自身"（Gr 4:435）。在《实践理性批判》中，康德就说："纯粹实践理性法则之下的判断力规则是这样的：问一问你自己，如果你打算做的行为会通过自然法则而发生，而你自己本身是这个自然的一部分，那么你是否把它看作是通过你的意志而可能的。"（KpV 5:69）并且，他指出："事实上，每个人都在按照这条规则来评判行为在道德上是善的还是恶的。"（KpV 5:69）

13 牟宗三：《政道与治道》，新版序，页29。

14 孙国栋：《慕稼轩文存》第二集，香港：科华图书出版公司，2008，页16。孙国栋为钱穆先生的学生，曾担任新亚研究所所长。孙先生在《慕稼轩文存》一书中论及"中国读书人透过政治事业以负荷文化使命的传统"："中国自汉代以下社会的中坚阶层无疑的是士人"（同前揭书，页112），"两汉至隋唐知识分子的社会最大的根基就是当时的士族。……大族不仅有家门教育，有庄园为之基础，又有社会声望为之支持，进则发展其政治抱负，退则优游治学，教育子弟"（同前揭书，页113—114）。并指出："知识分子渐失去社会的滋养……唯依赖政权，苟且偷生……是中国近代诸病象的重要原因。"（同前揭书，页110）

15 牟宗三：《政道与治道》，页33。

16 牟宗三：《中国文化大动脉中的现实关心问题》。收入《时代与感受》，页408。

17 同前揭书，页 411。先生接着说："如果我们今天不是有西方近三百年演进而成的宪政民主系统为借镜，我们也不一定就能想得出来。我们既不比古人聪明，古人也不比我们愚蠢。"（同前）愚意以为，西方的宪政民主也不见得真正解决了政道的问题，究其实，选举程序之发明，只是解决了政权转移的方法问题，但政权的性质如何从与个人或集团利益相关转变为"公天下"，根本没有触及。

18 杜维明：《中国为什么需要儒学》，引自萧三匝博客。杜先生还提出：不能以"民主、科学为绝对、唯一的价值"。他说："基督教没有开出民主、科学，天主教是绝对反民主的，为什么它在宗教世界的影响力还是最大的？"（同前）

19 《书·周书·召诰》记载成王说："今天其命哲，命吉凶，命历年。知今我初服，宅新邑，肆惟王其疾敬德。王其德之用，祈天永命。"又，《书·周书·大诰》记载成王说："洪惟我幼冲人，嗣无疆大历服。弗造哲，迪民康，矧曰其有能格知天命！已！予惟小子，若涉渊水，予惟往求朕攸济。"又，《书·周书·多士》记载成王说："非我小国敢弋殷命。惟天不畀允罔固乱，弼我，我其敢求位？惟帝不畀，惟我下民秉为，惟天明畏。"

20 《论语·泰伯第八》记载："子曰：'大哉尧之为君也！巍巍乎！唯天为大，唯尧则之。'"

21 一个开放的社会本应保障个人的权利和自由，若需要民众时刻斗争而一点一点去取得，人的可贵与尊严被忽略，岂能算是真正的民主？

附录一　康德著作引文来源及缩略语说明

KGS: *Kant's gesammelte Schriften,* hrsg. von der Königlich Preussischen Akademie der Wissenschaften, Berlin: Walter de Gruyter. 随后之阿拉伯数字分别为卷数及页数，例：KGS 8:37。

A/B: *Kritik der reinen Vernunft* (KGS 3, 4). A 即第一版, B 即第二版，A、B 之后的数字为该版本的页码，不标卷数。

Proleg: *Prolegomena zu einer jeden künftigen Metaphysik, die als Wissenschaft wird auftreten können* (KGS 4).

Gr: *Grundlegung zur Metaphysik der Sitten* (KGS 4).

KpV: *Kritik der praktischen Vernunft* (KGS 5).

KU: *Kritik der Urteilskraft* (KGS 5).

MS: *Die Metaphysik der Sitten* (KGS 6).

Rel: *Die Religion innerhalb der Grenzen der bloßen Vernunft* (KGS 6).

SF: *Der Streit der Fakultäten* (KGS 7).

Anthro: *Anthropologie in pragmatischer Hinsicht* (KGS 7).

Logik: *Logik. Ein Handbuch zu Vorlesungen* (KGS 9).

Pädagogik: *Über Pädagogik* (KGS 9).

Briefwechsel (KGS 11).

R: *Reflexionen* (KGS 19).

Ethik: *Eine Vorlesung über Ethik*, Frankfurt am Main: Fischer Taschenbuch Verlag, 1990.

附录二　康德著作书名及论文篇名汉德对照

著作

《纯粹理性批判》（*Kritik der reinen Vernunft*, A: 1781; B: 1787）

《任何一种能够作为科学出现的未来形而上学导论》（简称《导论》）（*Prolegomena zu einer jeden künftigen Metaphysik, die als Wissenschaft wird auftreten können*, 1783）

《德性形而上学的基础》（*Grundlegung zur Metaphysik der Sitten*, 1785）

《自然科学的形而上学始初根据》（*Metaphysische Anfangsgründe der Naturwissenschaft*, 1786）

《实践理性批判》（*Kritik der praktischen Vernunft*, 1788）

《判断力批判》（*Kritik der Urteilskraft*, 1790）

《单在理性界限内的宗教》（*Die Religion innerhalb der Grenzen der bloßen Vernunft*, 1793）

《德性形而上学》（*Die Metaphysik der Sitten*, 1797）

《学科之争》（*Der Streit der Fakultäten*, 1798）

《实用观点下的人类学》（*Anthropologie in pragmatischer Hinsicht*,

1798）

《逻辑学》（*Logik.*, 1800）

《教育学》（*Über Pädagogik*, 1803）

《伦理学演讲录》（*Eine Vorlesung über Ethik*, 1924）

论文

《美与崇高的情感之观察》（»Beobachtungen über das Gefühl des Schönen und Erhabenen«, 1764, KGS 2）

《〈美与崇高的情感之观察〉注记》（»Bemerkungen zu den Beobachtungen über das Gefühl des Schönen und Erhabenen«, 1764–1765, KGS 20）

《世界公民观点下的普遍历史理念》（»Idee zu einer allgemeinen Geschichte in weltbürgerlicher Absicht«, 1784, KGS 8）

《答复"什么是启蒙？"的问题》（»Beantwortung der Frage: Was ist Aufklärung?«, 1784, KGS 8）

《人类历史起源揣测》（»Muthmaßlicher Anfang der Menschengeschichte«, 1786, KGS 8）

《论通常的说法：这在理论上可能是正确的，但在实践上是行不通的》（»Über den Gemeinspruch: Das mag in der Theorie richtig sein, taugt aber nicht für die Praxis«, 1793, KGS 8）

《万物的终结》（»Das Ende aller Dinge«, 1794, KGS 8）

《永久和平论》（»Zum ewigen Frieden«, 1795, KGS 8）

《重提这个问题：人类是在不断朝着改善前进吗？》（»Erneuerte Frage: Ob das menschliche Geschlecht im beständigen Fortschreiten zum Besseren sei?«, 1798, KGS 7）

附录三　本书引用康德语采用或参考之中译本

《纯粹理性之批判》（上、下册），牟宗三译注，台北：台湾学生书局，1983。

《康德的道德哲学》（包括《道德底形上学之基本原则》及《实践理性底批判》），牟宗三译注，台北：台湾学生书局，1982。

《判断力之批判》（上、下册），牟宗三译注，台北：台湾学生书局，1992、1993。

《康德著作全集》（第1卷至第9卷），李秋零主编，北京：中国人民大学出版社，2003—2010。

《道德形而上学》，李秋零译，收入《康德著作全集》第6卷，北京：中国人民大学出版社，2007。

《单纯理性限度内的宗教》，李秋零译，香港：香港汉语基督教文化研究所出版，1997。

《康德书信百封》，李秋零编译，上海：上海人民出版社，1992。

《道德底形上学之基础》，李明辉译，台北：联经出版公司，1990。

《康德历史哲学论文集》，李明辉译，台北：联经出版公司，2002。

《法的形而上学原理——权利的科学》，沈叔平译，北京：商务印书馆，1997。

《历史理性批判文集》，何兆武译，北京：商务印书馆，1990。

《纯粹理性批判》，韦卓民译，武汉：华中师范大学出版社，1991。

《逻辑学讲义》，许景行译，北京：商务印书馆，1991。

《纯粹理性批判》，邓晓芒译，北京：人民出版社，2004。

《实践理性批判》，邓晓芒译，北京：人民出版社，2003。

《判断力批判》，邓晓芒译，北京：人民出版社，2002。

《实用人类学》，邓晓芒译，上海：上海人民出版社，2002。

《实践理性批判》，韩水法译，北京：商务印书馆，1999。

《任何一种能够作为科学出现的未来形而上学导论》，庞景仁译，北京：商务印书馆，1978。

附录四 主要参考文献

一、中文著作

古籍

程颢、程颐:《二程全书》,《四部备要》本,台北:台湾中华书局,1986。

程颢、程颐:《河南程氏遗书》,朱熹编,台北:台湾商务印书馆,1978。

戴震:《孟子字义疏证》,《戴震全书》(六),安徽古籍丛书,合肥:黄山书社,1995。

邓艾民注《传习录注疏》,基隆:法严出版社,2000。

董仲舒:《春秋繁露》,《四部丛刊初编》本,上海:商务印书馆。

郭象注,成玄英疏,陆德明释文,郭庆藩集释《庄子集释》,《四部刊要》本,台北:世界书局,1955。

韩愈:《韩昌黎集》,北京:商务印书馆,1958。

胡宏:《胡宏集》,吴仁华点校,北京:中华书局,1987。

黄宗羲:《明儒学案》,《四部备要》本,台北:台湾中华书局,

1970。

黄宗羲：《明夷待访录》，段志强译注，北京：中华书局，2011。

焦循：《孟子正义》，台北：文津出版社，1988。

焦循：《雕菰集》，台北：台湾商务印书馆，1966。

荆门市博物馆编《郭店楚墓竹简》，北京：文物出版社，1998。

刘宗周：《刘子全书》，影印清道光刊本，王有立主编，台北：华文书局股份有限公司，1968。

刘宗周：《刘宗周全集》，戴琏璋、吴光主编，吴光点校，台北："中研院"中国文哲研究所，1997。

刘宗周：《刘宗周全集》，吴光主编，杭州：浙江古籍出版社，2012。

陆九渊：《陆象山全集》，北京：中国书店，1992。

陆九渊：《陆九渊集》，钟哲点校，北京：中华书局，1980。

裘锡圭主编，湖南省博物馆、复旦大学出土文献与古文字研究中心编纂《长沙马王堆汉墓简帛集成》，《周易经传》，北京：中华书局，2014。

屈万里注译《尚书今注今译》，台北：台湾商务印书馆，1969。

阮元校刻《十三经注疏》，北京：中华书局，1980。

苏舆撰，钟哲点校《春秋繁露义证》，北京：中华书局，1992。

孙星衍：《孙渊如先生全集》，清光绪甲午年湖南思贤书局刊本。

孙星衍辑《孔子集语》，《平津馆丛书》本。

王充：《论衡》，《四部丛刊初编》本，上海：商务印书馆。

王夫之：《船山全书》，长沙：岳麓书社，1996。

王畿：《王畿集》，吴震编校整理，南京：凤凰出版社，2007。

王守仁：《王文成公全书》，《四部丛刊初编》本，上海：商务印书馆。

王守仁：《王阳明全集》，吴光、钱明、董平、姚延福编校，上海：上海古籍出版社，1992。

王守仁：《阳明全书》，《四部备要》本，台北：台湾中华书局，1970。

王守仁：《传习录》，叶钧点注，台北：台湾商务印书馆，1967。

王先谦撰，沈啸寰、王星贤点校《荀子集解》，北京：中华书局，1988。

扬雄：《扬子法言》，《四部丛刊初编》本，上海：商务印书馆。

俞樾：《春在堂全书》，南京：凤凰出版社，2010。

张载：《张载集》，章锡琛点校，北京：中华书局，1978。

周敦颐：《周子全书》，台北：台湾商务印书馆，1978。

朱熹：《诗经集注》，台北：万卷楼图书股份有限公司，1996。

朱熹：《四书集注》，台北：艺文印书馆，1969。

朱熹：《四书章句集注》，北京：中华书局，1983。

朱熹：《周易本义》，廖名春点校，北京：中华书局，2009。

朱熹：《朱子全书》，上海：上海古籍出版社，合肥：安徽教育出版社，2002。

朱熹：《朱子语类》，黎靖德编，王星贤点校，北京：中华书局，1986。

现代书籍、期刊论文

陈大齐：《孟子待解录》，台北：台湾商务印书馆，1980。

陈佳铭：《刘蕺山的易学中之"以心著性"型态》，载于《鹅湖月刊》第 35 卷第 4 期，2009 年 10 月。

陈嘉映主编《普遍性种种》（修订版），北京：华夏出版社，2013。

陈晓林：《学术巨人与理性困境——韦伯、巴柏、哈伯玛斯》，台北：时报出版公司，1987。

邓小军：《儒家思想与民主思想的逻辑结合》，成都：四川人民出版社，1995。

东方朔：《刘蕺山哲学研究》，上海：上海人民出版社，1997。

傅佩荣：《儒家哲学新论》，台北：叶强出版社，1993。

傅佩荣：《儒道天论发微》，北京：中华书局，2010。

黄进兴：《所谓"道德自主性"：以西方观念解释中国思想之限制的例证》，载于《食货月刊》复刊第14卷第7、8期合刊，1984年10月。

黄燎宇、奥特弗里德·赫费编《以启蒙的名义》，北京：北京大学出版社，2010。

黄振华：《论康德哲学》，李明辉主编，台北：时英出版社，2005。

邝芷人：《康德伦理学原理》，台北：文津出版社，1992。

劳思光：《中国哲学史》（第一至第三卷）。第一卷，台北：三民书局，1981。第二卷，香港：香港中文大学崇基学院，1971。第三卷上册，香港：友联出版社，1980；第三卷下册，台北：三民书局，1981。

劳思光：《新编中国哲学史》第一卷，台北：三民书局，1986。

李明辉：《儒家与康德》，台北：联经出版公司，1990。

李明辉：《康德伦理学与孟子道德思考之重建》，台北："中研院"中国文哲研究所，1994。

李明辉：《当代儒学的自我转化》，北京：中国社会科学出版社，

2001。

李明辉：《四端与七情：关于道德情感的比较哲学探讨》，台北：台湾大学出版中心，2005。

李明辉：《康德道德哲学之出发点——"康德哲学中道德情感问题之研究"（1）》，载于《鹅湖月刊》，1981年10月。

李明辉：《康德"道德情感"学说之起源——"康德哲学中道德情感问题之研究"（2）》，载于《鹅湖月刊》，1981年11月。

李明辉：《康德"道德情感"学说之演变——"康德哲学中道德情感问题之研究"（3）》，载于《鹅湖月刊》，1981年12月。

李明辉：《康德哲学中道德情感之确定意义与作用——"康德哲学中道德情感问题之研究"（4）》，载于《鹅湖月刊》，1982年1月。

李明辉：《康德哲学中情感与理性之对扬与消融——"康德哲学中道德情感问题之研究"（5）》，载于《鹅湖月刊》，1982年3月。

李明辉：《从康德底实践论考察道德情感——"康德哲学中道德情感问题之研究"（6）》，载于《鹅湖月刊》，1982年5月。

李明辉：《从道德本心看道德情感——"康德哲学中道德情感问题之研究"（7）》，载于《鹅湖月刊》，1982年6月。

李明辉：《孟子与康德的自律伦理学》，载于《哲学与文化》，1988年6月。

李明辉：《孟子的四端之心与康德的道德情感》，载于《鹅湖学志》，1989年9月。

李瑞全：《当代新儒学之哲学开拓》，台北：文津出版社，1993。

刘若韶：《自律与他律——第二届利氏学社研讨会报导》，载于《哲学与文化》，1988年6月。

刘述先：《黄宗羲心学的定位》，台北：允晨文化实业公司，

1986。

刘述先：《儒家哲学研究：问题、方法及未来开展》，东方朔编，上海：上海古籍出版社，2010。

刘小枫：《儒家革命精神源流考》，上海：三联书店，2000。

卢雪崑：《儒家的心性学与道德形上学》，台北：文津出版社，1991。

卢雪崑：《通书太极图说义理疏解》，台北：文史哲出版社，1997。

卢雪崑：《意志与自由：康德道德哲学研究》，台北：文史哲出版社，1997。

卢雪崑：《实践主体与道德法则——康德实践哲学研究》，香港：志莲净苑文化部，2000。

卢雪崑：《康德的自由学说》，台北：里仁书局，2009。

卢雪崑：《物自身与智思物：康德的形而上学》，台北：里仁书局，2010。

卢雪崑：《康德的批判哲学：理性启蒙与哲学重建》，台北：里仁书局，2014。

卢雪崑：《孔子哲学传统——理性文明与基础哲学》，台北：里仁书局，2014。

卢雪崑：《常道：回到孔子》，桂林：广西师范大学出版社，2016。

卢雪崑：《从牟宗三先生思想谈新儒家的时代使命》，载于《鹅湖月刊》第8卷第11期，1983年5月。

卢雪崑：《现代化之迷茫与儒家使命》，收入《当代新儒学论文集·外王篇》，台北：文津出版社，1991。

卢雪崑：《论意志——康德道德哲学研究》，载于《新亚学报》

第 18 卷，1997 年 7 月。

卢雪崑：《唐先生与牟先生——纪念唐君毅先生逝世二十周年而作》，载于《新亚研究所通讯》第 2 期，1998 年 5 月。

卢雪崑：《"牟宗三与当代新儒学国际学术会议"闭幕演讲词》，载于《新亚研究所通讯》第 3 期，1998 年 9 月。

卢雪崑：《我在美因兹大学的日子里》，载于《鹅湖月刊》，2003 年 1 月。

卢雪崑：《就牟宗三先生对康德自由学说之批评提出商榷》，载于《新亚学报》第 24 卷，2006 年 1 月。

卢雪崑：《康德的形而上学新论》，载于《新亚学报》第 25 卷，2007 年 1 月。

卢雪崑：《评黑格尔对康德自由学说的批评》，载于《新亚学报》第 26 卷，2008 年 1 月。

卢雪崑：《从康德所论物自身不可认知及超越的自由之宇宙论意义看道家言道及道心之自由义》，载于《新亚学报》第 27 卷，2009 年 2 月。

卢雪崑：《从牟宗三先生提出"中西文化系统的大综和"引发的哲学思考》，载于《鹅湖月刊》，2010 年 1 月。

卢雪崑：《理智的直观与智的直觉》，载于《新亚学报》第 28 卷，2010 年 3 月。

卢雪崑：《康德哲学与儒家哲学会通之问题》，收入《中国哲学》第二十六辑，北京：中国社会科学出版社，2013。

牟宗三：《逻辑典范》，香港：商务印书馆，1941。

牟宗三：《认识心之批判》（上、下册），香港：友联出版社，1956、1957。

牟宗三：《历史哲学》，香港：人生出版社，1962。

牟宗三：《才性与玄理》，香港：人生出版社，1963。

牟宗三：《中国哲学的特质》，台北：台湾学生书局，1963。

牟宗三：《心体与性体》（三册），台北：台湾正中书局，1968。

牟宗三：《智的直觉与中国哲学》，台北：台湾商务印书馆，1971。

牟宗三：《从陆象山到刘蕺山》，台北：台湾学生书局，1979。

牟宗三：《政道与治道》，台北：台湾学生书局，1980。

牟宗三译注《康德的道德哲学》，台北：台湾学生书局，1982。

牟宗三：《圆善论》，台北：台湾学生书局，1985。

牟宗三：《五十自述》，台北：鹅湖出版社，1989。

牟宗三：《现象与物自身》，台北：台湾学生书局，1990。

牟宗三：《中西哲学之会通十四讲》，台北：台湾学生书局，1990。

牟宗三：《道德的理想主义》（修订版），台北：台湾学生书局，1992。

牟宗三：《时代与感受》，台北：鹅湖出版社，1995。

牟宗三：《人文讲习录》，台北：台湾学生书局，1996。

牟宗三：《中国哲学十九讲》，台北：台湾学生书局，1997。

牟宗三：《牟宗三先生全集》，台北：联经出版公司，2003。

牟宗三：《阴阳家与科学》，载于《理想与文化》第 1 期，1942 年 12 月，收入《牟宗三先生全集》卷 25。

牟宗三：《王阳明致良知教（上）》，载于《历史与文化》第 3 期，1947 年 8 月，收入《牟宗三先生全集》卷 8。

牟宗三：《王阳明致良知教（下）》，载于《理想历史文化》第 1 期，1948 年 3 月，收入《牟宗三先生全集》卷 8。

牟宗三主讲，卢雪崑整理《四因说演讲录》，台北：鹅湖出版社，1997。

牟宗三主讲，卢雪崑整理《宋明理学演讲录》，载于《鹅湖月刊》第 13 卷第 12 期至第 14 卷第 3 期，1988 年 6 月至 9 月。

牟宗三主讲，卢雪崑整理《周易哲学演讲录》，收入《牟宗三先生全集》卷 31。

牟宗三主讲，卢雪崑整理《周易哲学演讲录》，上海：华东师范大学出版社，2004。

牟宗三主讲，卢雪崑整理《康德道德哲学》，载于《鹅湖月刊》第 31 卷第 2 期至第 32 卷第 1 期，2005 年 8 月至 2006 年 7 月。

牟宗三主讲,卢雪崑整理《〈原始的型范〉第二部分〈周易〉大义——"先秦哲学"演讲录》，载于《鹅湖月刊》第 32 卷第 7 期至第 9 期，2007 年 1 月至 3 月。

牟宗三主讲，卢雪崑整理《〈原始的型范〉第三部分先秦儒学大义》，载于《鹅湖月刊》第 32 卷第 11 期至第 33 卷第 5 期，2007 年 5 月至 11 月。

牟宗三主讲，卢雪崑整理《"实践的智慧学"演讲录》，载于《鹅湖月刊》第 33 卷第 9 期至第 34 卷第 7 期，2008 年 3 月至 2009 年 1 月。

牟宗三主讲，卢雪崑整理《康德美学演讲录》，载于《鹅湖月刊》第 34 卷第 11 期至第 35 卷第 8 期，2009 年 5 月至 2010 年 2 月。

钱穆：《中国学术思想史论丛》（二），台北：东大图书公司，1977。

孙国栋：《慕稼轩文存》第二集，香港：科华图书出版公司，2008。

唐君毅：《中国哲学原论·导论篇》，香港：东方人文学会，1966。

唐君毅：《中国哲学原论·原性篇》，香港：新亚书院研究所，1968。

唐君毅：《中国哲学原论·原教篇》，香港：新亚书院研究所，1975。

唐君毅：《人生之体验》，台北：台湾学生书局，1982。

唐文明：《隐秘的颠覆：牟宗三、康德与原始儒家》，北京：三联书店，2012。

肖雄：《牟宗三良知坎陷论的诸种涵义辨析》，载于《第十一届当代新儒学国际学术会议论文集》，2015 年 10 月。

熊十力：《读经示要》，台北：广文书局，1960。

徐复观：《中国人性论史·先秦篇》，北京：九州出版社，2014。

徐复观：《中国思想史论集续编》，台北：时报出版公司，1982。

杨泽波：《牟宗三三系论论衡》，上海：复旦大学出版社，2006。

杨泽波：《民主视野下的梁漱溟与牟宗三》，载于《第十一届当代新儒学国际学术会议论文集》，2015 年 10 月。

杨祖汉：《当代儒学思辨录》，台北：鹅湖出版社，1998。

杨祖汉：《牟宗三先生对孔子的理解》，载于《鹅湖月刊》第 28 卷第 10 期，2003 年 4 月。

余英时：《现代儒学的回顾与展望》，北京：三联书店，2004。

袁保新：《孟子三辨之学的历史省察与现代诠释》，台北：文津出版社，1992。

袁保新：《一九一二年——兼序〈从海德格、老子、孟子到当代新儒家〉》，载于《鹅湖月刊》，2008 年 6 月。

邬昆如：《从儒家与基督教的"悦乐"精神，看康德哲学》，载于《哲学与文化》第 31 卷第 2 期，2004 年 2 月。

吴震：《〈传习录〉精读》，上海：复旦大学出版社，2011。

张晚林：《"道德的形上学"的开显历程——牟宗三精神哲学研究》，北京：中国社会科学出版社，2014。

郑家栋：《当代新儒学论衡》，台北：桂冠图书公司，1995。

译著

阿尔森·古留加：《康德传》，贾泽林、侯鸿勋、王炳文译，北京：商务印书馆，1981。

奥特弗里德·赫费：《康德：生平、著作与影响》，郑伊倩译，北京：人民出版社，2007。

芭芭拉·赫尔曼：《道德判断的实践》，陈虎平译，北京：东方出版社，2006。

迪特·亨利希：《康德与黑格尔之间——德国观念论讲演录》，大卫·帕西尼编，彭文本译，台北：商周出版，2006。

福山：《历史的终结及最后之人》，黄胜强、许铭原译，北京：中国社会科学出版社，2003。

福山：《政治秩序的起源：从前人类时代到法国大革命》，毛俊杰译，桂林：广西师范大学出版社，2014。

海德格尔：《海德格尔选集》，孙周兴选编，上海：三联书店，1996。

海德格尔：《康德与形而上学疑难》，王庆节译，上海：上海译文出版社，2011。

汉斯·麦克·包姆嘉特纳：《康德〈纯粹理性批判〉导读》，李明辉译，台北：联经出版公司，1988。

黑格尔：《哲学史讲演录》（第一至第四卷），贺麟、王太庆译，北京：商务印书馆，1959、1960、1978。

黑格尔：《逻辑学》（上、下卷），杨一之译，北京：商务印书馆，1966、1976。

黑格尔：《小逻辑》，贺麟译，北京：商务印书馆，1981。

黑格尔：《费希特与谢林哲学体系的差别》，宋祖良、程志民译，北京：商务印书馆，1994。

黑格尔：《法哲学原理》，范扬、张企泰译，北京：商务印书馆，1995。

黑格尔：《精神现象学》，贺麟、王玖兴译，北京：商务印书馆，1997。

黑格尔：《历史哲学》，王造时译，上海：上海书店出版社，1999。

黑格尔：《宗教哲学》，魏庆征译，北京：中国社会出版社，1999。

亨利·E. 阿利森：《康德的自由理论》，陈虎平译，沈阳：辽宁教育出版社，2001。

亨利·西季威克：《伦理学方法》，廖申白译，北京：中国社会科学出版社，1993。

卡尔·雅斯贝尔斯：《大哲学家》，李雪涛主译，北京：社会科学文献出版社，2005。

卡尔·雅斯贝尔斯：《智慧之路》，柯锦华、范进译，北京：中国国际广播出版社，1988。

康蒲·斯密：《康德〈纯粹理性批判〉解义》，韦卓民译，武汉：华中师范大学出版社，2000。

理查德·罗蒂：《偶然、反讽与团结》，徐文瑞译，北京：商务印书馆，2003。

刘易斯·贝克：《〈实践理性批判〉通释》，黄涛译，上海：华东师范大学出版社，2011。

卢梭：《论人类不平等的起源和基础》，李常山译，北京：商务印书馆，1997。

罗伯特·皮平：《黑格尔的观念论——自我意识的满足》，陈虎平译，北京：华夏出版社，2006。

麦金太尔：《德性之后》，龚群等译，北京：中国社会科学出版社，1995。

曼弗烈·孔恩：《康德：一个哲学家的传记》，黄添盛译，台北：商周出版，2005。

曼弗雷德·库恩：《康德传》，黄添盛译，上海：上海人民出版社，2008。

秦家懿、孔汉思：《中国宗教与基督教》，吴华译，香港：三联书店，1989。

桑木严翼：《康德与现代哲学》，余又荪译，台北：台湾商务印书馆，1967。

叔本华：《伦理学的两个基本问题》，任立、孟庆时译，北京：商务印书馆，1996。

叔本华：《充足理由律的四重根》，陈晓希译，北京：商务印书馆，1996。

韦伯：《世界宗教的经济伦理·儒教与道教》，王容芬译，桂林：广西师范大学出版社，2008。

文德尔班：《哲学史教程》上卷，罗达仁译，北京：商务印书馆，1987。

席勒：《秀美与尊严》，张玉能译，北京：文化艺术出版社，

1996。

席勒:《审美教育书简》,冯至、范大灿译,上海:上海人民出版社,
2003。

谢林:《先验唯心论体系》,梁志学、石泉译,北京:商务印书馆,
1981。

约翰·罗尔斯:《正义论》,何怀宏、何包钢、廖申白译,北京:
中国社会科学出版社,1988。

约翰·罗尔斯:《道德哲学史讲演录》,张国清译,台北:左岸
文化,2004。

约翰·罗尔斯:《政治哲学史讲义》,杨通进、李丽丽、林航译,
北京:中国社会科学出版社,2011。

二、西文论著

A. J. Ayer, *Philosophy in the Twentieth Century*, New York: Random
House, 1984.

Allen Wood, "The Emptiness of the Moral Will", *The Monist*, 1989.

Arthur Schopenhauer, Krönung der Preisschrift »Über die Freiheit des
Willens« durch die Königlich Norwegische Sozietät der Wissenschaften
nicht gekrönt, 1839.

———. *Die beiden Grundprobleme der Ethik*, Zürich: Diogenes Verlag
AG, 1977.

———. *Über die vierfache Wurzel des Satzes vom zureichenden Grunde*
(1813), Stuttgart/Frankfurt am Main: Cotta-Insel, 1962.

Bernard Williams, *Ethics and the Limits of Philosophy*, Cambridge,

MA: Harvard University Press, 1985.

———. *Moral Luck*, Cambridge: Cambridge University Press, 1981.

Dieter Henrich, *Between Kant and Hegel: Lectures on German Idealism*, David S. Pacini (ed.), Cambridge, MA: Harvard University Press, 2003.

F. Schiller, *Schriften zur Philosophie und Kunst*, München: Wilhelm Goldmann Verlag, 1959.

G. W. F. Hegel, *Enzyklopädie der philosophischen Wissenschaften I, Die Wissenschaft der Logik, Werke 8*, Frankfurt am Main: Suhrkamp Verlag, 1970.

———. *Wissenschaft der Logik*, Hamburg: Felix Meiner Verlag, 1975.

———. *Vorlesungen über die Geschichte der Philosophie*, hrsg. von Hermann Glockner, Stuttgart: Fr. Frommanns Verlag (H. Kurtz), 1928.

———. *Phänomenologie des Geistes, Werke 3*, Frankfurt am Main: Suhrkamp Verlag, 1970.

———. *Grundlinien der Philosophie des Rechts, Werke 7*, Frankfurt am Main: Suhrkamp Verlag, 1970.

———. *Vorlesungen über die Philosophie der Geschichte, Werke 12*, Frankfurt am Main: Suhrkamp Verlag, 1970.

———. »Der Geist des Christentums und sein Schicksal«, *Frühe Schriften, Werke 1*, Frankfurt am Main: Suhrkamp Verlag, 1970.

———. »Differenz des Fichteschen und Schellingschen Systems der Philosophie«, *Werke 2*, Frankfurt am Main: Suhrkamp Verlag, 1970.

Harold Lasswell, *Politics: Who Gets What, When, How*, New York: McGraw-Hill, 1936.

H. E. Allison, *Kant's Theory of Freedom*, Cambridge: Cambridge University Press, 1990.

H. J. Paton, *The Categorical Imperative: A Study in Kant's Moral Philosophy*, London: Hutchinson, 1958.

H. Vaihinger, *Die Philosophie des Als Ob*, Leipzig: Felix Meiner Verlag, 1927.

John Rawls, *A Theory of Justice*, Cambridge, MA: The Belknap Press of Harvard University Press, 1971.

——. *Lectures on The History of Moral Philosophy*, Cambridge, MA: Harvard University Press, 2000.

——. *Lectures on the History of Political Philosophy*, Cambridge, MA: Harvard University Press, 2007.

Julia Ching, *Confucianism and Christianity: A Comparative Study*, Tokyo: Kodansha International, 1977.

Karl Jaspers, *Way to Wisdom: An Introduction to Philosophy*, New Haven, CT: Yale University Press, 1954.

——. *Die Grossen Philosophen*, München: R. Piper & Co. Verlag, 1957.

L. W. Beck, *A Commentary on Kant's Critique of Practical Reason*, Chicago: The University of Chicago Press, 1960.

——. *The Actor and the Spectator*, New Haven, CT: Yale University Press, 1975.

——. "Five Concepts of Freedom in Kant", in *Philosophical Analysis and Reconstruction, A Festschrift to Stephan Körner*, J. T. J. Srzednicki (ed.), Dordrecht: Martinus Nijhoff, 1987.

Manfred Kuehn, *Kant: A Biography*, Cambridge: Cambridge University Press, 2001.

Martin Heidegger, *Kant und das Problem der Metaphysik*, Frankfurt am Main: Vittorio Klostermann, 1951.

———. *Die Frage nach dem Ding: zu Kants Lehre von den transzendentalen Grundsätzen*, Tubingen: Max Niemeyer Verlag, 3. Aufl. 1987. 1. Aufl. 1962.

Max Scheler, *Der Formalismus in der Ethik und die materiale Wertethik*, Halle: Max Niemeyer, 1916.

N. K. Smith, *A Commentary to Kant's Critique of Pure Reason*, London: Macmillan, 1918.

Otfried Höffe, *Immanuel Kant*, München: C. H. Beck Verlag, 1983.

Richard Rorty, *Contingency, Irony, and Solidarity*, Cambridge: Cambridge University Press, 1989.

Robert B. Pippin, *Hegel's Idealism: The Satisfactions of Self-Consciousness*, Cambridge: Cambridge University Press, 1989.

Wilhelm Windelband, *Lehrbuch der Geschichte der Philosophie*, 15. Ausg., revidiert von Heinz Heimsoeth, Tübingen: J. C. B. Mohr (Paul Siebeck), 1957. 14. Ausg., Tübingen, 1950.

Wing-tsit Chan, *A Source Book in Chinese Philosophy*, Princeton: Princeton University Press, 1963.